国家社会科学基金项目"二十世纪三十年代留学生群体与广西自治研究（1931—1937）"最终成果；河池学院学术专著出版基金资助。

| 光明学术文库 | 政治与哲学书系 |

20世纪30年代留学生群体与广西自治研究

覃举东　韦广雄　韦秋杰 | 著

光明日报出版社

图书在版编目（CIP）数据

20 世纪 30 年代留学生群体与广西自治研究 ／ 覃举东，
韦广雄，韦秋杰著 . -- 北京：光明日报出版社，2022.8
ISBN 978 - 7 - 5194 - 6740 - 1

Ⅰ.①2… Ⅱ.①覃… ②韦… ③韦… Ⅲ.①留学生
—关系—地方自治—研究—广西—民国 Ⅳ.①G529.6
②D693.62

中国版本图书馆 CIP 数据核字（2022）第 153055 号

20 世纪 30 年代留学生群体与广西自治研究

20 SHIJI 30 NIANDAI LIUXUESHENG QUNTI YU GUANGXI ZIZHI YANJIU

著　者：覃举东　韦广雄　韦秋杰

责任编辑：曲建文　许黛如　　　　　责任校对：李　兵
封面设计：中联华文　　　　　　　　责任印制：曹　净

出版发行：光明日报出版社

地　　址：北京市西城区永安路 106 号，100050

电　　话：010-63169890（咨询），010-63131930（邮购）

传　　真：010-63131930

网　　址：http：// book. gmw. cn

E - mail：gmrbcbs@ gmw. cn

法律顾问：北京市兰台律师事务所龚柳方律师

印　　刷：三河市华东印刷有限公司

装　　订：三河市华东印刷有限公司

本书如有破损、缺页、装订错误，请与本社联系调换，电话：010-63131930

开　　本：170mm×240mm

字　　数：460 千字　　　　　　　　印　　张：25.5

版　　次：2023 年 1 月第 1 版　　　　印　　次：2023 年 1 月第 1 次印刷

书　　号：ISBN 978 - 7 - 5194 - 6740 - 1

定　　价：99.00 元

前　言

　　作为民国政坛的地方实力派，以李宗仁、白崇禧、黄旭初为首的新桂系能雄霸广西长达 24 年之久，并使偏居一隅的广西成为民国时期著名的模范省，这与其在 20 世纪 30 年代推行的以乡村建设为核心的广西自治活动有极大的关联。历经蒋桂战争、中原大战连败后退居广西的新桂系痛定思痛：把广西这个大本营建设好才是解决一切问题的根本。在 1931 年解除各种危机重新底定广西后，打出"建设广西，复兴中国"的旗号，提出"三自政策"（自卫、自治、自给），制定了涵盖政治、经济、文化、军事四大建设为基本内容的《广西建设纲领》，开展富有特色的广西自治活动。

　　广西自治的成效，从外界的评论可窥见一斑。胡适南巡广西，强调"广西给我的印象，大致是很好的"，盛赞广西"全省无盗匪，人民真能享治安的幸福"。要知道广西原本是匪患横行之地。洋人亦不乏溢美之词。美国传教士艾迪博士莅桂视察，对新桂系首领赞不绝口，认为在中国各省中，只有广西一省近于模范省。美国记者亚奔特和皮林汉丁 1936 年合著的《中国的命运》一书，专章论述"中国的模范省——广西"，认为广西的特长，不在物质的建设，实在苦干实干的真精神。

　　广西自治活动的成就确实令人刮目相看。仅就教育而言，当时的广西就创造了多个"第一"：中国第一个强制普及小学义务教育并将小学义务教育普及村一级的省份；中国第一个把不分男女性别的义务教育列入法规并作为乡村官员考核的省份；中国第一个把军训列入中小学及大学教育课程的省份；中国第一个普及全民军事教育的省份；中国第一个普及成人文化运动的省份；中国第一个由地方政府独立完成省一级大学教育体系的省份。有谁能想象到这是民国时期贫困闭塞的广西的壮举？

　　20 世纪二三十年代中国各地的地方自治运动风起云涌，以乡村建设为核心的广西自治活动是其中少数的具有全国性影响并引起国外注目的。从时间维度来看，1931 年广西省政府划定桂林等 10 个县为试点，以点带面，开始用"三位

"一体"的制度进行乡村改造和建设，到 1937 年抗日战争全面爆发，广西主动归顺中央政府，放弃自己的自治立场是典型时段。这是从狭义上来理解，广义上的广西自治涵盖了 1926 年新桂系开始统治广西到 1949 年土崩瓦解，整个时期新桂系统治集团推行的治理实践都是富有自治特色的。

最早从学术层面对民国时期广西自治状况展开研究的应该是欧美学者，20 世纪 70 年代起就有相关论著问世。加拿大学者戴安娜·拉里的《中国政坛上的桂系》、美国学者赖维奇的《国民党中国的广西模式：1931—1939》是其中重要的代表作。台湾学者也有诸多研究，朱浤源是其中的代表，他的《从变乱到军省：广西的初期现代化（1860—1937）》尽管从很长的历史时段来追溯广西的初期现代化问题，但着墨更多的是新桂系广西自治状况。大陆学者钟文典主编的《20 世纪 30 年代的广西》对新桂系广西自治的各方面都进行了详细叙述和评析。此后新桂系广西自治问题引起了更多海内外学者的更广泛的兴趣，成为民国史研究的热点问题。

值得注意的是，对新桂系广西自治的认识要遵循马克思主义辩证唯物主义的基本观点和方法。一方面，以李宗仁为代表的新桂系所推行的涵盖政治、经济、文化、军事四大建设内容的广西自治活动确实取得令人瞩目的成绩，这是不可否认的。另一方面，也要看到其局限性。新桂系的宣传机器是非常强大的，盛名之下是否名实相符，尚需全面进行考察。正如在下文的研究方法部分所论及的，要把文本分析法、历史语境主义方法和实证调研的方法综合起来加以运用，既重视文本的意义，也注意历史语境的考察，同时还要积极进行实证调研，如此才有可能期待历史的真实和真实的历史在三种研究方法的共同作用下得到较好的呈现。笔者认为，探讨 20 世纪 30 年代的广西自治运动有几个问题是绕不开的。

其一，新桂系是国民党新军阀体系中的一个派系，所代表的是大地主大资产阶级的利益，这一本质特征并不因为新桂系领袖集团一定程度的开明性和具有一定的现代眼光而改变，这是我们在研究新桂系广西自治时不应视而不见的。

其二，新桂系主导的地方自治下的广西并非脱离国民党政权统治的"独立王国"，其拥兵自重、发行地方货币、任免地方官员、颁布地方自治条令等"各项新政的内容与办法，和中央法令所规定的并不完全相同，常有其特异之处。可是各项新政的精神都是与中央一致的"（民国时期著名政治学专家徐义生语，后文有叙述）。也就是说，新桂系广西自治是在三民主义理论指导和国民党中央提出的"自治"主张下进行的，各项政策措施尽管"剑走偏锋"，有特异之处，但新桂系自治下的广西与国民政府仍然是地方与中央的行政关系。这一状况也反映了军阀割据的民国时期中国社会特殊的权力格局,反映了当时地方军阀实力派与中央政府的权力博弈关系,尽管保持独立状态的军队等所谓自治的做法不见容于现代国家。

其三,新桂系广西自治以乡村建设为核心,虽然对广西乡村旧的社会组织和制度进行了较为广泛的改革,但由于阶级局限性,并没有解决封建土地所有制这一农民和农村核心的根本问题。新桂系政府从1931年起先后颁布了《广西耕地租用暂行条例》(1931年)、《修正广西耕地租用条例》(1932年)、《推行土地法耕地租用条款实施办法》(1939年)等一系列土地改革条例,不过施行成效低微。时人对此也多有评论。"土地改革在廿三年至廿六年曾雷厉风行,可是收获不大,各县能切实照规定减租者廖寥无几。""广西虽然早有善良的土地改革方案,结果是耽搁了没有办。"[1] 只有代表最广大人民根本利益的中国共产党才能高擎土地改革的大旗,消灭封建土地所有制,最终从根本上解决农民的土地问题。

其四,新桂系自治下的广西强力推行以民族歧视和民族压迫为特征的民族同化政策。新桂系把他们认为尚未与汉族同化的瑶族、苗族、侗族及少数壮族等民族称为"特种部族",是"化外蛮族",其风俗习惯鄙陋怪异,必须从改革传统社会组织和管理制度、推行特种教育、改良风俗等方面进行强制同化。虽然由于相关民族政策的实施,促进了少数民族地区的社会、政治和文化变革,对少数民族的进步有一定的积极意义,但这些政策所表现出的严重歧视性和压迫性自然遭到少数民族的抵制和反抗。新桂系对此采取武力手段,1933年的桂北瑶民起义就遭到了残酷的镇压。由此可见,新桂系地方自治与今天我们推行的民族自治是完全不同的,也只有中国共产党才能通过民族区域自治办法解决民族地区的发展问题。

其五,新桂系广西自治是地方军阀主导的"军刀"控制下的自治。新桂系统治本质上是军事专制政治,其治理措施主要是围绕军事目的展开的,以增强反蒋实力,巩固在广西的封建割据局面。诚如著名的军阀史研究学者陈志让所言:"军阀的最重要的工作是如何养兵。兵养得愈多愈好,军阀的权力也就愈大;一旦释了兵权或失去了兵权,军阀连自己的生命财产也难以保存。"[2] 因此,整军经武是新桂系的第一要务,一切建设都是以军事建设为中心的。也正因为

---

[1] 广西日报:桂林版.1949-10-26.

[2] 陈志让.军绅政权——近代中国的军阀时期 [M].北京:生活·读书·新知三联书店,1980:6.

这样，新桂系所理解的地方治理只限于自身统治的"自治"，以维护他们在广西地方的家长制式的统治，与现代社会所强调的民主政治完全是两码事。就算是他们所极力推行的"村街民大会制度"也只是徒有民主之名，而无民主之实，是"没有权利的参与"（戴安娜·拉里语，第九章有阐述）。

综观学者对广西自治的研究，虽然成果丰硕，但多着眼于各项政策措施得失的评说，很少专门讨论留学生群体在其中的开创性贡献，迄今也没有一部专著阐述这一群体与广西治理之间的关联性。我们当初就此内容以"20 世纪 30 年代留学生群体与广西自治研究（1931—1937）"为题申报国家社会科学基金项目，正是希望在这方面能贡献点绵薄之力。

该课题在 2010 年有幸获得国家社会科学基金项目立项，项目编号为 10XZZ007。立项后即开展艰难的研究工作。几年来，课题组成员足迹遍布全国，各地图书馆、档案馆留下了大家辛勤劳动的身影，获得的丰富资料为研究工作打下了坚实的基础。同时，我们还进行了广泛的实证调研。在几年的研究中，我们到李宗仁故居及官邸、白崇禧故居、黄绍竑故居、黄旭初故居及留学生雷殷、邱昌渭、雷沛鸿等人的家乡参观走访。到 1931 年广西省政府划定的桂林等 10 个用"三位一体"的制度进行乡村改造和建设的试点县及广西柳州"沙塘农都"等地进行考察调研，还赴容县、平南、玉林等地寻访广西自治的历史见证人，获得了大量的第一手资料。本书可以说就是对所获得的文献和实证调研资料进行全面的爬梳和深入的剖析后的成果体现。项目 2016 年获准结题，本书即项目研究的最终成果，相关文献梳理截至 2015 年 3 月。

本项目成果共分 9 章内容，力图充分挖掘广西自治中的留学生群体的作用。在内容编排上，从考察留学生群体与近代地方自治理论及实践的关联性为切入点，进而剖析这一群体与新桂系集团的互动状况及在广西自治的政治、经济、文化、军事方面的作用，最后探讨了留学生群体经世救民的思想渊源及从总体上评价留学生群体在广西治理中的贡献。

我们深知自己的学术底蕴浅薄，学术积累贫乏，对这一项目的研究无论是研究内容的把握，还是研究方法的运用等方面都可能存在诸多的不足甚至"硬伤"，祈盼能得到学界同人的指教和斧正。

作者

2022 年 7 月

目　录
CONTENTS

第一章

导　论

第一节　相关概念界定

对 20 世纪 30 年代留学生群体与新桂系广西自治关联性的研究离不开对近代中国地方自治理论传播和自治实践推行的认识，这一时期的广西自治活动可以说是基于此宏观背景的广西自治实践，因此，我们有必要对自治、地方自治、广西自治、新桂系、留学生群体等相关概念进行梳理和界定。

一、自治

从词源上来考察，英语的"autonomony"来源于希腊文"auto"和"nomos"，前者为自我（self），后者指规则（law），两者结合可理解为自我管理之意。按《布莱克维尔政治学百科全书》的解释："指某人或者集体管理其自身事务，并且单独对其行为和命运负责的一种状态。"①

在汉语中，"自治"一词当最早在《管子》中出现："（明君）置法以自治，立仪以自正也。"而司马迁强调："民不能自治，故为法以禁之。"② 这里的"自治"大体为自我约束、自我控制的意思，与现在的"自治"含义是不同的。明朝的李贽从国家治理层面使用"自治"一词："君子以人治人，更不敢以己治人者，以人本自治。"而现代意义上的"自治"概念则是舶来品，在清末宪政规划的预备立宪过程中，清政府从 1909 年起颁布的《城镇乡地方自治章程》等一系列文件中，将"自治"作为立宪的根本，"自治"含义充分体现于其中。

如何界定"自治"概念，学者们从不同的视角进行了阐述。作为一种思想

---

① 戴维·米勒，等. 布莱克维尔政治学百科全书［M］. 北京：中国政法大学出版社，2002：745.
② 司马迁. 史记·孝文本纪［M］. 北京：中华书局，1982：418.

和制度层面的"自治"，如果从16世纪以后随着对中央集权制度的斗争在西方兴起算起，至今已有几百年的历程。其间对其含义的认识在不断变化之中，不同国家、不同立场的学者按不同的标准，给出的概念各不相同。当然，如果从宽泛意义上来理解"自治"，可以依不同标准把自治分为不同类别。如依据性质可分为政治性自治和非政治性自治；依据内容可分为文化自治、民族自治、司法自治、行政自治等；从范围上可将自治分为主权国家的独立自主、主权国家范围内的地方自治、城市自治、乡村自治等。①

需要强调的是，狭义上看，"自治"一般是从国家政体层面来理解，是和"国家统治"相对应的概念。这里又有两种代表性的视角。

一是从自治主体上来界定，自治主体按层级可分为人民自治和团体自治，人民自治是直接自治，意指人民对涉及自身权益的事务亲自处理或参与处理，这种处理是基于自治权而产生的，其意志自由，不受国家所委派的官吏的支配；团体自治是一种间接自治，人民通过代理人这种团体来处理自己的事务，团体的自治权是由国家法律所赋予的，所以是一种法律上的自治。民国时期政治学者黄哲真就执此观点②，得到了同时期和后来的许多学者的支持。

二是从自治内容范围的大小上来界定。从大的方面来说，凡属国家事务，公民都有权并积极参与，包括立法、行政、司法等事务。从小的方面来看，自治仅指向国家行政事务。日本学者吉源太郎就是从这一视角来研究自治概念的。③ 在对"自治"的理解上，中西方学者在强调的侧重点上是有差别的，中国大陆和台湾学者均倾向于从"他治"条件下来理解"自治"，即"自己治理自己"。④ 大陆学者在村民自治和社区自治研究中强调自治在于三个自我：自我教育、自我管理、自我服务。台湾学者则从孙中山的有关民治和官治的论述出发，认为自治就是"民治"，"自治是指地方上的公共事务由人民自行处理，或由人民选出的官员代为处理"⑤，其思路大抵上大同小异。西方学者的"自治"更多从自治权、自主、自律方面进行强调，即认为自治就是一种权利，一种公民或者说自治主体具有自主管理自己事务的能力和资格。同时自治主体又具有

---

① 闫婷婷.论民国的地方自治［D］.西安：西北大学，2007.
② 黄哲真.地方自治纲要［M］.北京：中华书局，1936：2.
③ 吉源太郎 地方自治：全二册［M］.朱德权，译；金慧华，郑少华，点校.北京：中国政法大学出版社，2004：8-9.
④ 乔万尼·萨托利.民主新论［M］.冯克利，阎克文，译.北京：东方出版社，1998：73.
⑤ 高应笃.地方自治学［M］.北京：中华书局，出版时间不详.

充分的理智和能力克制不当行为和冲动，若为自治团体，则应形成团体的共同意志以达到自我约束的效果。

综上所述，"自治"可以表现为思想、制度、活动多个层面，具有多重内涵。作为国家治理意义上的自治思想和自治活动，滥觞于 16 世纪的英国，而后经历一系列曲折过程逐步成为欧美国家重要的国家治理制度。尽管可以从多个视角进行认识，但自治的核心可归结为民主和自由的权利。首先，自治意味着作为自治主体的公民或团体具有自由的意志，可以不受干涉地独立决定关涉自身的事务。其次，自治的过程必须贯彻民主的精神，形成民主管理的机制，充分体现民主的本质，而这也正是民主制度所追求的政治理想。

二、地方自治

所谓"地方"，从字面上看是指一定的区域，现代意义上的地方是从行政区划的视角来理解的。它相对于中央而言，是国家为便于治理而将领土范围划分为大小不同的区域，这些区域就是地方。至于地方自治机关，各国有不同的表现。美国地方自治机关为州、县、市镇或乡；英国地方自治机关为县、市、区三级；法国地方自治机关为省、郡、县、市四级；德国地方自治机关为邦、县、市、镇三级。

考察我国的行政区域设置，可追溯到秦汉时期。当时全国划分为 36 个郡，郡下设县，县下为乡，乡下设里。隋、唐、元、明、清直至民国时期，区域划分多有改变。中华人民共和国成立后行政区域经历了不断调整的过程。1982 年宪法规定，全国地方划分为省、县、乡三级，另外设直辖市与省平级，设省辖市与县平级。总之，每个时代的统治者都会根据其治理需要设置不同层级的行政区域，以利于更好地、更有效率地进行统治。

地方自治是目前世界上许多国家的基本政治制度设计。这种发端于欧洲的制度是中世纪后期统一的民族国家形成后中央集权的强大与地方分权要求的张力的必然结果。所以说地方自治观念已有几百年的历史，之后经过不断的发展，逐步形成系统的地方自治理论体系。从地方自治的概念来说，应该说不同时代的不同国体、政体的国家在不同的语境下对其内涵的界定是各不相同的。一般认为，英国法学家史密斯最早对地方自治进行了界定。他认为地方自治主要是所谓的中央集权与地方自治的结合，被称为不能偏废的"史密斯主义"，"地方自治"成为很多学术研究的重点。

"地方自治"英文为 localself-government or local autonomy，法文为 autonomielocale，德文为 selbstverwaltung，含义不尽相同。英文有地方自治政府，法文

有自治，德文有自治行政的含义。日本学者对地方自治问题有很好的研究，把地方自治称为"地方自治团体"①。

至于地方自治定义，多到难以计数。我们可以列举有代表性的辞书进行考察。《简明不列颠百科全书》定义为"由中央或者地方政府授予其下级政治单位的有限自主权或者自治权；对地方居民的活动予以一定的承认，并给予相当的自治权，但要求地方居民在政治上必须效忠中央政府"②。日本的语言工具书《广辞苑》从"团体自治"和"居民自治"两个不同视角来解释地方自治："地方团体作为独立的团体，自己负责并且依靠自治机关来处理属于自己的事务，按照本地居民的意愿制定和实施政策。"③《中国大百科全书》"政治学卷"是这样界定地方自治含义的："在一定的领土单位之内，全体居民组成法人团体（地方自治团体），在宪法和法律规定的范围内并在国家的监督下，按照自己的意志组织地方自治机关，利用本地区的财力，处理本区域内的公共事务的一种地方政治制度。"④ 众多的地方自治概念尽管各有差异，但大体包含自治主体、客体、性质、权力来源和范围，自治地区与国家的关系等要素，从这个角度来说，《中国大百科全书》的定义是比较全面和深入的，它把这些要素都涵盖其中。当然，具体对每个要素内涵的理解又各不相同。从地方自治主体来说，前已述及的日本学者把地方自治分为"团体自治"和"居民自治"两种情况，相应的自治主体即为团体和居民。当然，中国的地方自治也可从这两方面来看，如民族区域自治可被视为团体自治，而村民自治、社区自治则是一种居民自治。前者为"法律性行政"⑤，后者为"政治性自治"⑥。当然，在自治实践中，团体自治和居民自治往往难以截然分开。

从地方自治客体来说，指的是地方的公共事务。而哪些属于地方公共事务，这就涉及如何界定的问题，也就是自治的范围问题。如前所述及，有广义、狭义之分，日本学者在这一方面有较深入全面的阐述。广义的地方公共事务是指所有与地方居民相关的事务，涵盖立法、行政、司法等大大小小的事务，而狭

---

① 陈顾远. 地方自治通论［M］. 上海：泰东图书局，1922：2；转引自丁德昌. 民初湖南省宪自治研究［M］. 上海：上海人民出版社，2011：5.
② 简明不列颠百科全书：第 2 卷［M］. 北京：百科全书出版社，1985：578.
③ 新村出编. 广辞苑［M］. 上海：上海外语教育出版社，2005：138.
④ 中国大百科全书［M］. 北京：中国大百科全书出版社，1992：263-264.
⑤ 阿部齐，大久包皓生，寄美胜美. 地方自治的现代用语［M］. 东京：日本学阳书房，1990：65.
⑥ 阿部齐，大久包皓生，寄美胜美. 地方自治的现代用语［M］. 东京：日本学阳书房，1990：65.

义的地方公共事务则专指行政事务。

从地方自治的性质来看，地方自治是一种权力还是一种权利？有学者对此进行了分析。如果说是一种权力，则可以认为地方自治权是国家公共权力的一部分，是中央与地方纵向权力划分的产物，是中央权力下放的结果。由此决定了地方自治权来源于中央的分权。如果说是一种权利，则重点在于表征自治主体的能力和资格，与表征权力相对，强调的是地方自治首先是一种自然权利，是让渡的权利之外的固有权利。地方自治权不是中央赋予的而是天赋的，是地方人民与生俱来的自我管理地方事务的基本权利。这一意义上的自治地方与中央的关系更强调一种平等关系。实际的国家权力运作中，这两种理解是可以统一的，中央集权与地方自治具有各自的职权范围，地方在中央指导下，更好地管理地方事务。中央对地方的监督以立法监督为主。①

对"地方自治"概念的理解有差别的原因固然是多方面的，但所依据的理论基础的差别应该说是一个重要的因素。关于地方自治的理论基础，有学者曾概括为保护说、钦定说、固有权说、制度性保障说、人民主权说、人权保障说、法人说、地方政府说、权力分立制衡说等学说。其中影响最大的是保护说（人民自治理论）和钦定说（团体自治理论）。② 由这两种理论出发构建的两种地方自治模式，即英美法系模式和大陆法系模式是目前世界上两种最为典型的自治模式。

英美法系模式下的地方自治是基于"自然权利"理论的，认为地方自治权最终来源于人权。人权是先于国家而存在的，国家的职责在于保护这一权利不受随意干涉。大陆法系模式下的地方自治基于"团体自治"理论，强调国家本位，地方的自治权不是天赋的，而是国家通过一定的法律程序赋予地方的，是中央为了对国家更好地进行治理委托地方成立自治机构自行管理的，其事务的最终决定权在于中央。中央政府对地方机关具有强制性权力，以行政管理监督为主。由于基本的理论渊源不同，两种典型的地方自治模式也就各具鲜明的特点了。

综上所述，我们大体上可以给地方自治下一个简单的定义。所谓"地方自治"，是一国的地方事务由地方人民直接或组成团体，在一定的法律规范下自行决定和处理地方事务的地方社会治理制度。这一政治制度在其展开过程中涵盖了地方自治理论、地方自治制度和地方自治实践3个层面。

---

① 丁德昌.民初湖南省宪自治研究［M］.上海：上海人民出版社，2011：8.
② 闫婷婷.论民国的地方自治［D］.西安：西北大学，2007：12.

地方自治作为西方国家的一种地方管理制度，由于其在欧美国家的实践被认为是一种有效的地方治理形式，不仅带来政治的昌明，而且带来经济繁荣富强，因此被纷纷效仿；我国晚清开始地方自治的尝试。1909 年 1 月，清政府颁布《城镇乡地方自治章程》等文件后，陆续出台了一系列自治政策法规，把地方自治作为地方治理制度正式确立下来。清朝的灭亡并没有使地方自治活动停止，相反以各种形式得到不断的发展。进入民国后，各种政治力量纷纷宣称奉孙中山的地方自治思想为圭臬，开展了轰轰烈烈的地方自治运动。其中包括地方割据势力推行的地方自治运动和国民政府的地方自治实践。前者包括联省自治运动和乡村自治运动。从 1920 年至 1922 年，当时几乎所有的省份都发起或卷入联省自治运动，目标是制定省宪法，民主选举省长，实行省自治，由本省人民自行管理自身事务，然后联合组成中央政府建立联邦制的联省共和国。虽然这一活动最后不了了之，但也为地方自治实践提供了很有价值的经验。乡村自治运动也是当时地方自治运动的重要部分，山西、广西、山东、安徽、江苏等省都纷纷推行，其中以山西、广西最有代表性。山西在阎锡山统治下推行村本政治，建立了一套乡村自治制度；广西在李宗仁、白崇禧、黄旭初领导下广泛开展乡村自治实践，取得了良好的成效。山西和广西因其村治特色而成为当时受全国瞩目的政治模范省。

国民党的地方自治实践于 1928 年开始，《县组织法》（1928 年）规定：地方自治实行县、区、村、里、闾、邻五级制，由县政府负责筹备监督全县自治工作。尽管按计划到 1934 年完成县自治，但实际过程热闹有余，成效不足，而且各省发展极不平衡。1934 年后又推行保甲制度，强化了政府对基层社会的有力控制。到 1939 年后，国民政府实施新县制，保甲被融入自治体系中，保甲成为强力推行地方自治的组织新形式。值得注意的是，虽然过程曲折艰难，国民政府推行的自治活动难以令人满意，但在一定程度上推动了民主治理方式在中国的生根发芽。

三、广西自治

广西自治可以说是 20 世纪二三十年代风起云涌的地方自治运动中的一朵奇葩。这场运动既有民初特有的时代背景，也被打上了军事强人的鲜明烙印。当时由各省军阀发起的自治活动五花八门，但具有全国性影响甚至引起国外学者关注的唯有山西和广西。有必要指出的是，民初的自治运动往往以乡村自治为主角，这应该是与高度中央集权下的传统社会权力结构"王权不下于县"的特征有关。中国传统的权力结构很有意思：一方面是高度的中央集权，皇权浩瀚，皇恩浩荡；另一方面县以下的乡村社会又是皇权难以触及的，成为国家权力统治的真空地带。这些地方由于由乡绅等社会力量进行控制，进行自我组织、自我管理，反而具有一些自治的因子。因此，轰轰烈烈的民初自治运动中乡村社会成为一片热土。不用说梁漱溟、晏阳初等"乡村建设派"主动到农村进行乡村自治实践，各路军阀也多以乡村自治的形式加强对乡村基层社会的控制，达到巩固统治的目的。更进一步来看，就是乡村自治的试验失败也无法动摇其对地方控制的根基。阎锡山在山西推行的"村本政治"形成了以村为本的基层社会行政体制，并借此构建了一整套的乡村自治制度。山西也因其村治的独特实践获得广泛赞誉。康有为将阎锡山推行的村制誉为地方自治的典范，称山西是"政治模范省"。

广西自治以乡村建设为突破口。蒋桂战争、中原大战迫使新桂系败退广西，也促使新桂系集团痛定思痛：把广西建设好才是解决一切问题的根本。在1931年解除各种危机重新底定广西后，打出"建设广西，复兴中国"的旗号，提出"三自政策"（自卫、自治、自给），制定了《广西建设纲领》，开展富有特色的广西自治活动。

当然，我们考察新桂系广西自治应着眼于其自治的实践，时间上可以上溯到1926年新桂系开始控制广西推行行政改革，即对全省行政区域和县级行政区域进行整改，到1937年抗日战争爆发后广西归顺国民中央政府。这一时段是广西自治最有标志性的时期，各方面都体现出浓厚的自治色彩。从拥军自重、发行地方货币、任免地方官吏到颁布地方自治法令，"各项新政的内容与办法，和中央法令所规定的并不完全相同，常有其特异之处。可是各项新政的精神都是与中央一致的，均实行三民主义，以达到改造社会、复兴民族的目标"①。也就是说，尽管多有特异之处，然广西并非脱离中央之"独立王国"，新桂系是根据广西特殊的环境与需要，推行其特定的政务。在行政关系上，仍然是地方与中央之间的关系，只是当时新桂系统治的广西其自治性特点更为突出，与中央之间若即若离，缺乏传统的单一体制下地方与中央之间的紧密联系。

新桂系广西当局对自治也有自己的定义。认为所谓"自治"就是"自己管理自己"，是地方自治。有两个含义：一方面，是说地方人民有依照自己需要来管理地方事情的权利，不过他们的措施，不能与国家的需要相冲突；另一方面，就是说地方人民应当各尽义务，各献能力，来办理地方事情，满足公共需要。②

---

① 徐义生. 广西省县行政关系 [M] //国立中央研究院社会科学研究所丛刊：第二十一种. 北京：商务印书馆，1943：2.

② 李宗仁. 广西之建设 [M]. 桂林：广西建设研究会编，1939：54.

这一定义应该说是具有现代意义的。

广西自治依托于"三自政策"和《广西建设纲领》,以实现"建设广西,复兴中国"之目标。此一目标涵盖近期目标和长远目标的统一,即立足于"建设广西",以达到"复兴中国"的最终目的。广西自治的突出特点在于从乡村建设切入,以"三位一体"制度、民团制度为推手,提出自治基层单位到村,实行村治,这是富有创造性的。正如他们认为的:"人民自治的运动,过去也曾有人做过数度的努力,但他们的方法,都是错误的,他们的错误是忽略基层的工作,现在我们广西自治工作是从最下层做起的。"①

"1931—1937"这一时间概念只是从广西自治的典型时段的意义上使用的,整个广西自治时期可以认为从 1926 年到 1949 年。1926—1930 年,虽然新桂系首领并没有明确要推行自治,但其具体实践仍颇具自治精神,1937—1947 年由于抗战爆发,全民族一致对外,广西主动归顺国民中央政府,放弃自治立场,但事实上由于新桂系直到 1949 年才真正土崩瓦解,1937 年后直到 1949 年广西的各项政策措施仍颇具特色,是前一时段自治的延伸。有论者认为,广西地方自治,按广西当局的计划,分为 3 个时期,即扶持自治时期、自治开始时期和自治完成时期。始于 1939 年 1 月,终于 1941 年 10 月②。这与本书的时间界定是有出入的,这里暂且存而不论。

另外我们要指出的是,新桂系在广西推行的乡村自治,是难以严格按现代意义上的地方自治应该涵盖的民主、自由、权利等内容来衡量的。正如戴安娜·拉里认为的:"桂系只是接受他们自己理解的自治概念:没有权利的参与。"③ 张鸣批评新桂系治理下的广西农村即使在全国其他地方鼓吹地方自治的时候也看不到任何民主的影子,连表面文章也不愿做。④ 由于是一种"军刀"下的乡村自治实践,依靠新桂系首领李宗仁、白崇禧、黄旭初等军事强人强烈的个人意志推进各个领域的建设,因此广西自治显示了浓厚的以军人为主体的、政治权力渗透到社会的所有领域的特征。但我们更应注重的是新桂系进行的广西自治建设是在广西特定条件下的特定产物,应该用具体历史的眼光看待,不

① 乡村工作须知 [M].南宁:第 4 集团军政训处编,1937:6.
② 杨乃良.广西乡村建设与地方自治研究(1930—1949)[M].兰州:甘肃人民出版社,2004:145.
③ 戴安娜·拉里.中国政坛上的桂系 [M].陈仲丹,译.南京:江苏教育出版社,2010:210.
④ 张鸣.乡村社会权力和文化结构的变迁(1903—1953)[M].西安:陕西人民出版社,2008:125.

必过多地去苛责前人。

四、新桂系

桂系是民国时期统治广西的政治军事集团，按时间和代表人物可分为两个阶段。第一阶段称为旧桂系，以陆荣廷等人为代表，是西南地区重要的军政集团派系，统治广西的时间为 1912—1925 年，属于北洋军阀的范畴。第二阶段称为新桂系，主要是为了区别于旧桂系，统治广西的时间为 1925—1949 年，长达24 年，属于国民党地方实力派。一般来说，大体可以以 1931 年为界，新桂系分为前期和后期。前期是李、黄、白（李宗仁、黄绍竑、白崇禧）三雄统治（1925—1930）；后期是李、白、黄（李宗仁、白崇禧、黄旭初）体制（1931—1949）。尽管 1937 年抗日战争爆发后广西省当局主动结束原来的"半独立"状态，归顺国民中央政府统一领导，但实质意义上的新桂系仍然作为国民党内的一个重要派系继续维系着。

当然，对"新桂系"一词也有不同观点，魏华龄先生认为所谓"新""旧"桂系在本质上是一样的，只有前后之分，没有"新""旧"之别。"新桂系"一词不足以反映"新桂系"的实质，而以"国民党桂系"一词取代则更为确切。[1] 新桂系集团的重要人物程思远先生甚至认为在国民党内没有"桂系"这样一个派别，李宗仁等领头人一直对外讳言"桂系"[2]。尽管有不同的看法，但作为学界长期沿用的称呼，本书尊重这种约定俗成的用法。

五、留学生群体

群体，英文为 community，也称社群，按社会学的观点，通常是指人们按照一定的社会关系所结成的有共同生活活动的集合体。按照这一定义，群体往往指称社会群体，并非任何一群人集中起来就是群体。成员有明确的交往联系，有持续的相互交往活动，有共同的群体意识和规范及共同行动的能力的一类人才能叫群体。[3] 当然在实际生活中，我们在具体考察某一群体时会发现并不完全具备这些特征，但作为社会群体必定是由于某些社会原因而产生的具有共同或相似的心理状态和心理倾向，并以特定的相互关系和方式组合起来进行活动的

---

① 魏华龄. 对"新桂系"一词的商榷［J］. 贺州学院学报，2012（3）：31.

② 程思远 1992 年 4 月 16 日致桂林市政协文史委的信，信存桂林市政协文史委。

③ 孙立平. 社会学导论［M］. 北京：首都经济贸易大学出版社，2004：161-162.

人群或共同体。① 群体可以从多个维度进行划分，具有各种各样的类型。

"留学生群体"，顾名思义，就是指由留学生组成的群体。本文是在 20 世纪 30 年代广西自治的背景下使用这一概念的。按当时对留学生的理解，包括出省留学和出国留学两个部分。我们所取的是后一种意思，即具有出国留学经历，在思想、文化等方面表现出相同或相似倾向的知识群体。这里所谓"留学生"，自然是指已经归国服务于各行各业的知识分子，不是还在国外留学的人。新桂系统治广西时期，到底吸引了多少留学生入桂服务，应该说尚难以精确统计，而且因为我们是从宽泛的意义上使用留学生概念，既包括在外国学校学习获得学历、学位证的，也包括短期培训、进修、考察、游学者，即囊括了所有具有国外学习经历者。因此，这一群体就显得更为复杂，也给充分把握这一群体数量造成更大的难度。

以"群体"来概括这些国外留学生，当然不是一个个留学人员的简单加总，主要是基于这些有国外学习经历者具有某种相似的思想意识、文化价值观等，是一种"思想性群体"②。容闳是现代意义上的中国最早的留学生，自 1854 年从耶鲁大学毕业归国后，促成了留美运动并由此掀开了中国的留学运动。留学生群体是"留学运动"的直接产物，广西自治中留学生群体则是其中之一，当然只是中国留学生运动形成的留学生群体中的很小一部分，属于"大海中的浪花一朵"。但这小小一朵浪花颇为引人注目，在 20 世纪 30 年代的广西自治运动中绚丽绽放。

留学生这一思想性群体可以从不同的视角进行划分，如依学习和服务领域可细分为政治群体、经济群体、军事群体、文化教育群体等；或按求学的国别则可分为留美群体、留日群体、留英群体、留法群体、留德群体等。一般把留学欧洲国家归为一类，由此，现代意义的中国留学生群体大致上分为留美群体、留欧群体、留日群体、留英群体四大基本群体。我们在考察广西自治中的留学生群体时也是遵循这一划分方法的。

尽管我们难以精确统计参与新桂系广西自治建设的留学生情况，但依笔者所收集的材料进行考证应不下于 200 人，分布于各个领域。依《广西建设纲领》所确定的四大建设作为参照，可以如上述分政治群体、经济群体、文化群体、军事群体四类进行考察。当然所列举的也只是较有代表性的人物。政治群体包

---

① 赵鸣九. 大学心理学 [M]. 北京：人民教育出版社，2005：278.

② 王中平. 留学生群体分化与社会思潮演变（1915—1928）[M]. 长春：吉林人民出版社，2011：82.

括邱昌渭、雷殷、潘宜之、程思远、陈劭先、黄季陆、李一尘、刘仲容、彭襄、苏希洵、王公度、韦永成、盘珠祁、朱佛定、谢苍生、岑德广、张佩文、王深林、麦焕章、施正甫、黄仲菴、莫遗贤、谢康、张威遐、李文钊、陈寿民、郭任吾、蒋培英、李新俊、苏经、黄华表、王心恒、陈融等。

经济群体包括马保之、黄荣华、蓝梦九、凌鸿勋、李敦化、金国宝、李运华、陶绍勤、阳明焰、周汝沆、杜肃、蒋继尹、廖竞天、龙纯如、龙家骧、沈镇南、张海平、姚文林、时昭涵、谭义勋、黄蓟、廖乔松等。

文化群体是一个更为庞大的群体，涵盖教育、科技、文化等具体方面。马君武、雷沛鸿、陈寅恪、王力、李达、盘珠祁、邓初民、杨东莼、戈绍龙、陈望道、张志让、徐悲鸿等都是极负盛名的教育家。仅以1934年广西大学教职员中留学生情况为例，就能大致感受到当时留学生教育群体的活跃情况。120名教职员工中，共有37名留学生，没有留学活动经历的大多在从事学校的行政管理工作。职员中59人只有6名是留学生，而从事教学工作的61名教员中，留学生竟达31人。全校31名教授有29人是从国外留学回来的。[1] 具体情况将在第六章列出。

军事群体阵容也颇为强大，刘士毅、刘斐、杜从戎、蓝腾蛟、林伟成、岑德麟、王仍之、陈融、陈卓琳、冯璜、海竞强、何信、陆光球、吕辑人、吕天龙、罗锦春、马晓军、宁明阶、覃连芳、韦超、曾达池、张文组、章泽群等都有留学经历。

需要指出的是，这样对新桂系广西自治中的留学生群体进行分类更多是出于研究的需要，未必是很合适的，因为许多留学生是"跨界"服务的。如马君武先生历任兵工厂厂长、广西大学校长和广西省长，跨越了政治、文化和军事等领域；盘珠祁任过广西建设厅厅长、广西教育厅厅长和广西大学副校长，在行政和教育等领域都做出重要贡献；雷沛鸿以教育家著称，同时也是一名政府官员；马保之是广西大学教授，也是广西农事试验场场长，教育和实业兼顾。基于这样一人身兼多个角色的情况，因此我们在论述各个群体的作用时就往往会有交叉，一些人的作用和贡献也同样是跨界的，不可彼此割裂，非此即彼。

① 广西大学一览，民国二十三年六月编.

第二节　选题意义和研究综述

一、选题意义

（一）选题的来由

项目主持人和项目组成员多年来不同程度地致力于乡村治理和知识分子问题研究。在研究中大家发现了一个有意思的现象：目前国内学界对新桂系广西自治、知识分子问题都各有深入研究。本项目组成员还曾写有相关的专著，如杨乃良 2003 年和 2004 年分别出版了《民国时期广西经济建设研究》和《广西乡村建设与地方自治研究（1930—1949）》两部专著，对民国时期新桂系治理广西的政治、经济措施及成效进行了较深入的剖析，在学界产生了一定的影响。但把广西自治与知识分子问题结合起来进行研究则阙如，于是我们商量能否将两者联通进行交叉研究。申报方向大体确定后，在申报材料准备过程中，我们采取了由分到合的研究过程："分"即对广西自治问题、知识分子问题分别展开研究，梳理学界的研究状况、提炼核心内容；"合"即把两方面进行嫁接融合。在这一过程中，我们能深刻体会到近代以来波澜四起的各种运动，知识阶层可谓无役不与。尤其是留学生，20 世纪 30 年代这一群体在成为知识界的核心和主角的同时，在政治舞台上也崭露头角，积极影响了政治决策和社会治理。在当时偏远落后的广西，新桂系强力推行以乡村自治为核心的广西自治活动，一群优秀的留学生不畏艰难清苦，以此为舞台，进行着三民主义的实验。

通晓西学的留学生在广西民国政治舞台上写下了浓墨重彩的一笔。这一群体以三民主义为鹄的，以欧美政治为模板，在新桂系首领的有力支持下默默地从事全面的改良。他们与李宗仁、白崇禧、黄旭初等新桂系首领密切合作，直接影响乃至主导了广西自治的各项决策。

就是在这群留学生的筹划下，广西成为当时全国瞩目的模范省并引起国外一些学者的极大关注。在行政方面，留学生们借他山之玉，效法西方，简化行政层级，把旧桂系的省、道、县（土州、土县）三级行政层次简化为省、县二级；科学编制乡村行政区，推行"三位一体"制；整饬吏治，培训行政公务员以巩固基层政权；推行"村街民大会制度"以训练民众的自治能力。在教育方面，在留学生的主导下，广西初步确立了现代国民教育体系，创造了几个第一：

中国第一个强制普及小学义务教育并将小学义务教育普及村一级的省份；中国第一个把不分男女性别的义务教育列入法规并作为乡村官员考核的省份；中国第一个把军训列入中小学及大学教育课程的省份；中国第一个普及全民军事教育的省份；中国第一个普及成人文化运动的省份；中国第一个由地方政府独立完成省一级大学教育体系的省份。①

以历史观照现实，我们发现广西自治影响深远。20 世纪 80 年代初，广西宜山县（今河池市宜州区）合寨村自发产生了村民自治组织——村民委员会，成为中华人民共和国村民自治第一村，从而也使广西成为村民自治的发祥地。这一创举的出现，在一定程度上可以说与广西民众在 20 世纪 30 年代就受到初步的民权训练的历史积淀，与广西自治的"村街民大会制度"的影响密不可分。

木有本而枝茂，水有源而流长。通过史料钩沉可以发现，20 世纪 30 年代新桂系广西自治中知识分子在各方面都发挥了重要作用。广西自治各项决策多酝酿乃至实施于其手，而知识分子中的留学生群体因其西学经历更是发挥了独特的作用。但目前学界的研究不仅较少从总体上认识和评价知识群体在广西自治中的作用，更别说再进一步去挖掘留学生群体的作用。基于这样的认识，从留学生群体的作用切入对新桂系广西自治的研究，也许是一个不错的角度，会具有较高的学术价值。

按我们当时对资料的收集状况及对研究对象的初步理解，我们觉得这一研究至少应该涉及以下几方面。

其一，留学生群体如何与新桂系首领建立良好的政治互动关系。新桂系中原大战惨败后退守广西，提出"建设广西，复兴中国"的口号，励精图治，颇有改革现状的强烈愿望，渴求各种人才的加盟，有思想有抱负的留学生自然会进入新桂系首领的视野。而 20 世纪 30 年代的留学生游走于国内各派政治势力，纵横捭阖，寻求报国的机会。广西新桂系推行自治运动则给他们施展抱负提供了可能的政治舞台。

其二，留学生群体在广西自治各项决策酝酿、实施过程中的功能与作用。在研究中我们注意以广西自治历史实践为主轴，从不同侧面勾勒留学生在各项政策中的作用。在行政改革方面，注意厘清潘宜之、程思远、盘珠祁与广西"三位一体"政策的筹划，邱昌渭与《广西建设纲领》的颁布及对广西县政的革新及反思，以揭示留学生群体在广西自治政治改革中的历史贡献；在财政税制方面，分析留学生如何推动广西现代税制改革，提升广西财政实力，为抗日

---

① 余俊. 民国时期广西地方自治实施研究 [M]. 北京：人民出版社，2015：184.

救亡做出不朽的历史功勋；在教育方面，深入剖析雷沛鸿的广西国民教育体制的理论与实践，马君武、雷沛鸿对广西大学，戈绍龙对广西医学院等院校的经营与治理，以凸显留学生群体在确立广西现代教育过程中筚路蓝缕的历史性贡献。

其三，从思想渊源上探究留学生群体经世济民的思想渊薮，从政治思想史视野对广西自治中留学生群体做出整体性评价。任何知识群体的历史实践总有其思想的底蕴。本研究将从留学生个体的经历与实践着手，深入挖掘背后的思想底蕴。其中有可能涉及传统文化士大夫思想的熏陶、欧洲自由主义与社会主义思潮的启迪、同时代乡村建设派思想的影响等。

基于以上的一些思考，我们最后把研究课题确定为"20世纪30年代留学生群体与广西自治研究"。由于新桂系广西自治重要实践多集中于1931年至1937年，即新桂系重新底定广西后，划定桂林等10个县为试点，以点带面，开始用"三位一体"的制度进行乡村改造和建设推行地方自治到1937年抗日战争爆发后新桂系放弃"半独立"状态，接受国民中央政府统一领导这一时段，因此，选题的最终表述为"20世纪30年代留学生群体与广西自治研究（1931—1937）"。

（二）选题意义

留学生研究在我国学界算是一门显学，具有重要的学术价值和现实意义。从历史大事件中透视留学生的作用，不失为留学生研究的一个重要视角，本研究选取"20世纪30年代留学生群体与广西自治研究"这一题目，其学术价值和现实意义主要表现为如下几方面。

1. 有助于促进留学生研究由综合评述性向实证性转变。中国留学生研究应该说是伴随着中国留学史的发展轨迹展开的。中国留学运动奠基人容闳1909年在纽约出版了英文自传 *My Life in China and America*，1915年被翻译成中文版《西学东渐记》在中国出版，这可视为最早的留学生研究著作。与此同时，在留学生自办的刊物上登载了有关留学生历史与现状的研究文章，这些研究虽然尚难被称为规范的史学研究，但给后来的留学生研究提供了宝贵的资料。总体来看，中国留学生研究从清末民初开始缓慢起步。第一部系统研究中国留学生的专著是舒新城于1928年由中华书局出版的《近代中国留学史》。该书按时间顺序先叙述了容闳推动清政府派遣留美幼童，进而叙述了留学美国、欧洲、日本等国状况，还阐述了当时的留学政策、留学管理等问题，此后的留学史研究著作多以其体例为范本。以舒新城的研究为开端，民国时期的留学生研究出现了较好的局面，发表论文共300篇左右，尽管数量不算多，但毕竟已初具规模了。

中华人民共和国成立后直到 20 世纪 70 年代末，与留学教育进入低谷相对应的是留学生研究也趋于低潮直至停顿。20 世纪 80 年代以后，随着留学热潮不断，留学生研究亦由曲折发展向纵深拓展，专著和论文大量涌现，留学生、留学史研究成为中国近现代史研究的重要内容，这进一步拓展了中国近现代史的研究空间。

但纵观中国留学生研究史，总体上以综合评述性研究居多。作者们多致力于对历史资料的钩沉、爬梳，探寻留学生在历史场景中的作用，由此展开对留学生的综合评述，而较少涉及实证性研究。本研究当然不能离开对史料的充分把握，要通过历史资料去更接近历史事实，但是又不能局限于此，还试图通过实证调研，走访亲历广西自治的历史见证人，实地考察历史活动场景，努力做到文献资料与实地考察相结合。如果能通过我们的努力，对留学生研究由综合评述性向实证性转向有所促进，也算是贡献我们的绵薄之力了。

2. 有助于理解政治变迁中知识分子群体与政治首领的相互影响和互动。在政治变迁的场域中，政治首领居于核心地位，主宰了政治变迁的整个过程。但从古到今，每一个大的政治事件中都会活跃着知识群体的身影。他们以其专业游走其间，影响着政治变迁的历史过程，甚至会改变政治变迁的历史方向。当然，其影响的幅度要看与政治首领的互动关系。我们通过考察新桂系广西自治中的留学生群体因素，注意挖掘这一群体是如何通过其专业知识成为政治首领的幕僚，进而通过这一身份影响政治首领的各项政策的制定和执行；反过来则注意分析政治首领的个性特征如何影响对知识群体的使用，如何构建与知识群体之间的沟通机制，制定怎样的政策措施来保证沟通机制的畅通。在研究中我们将选取幕僚集团中的核心人物作为个案去剖析这样的相互影响和互动关系。这些人物分布在政治、经济、文化、军事等各个领域。这样的研究路径将更有助于我们把准政治变迁总体状况。

3. 有利于认识知识精英如何把西方理论应用于中国的具体实践。鸦片战争后到中华人民共和国成立前夕的历史时段是近代中国饱受凌辱、任人宰割的辛酸史。从容闳促成第一批留美幼童起，风起云涌的留学浪潮成为近代中国社会的一大景观。一批一批的学人留美、留欧、留日、留苏等，其内在动因是"师夷长技以制夷"。"制夷"之本在于推动中国社会的现代转型，以别国尤其是西方先进国家的技术、制度改造传统的中国社会。问题是作为留学生得以产生的母体的近代中国社会的内在关系纷繁复杂，社会结构正处在急剧的变动之中，留学生在学成归国后能在多大程度上学以致用，要看这一母体能提供多大的舞台供其施展手脚，更主要还要看留学生如何把所学的"舶来品"与中国的具体实践结合起来。在西学传入中国的过程中，常常会有两种极端的现象。其一是全盘西化。试图以西方的技术、制度完全消解传统的中国社会，把所有的中国元素全部消除。这大体与当时"西强中弱"的社会境况下，崇尚西方成为一种强大的话语权势有关。其二是文化保守主义。一些留学欧美的知识群体以其对西方社会的较多认知，转而对西方文明采取激烈的批评态度。试图通过重建中国人的精神家园以抗拒"欧风美雨"对中国传统价值观的冲击。这一现象应该说是与"中体西用"的开放观有很大关系。而居于这两个极端间的是更多的知识分子试图把外来"长技"融入中国社会，在推动近代中国社会的现代转型中实现中华民族的复兴。

留学生群体在广西自治中所发挥的作用，为我们透视知识精英如何把外来理论应用于中国具体实践提供了一个很好的研究视角。这里面涉及多重因素，包括当时广西复杂的社会境况、新桂系首领的统治方式及个人性格、留学生的专业化程度及个人的精神气质等。从面上来说，当时留学生群体对广西自治的政治、经济、文化、军事等方面的变革都产生了重要影响。但这种影响如果我们落实到点，落实到具体的人则又有很大的差别。从先进的西方国家到贫穷落后的广西，留学生们在感观上的落差是可想而知的。但他们能依靠自身所学，游走于广西社会的各个层面，推进广西自治，为广西成为引人注目的模范省躬行践履，这确实很令人深思。

4. 有助于推进广西自治研究更趋科学和全面。最早从学术层面对民国时期广西自治状况展开研究的应该是欧美学者，20 世纪 70 年代起就有相关论著问世。加拿大学者戴安娜·拉里的《中国政坛上的桂系》、美国学者赖维奇的《国民党中国的广西模式：1931—1939》是其中重要的代表作。中国学者钟文典主编的《20 世纪 30 年代的广西》对新桂系广西自治的各方面都进行了详细的叙述和评析。这之后新桂系广西自治问题引起了更多的国内外学者的更广泛的兴趣，成为民国史研究的热点问题。综观对广西自治的研究，主要侧重在几方面。一是对新桂系政治首领的研究，对李、黄、白（李宗仁、黄绍竑、黄旭初、白崇禧）从群体上和个人上都有较多的研究。二是对新桂系施行的各项建设措施的研究，包括乡村建设、城市管理、财政经济、文化教育、县政改革等方面都进行较深入的剖析。但如前所述，其中综合评述性研究居多，较少进行实证调查。在对广西自治进行研究时涉及知识阶层的作用，更多是阐述其他主要问题时涉及，并没有作为专门的内容进行阐述。本研究以文献检索和实证调研相结合的办法，深入剖析留学生群体与广西自治之间的互动关系，进而对留学生群体的历史性贡献进行分析。因此可以说，无论是在研究方法还是在内容的选择上都具有一定的新意，这对推进广西自治研究无疑是具有一定的促进意义的。

二、研究综述

本研究项目从题目来看涵盖近代留学生群体、广西自治两个部分，我们可以先分别梳理一下这两方面的研究状况。

（一）近代留学生群体的研究

李喜所先生在 10 年前就有多篇文章论及留学生研究问题，包括《学术文化视野下的中国留学生研究》《中国留学生研究的历史轨迹》《深化中国留学生研究的三点思考》等。他对留学生研究做纵向考察，认为大体上可分为清末民初缓慢起步阶段、中华人民共和国成立后和 20 世纪 80 年代的曲折发展阶段、20世纪 90 年代以来的逐步深化阶段。他还特别强调要关注港台学者的研究动态。清末的研究，尚难称规范的学术研究，主要是留学生在国外留学期间在自办的刊物上发表了一些有关留学生的历史与现状的文章，还有的学者如胡适发文对中国的留学教育政策进行检讨和抨击。1928 年舒新城的《近代中国留学史》出版，可以认为是对中国留学生进行学术研究的真正开端。同年他出版的《近代中国教育史料》（1~4 册）也提供了有关留学生的较丰富的史料，在他的影响和推动下，民国留学生问题研究得到学界更多的关注，整个民国时期关于留学生研究的文章在 300 篇左右，这为后来的留学生研究打下了良好的基础。

中华人民共和国成立后到 20 世纪 70 年代末，留学生研究处于低潮，乏善可陈。进入 80 年代后，随着留学浪潮不断兴起，出现了《中国近代留学简史》（关颖之）、《清代留学运动史》（董守义）、《近代中国留学生》（李喜所）等一批学术著作。这一时期研究论文内容较丰富，主要涉及以下几方面。

其一是对留学生历史和贡献的总评。如李喜所、苏贵民、潘君祥等学者对留学生的宏观考察。

其二是按留学生留学国别分类考察，对留美生、留日生、留欧生的研究居多，对留英生、留德生、留法生、留俄生的研究尚属薄弱。

其三是对留学人物的个体研究。

其四是剖析地方留学生。郑城、王笛、侯德祖等是其中重要的研究者。

20 世纪 90 年代以后，留学生研究成果得以深化传播，李喜所的《近代留学生与中外文化》、王奇生的《中国留学生的历史轨迹》、田正平的《留学生与中国教育的近代史》等是代表性的学术著作，标志着留学生研究水平的整体性提高。值得注意的是，还有两本有关留学生的辞书《中国留学生大辞典》《新中国留学归国人员大辞典》也在这一时期出版,这进一步推动了留学生研究的深化。至于研究论文,较 20 世纪 80 年代可谓井喷式发展,达 500 多篇,涉及宏观综合性研究,包括对留学生的发展轨迹及与中国社会发展良性互动的分析、留学政策分析等,留美生、留日生、留法生、留苏生研究也取得了较多的成果。

进入 21 世纪后,留学生研究热潮不减,多部专著面世。包括李喜所的《近代中国的留美教育》和《留学旧踪》,安宇、周棉的《留学生与中外文化交流》,吴霓的《晚清留美幼童命运剖析》等.研究论文则难以计数,研究成果蔚为壮观。另外各种有关留学生的研讨会也纷纷举行,留学生研究呈现一派热闹的景象。

港台和国外的留学生研究也很引人注目,大陆在"文革"前后留学生研究处于低潮时它们正处于高潮期。1975 年出版的台湾学者黄福庆的《清末留日学生》,1976 年出版的林子勋的《中国留学教育史(1847—1975)》、陶龙生的《留学生与中国社会》、汪一驹的《中国知识分子与西方——留学生与近代中国(1872—1949)》等都颇具学术价值。

国外学者对中国留学生的研究以日本学者为最,尤为用心于留日学生的研究。早在 1931 年松本龟次郎就完成《中国留学生教育小史》,此后实腾惠秀 1960 年出版《中国人日本留学史》,小岛淑男 1989 年出版《留日学生与辛亥革命》,20 世纪 90 年代之后相关成果就更为丰硕。美国学者以廷斯曼的《中国及其归国留学生史》、叶蔚丽的《1900—1927 年在美国的中国留学生》最有代表性。李又宁也多年致力于中国留美生研究,其主编的《华族留美史:150 年的学习与成就》《留美八十年》材料很丰富,颇具参考价值。同时他对胡适多有研究,先后出版了《胡适与民主人士》《胡适与他的家族和家乡》《胡适与国民党》《胡适与他的朋友》等。此外,法国、英国、德国、俄国均有学者进行研究,但难以和日、美作者媲美。

李喜所很早就提出应该在学术文化视野下展开对中国留学生的研究。他认为应该在四方面下功夫:一是梳理清楚留学生与中国现代学科群发展的关系;二是注意考察留学生所创立的现代学术文化机制;三是在学理的探讨中解析留学生的研究理念和研究方法;四是考察留学生的知识结构。[①] 这对我们进行留学生研究颇具启发意义。陈辽认为开创留学生研究新局面,应注意研究中的 6 个"互补":①对留学生在以往社会变革中的巨大作用的研究和对留学生在改革开放后所起的重大作用的研究互补;②研究留学生在政治、军事领域的作为和研

---

① 李喜所.中国留学史论稿 [M].北京:中华书局,2006:45-47.

究留学生在经济文化、科技、教育领域内的作为互补；③研究留学生在国内的影响和研究留学生在国外的影响互补；④研究男留学生与研究女留学生问题的互补；⑤中老年人研究留学生问题与青年人研究留学生问题的互补；⑥有组织的研究和自发自动的研究互补。①

近年来关于近代留学生的研究继续保持较好的态势。一是各种专著的出版。二是学术论文数以万计。笔者以"近代留学生"为关键词对中国知网进行文献检索，2005 年为 467 篇，2006 年为 579 篇，2007 年为 570 篇，2008 年为 573 篇，2009 年为 651 篇，2010 年为 772 篇，2011 年为 886 篇，2012 年为 982 篇，2013 年为 1122 篇，2014 年为 992 篇，2015 年 3 月 1 日前为 31 篇；因为 2015 年尚处年中，统计上可暂不列入。如果我们考察 2005—2014 年的情况，2006 年后每年均超过 500 篇，2013 年甚至突破 1000 篇，10 年平均数达近 760 篇。由此亦可知近代留学生研究仍是令人感兴趣的课题，具有相对稳定的研究队伍。研究内容上与上述的李喜所、陈辽等学者的主张多有契合之处。综合起来看，大体集中于以下几方面。

第一，关于留学史的总体研究。以专著为主。李喜所、章开沅、余子侠主编的留学史研究著作最为典型。由李喜所主编的三卷本的《中国留学通史》工程浩大，分晚清卷、民国卷和新中国卷，近 300 万字，2010 年由广东教育出版社发行。晚清卷涉及对洋务时期的留学教育、维新与新政时期的留学教育、晚清留学教育与中国社会、晚清留学教育的反思等问题的考察。民国卷涵盖北洋政府统治时期的留学教育、南京国民政府统治时期的留学教育、民国时期的留学生与中国社会等内容。与前两卷结构有所不同的是，新中国卷没有分上、中、下编的分块统合章节形式，而是直接分为 14 章，包括海外留学生归国与留学教育的转向，留学苏联、东欧及其他社会主义国家，1978 后留学政策变化后留学美国、日本、欧洲和其他国家的情况以及留学生群体与中国社会发展等相关内容，与本研究相关的以晚清卷和民国卷为主。章开沅、余子侠主编的《中国人留学史》分上、下两册，共八大部分 100 多万字，2013 年由社会科学文献出版社出版。对中国人 100 多年来的留学历程进行勾勒，包括甲午战争之前、清末 15 年、民国前期、民国后期、中华人民共和国成立初期、改革开放时期、21 世纪以来等几个阶段的留学行动，还专门考察了港澳台地区的留学变迁情况。另外，关霑的《中国人留学史话》（中国国际广播出版社，2009 年），陈潮的《近

---

① 陈辽. 六个"互补"：留学生研究更上一层楼 [J]. 徐州师范大学学报：哲学社会科学版，2004（1）：14-15.

代留学生》（中华书局，2010 年）、王辉耀的《百年海归·创新中国》（人民出版社，2014 年）也对留学史进行了剖析，为我们进一步认识近代留学生的历史轨迹提供了很好的材料。

除了总体的留学史探讨外，区域性的留学史研究也有较多成果。如徐鹤森的《民国浙江华侨史》（中国社会科学出版社，2009 年）、史戴西·比勒的《中国留美学生史》（生活·读书·新知三联书店，2010 年）、谢长法的《中国留学教育史》（山西教育出版社，2006 年）、黎锦晖的《留欧外史》（第一辑上编）（上海科学技术文献出版社，2014 年）、索穷的《翻越雪山看世界：西藏近代留学生史话》（清华大学出版社，2014 年），这些著作对一定区域或领域范围内的留学史都做了较深入的探析。

第二，关于留学生与近代中国文化交流。这方面的成果也较丰富，元青的《留学生与中国文化的海外传播：以 20 世纪上半期为中心的考察》（南开大学出版社，2014 年）、叶隽的《另一种西学：中国现代留学德人及其对德国文化的接受》（北京大学出版社，2005 年）、罗志田的《裂变中的传承：20 世纪前期的中国文化与学术》（中华书局，2009 年）、张纯的《中俄苏教育交流的演变》（山东教育出版社，2010 年）等都是有代表性的专著。论文方面涉及的内容也很丰富。如王晓红的《跨文化视角下的晚清留英学生研究》（北京外国语大学博士论文，2014 年）、梁永康的《"西学东渐"与晚清经济思想的近代化（1860—1911）——以来华新教传教士及海外留学知识分子为研究中心》（江西师范大学硕士论文，2010 年）、李霞的《"庚款兴学"与美国对华文化扩张》（福建师范大学硕士论文，2013 年）等。

第三，留学生与学科建设的关系。王伟的《中国近代留洋法学博士考（1905—1950）》（上海人民出版社，2012 年）、李兆忠的《喧闹的骡子：留学生与中国现代文学》（人民出版社，2010 年）都颇见功力。尤为重要的成果是南开大学出版了一系列有关留学生与我国学科现代转型的专著，包括斐艳的《留学生与中国法学》（2009 年）、胡延峰的《留学生与中国心理学》（2009 年）、李秀云的《留学生与中国新闻学》（2009 年）、李春雷的《留美生与中国历史学》（2009 年）、徐玲的《留学生与中国考古学》（2009 年）等，这些成果从一定程度上反映了南开大学在留学生研究上的丰富积淀。

第四，留学生思想方面的研究。陈友良的《民初留英学人的思想世界——从〈甲寅〉到〈太平洋〉的政论研究》（社会科学文献出版社，2013 年）、黄波粼的《言人人殊、殊途同归：〈独立评论〉的现代化思想》（上海三联书店，2010 年）是涉及留学生社会思想的重要著作。相关的论文也不少，包括任冬的

《浅析近代中国宪政思想的传播与早期实践》(《今传媒》，2014 年第 12 期)、周棉的《留日学生与清末新政时期西方政治文化学说的传播》(《江苏社会科学》，2014 年第 1 期)、刘尧峰的《清末民初军国民教育思想形成的社会动因》(《搏击·武术科学》，2014 年第 6 期)、赵炎才的《清末志士仁人道德批判思想再审视》(《长江论坛》，2014 年第 3 期) 等，从不同方面反映了近代留学生的社会思想。

第五，关于区域性留学生群体研究。相关的专著较多，如叶维丽的《为中国寻找现代之路：中国留学生在美国 (1900—1927)》(北京大学出版社，2012 年)，从外国人的视角审视在美留学生群体的状况。另外，王丽云的《留学生与云南近代化》(云南人民出版社，2013 年)、梁中美的《晚清民国时期贵州留日学生与贵州现代化》(西南交通大学出版社，2014 年)、周立英的《晚清留日学生与近代云南社会》(云南大学出版社，2011 年)、叶隽的《主体的迁变：从德国传教士到留德学人群》(上海外语教育出版社，2008 年) 等对区域性留学生群体的研究都颇具功力。学术论文方面，仅 2013 年以来的研究成果就相当丰富，杨晓军的《近代河南留学生群体特征探究》(《兰台世界》，2015 年第 1 期)，江盈盈的《民国时期的福建留法学生》(《海峡教育研究》，2014 年第 4 期)，马一的《晚清粤籍驻外领事群体知识结构述论》(《广东技术师范学院学报》，2014 年第 12 期)，杨晓军的《近代豫籍留学生群体在河南教育近代化转型与建构中的作用》(《商丘师范学院学报》，2014 年第 1 期)，贾鸽、宋永红的《近代天津法科留学教育探析》(《社科纵横》，2014 年第 7 期)，万建兰、滕明政的《清末民初留日学生群体的历史地位评析》(《湖北省社会主义学院学报》，2014 年第 4 期)，李清华的《民国时期福建留学生的社会影响力》(《海峡教育研究》，2014 年第 2 期)，王丽云的《留学生与云南农业近代化》[《云南民族大学学报》(哲学社会科学版)，2014 年第 5 期]，陈小亮的《清末湖南留日学生述论》(《湖南人文科技学院学报》，2014 年第 5 期)，刘宏的《瀛山采药：清末直隶省留日运动钩探》(《河北广播电视大学学报》，2014 年第 5 期)，杨阳的《滇籍留日学生与云南辛亥变轨再探讨》(《玉溪师范学院学报》，2013 年第 1 期)，王丽云的《试论留学生对云南经济近代化的贡献》[《云南民族大学学报》(哲学社会科学版)，2013 年第 3 期]，梁中美的《晚清贵州少数民族留日学生摭谈》(《教育文化论坛》，2013 年第 4 期) 等，这些文章为我们进一步研究区域留学生群体提供了丰富的材料。

第六，关于留学生群体的总体研究。专著有周棉的《中国留学生论》(南京大学出版社，2012 年)、王天骏的《文明梦：记第一批庚款留美生》(清华大学出版社，2012 年）等。论文方面，有黄松平、屈婷婷的《留美幼童若干史实考证》（《湖南行政学院学报》，2014 年第 1 期），韦广雄、覃举东的《留学生群体与近代中国地方自治》（《广西社会科学》，2013 年第 11 期），高峰的《清末的留学生为什么选择回国》（《寻根》，2014 年第 4 期），陶德臣的《民国军事留学生群体生成探析》（《军事历史研究》，2014 年第 3 期），李广超的《近代中国留学生传播西学的方式》（《教育评论》，2013 年第 2 期），安宇的《留学生群体的早期分化与救国道路的探索》[《江苏师范大学学报》（哲学社会科学版），2013 年第 1 期]，李梅丽的《师夷长技背景下的中国近代留学研究》（《兰台世界》，2013 年第 7 期），张玉法的《民国初期的知识分子及其活动（1912—1928）》[《聊城大学学报》（社会科学版），2013 第 1 期]，赖继年的《留学生与近代新知识群体的建构》（《理论月刊》，2013 年第 6 期），魏善玲的《清末出国留学生的结构分析（1896—1911）》（《历史档案》，2013 年第 2 期），这里虽无法一一列举，但以所罗列文章题目来看，对留学生这一群体的总体研究亦算是成果可观了。

第七，有关留学生性别维度的研究。孙石月的《中国近代女子留学史》自 1995 年出版至今有 20 余年了，尽管这部著作学界颇有微词，但总体来说应算是国内系统研究女留学生的第一本专著。之后这一研究点颇受学界关注，仅硕士、博士论文就有刘峰的《清末民初女性西游与文学》（苏州大学博士论文，2012 年）、张丹的《清末女子留学探究》（河北师范大学硕士论文，2008 年）、曹媛媛的《福建历史上首位女西医许金訇研究》（福建师范大学硕士论文，2014 年）、董玮的《近代女子海外游研究》（上海师范大学硕士论文，2005 年）、侯瑞的《清末民初直隶女教师群体研究》（河北师范大学硕士论文，2013 年）、杨红星的《留美医学生与近代中国公共卫生事业》（苏州大学硕士论文，2006 年）、张婷的《近代留学生对女子教育发展影响研究——以湘大地区为例》（曲阜师范大学硕士论文，2014 年）、杨晓夏的《政治变革与身份认同——近代知识女性的"贤妻良母"观（1896—1918）》（南京师范大学硕士论文，2014 年），这些学位论文对女留学生做了较深入的剖析。除此之外，学术论文就更多了：如张艳霞、肖俊毅、陈文联的《20 世纪初留日女学生对妇女问题的探索》（《湖南城市学院学报》，2014 年第 6 期），侯炳霞、何叙的《体育专业留学生与民国女子体育》（《当代体育科技》，2014 年第 1 期），华实的《宋庆龄与近代中国首批官费留美女生》（《农家之友》，2014 年第 1 期），徐悦超的《中国女子留日教育对近代中国女权主义启蒙的再认识》[《旅游纵览》（行业版），2014 年第 4 期]，张娟的《论清末民初女子留学教育对中国社会的影响》（《西北成人教育学院学报》，2014 年第 3 期），张艾利的《近代女教师的产生与发展特点》（《教育评论》，2014 年第 6 期），这些文章及我们难以统计的其他文章，构成了留学女性研究的重要成果。

第八，关于留学生个体的研究。对留学生个体的研究是对留学生群体进行微观研究的一个重要途径。这一视角以对容闳、严复、胡适、蔡元培等著名留学学人的研究为重点，并涉及留学史上的其他重要人物。对容闳的研究，多以留美幼童为分析视角，"容闳与留美幼童研究"丛书系列最具有典型性，该丛书第一辑由《我的中国童年》《中国幼童留美史》《容闳与科教兴国——纪念容闳毕业于耶鲁大学 150 周年学术研讨会论文集》《中国留美幼童书信集》《创办出洋局及官学生历史》《容闳与中国近代化》等组成。第二辑隆重推出《黄佐廷遗照慰亲图题词集》《詹天佑日志书信选集》《共同的容闳》《影像里的容闳与留美幼童》《大清幼童留洋记》《詹天佑评传》六部力作。丛书两辑从多维视角对容闳和留美幼童进行深入研究，应该说代表了学界对这一对象系列研究的最高水平。至于对容闳个人的研究文章更是蔚为壮观，包括陈经兴的《容闳与近代中西文化交流》（华中师范大学硕士论文，2011 年）、马波的《论容闳西学东渐的价值理念及实践》[《五邑大学学报》（社会科学版），2014 年第 1 期]、朱孔京的《容闳与沈葆桢留学教育思想的比较》（《中国社会科学院研究生学报》，2013 年第 5 期）等。对严复的研究以北京大学为重镇，通过学术讲座、研讨会、著书立说等形式对严复进行全方位的研究。从 2011 年至 2015 年，北京大学已举办了 8 届严复学术讲座。2013 年还主办了"严复：中国与世界"国际学术会议，来自美国、日本、德国、意大利、丹麦、希腊、冰岛及中国的近 70 位专家学者参与了会议。会议设置了多个子议题，探讨的内容涵盖了严复思想和生平的方方面面。至于有关严复研究的专著和文章，民国以来更难以计数。近者如黄克武的《惟适之安：严复与近代中国的文化转型》（社会科学文献出版社，2012 年），张儒威的《通向自由富强之路的探索——严复文化思想新探索》（南开大学博士论文，2013 年），李斌的《严复教育哲学思想研究》（福建师范大学硕士论文，2012 年），李永春、雒丽的《严复晚年回观传统文化问题再探讨》[《吉首大学学报》（社会科学版），2014 年第 6 期]等。对胡适的研究成果也颇为丰硕，海内外学人从不同视角展开研究。其中大陆和台湾学者又有颇多相左的观点。近期成果有李敖的《胡适研究》（时代文艺出版社，2012 年）、周质平的《光焰不熄：胡适思想与现代中国》（九州出版社，2012 年）、谢艳霜的《从胡适的戴学研究看他的反传统》（《江淮论坛》，2015 年第 2 期）、曹洪梅的《胡适国学教育思想研究》（山东师范大学硕士论文，2014 年）、赵娜娜的《胡适文言

文教学研究》（西南大学硕士论文，2013 年）、任剑涛的《胡适与国家认同》
（《开放时代》，2013 年第 6 期）、马艳玲的《胡适文化观研究》（黑龙江大学博
士论文，2014 年）、周银凤的《胡适的公民教育思想研究》（华中师范大学硕士
论文，2014 年）。从所列举的有关胡适研究的专著或文章就可管窥研究领域的广
泛性和研究内容的多样性，相信随着海内外学者的不断交流，对胡适的研究会
更趋于丰满。

对蔡元培的研究重点在于其教育思想，包括王玉生的《蔡元培大学教育思
想新探》（电子科技大学出版社，2014 年）、吴舸的《蔡元培高等教育管理思想
研究》（上海交通大学出版社，2012 年）、周夜黎的《蔡元培的大学管理思想研
究》（湖南师范大学硕士论文，2012 年）、毛大贤的《蔡元培的教育思想》（山
东大学硕士论文，2013 年）等。此外，学者们还关注了其伦理思想、美学思想、
人权思想、民族主义思想、民主思想、哲学思想、政治思想、科学思想等。

除了上述的著名留学精英人物外，对留学生个体的研究还涉及对王希天思
想（刘学兵的《王希天生平与思想研究》，东北师范大学博士论文，2012 年）、
董修甲的城市规划思想（王欣的《董修甲的城市规划思想及其学术贡献研究》，
武汉理工大学硕士论文，2013 年）、杨度政治思想（童舜尧的《杨度政治思想
探析》，南开大学博士论文，2013 年）、傅斯年思想、陈寅恪学术思想、李文江
地质思想等方面的研究。总之，留学生个体研究使近代留学生群体研究更为丰
富和深入了。

第九，关于留学生与行业发展的研究。这方面的研究成果也很丰富，金兵
的《海外归国留学生与近代中国职业指导事业》（《华侨华人历史研究》，2015
年第 1 期）、王建明的《留学生与近代中国军事航空研究》（南开大学博士论文，
2012 年）、房正的《留学生与中国近代工程事业的起步——以工程师的培养为
中心》（《自然辩证法通讯》，2012 年第 2 期）、张培富的《留学生与中国科学文
化的发展》（《科学技术哲学研究》，2012 年第 6 期）、刘志刚的《近代留日学生
对中国教育近代化的影响研究》（河北师范大学硕士论文，2012 年）、杜波的
《近代留学生对中国新闻事业的影响》（《西部广播电视》，2014 年第 8 期）等是
近年来的主要代表作。总的来看，对留学生与行业发展的研究仍有许多值得挖
掘的空间。

以上对留学生群体研究状况的梳理只是大致的勾勒，但即便如此，亦可发
现留学生群体研究目前仍呈现繁荣的景象。这种繁荣说明这一研究领域十分广
阔，尚有许多空间值得更深入挖掘。

（二）关于广西自治的研究

由以上对"广西自治"概念的界定可见，所谓"广西自治"即以李宗仁、黄绍竑、白崇禧、黄旭初为代表的新桂系治理广西时期的各种作为，一般表现为新桂系的统治状况。对新桂系广西自治的研究，广义上从 1926 年新桂系开始底定广西至 1949 年国民党政权在大陆的失败；狭义上为最典型阶段，主要是 1931—1937 年。本研究以后者为主。

新桂系广西建设引起学者们极大的研究兴趣。从对 20 世纪 30 年代广西自治建设的总体研究来看，几本专著可圈可点。20 世纪 70 年代在剑桥大学出版的加拿大学者、历史学教授戴安娜·拉里所著的《中国政坛上的桂系》，分析当时新桂系的政治定性，结论是新桂系已经远超当时中国的所谓"地方势力"，实达到全国性的身份。该书中文版 2010 年由江苏教育出版社出版。美国学者赖维奇（Levich Eugene William）反映 20 世纪 30 年代新桂系广西建设的著作 *The Kwangsi Way in Kuomintang China*：1931—1939（《国民党中国的广西模式：1931—1939》）1993 年由 M. E. Sharpe 出版。该书对 20 世纪 30 年代的广西建设进行了深入研究，并将"李、白、黄"领导的广西与同时代毛泽东的延安政府以及蒋介石的南京政府做了一个相当发人深省的比较。国内学者钟文典主编、由广西师范大学出版社 1993 年出版的《20 世纪 30 年代的广西》是新桂系广西建设研究的一部力作。全书对 20 世纪 30 年代的广西建设有详尽的记载，数据丰富，颇具参考价值。此外，由广西区政协文史资料委员会编、广西区政协文史办 1990 年发行的《新桂系纪实》（上、中、下）及广西区政协文史和学习委员会编写、广西人民出版社 2005 年出版的《新桂系纪实续编》（一、二、三、四），收集了新桂系各个时期的文史资料几百篇，并按各历史时期进行编排，为我们研究新桂系提供了很好的历史资料。莫济杰、陈福霖主编、广西人民出版社 1990 年出版第一卷到 1996 年出齐第二、第三卷的《新桂系史》从策划到出齐整整 10 年，全书洋洋洒洒 90 万余言，论述了新桂系崛起、发展和消亡的全过程，把新桂系作为地方实力派进行全面评价，在一定程度上填补了中国现代史关于新桂系研究的学术空白。谭肇毅的力作《新桂系政权研究》2011 年由广西人民出版社出版发行。该著作以专题式的研究方法，对新桂系政权进行了考察和研究，探讨新桂系割据统治的理论、制度和政策，围绕其政治、经济、文化、军事的重大活动进行分析，评价其得失和历史作用。

除了上述专著的总体性研究外，学者们还从多个视角进行具体研究。可分以下几方面来看。

第一，关于新桂系人物的研究。首先是对新桂系首领的研究。其实早在民国时期就有学者展开研究。罗飞鹏编著、建国书店 1938 年出版的《李宗仁与白崇禧》在分章叙述李宗仁和白崇禧的事迹后，介绍李、白二将军在桂兵出征前的训话，并总结两人的生平情况；赵轶琳编著、大时代书局 1938 年出版的《李宗仁将军传》把李宗仁的经历分为出师北伐时代、埋头建设时代、对日抗战时代 3 个阶段。虽然叙述较为简略，但逻辑清晰，较好地勾画了李宗仁的主要经历。其他如李宗仁口述，唐德刚撰写的《李宗仁回忆录》（广西师范大学出版社，2005 年），张学继、徐凯峰的《白崇禧大传》（浙江大学出版社，2012年），白崇禧口述、贾廷诗、陈三井记录、郭廷以校阅的《白崇禧口述自传》（中国大百科全书出版社，2013 年），程思远的《李宗仁先生晚年》（华艺出版社，1996 年），舒绍平的《民国总统府秘书长邱昌渭》（中国文史出版社，2011年），雷坚的《雷沛鸿传》（广西人民出版社，1997 年）等，这些人物传记为我们更好地研究新桂系提供了丰富材料。

第二，关于新桂系经济建设研究。杨乃良的《民国时期广西经济建设研究》（章义书局，2003 年）是较系统全面地研究新桂系经济建设的一部著作，时间跨度为 1925—1949 年。至于对经济领域的具体研究，则涉及多方面，如叶巧群的《新桂系时期广西财政研究》（广西师范大学硕士论文，2004 年），王彦民、朱寒冬的《抗战前新桂系广西经济建设评析》[《广西师范大学学报》（哲学社会科学版），1991 年第 4 期]，宾长初的《论新桂系的经济建设方针及管理机构》（《民国档案》，2008 年第 3 期），夏彬洋的《广西银行业务研究（1932—1945）》（广西师范大学硕士论文，2013 年），谭刚的《抗战时期广西企业公司研究（1941—1944）》（《抗日战争研究》，2013 年第 3 期），杨琼的《简评新桂系乡村建设时期农业生产基本建设》（《科技创业月刊》，2012 年第 4 期），曾凡贞的《20 世纪 30—40 年代广西县财政收支探析》[《广西师范大学学报》（哲学社会科学版），2012 年第 6 期]。这些文章探讨了经济建设的各个层面，展示了新桂系在当时贫穷落后的广西如何进行经济建设的努力。

第三，关于新桂系的政治建设研究。黎瑛的《权力的重构与控制：近代广西社会控制机制研究》（民族出版社，2011 年）着眼于考察近代广西社会控制机制，包括新桂系集团的统治特点、指导方针、理论来源，新桂系行政机制的运行过程，政府的执政能力及人民与政府的互动情况。总体来看，该书对新桂系广西社会控制机制的研究还是比较深入的，具有比较高的学术价值。张建的《20 世纪三四十年代的广西村街民大会制度》（广西师范大学硕士论文，2008年）围绕 20 世纪三四十年代广西村街民大会制度在新桂系乡村建设中的作用进行探讨。作者认为这一制度保证了新桂系政令的畅通，推动了各项乡村建设工作；动员民众支前抗战，实践地方自治。当然，新桂系推行的这一制度仍存在很多缺陷，在具体运作上仍是"官治"下的民众的民主政治训练。此外，许多学者还从更多视角来认识新桂系的政治建设。程世阳的《新桂系时期广西四大城市管理近代化研究》（广西师范大学出版社，2014 年）考察了桂林、南宁、柳州、梧州四大广西城市的管理问题，通过这一考察也大体了解了新桂系的管理水平。

第四，关于新桂系的文化教育研究。新桂系广西教育涉及各个层面，这方面的研究成果也比较丰富。黄祐的《新桂系在广西推行的教育新政探析》（《教育评论》，2010 年第 1 期）认为新桂系在 20 多年的执政广西中注重发展教育事业，采取一系列措施加以推进并取得较好效果，培养了一大批人才，在一定程度上推动了广西经济社会发展。值得注意的是，在新桂系广西教育研究中，雷沛鸿这个人物是绕不开的。他是新桂系广西教育改革和发展的主要设计者，对其教育思想和实践的研究是新桂系文化教育研究的重要内容。谢文庆认为雷沛鸿的"融入式办学"和卢作孚的"互摄式办学"是民国时期西部地区教育本土化的两种办学取向的典型案例。雷沛鸿留学欧美的西学背景及五次执掌广西省教育行政的经历，使其教育思想和实践兼具西化和本土化的特点。作为留学生，他注意将西方教育融入广西本土，使西方教育能在广西"本土生长"。[①] 此外，刘杰的《雷沛鸿国民基础教育实验研究》（湖南师范大学硕士论文，2011 年），肖郎、王有春的《雷沛鸿与广西教育研究机构的创办——学术史的视角》[《天津师范大学学报》（社会科学版），2013 年第 2 期]，肖威、罗剑的《雷沛鸿成人教育思想探析》（《广东广播电视大学学报》，2013 年第 1 期），张锋的《雷沛鸿乡村教育思想对大学生实践教育的启示》（《兰台世界》，2014 年第 22 期）等文章，也从不同视角对雷沛鸿做了较深入的研究。

马君武是新桂系时期文化教育领域的又一巨擘。尽管集政治家、教育家、实业家等多重身份于一身，但也许作为教育家是最为成功的。他三掌广西大学，为广西的高等教育发展贡献良多。对他的教育思想和实践的研究也为众多学者所关注。田伟、刘海燕的《剖析马君武教育思想的"精气神"》（《兰台世界》，2015 年第 1 期），李晶晶的《马君武文学研究》（西北师范大学硕士论文，2014 年），安远的《马君武教育思想研究》（西南大学硕士论文，2012 年），刘彦德、李正敏的《马君武"三苦精神"教育理念述略》（《兰台世界》，2014 年第 13

---

① 谢文庆. 本土化视域中的西部地区两种办学取向比较——以雷沛鸿和卢作孚为例 [D]. 上海：华东师范大学，2013.

期），全守杰的《马君武研究三十年——兼论马君武教育思想研究的分布特征与趋向》（《教育与教学研究》，2013 年第 4 期）等文章，是马君武教育思想研究的一些成果。

对新桂系的文化教育研究还涉及其他许多方面，如对广西省教育会等各种教育团体的研究、对民国时期广西各种教育期刊的研究、对广西社会教育的研究、对广西国防教育的研究等，总体看来，研究领域广阔，研究视角多样。

第五，关于新桂系军事建设研究。这方面的研究以广西民团研究最为典型。在广西新民团研究中，刘文俊是重要的代表。他的研究成果集中体现在其专著《广西新民团研究（1930—1940）》（合肥工业大学出版社，2007 年）中。该书史料丰富，对新民团的历史渊源、创建过程、组织训练制度及在广西政治、经济、文化、军事建设方面所发挥的作用等问题进行了较深入的探讨。新民团作为新桂系的准武装组织，它的建立与当时国内外复杂形势有关。在白崇禧的主导下，新民团编练进展迅速，训练主要包括干部训练和团兵训练两个部分，学生和公务人员的训练也被列入其中，形成了严密庞大的军事训练体系。除了这部专著，刘文俊的《广西新民团人数考辨》[《广西师范大学学报》（哲学社会科学版），2011 年第 3 期]、《广西"新民团"及其在抗日战争中的作用》（《广西社会科学》，2006 年第 12 期）、《广西"新民团"与乡村建设运动》[《安徽大学学报》（哲学社会科学版），2007 年第 6 期]、《广西"新民团"经费考析》（《广西经济管理干部学院学报》，2008 年第 3 期）等文章对新民团做了更做一步的细化研究。

除了新民团研究，新桂系军事建设研究成果还包括刘覃波的《民国时期广西省政府匪患治理研究（1926—1941）》（西南大学硕士论文，2013 年）、陈峥的《桂南会战前新桂系的军事政治动员——以第三届广西学生军的活动为中心》[《重庆师范大学学报》（哲学社会科学版），2014 年第 4 期]、杨启秋的《论新桂系的"寓将于学"政策》（《玉林师范学院学报》，2011 年第 3 期）、曹光哲的《试论新桂系在抗日战争中的历史地位》[《广西师范大学学报》（哲学社会科学版），1989 年第 3 期]、胡益华的《新桂系时期广西学生军研究》（广西师范大学硕士论文，2012 年）、郭代习的《新桂系与抗日游击战初探》（《宜春学院学报》，2011 年第 1 期）等，研究视角较为宽广。

当然，对新桂系军事研究的考察不能忽视对新桂系核心人物的军事思想和实践的研究。一些学者对李宗仁的抗战思想、军人信念教育思想等也颇有研究。白崇禧的抗日战略思想、抗日游击战思想等多有学者进行研究。总体而言，对新桂系的军事建设研究尚显薄弱，研究领域不够开阔，有许多可以拓展的空间。

第六，关于新桂系对外关系研究。新桂系在广西自治建设中重视以开放的心态加强对外交往。一是政治上以开明形象外示，获得了广泛的赞誉，当时就有许多学人关注到这一点。大约在1935年出版的《广西建设集评》（作者、出版社不详）中的文章多对广西建设持褒扬态度，这从文章题目可见一斑。如《广西之新建设》《全国瞩目的新广西》《中国有一模范省乎?》《新广西》等，这可视为对广西政治建设的最早研究，这些研究进一步提升了广西政治形象。另外新桂系时期报业的发展非常迅猛，可谓前所未有。通过报刊这一窗口加强对外宣传，塑造新桂系的良好形象。徐健在《20世纪30年代新桂系报业发展述评》（《广西社会科学》，2013年第7期）中考察了当时报业发展情况，从侧面反映了新桂系的对外交往情况。二是重视对外贸易。麦恩杰早在2002年发表的文章《近代广西对外贸易与市场的现代化》（广西师范大学硕士论文，2002年）中就对广西外贸状况进行了考察。学者们也关注到新桂系的鸦片问题。鸦片是当时广西最大的税收来源，当局每年从鸦片过境广西中获得巨额的财税收入。这一问题在陆吉康的《近代广西鸦片问题研究》（广西师范大学硕士论文，2005年）中得到了较好的阐述。三是在外交上，注重中越边界对汛机制建设。在中法双方共管中越边界上，新桂系与法越殖民当局加强合作，不断加速广西边境贸易与国际贸易的发展，使对汛成为边防外交和友谊的桥梁。付世明的《中法战争后的广西边境对汛》（《广西民族研究》，2011年第3期）、叶羽脉的《中越边界广西段对汛研究》（广西师范大学硕士论文，2008年）等文章对此做了较好的剖析。

从以上分别对近代留学生群体研究和新桂系广西自治研究情况的梳理来看，目前学界对这两方面的研究都是比较全面和深入的，取得了较丰硕的成果，但把这两方面联系起来进行研究的很少。也就是说，考察留学生群体在广西自治中的作用，或者反过来说考察新桂系广西自治过程中留学生群体所起作用的研究尚较为有限。20世纪30年代的广西自治建设中大批留学生投身其中，为广西成为"模范省"建设做出了巨大贡献。但就所梳理的文献资料来看，学界对此鲜有涉及，多着墨于各项政策措施的得失评说。就算对雷沛鸿、马君武有较多研究，也主要局限于其教育思想；而对邱昌渭、马保之的研究就笔者目力所及只是一些传记，如前所谈及的舒绍平的《民国总统府秘书长邱昌渭》、刘光世的《农学家马保之》。前者从"艰难的乡间学子"开始，经历了"长沙求学""美国留学深造""颠沛流离心悲凉""广西施抱负""进入重庆国民政府""充当内战吹鼓手""参演竞选闹剧""担任国民政府总统府秘书长""客死台湾"，把邱昌渭一生经历串联起来，涵盖其国内国外求学、从政实践等活动；后者介绍了马保之的农学活动情况。两者都仅限于传记性的介绍，对邱昌渭、盘珠祁、马保之、潘宜之、程思远等这些在广西自治中谋篇布局的留学生的研究尚缺乏深入挖掘，学术性研究仍有较大空间。至于留学生群体如何与新桂系首领形成互动关系，在广西自治各项政策中起着重要作用的这一群体其思想源流在哪里，对这些问题的深入阐述，目前仍付诸阙如. 迄今为止，还没有一部专著阐述这一群体。

（三）研究框架

本研究针对目前学界在广西自治研究中对留学生群体的作用认识不足这一状况，较全面深入地剖析这一群体如何与新桂系政治集团互动。整个研究拟采取"总—分—总"的构架形式。"总"，即对本研究相关问题的交代，对留学生群体与近代地方自治理论及实践关联的认识，对留学生群体与新桂系政治集团的内在互动的探析；"分"，即对留学生在广西自治的政治建设、经济建设、文化建设、军事建设等领域所发挥的积极作用进行专题讨论；"总"，即在讨论以上专题之后，回溯思想源流，从根源上考察留学生群体经世济民的思想来源。最后收回现实，反思留学生参与下的新桂系广西自治的现实镜鉴，阐述留学生群体在广西自治中的贡献。在这一思路的基础上，本研究分为九章内容。

第一章，导论。主要阐述相关概念的内涵，对选题意义等进行交代，着重留学生群体研究和广西自治研究的学术史回顾，并概述了研究方法。

第二章，留学生群体与近代中国地方自治的实践。本章从三方面进行考察。一是留学生群体与西方地方自治理论在近代中国传播的关联，留学生群体如何推动西方地方自治理论在近代中国的传播；二是留学生群体在近代中国地方自治思潮形成和传播中的作用；三是在近代中国的各项地方自治实践中留学生群体扮演了怎样的角色。

第三章，顶层制度设计与基层治理互动：留学生群体与新桂系政治集团。这一章需要把握几方面。其一，考察广西自治中留学生群体的基本状况。这离不开对 20 世纪 30 年代整个中国的留学生群体生存状况，包括就业状况等方面的认识。其二，李宗仁、白崇禧、黄旭初等新桂系首领具有较强的现代治政理念。他们重新主政广西后试图大展身手，改变广西的贫弱状况，因此具有强烈的改革意愿，需要大批知识分子尤其是具有海外求学经历的留学生的加盟。其三，留学生出于生存压力和建功立业的动力渴望施展才华的舞台。这一需要与新桂系首领雄心勃勃改变广西面貌的强烈愿望的结合，使得两者之间形成了良性互动关系。在揭示这一互动关系时要注意分析新桂系首领"行天下事，用天下人"的人才政策以及乐群社所起的延揽人才的作用。

第四章，留学生群体与新桂系广西自治的政治建设。留学生群体在广西自治中的作用首先体现在对各种政策措施的制定和推广中，大体上需要剖析如下几个问题。其一，留学生群体与广西自治中现代化行政体系的构建。包括邱昌渭、万仲文等留俄派参与《广西建设纲领》起草、讨论、修改完善的历程，雷殷、潘宜之等人如何策划和落实"三位一体"制度等。其二，留学生群体与广西自治中现代人事制度和公务员制度的创立。新桂系建立了一套现代人事制度和公务员选拔、任用、培训、考核等制度，留学生是如何参与其中的？其三，留学生群体与广西地方自治的推行。其中涉及程思远游走于各种势力之间，充分显示其外交能力、做好各种协调工作；雷殷掌民政厅期间，对禁烟禁赌、惩办贪污、兴建公路、督令乡村备荒积谷等方面颇多着力；邱昌渭作为新桂系著名文胆人物，先后以广西省政府主席办公室秘书长、广西省教育厅厅长、广西省民政厅厅长等身份从政广西 6 年之久，是广西县政改革的中坚力量。其四，留学生群体在中国国民党革命同志会中的地位和作用。中国国民党革命同志会作为新桂系加强广西内部团结的核心组织，考察留学生群体在其中的地位是认识其在新桂系广西自治的政治建设中的作用的一个很好的视角。其五，以王公度为首的留俄派的地位和作用。在广西政治舞台上的留学生群体结构复杂，有留日派、欧美派、留俄派等。其中留俄派曾居高位，试图运用苏俄模式来改造广西，其间的成败对我们认识留学生的社会作用很具启发意义。

第五章，留学生群体与新桂系广西自治的经济建设。包括以下几方面的内容。其一，留学生群体与新桂系经济建设方针和政策的制定。其二，留学生群体与新桂系农林建设措施的推行。这一问题涉及对农学家马保之的介绍以及在沙塘农都实验中留学生群体如何致力于发展新桂系的农林事业。其三，留学生经济群体与新桂系工矿业建设措施的推行。其四，留学生群体与新桂系交通运输建设措施的推行。着重考察凌鸿勋与广西铁路的兴建、黄荣华与广西交通通信网的形成。其五，留学生群体与新桂系财政金融建设措施的推行。

第六章，留学生群体与新桂系广西自治的文化建设。文化领域是很多留学生在新桂系建设中施展拳脚的舞台。这一章涉及马君武、雷沛鸿、邱昌渭、杨东莼、李文钊、戈绍龙等留学生的贡献，具体有以下几方面。其一是留学生群体与新桂系的文化教育政策。其二是留学生群体与新桂系的国民基础教育制度。特种部族教育也将在这里阐述。其三是留学生群体与新桂系的中等教育制度。其四是留学生群体与新桂系时期的高等教育制度。将围绕以下几方面展开阐述：留学生与省立时代的广西大学，马君武、雷沛鸿、盘珠祁、邱昌渭等在其中发挥了重要作用；留学生与广西省立医学院，戈绍龙、李祖蔚、孟宪荩、叶培、张镕、汪士成、叶馥荪等具有留学背景的精英群体对广西医学院的建立和发展做出了重大贡献；杨东莼与广西省立师范专科学校。其五是留学生与新桂系的文化建设，涵盖留学生与新桂系时期的戏剧、美术运动，留学生与新桂系时期的医疗卫生建设、图书馆建设、报业建设等内容。

第七章，留学生群体与新桂系广西自治的军事建设。本章分 4 个部分展开论述。其一，留学生群体与新桂系的军事建设理论。其中包括刘士毅提出的"三寓政策"；其二，留学生群体与新桂系的民团建设。新桂系把民团建设办得富有特色，留学生在其中扮演了重要的角色，如刘斐在主持广西民团培训工作方面就深得新桂系首领的赏识。其三，留学生群体与新桂系的军训措施。新桂系以民团组织为载体，以民团成员军训为核心，把军训扩展到中小学、大学学生及公务人员中，形成了一个全民参加军训的壮观局面，一些留学归国的军事人才如刘士毅等得到了充分施展才华的舞台。其四，留学生群体与新桂系的空军建设。新桂系空军建设方面的投入在当时是享有盛名的，"林伟成"是一个响亮的名字。他提出"空军独立论"，在此基础上为推进新桂系航空事业发展采取了各种举措，使广西航空业的发展富有成效，在抗日战争中发挥了积极的作用。这一部分还将概述广西空军中留学生群体的贡献。

第八章，新桂系广西自治中留学生群体经世济民的思想源流。本章对留学生群体的思想渊源的考察涉及三方面。其一，中国传统士大夫精神熏陶。留学生具有西学背景，掌握近现代科学知识。但中国传统的士大夫精神如以天下为己任、忧国忧民等精神深入其心，我们将具体考察其作用情况。其二，欧美自由主义和社会主义思潮的启迪。留学生群体所处的时代正是欧美自由主义和社会主义思潮得到广泛传播的时期。这些西方思潮在多大程度上影响了留学生的价值取向，使他们能在观念和实践中受到启迪，将是我们研究的一个重要方向。其三，中国乡村建设思想的影响。新桂系广西自治建设时期，正是晏阳初、梁漱溟、卢作孚、陶行知等人领导的乡村建设运动风起云涌的时代。广西自治以乡村治理为基础和核心，它在多大程度上受到当时风行全国的乡村建设理论和实践的影响，以及留学生作为知识精英，在两者之间发挥怎样的沟通作用，是本章需要进行阐述的。

第九章，留学生参与下的新桂系广西自治的现实反思。本章是最后一章，将从两方面做总体评价。其一，留学生群体参与下的新桂系广西自治的现实反思。将从正、反两方面进行挖掘。正面将联系当今"村民自治"情况，通过比较分析找到村民自治与新桂系广西自治的历史联系；反面将剖析广西自治的不足及消极影响。其二，留学生群体在 20 世纪 30 年代广西自治中的贡献。这部分主要是总结概括留学生群体在广西自治各个领域的贡献。当然，这是对之前留学生群体与广西自治的经济、政治、文化、军事建设的专题讨论的概括性总结。

第三节　研究方法

一、文本分析法

这一方法要求对文本进行由表层到里层的深入研读，以求得对文本内容的真正把握。本研究涉及民国时期的文献，文本十分繁杂，而且由于年代较远，许多文献残缺破损。这给资料收集造成了极大的困难，需要下很大功夫去进行考证、甄别，才能尽可能还原史料的本来面貌。

本研究的文本来源主要是广西区及广西各地图书馆、档案馆、南京市图书馆、南京大学图书馆、上海图书馆、中国第二档案馆、北京大学图书馆、国家图书馆、重庆市图书馆等保存的报纸、杂志、档案、图片、典籍等。从收集材料的过程来看，单一的某座图书馆或档案馆很难找到和项目研究相关的完整资料，往往要把从多个地方找到的文献资料汇总后比对分析，才能找到一些符合研究需要的材料。而且广西自治建设各项政策措施的制定和执行过程中留学生群体的作用程度如何，是一个需要各种材料相互佐证的过程。于是对当时各种会议记录、公告文件等原始档案材料的收集就成为一项很重要的工作。通过对各种材料的广泛深入爬梳，使留学生群体的作用鲜明地呈现。

本项目涉及的文献资料数量是巨大的：拍摄了3000多张图片，复印了两万多页的资料，购置了200多种相关图书（著作）。具体可参看文后所附的"参考文献"。大致分类如下。

第一，各种档案资料。抄录、拍摄了大量有关1926—1949年广西省政府机构成立、人员任免的文件，广西省政府各项规章、规则和条例，有关广西省县市长概况材料，关于广西省政府民政厅1935—1937年的人事工作计划、报告以及人员任免等方面的文件图表，广西民团指挥部、广西地方建设干部学校各种档案资料等。

第二，20世纪30年代涉及广西情况的各种出版物。包括《创进》《创进月刊》《民团月刊》《民团周刊》《容县旬刊》《建设研究》《地方政治》《西大农讯》《军校旬刊》《桂潮》《宇宙风》等，总计不下于50种，拍摄或文印了其中的大量内容。

第三，时人的各种专著。其中有新桂系首领李宗仁、黄绍竑、白崇禧、黄旭初等有关桂政的各种论述，主要体现在广西建设研究会编写的《广西之建设》《白崇禧先生言论集》《黄旭初先生言论集》和新桂系领导集团其他人的论述中，如邱昌渭的《广西县政》、雷殷的《地方自治》等。广西省政府组织编写的《桂政纪实》《广西年鉴》（第一至第三回）等文献也是我们重点收集的。另外，梁上燕、亢真化等学人对当时广西各项建设都有大量的论述。如梁上燕的《新政与新人》、亢真化的《广西乡村三位一体制之检讨》等。

第四，广西各地方志。如《邕宁县志》《宜山县志》《平南县志》《贵县志》等几十种，从中了解广西自治时期各县的建设情况。

第五，各种文史资料专辑。如《广西文史资料》《桂林文史资料》《广西文史资料选辑》《新桂系纪实》《新桂系纪实·续编》等，其中文章多为广西自治建设当事人的回忆，很有史料价值。

第六，现代著作。如《20 世纪 30 年代的广西》（钟文典）、《从变乱到军省：广西的初期现代化（1860—1937）》（朱浤源）、《地方实力派与中国区域现代化——透视 20 世纪 30 年代的广西》（陈勤）、《华族留美史》（李又宁）等。

总之，收集的材料是很丰富的，这为文本研究提供了充分的材料，保证了本研究的顺利开展。

二、历史语境主义方法

该研究方法是目前政治思想史研究领域占主导地位的"剑桥学派"重要的历史研究方法，主要代表人物为剑桥大学的昆廷·斯金纳教授。这一研究方法是在反对文本中心主义方法过程中确立其重要地位的。文本中心主义注重历史上政治思想的连续性、独特性，以对文本的解读来理解文本的真实意图，达到对前人思想的理解。历史语境主义认为文本中心主义产生了很多谬误，这是由于过于注重对文本本身的理解力。应该更关注某一特定文本产生的社会和文化背景，也就是更强调语境的解释作用和效率。对新桂系广西自治的研究，一方面当然要重视对各种文献资料的研读，因为这是展开研究的最基本的条件，但同时我们还要注意的是新桂系的宣传机器是很强大的。"新广西""模范省"的成就是否名副其实，这是应该质疑的。相应地，各种记录评述的材料的完全客观、真实性也是不应该存而不疑的。因为这些文本可能难以避免斯金纳认为的"学说性神话""融贯性神话""预见性神话"。学说性神话指的是捏造某种学说，试图把思想统一于某种想象出来的主题之下的神话；融贯性神话指研究者总是倾向于把经典文本当作一个融贯的整体，不可能存在和容纳内在的实质性的矛盾；预见性神话是指研究者把眼中的政治思想史片段的历史意义等同于那一片段所具有的意义，把自己所理解的文本意义强加于文本之上，忽视文本本身的意义。① 因此，对广西自治建设和留学生群体作用的研究要放在具体的历史语境中进行综合考证，在勾联留学生个案研究的基础上，尝试性还原广西自治的真实脉络。

三、实证调研的方法

本研究在进行过程中课题组成员到新桂系首领故居及留学生雷殷等人的家乡考察走访；深入 1931 年广西省政府划定的桂林、兴安、全县（今全州县）、灌阳、灵川、恭城、平乐等 10 个用"三位一体"的制度进行乡村改造和建设的试点县进行调研，获得充分的调研材料；课题组成员还到柳州沙塘考察沙塘农都建设，与战时农都博物馆负责人深入交谈，获得了许多宝贵的资料；另外赴容县、平南、玉林等地寻访广西自治的历史见证人。通过这些方式，达到文献资料和实地考察相结合的目的。

---

① 李见顺. 历史语境主义——昆廷·斯金纳政治思想史研究方法初探 [J]. 船山学刊，2009（1）：218-220.

第二章

留学生群体与近代中国地方自治的实践

近代中国地方自治理论的形成与实践和留学生群体的贡献是分不开的。可以说留学生群体是近代中国的地方自治理论的主要缔造者，是近代中国地方自治实践的主要推动者。

第一节　留学生群体与近代中国西方地方自治理论的传播

一、近代中国的留学生群体

（一）早期留学生群体

中国近代最早的留学生是广东人容闳，他是 1847 年被美国人布朗博士带到美国去的。近代中国的留学运动也是在容闳推动下形成的。1872 年，清朝政府派出了一支由容闳带队的 30 人队伍赴美留学，这是中国政府派遣留学生的开端。随后在 1873 年、1874 年和 1875 年，清政府派出了 3 批学童赴美留学。"在这些学童中最大的 16 岁，最小的 10 岁。广东籍 84 人，占 70%；江苏籍 21 人，占 17.5%；浙江籍 8 人，占 6.7%；安徽籍 4 人，占 3.3%；福建籍 2 人，占 1.7%；山东籍 1 人，占 0.8%。"[①] 4 批留美学生总计 120 人。这次留学规定：时间为 15 年，学习内容包括系统化的美国先进的思想文化和科学技术。但是由于保守派阻挠，这次留学到 1881 年就结束了，共进行了 3 期培训，未能完成预定的留学目标。这些留学生中比较有名的如唐绍仪、詹天佑、梁敦彦等。首批官费留美学生后六七年间，一些地方督抚相继遣送一些留学生。据统计，1900—1907 年，官费留美学生总计有 100 余人。[②]

在官派留美的同时，1909 年前，通过其他不同渠道也有不少中国青年赴美留学。据梁启超 1904 年在《新大陆游记》中的粗略统计达 50 人。广东籍学生

---

① 吴汉全，王中平．留学生与近代中国社会变迁 [M]．长春：吉林人民出版社，2012：5.
② 王奇生．中国留学生的历史轨迹（1872—1949）[M]．武汉：湖北教育出版社，1992：12.

共21人，有11人为自费生。① 据有关方面统计，在外派留美学童之后，在沈葆桢、李鸿章等人的推动下，1877年、1882年、1886年、1897年，清政府又派出了4批留欧学生。这些学生主要来自福州船政学堂，共计80余人，主要到英国、法国、德国、西班牙等国学习欧洲的舰船制造、驾驶、操作、轮机、枪炮、测绘等技术。学习时间为6年，最后一批因经费困难，仅学习了3年即回国。这些留学生中比较有名的如严复、萨镇冰、马建忠、林泰曾、刘冠雄、李鼎新、刘步蟾等。1903年后各省及一些机构也分别选派一些留学生到欧洲学习（表2-1）。加上其他形式到欧洲留学，据清政府驻欧洲各国留学生监督呈报，在1908年至1910年间，中国留欧学生总计约500人，留法学生有140人，公费留英学生有124人，留德学生有77人，留俄学生有23人。留比学生人数没有详细记录。以当时比利时在中国人心目中的地位和比利时生活费用的低廉来看，留比人数当与留英留法人数等量齐观。② 这些学生70%是官费生。

表2-1 1903—1911年的留学状况

年份	人数	学习地点
1903	70	德国、比利时、俄国等
1904	59	比利时、英国等
1905	115	比利时、英国、德国、法国、俄国等
1906	32	俄国、比利时、德国、法国
1907	29	德国、法国
1908	20	欧美
1910	12	奥地利
1911	20	英国、德国、法国、比利时

资料来源：吴汉全、王中平：《留学生与近代中国社会变迁》，吉林人民出版社，2012年，第14页。

---

① 王中平.留学生群体分化与社会思潮演变（1915—1928）［M］.长春：吉林人民出版社，2011：182.
② 王奇生.中国留学生的历史轨迹（1872—1949）［M］.武汉：湖北教育出版社，1992：47.

中日甲午战争后，为效法日本，在张之洞等人推动下，1896 年中国官方第一次向日本派出 13 名留学生。之后到日本留学人数不断增长（表 2-2）。根据胡汉民回忆，这些到日本留学的人员目的多样，学习内容十分庞杂，"复杂混乱，无所不有"①。

表 2-2 1896—1912 年留日学生状况

年份	留日学生数
1896	13 人
1898	61 人
1901	274 人
1902	608 人
1903	1300 人
1904	2400 人
1905	8000 人
1906	12000 人
1907	10000 人
1909	3000 人
1912	1400 人

资料来源：吴汉全、王中平：《留学生与近代中国社会变迁》，吉林人民出版社，2012 年，第 14 页。

《辛丑条约》签订后，战胜国美国获得 3200 万两白银的赔款，折合约 2400 多万美元。其中规定，美国将花费 1000 多万美元用于中国留美学生的事业。这样在 1909 年，中国再次向美国派出留学生，第一批为 47 人，之后分别在 1910 年、1911 年分两批又派出 133 人。这些留学生到美国主要学习的是工科。比较有名的如梅怡琦、胡适、赵元任、竺可桢等。

（二）民国初年留学生群体

民国建立的初期，社会动荡，经济萧条，政府公共财政开支有限。1912 年，

---

① 胡汉民自传 [M]．北京：中国社会科学出版社，1981：12-13.

在蔡元培、李石曾、吴稚晖、张继、张静江等人倡议下，在北京成立了留法俭学会，进行大量的留法工作，成绩斐然。1919 年，留法俭学会共组织了第一批 89 名学生离沪赴法留学。到 1921 年，共有 104 名留法学生回国工作。在此期间，先后共有 1600 多名中国青年抵达法国。① 在苏留学方面，通过苏联政府和国民政府共同支持，国民党、共产党两党学生总计有 1300 人以上在中山大学、中国共产主义劳动大学留学。加上在苏联其他大学学习的留学生，总共有数百人。② 在德、英留学的数量也不少，如柏林，到 1924 年，共有 1000 名留学生。③ 1925 年以后，留德人数有所减少，1925 年为 232 人，1926 年为 214 人。④ 留英学生情况大致也如此。1921 年年初，周恩来在英国，他说当时留英学生约有 200 人。1924 年，据华盛顿商务局调查，中国留英学生有 250 人。⑤

民国初年，留学日本势头依然强劲。周棉曾对 1914 年至 1918 年留日学生做过统计，其中 1914 年 3796 人，1915 年 3111 人，1916 年 2790 人，1917 年 2891 人，1918 年 3724 人。⑥ 合计 16312 人。民国初年，留美学生人数猛增。1914 年夏，留美中国学生会会员已达 1300 名；到了 1915 年 11 月，留美学生达到 1461 人，自费生竟达 997 人，公费生也有 464 人。1917 年，留美学生达到 1500 人，形成了规模较大的留学生群体。⑦ 据不完全统计，辛亥革命后至五四运动前后，留学生约 4 万人。⑧

（三）民国时期留学生群体

1927—1937 年南京国民政府向欧美各国派遣了一批批官费留学生。据国民政府教育部 1929—1937 年所发留学证书统计，9 年间公费留美学生总计 318 人，平均每年仅 35 人；同期自费留美学生总计 1517 人，平均每年 168.5 人。公费和自费的比例约为 1：4.7。⑨ 抗战胜利后，赴美留学人数暴增。1946 年，国民政府派遣了 730 名留学生，554 人为赴美留学生，所占比例为 75.89%。到 1948

①　王奇生. 中国留学生的历史轨迹（1872—1949）［M］. 武汉：湖北教育出版社，1992：59.
②　王奇生. 中国留学生的历史轨迹（1872—1949）［M］. 武汉：湖北教育出版社，1992：80-81.
③　王奇生. 中国留学生的历史轨迹（1872—1949）［M］. 武汉：湖北教育出版社，1992：82.
④　王奇生. 中国留学生的历史轨迹（1872—1949）［M］. 武汉：湖北教育出版社，1992：83.
⑤　王奇生. 中国留学生的历史轨迹（1872—1949）［M］. 武汉：湖北教育出版社，1992：86.
⑥　王中平. 留学生群体分化与社会思潮演变（1915—1928）［M］. 长春：吉林人民出版社，2011：112.
⑦　王奇生. 中国留学生的历史轨迹（1872—1949）［M］. 武汉：湖北教育出版社，1992：18.
⑧　李喜所. 近代留学生与中外文化［M］. 天津：天津教育出版社，2006：1.
⑨　王奇生. 中国留学生的历史轨迹（1872—1949）［M］. 武汉：湖北教育出版社，1992：2.

年，中国留学生在美国大学人数达到了 2710 名。1949 年比上年增长了 40%，多达 3797 人。①

1927 年后去英国留学的人数并不多。据记载，1927 年约 300 人②，1934—1936 年约 500 人③。1937—1942 年，从南京国民政府教育部统计数据看，留英证书发放给了 152 人。1942 年有 41 名学生赴英国留学，1944 年有 134 人在英国读研究生和实习。"二战"结束后，英国没有接纳太多的留学生，中国赴英国留学的学生甚少。在德国留学的学生也不多。其中 1927 年为 193 人，1928 年为 174 人，1929 年为 153 人。④ 到了 20 世纪 30 年代，留德学生人数逐步增加。1936 年，留德学生人数达到 500 名，在正式大学留学人数为 332 名。1937 年，留德学生人数达到 700 名，自费生占比 80%，公费生占比 20%。⑤ 随着"二战"爆发，有 200 名留学生滞留德国，几经辗转才得以回国。

留学日本的情况比较特殊。1928 年，留日学生总数为 2635 人。九一八事变和上海一·二八事变后，留日人数大减，到 1933 年，留日学生只有 1417 人。从 1934 年起，留日人数奇迹般地回升，是年秋为 2347 人；1935 年 3 月，增至 3700 人；1935 年 7 月，增至 4500 人；到 1935 年 11 月，留日人数显示有突破 8000 人之势。此后人数虽有所下降，但 1936—1937 年，留日学生通常仍维持在 5000~6000。⑥ 抗日战争期间，大多数中国留学生退学回国。但伪政权还是派出了一批批留学生到日本。据伪华北政务委员会的数据，北平、河南、河北、山东、山西、天津、青岛华北七省市共有 943 名留学生；自费有 532 名，公费生有 411 名。这尚限于华北地区，倘若将伪满洲国和汪伪政权下的其他各省市一并计入，抗战期间的留日学生总数当在 3000~4000。

据不完全统计，国民党统治时期，留学规模不断扩大，总数约 10 万人。⑦

（四）近代中国留学生基本状况

纵观近代中国，留学生人数有十几万，其中公费生占的比例约为 65%。⑧ 有

---

① 王奇生. 中国留学生的历史轨迹（1872—1949）［M］. 武汉：湖北教育出版社，1992：25-26.

② 《留英学报》发刊词，1927 年，第 1 期。

③ 留学制度之商榷［J］. 教育杂志，1935（10）：17.

④ 丁建弘. 视线所窥，永是东方——中德文化关系［M］//周一良. 中外文化交流史. 郑州：郑州：河南人民出版社，1989.

⑤ 王奇生. 中国留学生的历史轨迹（1872—1949）［M］. 武汉：湖北教育出版社，1992：84.

⑥ 王奇生. 中国留学生的历史轨迹（1872—1949）［M］. 武汉：湖北教育出版社，1992：119.

⑦ 王奇生. 民国时期归国留学生的出路［J］. 民国春秋，1994（3）：12-14.

⑧ 李喜所. 近代中国的留学生［M］. 北京：人民出版社，1987：12.

贵胄生，有稽勋生，有庚款生，有自费生，有俭学生，有教会留学生，还有到国外待很短时间的实习生和游历生。他们的留学目的和所学专业也比较复杂。具体可以归为三大类。

1. "学夷之长技以制夷"类。主要是洋务运动时期留美幼童及之后部分留欧、留美学生。他们出国之目的主要是学习西方先进技术。留学生选择的专业主要为应用型专业，归国后，主要集中在军事、教育和科技部门就业，有些成为科学技术发展的直接推动力量。1921 年到 1925 年，留欧学生中有 389 名在理、工、医等专业学习；有 304 名在政治学、经济学、社会学、商学等专业学习；有 41 名在文学、史学、哲学等专业学习。1929 年到 1946 年，在所有留学生中，有 346 名在理、工、医等专业学习；有 202 名在政治学、经济学、社会学、商学等专业学习；有 94 名在文学、史学、哲学等专业学习。① 从 1948 年开始，历届院士中 80%有过留学经历。②

2. "学西方之制以救国"类。主要包括 20 世纪初大批的留日学生，以及之后到法国勤工俭学和留学俄国的学生。他们大多在政法类学校攻读，归国后，这些留学生进行了声势浩大的社会思想改造和制度改革的活动，成为近代中国政治发展的精英。其中影响最为深远的为孙中山领导的辛亥革命。在这次革命中，留日学生充当了主力军。当代中国共产党的著名活动成员大部分有着留俄、留法的经历。"据外国的研究资料，在 118 位 20 世纪 20—40 年代从国外回到中国的中共领导人中，有 80 人经过苏联培养过，占总数的 70%。其中多半在以后的年代成为中共中央委员和候补委员、中央政治局委员。"③ 同时近代中国许多著名的思想家、社会活动家均出自这个群体。

3. "学以求官运"类。留学的主要目标在于从政。他们归国后，许多都身居要职。"1909 年成立的咨议局和 1910 年成立的参政院的 1600 余名议员中，新型知识分子约占 20%，其中不少是留学出身。"④ 据学者统计，自 1912 年至 1928 年担任交通总长、农商总长（包括农林、工商及农工、实业）的 47 人中，留美英和日本的学生有 23 名，比例为 49%；其中有科举经历的 16 名，占比 34%；

① 周棉. 留学生与中国的社会发展：第 2 卷［M］. 长春：吉林人民出版社，2008：2.
② 李喜所. 20 世纪中国留学生的宏观考察［J］. 广东社会科学，2004（1）：12-16.
③ B. H. 乌绍夫. 20—30 年代苏联为培养中国党和革命干部所提供的国际援助［M］//王奇生. 中国留学生的历史轨迹 1872—1949. 武汉：湖北教育出版社，1992：78.
④ 王奇生. 近代留学生与中国官僚政治［J］. 历史档案，1991（1）：105-110.

接受过国内新型教育的有 6 人，占比 13%；有从军经历的 16 名，占比 4%。① 在北洋政府组建的内阁政府中，有留学经历的占比 54.4%。南京国民政府期间，有留学经历的高达 70%。② 在各省政治舞台上，留学生就更多了。例如，1931—1937 年在广西政坛上的留学生达到 100 多人。这些人可以说是近代中国"效法西制"实践的重要推手。

二、留学生群体与近代中国西方地方自治思想的传播

（一）近代西方地方自治思想概说

地方自治主要是指在特定的领域内，由全体居民组成法人团体或机构，在宪法和相关法律规制范围内，以及在国家监督体制下，依托一定的公共财政，自治团体或机构依照特定意志组建地方自治机关，自主管理属于本区域内公共事务的地方政治制度。近代西方地方自治思想首先发端于英国，分为三大学派：一是"英国学派"；二是"大陆学派"；三是"折中学派"。③

1. 英国学派

英国学派，又称"人民自治学说"。它的法律基础主要为英美法，理论基础是自然权利理论和天赋人权理论，最早起源于中世纪的英国地方自治实践。其主要内容包括：人的自由与自治权的选择应优先于国家权力；天赋自治权最突出表现为人生自由；随着国家的出现，国家的阶级性并不能干涉固有的地方自治权力，政府应通过合理机制予以保护。④"凡以非专任之官吏，而参与国权之形使，即可谓之自治。"⑤ 自治"主要落实于郡、百户区、村镇、城镇等"。设有非常独立的名誉职，"除依法律不受政府之指"⑥。地方自治是地方自己管理的权利，社区的居民可以依照当地的习惯和习俗，处置利益共同体中的事务；它也体现了制约国家和国王的权力，国王的行事须在约束的制度框架内进行，不能独立按照自我主张和意志行事。⑦

---

① 张静如，刘志强. 北洋军阀统治时期中国社会之变迁 [M]. 北京：中国人民大学出版社，1992：14.

② 王奇生. 近代留学生与中国官僚政治 [J]. 历史档案，1991（1）：105-110.

③ 黄永伟. 地方自治之理论与实施 [M]. 南京：拨提书店，1934：16-17.

④ 郑贤君. 地方自治学说评析 [J]. 首都师范大学学报（社会科学版），2001（2）：53-59.

⑤ 黄永伟. 地方自治之理论与实施 [M]. 南京：拨提书店，1934：16.

⑥ 黄永伟. 地方自治之理论与实施 [M]. 南京：拨提书店，1934：16.

⑦ 王敬敏，张日元. 英国中世纪地方自治的历史考察 [J]. 岱宗学刊，2007（9）：65-67.

2. 大陆学派

大陆学派的主要观点是：中央集权制会严重影响政府的行政效率，因此分权并实行地方自治是必须的；实现自由和民主的可靠保障为地方自治；在一个主权范围内，依法成立地域团体，按照自我意志和目标，在一定区域内行使独立管理公共事务。① "地方自治的权利不是天赋的，不为地方人民所固有，而由国家主权所赋予，国家可随时撤回这种权利。"②

3. 折中学派

人民自治学说理论认为自治主要侧重于人民或个体的自治，比较忽视团体自治，更没有强有力的自治组织。团体自治学说理论侧重于通过团体开展自治，较为弱化个体自治和精神力量。③ 进入 21 世纪后，人类社会发生了巨大变化，自治事业也随之复杂化和多元化。人民自治学说理论和团体自治学说理论实现了相互融合、各取所长，在理论争辩和实践印证中逐步融合成一个新流派——折中学派。④ 折中学派的自治实践包括亚洲日本和欧洲德国。折中学派融合了人民自治学说和地方自治学说，因此，它的理论主张由这两派学说综合。正如其重要代表人物格奈斯特所提出的，它是"把英国的公民自治思想和欧洲大陆的团体自治思想相结合"⑤。这一学派的主要观点是：人民自治以团体自治为前提，必先有可以自行处理地方事务的独立的地域团体，才能实现人民自治；地方自治链接国家与社会的中间型组织，离开地方自治，社会与国家都会无序和失去均衡⑥；国家领土内，有独立的具有法人资格的地域团体，同时设有"名誉职"，自行处理地方公共事务；人民自治是自治的基本指导价值取向，是现实自治的理想；团体自治思想会形塑与自治相关的制度设计。⑦

总结这三大学派，主要异同点通过以下列表体现（表 2-3）。

---

① 陈绍方. 地方自治的概念、流派与体系 [J]. 求索，2005（7）：45-47.

② 郑贤君. 地方自治学说评析 [J]. 首都师范大学学报（社会科学版），2001（2）：53-55.

③ 陈绍方. 地方自治的概念、流派与体系 [J]. 求索，2005（7）：46.

④ 郑贤君. 地方自治学说评析 [J]. 首都师范大学学报（社会科学版），2001（2）：53.

⑤ 郭冬梅. 日本近代地方自治制度的形成 [D]. 长春：吉林大学，2008：8.

⑥ 郭冬梅. 德国对日本近代地方自治的影响 [J]. 日本学论坛，2007（4）：58-60.

⑦ 陈绍方. 地方自治的概念、流派与体系 [J]. 求索，2005（7）：45-47.

表 2-3　三大学派的异同点

	英国学派	大陆学派	折中学派
理论基础	天赋人权和自然法理论	天赋人权和自然法理论	天赋人权和自然法理论以及托克维尔等人的民主政治观
自治权来源	固有或天赋	主权国家赋予	民意基础上的主权国家赋予
自治权的保障	民众争取和国家的自觉	宪法和法律保障	宪法和法律保障
自治官员产生	民选	民选或政府任命（有政府机关及自治机关双重身份）	民选和政府任命
中央与地方关系	中央不干涉，以立法监督为主	中央对地方有决定权	用宪法明确权力分配后中央不干预
自治方式	民众自治	区域团体（法人）组织自治	民众自治和团体（法人）自治

（二）留学生与近代中国西方地方自治思想的传播

鸦片战争后，随着西方文化的传入，西方地方自治思想也在中国相继传播开来，当时局限于一些西方传教士在东南沿海进行的传播活动。鸦片战争后，随着清政府在军事领域全面溃败，中国官员、学者通过出使、留学、游历等方式，有关地方自治的思想被大量传入中国，并且进行了很多互动性的实践探索。在互动性的实践探索中，留学生群体有天然的传播理论的优势，发挥了重要作用。

留学生传播西方地方自治思想的方式主要以下几种。

1. 学习研究西方政治制度，致力于中国社会制度的改造

近代中国留学生运动是在洋务运动中兴起而发展的，"学夷之长技以制夷"是留学的重要目的。在 19 世纪 70 年代到甲午战争前，留学生出国，特别是官费生，主要是学习西方的舰船制造、驾驶、操作、轮机、枪炮、测绘等技术，回国后主要在洋务机构、海军部门任职。但是也有不少留学生学习和研究西方的政治制度，并认识到这一制度的先进性。严复对西方资产阶级的社会学、中学，特别是对英国的社会政治制度有很大兴趣。他在留学时，广泛阅读了西方资产阶级理论家亚当·斯密、卢梭、孟德斯鸠、斯宾塞等著名学者的著作，特

别接受了进化论的思想。他曾经在社区、工厂、法庭和各类社会组织参观，积极和驻英公使郭嵩焘商讨强国和中西学术思想。严复是近代中国第一个完整意义上的资产阶级进化论的信奉者和崇拜者。① 甲午战争的失败，使中国先进知识分子认识到，要救中国，光有坚船利炮是不够的，中国需要变法，需要引进西方先进制度。于是因明治维新而富强起来的日本就成了许多中国先进知识分子所向往的地方。在一批先进绅士的推动下，甲午战争后，中国掀起了一股留日潮。1896 年至 1905 年，留学日本的学生达近万人。这些留学生到日本后，已经不再仅仅是学工科、理科了，法政、师范、军事等成为热门专业，尤其是法政专业。辛亥革命之前，在日本法政大学毕业的中国留学生人数为 1364 名，其中学习法政、军事的留学生占一半左右。《清国留学生会馆第一次报告》（1902）指出：在警察部门、军事部门、法政部门的 608 人中，有一半是留学生。② 留欧学生尽管人数不如留日学生多，但是他们怀有民主思想，大肆斥责晚清政府的腐败。

当时政法和文史哲的学生也占一定比例。据清华学堂对庚款留美生的统计，大约有 7.2%学习文史哲，有 24.5%学习政法。其中就有胡适、马寅初、严鹤龄等，他们所写的毕业论文大多与中国问题有关。

辛亥革命后至民国初年，学习和研究西方社会政治制度的留学生依然很多。例如，到法国勤工俭学的学生出国原因之一就是"法国共和制是在破坏封建制度以后才确立的。中国破除专制，建设共和，与法国历史相似，法国共和制适于做中国的榜样"③。一大批致力于改造中国的早期共产党员致力于学习和研究西方政治制度，学习马克思主义理论与方法。大批留学苏联的学生系统地学习马克思主义理论，研究苏联社会制度。这一时期留德、留英的学生大多数选择理工学科，但是也有约 20%的人选择文史哲、政法类专业。

国民党政府统治时期，出国留学主要选择的是美国，留学美国的学生在专业选择上更为自由，文史哲、政法专业的留学生不断增加。据对留美学生的统计，1935 年的 1443 人中，除 566 人尚未分科外，学习理工农医者 446 人，学习文法商教者 431 人，文理科分布相当。1936 年，总人数为 1508 名，其中理工农医人数为 823 名，文法商教人数为 509 名，还有 158 名没有分科。④ 同时期留学德国、英国等国的学生依然以理工学科为主，学习文科的较少。他们的政治参

---

① 安宇，周棉．留学生与中外文化交流［M］．南京：南京大学出版社，2000：38．
② 李喜所．近代留学生与中外文化［M］．天津：天津人民出版社，1992：196．
③ 王奇生．中国留学生的历史轨迹（1872—1949）［M］．武汉：湖北教育出版社，1992：54．
④ 王奇生．中国留学生的历史轨迹（1872—1949）［M］．武汉：湖北教育出版社，1992：28．

与意识还比较淡薄，但是也有不少人就读法科专业。如 1946 年教育部举行公费留学考试，录取留法交换生 40 名，其中法科生 7 名；录取留英公费生 16 名，其中法科生 1 名；录取留瑞士公费生 19 名，其中法律生 3 名；录取留意公费生 3 名，全部为法律生。① 还有不少人致力于社会政治学学习和研究。人才培养主要来自不同大学的社会学系，各类大学的社会学系大多是由留学生把持的。在大学任教的社会学高级教师中，10 名为美国人，107 名有留学经历。在中国大学社会学教师中，79.85% 是留学生，其中 10 人曾经留学日本，90.65% 留学欧美。②

2. 翻译和推广了西方有关民主政治和地方自治等诸多思想的著作。

1877 年，严复在英国留学期间，积极翻译出版了多部西方政治学著作，大量介绍和传播了西方的权利民主观，如《群己权界论》（约翰·穆勒）、《法意》（孟德斯鸠）。甲午战争后，大批学生心怀留学救国的重任奔赴日本学习法政学科，他们积极刻苦攻读，翻译了大量的日文著作。1900 年，留日学生在东京创办了《译文汇编》，刊登很多名人的西方民主思想，如孟德斯鸠的《万法精理》、卢梭的《民约论》、伯盖斯的《政治学》等著作。1880 年到 1904 年间翻译了社会学类日文著作 1400 多种，约占同时期日文译书的 60%。其中有 80% 的著作是留日学生翻译的，内容多为法律论、政治论等。③ 留日生黄尊三翻译了《自治要义》《自治精髓》等书籍。④ 辛亥革命后，国民党执政期间，留俄、留美和留欧的热潮层层推进，留学生在翻译西方经典书籍过程中呈现了不同的价值取向。留学生群体很重视有关宪政法律制度和社会政治的文献翻译，依所列法科留学生译著统计，翻译的西方法律著作达 20 多部，涉及国际公法、私法、西方法律教材和专著、西方法典、西方宪法制度等。⑤ 留美博士孙本文翻译社会学名著 14 种，美国有 6 种，英国有 2 种，日本有 5 种，法国有 1 种；著社会学专著 15 种。马君武翻译了日文版《社会学原理》（斯宾塞）第二编《社会学引论》。⑥ 一批激进学者开始翻译马克思主义著作，宣传马克思主义自治观。十月革命前，有宋教仁、马君武和朱执信等；十月革命后，有李大钊、陈独秀、李

---

① 裴艳. 留学生与中国法学 [M]. 天津：南开大学出版社，2009：102.

② 安宇，周棉. 留学生与中外文化交流 [M]. 南京：南京大学出版社，2000：257.

③ 李喜所. 近代留学生与中外文化 [M]. 天津：天津教育出版社，2006：1, 81, 170-171.

④ 李喜所. 近代留学生与中外文化 [M]. 天津：天津人民出版社，1992：205.

⑤ 郝铁川. 中国近代法学留学生与法制近代化 [J]. 法学研究，1997（6）：3-25.

⑥ 安宇，周棉. 留学生与中外文化交流 [M]. 南京：南京大学出版社，2000：253.

汉俊、李达和陈望道等。如宋教仁翻译过《美国制度要览》《日本宪法》《澳大利亚匈牙利制度要览》《比利时澳国财政制度》《俄国制度要览》《德国官制》《英国制度要览》《普鲁士官制》等著作。① 总之，翻译西方文献，原汁原味地介绍西方社会政治、法律和地方自治是当时留学生群体一个重要的选择。这一努力也为国人了解西方政治制度、自治制度及法律保障制度提供了重要的文献资料。

3. 著书立说以传播西方民主政治、地方自治思想

在这方面，严复最为突出。他的译书有 11 部，按语约 17 万字，占 1/3。在翻译《法意》时，依据有关的理论学说，对中国封建专制体制进行了严厉批判，提出中国之所以出现"强盛"的要害是无法根据《法意》进行国家制度设计。提出"自由为体""民主为用"的思想，认为"如果没有自由做基础，民主就是一句空话"②。留日学生邹容在 1903 年写成的《革命军》中，提出中国应以美国华盛顿为榜样，高举卢梭等学者宣扬的民主、自由的伟大旗帜，进行声势浩大的旨在推翻清政府统治的革命，建立一个民主、独立和富强的中华民国，中国才会自由、独立和富强，才能屹立于世界之林。他的《革命军》被视为中国的《人权宣言》。他对中国封建社会不把"人"当人的不公正的现象非常憎恶，对国民中的奴隶主义劣根性予以尖锐抨击。他认为要培养新国民，就要切实保护人权，指出："国民者，有自治之才力，有独立之性质，有参政之公权，有自由之幸福，无论所执何业，而皆得为完全无缺之人。"③留日学生阳湖、孟森编写了《城镇乡地方自治事宜详解》，对地方自治氛围等做了研究。戴季陶的《中华民国与联邦组织》、章士钊的《联邦论》、张东荪的《地方制度之终极观》等著作积极称赞西方的联邦制度，主张在中国实行联省自治。

孙中山在《地方自治为建国的基石》的演讲词中说明了地方自治的重要价值，把欧洲的典型代表瑞士和美国的联邦制、地方自治进行了对比，重点介绍了美国最新的地方自治机关的设置，极力倡导在中国实行地方自治。④ 孙中山撰写的《国民政府建国大纲》《地方自治开始实行法》两书提出要借鉴西方地方自治模式的实践，对中国地方自治制度进行了具体设计。民国时期，留学生出

---

① 郝铁川. 中国近代法学留学生与法制近代化 [J]. 法学研究, 1997 (6): 3-25.

② 安宇, 周绵. 留学生与中外文化交流 [M]. 南京: 南京大学出版社, 2000: 99, 158-166.

③ 邹容. 革命军 [M] //中国近代史资料丛刊. 辛亥革命第 1 册 [M]. 上海: 上海人民出版社, 1957: 333.

④ 罗志渊. 地方自治的理论体系 [M]. 北京: 商务印书馆, 1970: 27.

版的专门研究地方自治的著作较多。如梁漱溟的《中国之地方自治问题》（1935年）、董修甲的《中国地方自治问题》（1937年）、吕复的《增订地方自治论》（1943年）、杨开道的《农村自治》等。

　　另外，一批留学生还通过主办报社、杂志社或向这些报刊撰写文章，宣传西方民主政治和地方自治。例如，留日学生在日本就办了许多此类刊物，比较有名的如1901年得到孙中山资助的《国民报》，出过四期。内容包括了时论、社说、丛谈、外论、纪事、译编、答问、来文八大栏目，重点刊登过《论汉种》《中国灭亡论》《亡国篇》和《正仇满论》，以及《二十世纪之中国》等相关性文章。这些文章抨击了封建制度和清朝政府。译载了杰弗逊起草的《美国独立檄文》，宣传了资产阶级天赋人权思想。① 1904年，在云南籍留日学生宗龙等学生倡导下创办了《海外学录》。这份刊物主要宣传地方自治，地方自治的核心靠教育改革。辛亥革命之前，留日学生共创办了60多种刊物。留法学生创办了《赤光》。这些刊物大量刊载了具有进步思想、科学和文化的文章，给文化的普及和新传媒方式的改革带来了积极影响。② 与此同时，留学生在国内也创办系列刊物或为刊物撰稿，宣传进步思想和地方自治。其中由陈独秀、李大钊等于1915年创办了《新青年》，积极倡导新文学、民主（又称"德先生"，Democracy）和科学（又称"赛先生"，Science）。留日学生创办的《江苏》《夏生》《自治报》《晋乘》等刊物，"最初创办的宗旨就是实行地方自治"③。当时国内著名的《民报》《浙江潮》《四川》《河南》《游学译编》《湖北学生界》等刊物，刊载了大量的传播自治和政治的文章。《浙江潮》把实行地方自治视作对中国最有前途最有希望的社会改革，认为非从地方自治着手不可。④ 留日学生还通过如《游学译编》《浙江潮》《政法学报》《豫报》等宣传地方自治的理论。另外留日学生张东荪、丁佛言等人1914年创办的《中华杂志》，发表了许多研究地方自治的文章。由商务印书馆创办的近代中国办刊时间最长的《东方杂志》，也是留学生发表文章的重要期刊。该杂志在"联省自治"的争论中，曾发表过有关地方自治的系列文章。留日生孟森、李圣五等曾担任该杂志的主编。1917年李剑农等留英生创办了以政论为主的《太平洋》杂志，登载了张君劢、唐德昌、朱希祖等留学生在"联省自治"争论中的多篇文献。

① 沈殿成. 中国人留学日本百年史：上册［M］. 沈阳：辽宁教育出版社，1997：271.
② 周棉. 留学生与中国的社会发展：第2卷［M］. 长春：吉林人民出版社，2008：177.
③ 羽离子. 明清史讲稿［M］. 济南：齐鲁书社，2008：335.
④ 羽离子. 明清史讲稿［M］. 济南：齐鲁书社，2008：330.

4. 推进学校教育以传播西方民主政治和地方自治思想

随着留学生事业的发展，留学生教育模式和体系得到不断优化和完善。近代中国教育事业发展离不开留学生的卓越贡献，留学生群体不仅积极推进了新型学校教育思想和模式的构建，还积极地身体力行参与学校的微观管理，在学校管理、教学、学科建设方面贡献着他们的智慧。自 1904 年以后，学校教职员大部分是来自留日的师范生。① "30 年代的大学校长，留美生占到 80% 以上。"② 《当代中国名人录》（1931）一书中记录了教育界著名人士 1103 人，留学生总共904 人，占的比例为 82%。③ 自辛亥革命以后，有 20 多位大学校长是留德学生。④ 在会聚着大量留学生的各类学校中，西方民主政治（包括地方自治）思想也得以在学校教育中传承。

首先，在"中学为体，西学为用"的思潮影响之下，中国开始了向西方学习的教育活动。这场学习活动呈现了逐步由器物层次学习、制度层次学习，转为向思想层次、观念层次和心理层次学习。⑤ 当时的学校教育中，内涵平等、民主和权利价值观的"新民德"在学校教育中得以充分体现。蔡元培任职北京大学校长时，坚持"民主管理、教授治学""兼容并包、思想自由"的办学宗旨，极大更新了大学的办学理念。其次，对学科建设和课程设置进行改革。据 1916 年的数据，中国共有专门及以上的学校数量为 93 所，法政专门学校就达 41 所，比例达到了 44.1%。⑥ 各类学校既开设了政法类专业，同时在教学过程中注重对西方政治制度、法律制度和西方史等通识性课程的开设。各类高校培养了大批具有民主意识、道德价值观，又具有专门法律知识的人才，大大促进了近代中国民主精神和地方自治思潮传播。最后，一些留学生群体通过已有的教育机会和平台，探索性地钻研了地方法律制度和政治制度情况，并且塑造了各具特色的地方自治思想。在地方自治思想研究中，影响比较大的学者梁启超、梁漱溟、沈钧儒、马君武等人士均在学校工作中积累了丰富的教学和科研经验。

5. 参与地方自治问题的争论以传播西方民主政治与地方自治思想

任何新思想传播和新制度施行都是艰难的过程，西方地方自治思想形成的

① 舒新城. 近代中国留学史 [M]. 上海：上海书店出版社，2011：53.
② 谢长法. 留美学生抗战前教育活动研究 [M]. 石家庄：河北教育出版社，2001：154-155.
③ 周棉. 留学生与近代中外文化交流 [J]. 山西师范大学学报（社会科学版），2002(4)：118-123.
④ 周棉. 留学生与中国的社会发展：第 2 卷 [M]. 长春：吉林人民出版社，2008：95.
⑤ 田正平. 留学生与中国教育近代化 [M]. 广州：广东教育出版社，1996：154.
⑥ 田正平. 留学生与中国教育近代化 [M]. 广州：广东教育出版社，1996：452.

"西学中用"思潮在中国也是历经曲折的。百年的发展过程中,地方自治就经历了数次争议,而且还将继续下去。如清末的地方自治论争、民国初年的"联省自治"争论等。留学生群体积极参与各类学术争论,深入传播了地方自治思想。我们来看看清末时期的地方自治争议。1805 年,载泽、端方、戴鸿慈等 5 位大臣奉命出使西洋国家。他们考察归国后,就积极筹划和推进了清政府的预备立宪,在实践中也取得了一些成绩,思想上达成了一定的共识。之后,1906 年 11 月,清政府就改革中央与地方管制征求各省督抚、将军意见,引发了围绕地方自治的争论。当时由于担心地方自治妨碍地方行政或认为国民素质低等,有十多个省督抚、将军认为应当缓行,其中包括广西巡抚林绍年、湖广总督张之洞。但也有不少督抚和将军主张应当立即实行,如江苏巡抚陈夔龙、山西巡抚恩寿和盛京将军赵尔巽等。其中袁世凯虽然没有明确表态,但是他的一些言论和行动表明他主张立即实行地方自治。1906 年 3 月,袁世凯在代奏已故游历绅士潘宗礼的条陈中就建议,包括"宜设市镇区役所(指自治机构)"在内的 13 条建议"采择施行"。① 1907 年 8 月 28 日在"奏报天津试办地方自治情形折"中,更表明了这一倾向。

袁世凯总结其在天津进行地方自治经验时,感叹"已督饬自治局计划全省地方自治办法,期以三年一律告成"②。清末这场关于地方自治的争论,发起者是清皇室,参与者主要是各省督抚、将军。但细看起来就会发现,其实与留学生的参与也是分不开的。因为这些督抚的许多幕僚是留学生。如袁世凯手下有唐绍仪、梁敦彦、刘玉麟、詹天佑、杨士琦、金邦平、张一馨等人。张之洞的下属包括郑孝胥、梁敦彦等人,岑春煊的下属包括张鸣岐、高凤岐、郑孝青等人。在争论中,还诞生了一批用来传播西方民主思想和地方自治思想的刊物,包括著名的《浙江潮》《政法学报》《游学译编》等刊物。这些进步刊物成为传播民主思想、打造地方自治模式的高地。在他们的宣传下,地方自治思想逐渐被国民知悉、认同。孙中山也积极参与论争,1897 年,孙中山提出"余以人群自治为政治之极则,故于政治之精神,执共和主义"③。清末地方自治的争论,使许多进步人士进一步认识到地方自治的重要性。当时"地方自治一语,举国

① 天津图书馆. 袁世凯奏议:下 [M] . 天津:天津古籍出版社,1987:1261.
② 天津图书馆. 袁世凯奏议:下 [M] . 天津:天津古籍出版社,1987:1522.
③ 孙中山. 与宫崎寅藏、平山周的谈话 [M] //孙中山全集:第 1 卷. 北京:中华书局,1985:172.

中几于耳熟能详"①。这也促使清政府不得不把地方自治定为立宪基础,并确定为国策。

"联省自治"的首倡者是湖南的谭延闿、赵恒惕等人。梁启超、章太炎、熊希龄等也积极倡议。争论中的一些著名人士,如胡汉民、张东荪、张君劢、戴季陶、李烈钧、章士钊等人均为留学生。其中,戴季陶所著的《中华民国与联邦组织》是当时最具影响力、最具系统性的一部力作。在"联省自治"的争论中,主要分为两个阵营:一是反对"联省自治"的;二是支持"联省自治"的。孙中山先生也参与了这一争论,最初他是支持中国实行"联邦制"的。1894 年 11 月,在檀香山创立兴中会时,孙中山所拟的入会盟约即为:"驱逐鞑虏,恢复中华,创立合众政府。"

"合众政府"就是联邦制度的核心内容。1897 年,孙中山在与日本议员平山周等人会谈时,就十分肯定联邦制的优势,将其作为实践之方向。孙中山认为,中国自古战乱不断的重要原因就是地方豪强相互斗争,如果要消除战乱的影响,可以满足地方豪强的野心,而"充其野心之方法,唯作联邦共和之名之下,其夙著声望者使为一部之长,以尽其材,然后建中央政府以驾驭之,而作联邦之枢纽"②。但是,在涉及中央与地方分权的根本问题时,他开始理性地认识这一问题。最终他的地方自治就不再是在联邦制下的地方自治,而是单一制下的地方自治。当然也有不少留学生像孙中山先生一样,最终修正了在地方自治上的认识。在这样的不断探讨中,中国的地方自治思想日趋成熟。

第二节 留学生群体与近代中国地方自治思想

一、留学生与早期地方自治思想

(一) 早期地方自治思想的提出

近代中国地方自治思想萌芽于 19 世纪 60 年代至 90 年代中期。最早由冯桂芬、郑观应、陈虬、陈炽、宋恕、汤震等人提出。这一思想主要包括以下内容。

---

① 张枏,王忍之. 辛亥革命前十年间时论选集 [M]. 北京:生活·读书·新知三联书店,1960:1061.

② 孙中山. 与宫崎寅藏、平山周的谈话 [M] //孙中山全集:第 1 卷. 北京:中华书局,1985:173.

1. "富国"为自治的目的

自治之目的在于"富国"。20 世纪 60 年代，冯桂芬在论及自治时认为"诸国同时并域，独能自致富强，岂非相类而易行之尤大彰明较著者，如中国之伦常名教为原本，辅之以诸国富强之术，不更善之又善者哉"①。地方自治就是其中之术。陈虬把设立地方议院和乡董自治的地方自治主张作为其"富强之策"的重要内容。陈炽也认为开设议院是中国富强之源。

2. 自治的理论基础

自治的理论基础是"分权"和"民本"思想。正如郑观应在《复乡职议》一文中所言："治天下者，宜合治亦宜分治。不合治，则不能齐亿万以统一，而天下争；不分治，则不能推一以及乎亿万，而天下大乱。""今世部院大臣，习与京朝处，绝不知外省事情；大吏习与僚属处，绝不知民间事情；甚至州县习与幕史丁役处亦绝不知民间事情。……复乡职、公选举，亦为通上下之情起见。"② 陈炽由此主张，进一步把地方自治与伸民权结合起来。他指出，大力引导普通民众公举乡董，管理好地方公共事务，具有积极意义：使得民众充分知晓政道，培养民众的自治管理能力；因地制宜，为民众办实事、谋福利；实现官与民相互监督、制约，防止官吏以权压人；政令统一执行，民众知晓政令，政府也能回应民间需求。③

3. 自治的实现形式是"乡董自治"

冯桂芬设计的"乡董自治"主要内容是："各乡设立一自治公所，设职一正董，一副董。副董和正董都通过民众直接投票进行选举，公所根据得票多少确定当选情况，得票最多者当选。"④ 乡董不是地方官吏，而是由普通民众通过选票直接选举出来反映他们意志的地方自治职员，乡董的薪水统一供给。自治的权限限于进行调停和裁决民间争议，适当可以进行些处罚。乡董不是行政官员，不能行使地方官员的管理权力，如行政执法、治安管理、赋税征集等事项。乡董可进行劝解和引导工作，但无直接决定权力。⑤ 郑观应还进一步提出"商董自治"，强调地方商务自治。陈炽设计了乡董当选的条件："年必足三十岁"

---

① 冯桂芬. 校邠庐抗议 [M]. 影印本. 台北：文海出版社，1971：69-70.

② 冯桂芬. 校邠庐抗议 [M]. 影印本. 台北：文海出版社，1971：107.

③ 汪太贤. 近世中国地方自治主张的最初提出及其表达 [J]. 西南民族大学学报（人文社科版），2004（5）：97-109.

④ 汪太贤. 近世中国地方自治主张的最初提出及其表达 [J]. 西南民族大学学报（人文社科版），2004（5）：97-109.

⑤ 汪太贤. 近世中国地方自治主张的最初提出及其表达 [J]. 西南民族大学学报（人文社科版），2004（5）：97-109.

"产必及一千金"。乡董的任期从以前的三年到两年，更加可以约束和激励乡董。乡董的职权也在不断扩张，除了先前规定的调停地方争讼权力外，还可以"兴养立教，兴利除弊，有益国计民生之事"①。他认为实行乡董自治制有三大功效：一是"毋厉民"；二是"毋抗官"；三是"毋乱政"。②宋恕对组织做了进一步界定，认为可以乡设一正，有些地方因为人口等资源众多，可以多设，但是不能超过八个。掌一乡劝善惩恶诸务，由本乡公举。百家为聚，聚设一正，掌一聚劝善惩恶诸务，由本聚公举。十家为连，连设一正，掌一连劝善惩恶诸务，由本连公举。③

4. 自治的组织方式是"地方议会"

最早由郑观应提出，后经陈虬、汤震、陈炽等加以发展。郑观应认为在中国应该设置议院，它可以使中国国富民强，并提出："议院者，公议政事之院也，集众思广众议，用人行政，一秉至公法诚良，意诚美矣。""议院为国人所设，议员即为国人所举。举自一人，贤否或有阿私；举自众人，难逃公论。且选举虽曰从众，而举主非人本籍至十年以后，及年届三十，并有财产身家、善读书负名望者，亦不得出名保举议员。"④ 不过郑观应并没有对地方议院做更多的设计。后来的陈虬、汤震、陈炽加以具体化。陈虬建议在国内各府州县设立议会制度，作为官办的议事场所。汤震认为地方的议院应由地方的绅士组成，地方的公共事务决策先可通过地方绅士民主化投票决定，决策后由地方官吏执行。陈炽认为要重视地方议员的普选工作，并且要严格规定议员的候选资格："其年必三十，其产必千金，然后出示晓谕，置甄通筒，以期三月，择保人多者用之。优给俸薪，宽置公所，置贤者一人为之首，开会散会，具有定期，每任两年，期满再举。"⑤

5. 自治的保障和制约是"地方官吏选举"

最早提出的冯桂芬在《公黜议》一文中主张官吏之选举、罢免，应由公众议决，并提出了地方官的选举、考核、罢免等的具体办法。⑥郑观应系统介绍了

---

① 陈炽. 庸书（外篇卷上）[M]. 北京：光绪二十二年刻本，1896：17-18.
② 汪太贤. 近世中国地方自治主张的最初提出及其表达 [J]. 西南民族大学学报（人文社科版），2004（5）：97-109.
③ 宋恕. 六斋卑议 [M].//黄群. 敬乡楼丛书 [M]. 上海：黄群独资印行，1928：22.
④ 郑观应. 盛世危言 [M]//中国近代史资料丛刊：第1卷，上海：神州国光社，1953：57.
⑤ 陈炽. 庸书（外篇卷上）[M]. 北京：光绪二十二年刻本，1896：17-18.
⑥ 汪太贤. 近世中国地方自治主张的最初提出及其表达 [J]. 西南民族大学学报（人文社科版），2004（5）：99.

法国地方官员选举制度的优势。陈炽认为对西方一些民主制度的应用要因地制宜，不仅要效仿西方议会制度，通过民众直接选举出乡官，还要建立好监督地方官员的机制。

（二）留学生与早期地方自治思想

早期地方自治思想主要是由清末一批先进的绅士提出来的。这些人也是中国早期的维新派和洋务运动重要推动者。从主要思想家的背景看，并不是留学生，但这些思想的出现与留学生的贡献是分不开的。

1. 早期地方自治思想与清末"西学东渐"思潮的关系

近代西方诸多学术思潮向中国传播，极大影响了中国的历史进程。在明末清初和晚清民初两个时期，美国和欧洲大量的学术思潮涌入中国，"西学东渐"局面初步形成。

到了晚清时，"西学东渐"的传播主体从之前明末清初的传教士转到了一批和海外活动相关的留学生群体、游历海外的绅士和驻外使节等。"西学东渐"的内容主要包括五方面：放眼了解世界、实现求强富国、实现救亡图存、推行民主革命、科学启蒙。① 采取的方式主要是翻译和出版西方著作介绍西方情况。大量介绍西方的译书和著作的出现，使一批先进知识分子不出国门就能够了解到西方先进科学技术、政治制度和文化。地方自治理论集大成者冯桂芬广泛阅读了西方著述，翻译西方著作，对西方国家政治、民主和科技情况比较熟悉。在第二次鸦片战争期间，为躲避战乱寓居上海的冯桂芬接触了大量的西方传教士和商人，对西方国家的政治制度构建知之甚详。郑观应很早就接受了西方民主思想影响，1860 年，他到英华书馆夜校（英国人傅兰雅办建）学习外语和其他科目，对西方国家的政治制度和经济运作等诸多知识有浓厚兴趣。陈炽"曾游历香港、澳门等地，博览已译的西书，而且广征中国出使或出国游历者的日记、杂记，对西方政制知之甚详"。其他如陈虬、宋恕、汤震等人也都因为对西方译书的关注而受到西方思想的影响。所以，"西学东渐"促使了大批先进分子思想的转变，为他们吸纳西方制度、提出地方自治思想奠定了理论和思想基础。

2. 早期地方自治思想的提出与留学生对西方制度的介绍分不开

马建忠 1876 年留学法国，归国之后，思想发生了极大转变，对西方国家的政治模式十分崇拜。他认为，欧洲之所以实现了富强民主，关键原因是"学校建而智士日多，议院立而下情可达"，而"制造、军旅、水师诸大端，皆其末焉者也"。他描述的西方世界是："一曰开财源，二曰厚民生，三曰裕国用，四曰端

---

① 熊月之. 晚清西学东渐史概论［J］. 上海社会科学院学术季刊，1995（1）：154-163.

吏治，五曰广言路，六曰严考试，七曰讲军政。"① 这一思想得到郑观应的认可。何启 1782 年留学英国，是早期维新派的杰出代表，与胡礼垣合著的《曾论书后》《新政论议》等在甲午战争前的中国社会起到了振聋发聩的作用。这两篇文章对当时中国政治制度进行了深刻分析。书中详细论述了"设议院"和"行选举"思想②，还对如何实施"设议院""行选举"进行了制度安排。1877 年留学英国的严复，被称为"中西兼通"的思想家。

（三）早期地方自治思想评析

地方自治思想的提出与 19 世纪 60 年代后中国社会亟盼"自强求富"的状况是分不开的。当时一批先进绅士面对中国的积贫积弱和西方列强的坚船利炮，无不认为必须效法西方，尽快使国家强大起来。地方自治制度自然是他们的选项。但早期地方自治思想是在复古和仿西的话语中，提出改造中国社会传统治理制度的主张。在他们的自治话语中，"乡董自治"与中国古代的"乡亭制度"有着较大关联，关于设置"议院"等思想也极力在古代制度中找到渊源。另外，对自治制度的本质，虽然他们也看到了"自治"的权利性质，但占主流的思想还是"民本"思想，因而这些主张有些还很肤浅。不过早期地方自治的倡导者希望实行地方自治以强民富国的愿望还是得到后来许多维新派的认可，一些制度设计也在后人的努力下得到不断完善。

二、留学生与地方自治思想的孕育和发展

（一）维新派的自治思想

甲午战争之后，中日民族矛盾加深，在执政阶级内部产生了以康有为、严复、梁启超、谭嗣同为代表性的新生派。他们有着资产阶级民主价值观，主张通过变法维新，既可以维持清政府的统治，又可以振兴国家和民族。他们提倡资产阶级新文化，变君主专制为君主立宪。在地方自治问题上，开始"把地方自治思想纳入了近代资产阶级民权思想的范围"，认为要"开民智，兴绅权"，以地方自治的治理模式实现君主立宪的变化，实质上是一种自下而上的改革途径。主要思想有以下几方面。

---

① 周棉，吴汉全. 留学生与晚清社会变迁［J］. 徐州师范大学学报（哲学社会科学版），2003（1）：16-21.

② 何启，胡礼垣. 新政论议［M］//新政真诠——何启胡礼垣集. 郑太华，点校. 沈阳：辽宁人民出版社，1994：128.

1. 地方自治是建国立国之基

康有为认为欧美国家的强盛，主要原因在于推行了地方自治制度。东亚的日本强盛亦是如此，而中国之所以衰败，也在于"病在于官代民治，而不听民自治也。救之之道，听地方自治而已"①。中国要图国富民强，唯有实施地方自治。梁启超认为，公民治理要"以地方自治为立国之本，可谓深通政术之大原，而最切当今中国之急务"②。一大批维新派的留学生也持这样的观点。如留英生在翻译英国甄克思的《社会通诠》一书时，认为中国之所以社会发展不发达，问题较多，就在于中国地方自治制度的缺失和运行有问题。"地方自治之制，为中国从古之所无。""此吾国之治，所以久辙腐败，乃至新朝更始，亦未见其内治之盛也。"③

2. 地方自治之目的是辅助官治

维新派推动中国政治制度改革的目的其实并不是推翻清政府的统治。因此，其诸多理论均受"保皇"思想的影响，地方自治理论也不例外。梁启超就说："集权与自治二者，相依相辅，相维相系，然后一国之政体乃完。如车之两轮，鸟之双翼，缺一不可。就天下万国比较，大抵其地方自治之力愈厚，则其国基愈巩固，而国民愈文明。"④ 时人曾评价说："今日称地方自治者，不曰自治，曰官治也，吾则曰非惟官治，亦绅治也，绅治、官治，一而二，二而一者也。"⑤

3. 地方自治的基础上"开民智，伸民权"

黄遵宪在学术上积极宣传地方自治思想的同时，又强调要在实践中有一定作为，时下之急就是通过自下而上的地方自治、变法维新和君子立宪"伸民权"，允许人民"自治其身，自知其乡"。地方自治是实现社会经济繁荣、秩序稳定、形成官民共治格局的保障，"官民上下，同心同德，以联合之力，收群谋之益，生于其乡，无不相习，不久任之患，得封建世家之利，而去郡县专政之弊，由一府一县推之一省，由一省推之天下，可以追共和之邪治，臻大同之盛轨"⑥。维新变法的主要领导者康有为有很多关于公民与社会自治的精辟观点。

---

① 康有为. 公民自治篇［M］//张枏，王忍之. 辛亥革命前十年间时论选集：第 1 卷（上册）. 北京：生活·读书·新知三联书店，1960：180.

② 康有为. 公民自治篇［M］//张枏，王忍之. 辛亥革命前十年间时论选集：第 1 卷（上册）. 北京：生活·读书·新知三联书店，1960：172.

③ 严复. 社会通诠［M］//严复集：第 4 册. 北京：中华书局，1986：932.

④ 梁启超. 商议会［M］//饮冰室合集：之四. 北京：商务印书馆，1936.

⑤ 吴永明. 清末民初的地方自治述论［J］. 江西社会科学，2001（3）：111—116.

⑥ 黄公度廉访南学会第一、二次讲义（载《湘报》第 5 号影印版）［M］.//马小泉. 国家与社会：清末地方自治与宪政改革［M］. 郑州：河南大学出版社，2001：39.

他认为，应该保护公民权利以实现地方自治，地方自治的重点在于保障公民权利，培养公民参与意识，实现社会发展。梁启超主张要极力伸民权和重乡权："今欲更新百度，必自通上下之情始；欲通上下之情，则必当复古意，采西法，重乡权矣。"①

4. 地方自治的内容与形式

中央集权虽可以使得政令统一，集中力量办大事，但是极大抑制地方积极性和创新性。维新派认为应该从县乡自治入手塑造整个行政体制，据《湘报》第 5 号影印本介绍，黄遵宪建议，"必须自治其身，自治其乡。再由一乡推之一县一府一省，可以成共和之郅治，臻大同之盛规"。严复在翻译孟德斯鸠的《法意》时指出，中国实现富强，虽不必立即开设议院，但应尽快推行自治制度。严复认为："窃计中国即今变法，虽不必遽开议院，然一乡一邑之间，设为乡局，使及格之民，推举代表，以与国之守宰，相助为理，则地方自治之基础矣。"康有为结合了地方实际，认为要设计好地方自治内容和形式，做好规划，"略以万人以上地方十里者为一局或名曰邑，不得过多阔矣。每局立局长一人，总任局事，兼理学校；设判官一人审讼狱，用古名曰士、曰啬夫皆可，或名乡平；警察官一人，巡捕奸尻盗贼非常；税官一人，收赋税、完户籍"。

（二）早期资产阶级革命派的自治思想

中国资产阶级对地方自治极为推崇，孙中山提出了地方自治是救国良药的理论主张。

1. 地方自治是民主共和国家的建国基础

1897 年，孙中山就有了"余以人群自治为政治之极则，故于政治之精神，执共和主义"的思想。② 孙中山通过对西方国家国情和中国国情的考察，认为官治与民治这两种模式都有利弊，封建时代下的中央集权使得民众对政治十分淡漠，进而远离，官治压制社会诉求，单一化管理模式严重。而"今建中华民国，亦与古国不同。既立以后，永不倾仆，故必筑地盘于人民之身上，不自政府造起，而自人民造起也"。故"地方自治为建国基础"。"地方自治者，国之础石也。础不坚，则国不固。"③ 1906 年，孙中山联合国民党要员，制定了《中国同盟会革命方略》，这个方案将"地方自治"作为建立民主共和国和未来政治发展

① 梁启超. 论湖南应办之事 [M] //丁守和. 中国近代启蒙思潮：上卷. 北京：社会科学文献出版社，1999：214-222.

② 孙中山. 与宫崎寅藏、平山周的谈话 [M] //孙中山全集：第 1 卷. 北京：中华书局，1985：172.

③ 孙中山全集：第 3 卷 [M]. 北京：中华书局，1985：325-330.

的主要目标。

2. 地方自治基础是中央与地方分权

如何实施地方自治的制度设计尤为重要，孙中山认为要适当进行中央权力的下放。除了中央要把持的外交、军事、司法、财政、国营交通业、国营实业、国营工程、产业行政、国立学校和国际商政等重要事项以外，其他事项如地方实业、地方财政、地方交通、公益事业、地方学校和慈善事业等地方性较强的事务要由地方自治组织实施。1900 年，孙中山认为："于都内立一中央政府，以总其成；于各省立一自治政府，以资分理。"①

3. 地方自治实现方式

对于地方自治的实现方式，孙中山提出："所谓中央政府者，举民望所旧之人为之首，统辖水陆各军，审理交涉事务，惟其主权仍在宪法权限之内，设立议会，由各省贡士若干名以充议员……所谓自治政府者，由中央政府选派驻省总督一人，以为一省之首，设立省议会，由各县贡士若干名以充议员。所有该省之一切政治、征收、正供，皆有全权自理，不受中央政府遥制，惟于年中所入之款，按额拨解中央政府，以为清洋债、供军额及宫中府中费用，省内之民兵队及警察部，俱归自治政府节制，以本省人为本省官，然必由省议会内公举，至于会内之代议士，本由民间选定。"② 1905 年，中国同盟会规定：在约法进行期间，当地人民机关拥有对军政府的管理权力与地方自治权力的行使权，地方官员由人民直接选举产生。

（三）留学生与清末民初地方自治思想的孕育和发展

地方自治思想在清末民初得到了较快发展，这不仅与当时的时代背景有关，也与留学生的积极贡献分不开。

1. 这一时期地方自治思想与留学生的贡献是分不开的。康有为、梁启超、谭嗣同虽未在海外留学，但他们深受留学生所带来的西学影响。1877—1879 年，严复以公派留学生身份到英国，先后在普茨茅斯大学和格林威治海军学院留学。严复对英国代表性的社会政治现象和制度有浓厚兴趣，阅读了大量阐述西方资产阶级思想的书籍，接受了西方民主理论和社会政治制度，树立了民主和公平的理想。归国后，提出中国要解决复杂性的问题需借助地方自治，严复由此成为维新派自治思想和决策的代表性人物。

而以孙中山为代表的革命派大多是留美或留日生。他们直接从西方制度中

---

① 中国同盟会革命方略 [M] //孙中山全集：第 1 卷. 北京：中华书局，1985：297.

② 中国同盟会革命方略 [M] //孙中山全集：第 1 卷. 北京：中华书局，1985：297.

吸取营养，并根据中国实际提出地方自治主张。孙中山以欧美国家的治理实例为对象，分析了地方自治的许多问题，解决了一些理论层面的困惑。他曾以美、法等国为例说明实行地方自治问题，提出："法、美两国能日臻强盛，要以注意地方自治为根本。"① 所以，没有留学生的贡献，就没有清末民初这一时期地方自治思想的孕育和发展。

2. 这一时期地方自治思想的发展还得益于留学生对自治实践的积极参与。在轰轰烈烈地反思中国社会弊端的同时，留学生还积极参与社会变革的实践，包括参与制定清末的《城镇乡地方自治章程》、参与各省开展的省自治运动等。正是由于他们积极参加当时的地方自治活动，对中国地方自治发展有了更加直观的认识，为自治思想发展和完善提供了实践基础。

3. 地方自治思想紧密结合了中国的实际。康有为提出如果中国能实施地方自治，就可以实现"因乡邑之旧俗，而采英、德、法、日之制"②。孙中山在多次考察西方政治实践和探究政治理论后认为，中国实施的地方自治，应当与中国实际情况相结合，任何照抄、照搬都是没有出路的。可见这一时期的留学生已经不是照抄照搬外国经验，而是能够从中国的实际出发，选择适合中国的具体地方自治制度。这也标志着这一时期留学生的不断成熟和地方自治思想的发展。

（四）清末民初地方自治思想评析

维新派思想家在一定程度上意识到了地方自治问题核心在于对组织权力性质的界定，但由于他们仅仅是把地方自治作为官治的补充形式，因而在"地方自治权"的认识上，仍然没有摆脱"皇权"思想的影响。革命派主张在推翻清朝专制统治的前提下，重新规划资产阶级民主共和立宪政体，这是重大进步。但是，这一时期革命派在"单一制"和"联邦制"中徘徊。他们倡导的地方自治思想是在反清背景下进行的，他们主张打破传统中央集权高度集中的体制，中国各地要构建独立性政府，开设独立议院，有独立的会员，制定独立的宪法，组建独立的机关，扩展独立的主张。这种以"联邦制"为国家结构形式的地方自治思想，显然不符合中国历史传统，也不利于国家的统一和稳定。因而其地方自治思想存在诸多不足。

---

① 孙中山全集：第6卷［M］. 北京：中华书局，1985：345，208.
② 康有为. 公民自治篇［M］//张枬，王忍之. 辛亥革命前十年间时论选集：第1卷（上册）. 北京：生活·读书·新知三联书店，1960：186.

三、留学生与民国时期的地方自治思想

（一）"联省自治"思想

推翻袁世凯统治之后，中国民主共和向何处去，成为当时中国亟须回答的问题。维新派已经沦为"保皇派"，念念不忘复辟君主之制。在这一历史关头，深受西学和西方制度影响的大批留学生被推到历史风口浪尖。1920 年至1924 年间，戴季陶、章士钊、张东荪、丁佛言、孙几伊、李剑农、周鲠生、潘大道、唐德昌、丁燮林、王世杰等留学生大力倡导联邦制或联省自治，推动了"联省自治"运动。之后占主导地位并一直影响着国民党统治时期的地方自治建设的是孙中山的地方自治思想。

1."联省自治"内涵和实质

留日学生李剑农认为"联省自治"主要包括两个层面的内容。一是省之权限的内容。从法律看，各省可以制定自己的省宪；从管理看，依照规定统治本省的事项；从结果看，在省宪约束下，地方可以免受中央干涉，省与省可以免除许多纠纷。二是联省议会组织的内容。联省会议由地方各省委派的代表组成，联省议会制定联省宪法，可以保障国家统一。① 关于"联省自治"的实质，留日生潘大道认为，"联省自治""正确的解释之，即联邦也"。② 曾留日后留学英法的周鲠生也提出："今人盛倡之联省自治，实与联邦制，同为一事，不过有其一为俗名，其他为学名之不同耳。"③ 留日生张东荪认为自治和联邦"二者在精神上实无甚差距"④。

2.实施"联省自治"缘由

关于中国为什么要实行"联省自治"，主要有以下观点。

解决时局论。如孙几伊认为，中国当时军阀势力下的地方割据已经形成，实行联邦制是顺应了这种格局的需要。当时中央政府的力量已经失坠，从全国看，奉天为一国，吉林、黑龙江是其附属，河北直属为大国，鲁豫为一小国。按照这逻辑推理，可以说完全是一省成一国。中华民国就是共和国单一国的装饰而已，中华民国与其说是一个国家，不如说是一省一国、一国一王。而联省自治就是根本上进行一省一国、一国一王的革命，适应此种形式，"来改造一

---

① 李剑农.中国近百年政治史（1840—1926 年）［M］.上海：复旦大学出版社，2002：487–488.

② 潘大道.论联省自治并答孤军记者［J］.东方杂志，第 22 卷第 2 号，1925（6）.

③ 周鲠生.省宪与国宪［J］.太平洋杂志，第 3 卷第 7 号，1922（9）.

④ 谢从高.联省自治思潮研究［M］.北京：中国社会科学出版社，2009：24.

下，输入联邦的与共和的宪政主义，最为便利"①。美国留学生唐德昌认为中国
要想实现自主独立和国家长治久安，必须打破受制于直系、奉系、皖系和北洋
系的格局，这就要求统一东南西北，整合时局，废督裁兵，组建强有力的中央
政府。而要推行这些措施，非联省自治不能实现。②章太炎认为，联省自治
"内以自卫土著之人民，外以共保全国之领土，卫人民则无害于统一，保领土则
且足以维持统一矣"③。

联邦制与良法美制论。按照唐德昌的观点，第一，既能保障国家统一，防
止国家分裂，又能激发地方自治的活力。第二，适合于国土广大、物质文明匮
乏的国家。"宜于祖土广大，物质文明未甚开发之国家。盖此种国家，一地方有
一地方之利害关系；善于兴利除害之事项，各有先后缓急之不同。故中央集权
之政治，不若地方分权之联邦制，立法行政可因地制宜。"第三，可以规避中央
集权蕴含的专制弊端，开创文明和自由的风范。第四，可以激发民众参政议政
的兴趣，积极进入政府工作。第五，民众可以有效监督政府行政，推进地方行
政新风尚。第六，"采联邦制各邦，可为新制度新法令之试验场；未试行各邦与
中央政府可有观摩之利，而收损益之效"。第七，"遇有攀乱或经济恐慌之事发
现，则其势力仅限于一邦，可免涉及全国"。第八，"各邦议会，可分担立法事
项，使联邦国会不致为过多之法案所压迫，而得敏捷行使其职权"④。

中国国情决定论。唐德昌在《联省自治与现在之中国》一文中，系统地论
证了实行联邦制是"国情"催生的。他认为中国幅员辽阔，交通落后，中国的
交通体系无论是身居政治中心的省份、地区还是边远省份，与现代欧美交通体
系相比较，都几同隔世。各省的实业发展情况大多是萌芽时期，发展难度巨大，
当然与联邦制的特征相似；传统的中央集权体制下，民众参政机会和平台缺失，
被排斥在政府系统之外。如果实施联邦制，民众参政意识、能力和机会大大得
以改进，民众可以被纳入政府体系之中，激发爱国之心和参政的热情。"自中国
旧日之历史言之，亦宜于联邦制。""时有复辟运动，为共和政体之危害"，如采
用联邦制，则"复辟之梦，无论如何，不能见之于事实"；"欲使中国交通便利，
教育普及，亦非采联邦制不为功"。⑤潘大道还从法学理论、政治学理论、行政

---

① 孙几伊. 自治运动与联邦 [J]. 改造，第 3 卷第 5 号，1921 (1).
② 唐德昌. 联省自治与现在之中国 [J]. 太平洋杂志，第 3 卷第 7 号，1922 (9).
③ 章太炎. 各省自治共保全国领土说 [M] //汤志钧. 章太炎政论选集. 北京：中华书
局，1977：755.
④ 唐德昌. 联省自治与现在之中国 [J]. 太平洋杂志，第 3 卷第 7 号，1922 (9).
⑤ 唐德昌. 联省自治与现在之中国 [J]. 太平洋杂志，第 3 卷第 7 号，1922 (9).

效能理论角度论证了联邦制适宜于中国。① 戴季陶从中国历史发展的角度出发，提出："封建制已非良策，而中央集权制度则较封建制度之祸尤烈。"② 戴季陶对联邦制的"利"主要从三方面归纳："第一，对外能一致御敌，抗击外辱，对内极大促进地方人民满怀爱乡之心、从事有利于地方福利的事业。第二，宜统则统一于国家，宜分则分于地方，可分科发达。第三，国家版图扩张更自然。第四，行政事务可因地制宜。第五，易于推广新政策。"③

3. "联省自治"内容和形式

如何实行"联省自治"是"联省自治"思想能得到支持的重要问题。因此，主张"联省自治"的学者对"联省自治"的具体内容和形式做了设计。

唐德昌设计了加强中央集权的联省自治的构想，强调要处理好四方面的内容。第一，中央的立法权应当从宏观层面规定，事关全局性的、重大的利害关系，各联邦不得以单项法规定。第二，中央大理院主要功能是负责解释联省宪法，省与省、省与中央政府的事权争议由中央大理院决断。第三，每年军费的开支不得超过预算的 1 /3。第四，中央政府的运作机制采取委员负责制。各省可以采取省长负责制、委员负责制，委员会成员由地方自行选举产生，中央政府不能干涉地方选举和人事安排。④

留日学生张季鸾对联省自治提出了纲领性的思想：第一，民政事务的管理实施独立管理，管理机关由省宪之规定约束。"参议院完全代表各省，略如美国上院。"第二，"司法用同一之法典，但法官任免，各省得自为之"。第三，"国税列举，但得经众议院之协赞，制定新税"。对于"边瘠省份，国家应略采从前协饷办法，以助其文化上之设施"。第四，军队同归国军管理序列，由陆军部统一调配，军队军费全部由国家公共财政支出，但兵士就各省募之；各省自设保安警察，其数额自定之；省长遇非常事故而不能继续任职时，由所在的国军继承管理权力去维持秩序。第五，外交权力收归中央政府，对外缔结条约由参议院决定。⑤

丁燮林（留英）、王世杰（留英、法）等提出的是"分治的统一"方案。第一，"划全国为若干联治区域；联治区域，得以省为单位，而不必以省为限"。"如北方诸省，愿联合组织一个中央机关于北京。西南诸省，愿联合组织一个中

---

① 潘大道. 论联省自治并答孤军记者 [J]. 东方杂志，第 22 卷第 2 号，1925（6）.

② 戴季陶. 中华民国与联邦组织 [J]. 民国，第 1 卷第 2 号，1914（7）.

③ 谢从高. 联省自治思潮研究 [M]. 北京：中国社会科学出版社，2009：13.

④ 唐德昌. 联省自治与现在之中国 [J]. 太平洋杂志，第 3 卷第 7 号，1922（9）.

⑤ 张季鸾. 关于联治问题之片断的感想 [J]. 太平洋杂志，第 3 卷第 7 号，1922（7）.

央机关于广州，则隶属于北京政府，及广州政府之区域，固不妨各认为一个联治区域。此外不愿隶属于北京及广州之独立诸省，亦各得自成一联治区域。西藏、蒙古、青海等区域，亦当各认为联治区域之一，对于中央会议，有遣派代表之权。"第二，各联省的区域，对外缔结的盟约必须在中央政府规定下进行，不得到中央会议同意，不得脱离中央政府。第三，"组织极简单之中央机关于全国适中之地点"，并且倾向于中央机关只设"中央会议"，它"由各联治区域所派遣之代表组织之，凡划归中央直接处分之事件"。

（二）孙中山的地方自治思想

孙中山在长期革命中进行大量的理论探索，形成了一系列的成熟理论，包括了资产阶级地方自治理论，一大批学者唯孙中山思想是从。这一理论主要内容概略如下。

1. 地方自治的定义

孙中山将地方自治定义为：由本地之人去管理属于地方事务的事情，政府要极力支持而不能反对和干涉他们行使自治权力。① 当然，"政府毫不干涉"是指中央政府不能随意干涉地方自治事务。

2. 主权在民是地方自治的基础

孙中山在早期提出"地方自治是建设国家的基础"的基础上，对"官治"与"民治"做了严格的区别："官治云者，政治之权，付之官僚，于人民无与。官僚而贤且能，人民一时亦受其赐，然人亡政息，曾不旋踵；官僚而愚且不肖，则人民躬被其祸，而莫能自拔。民治则不然，政治主权，在于人民，或直接以行使之，或间接以行使之。"② 孙中山认为自治根本在于直接民权的实现程度，但是又不能实施单一的代议制民主，原因在于单一的代议制民主会导致一些人假借和骗取人民选举权力获得上任资格后，就视人民意志于不顾，人民却无能为力。为了克服上述困境，孙中山认为可以借鉴美国、瑞士的直接民权形式，即实现选举、罢免、创制和复决四大民权的统一。这样可以使得人民能够直接监督好政府管理，全面享受四大民权的实惠，达到真正的全民政治的理想。《地方自治实行法》则明确提出要实行民权、民生为主要目标的地方自治，实现国家和社会管理的形式。

孙中山对中央和地方关系、民权保障等问题也有独到见解。中央与地方的权限需要通过均权形式划分，宏观性、整体性的全国事项由中央政府掌控，一

---

① 孙中山全集：第8卷 [M]．北京：中华书局，1986：324.

② 陈旭麓，郝盛潮．孙中山集外集 [M]．上海：上海人民出版社，1990：32-36.

些因地制宜的地方事务，应划分给地方政府，不实施单一的中央集权或者地方分权制度。1921 年 5 月，孙中山在《就任大总统职宣言》中谈道："欲解决中央与地方永久之纠纷，惟有使各省人民完成自治，自定省宪法，自选省长。中央分权于各省，各省分权于各县，庶几既分离之民国，复以自治主义相结合，以归于统一，不必穷兵黩武，徒苦人民。"①

3. 地方自治的实施

一是明确了实施步骤。他在亲自拟定的《国民政府建国大纲》中，结合建设程序进一步阐述了地方自治的步骤和内容："在全县人口调查清楚，土地测量完毕，警卫办理妥善，道路修筑成功，人民受过四权训练，而完毕其国民之义务，誓行革命之主义后，就可以选举县官、议员，成为一完全自治之县。"②"凡一省全数之县皆达完全自治者，则为宪政开始时期。"③

二是明确了实施的自治单位。孙中山早期也主张实行联邦制，支持以省为单位的自治。但是后来在其民权思想不断成熟后，发现县这一基层单位才是民权之基，因而主张地方自治以县为基础单位。在《建国方略》中，他指出："以一县为自治单位，县之下再分为乡村区域，而统于县。每县于敌兵驱除、战事停止之日，立颁布约法，以之规定人民之权利义务与革命政府之统治权。以三年为限，三年期满，则由人民选举其县官。"④

三是明确了自治实施内容。1916 年 7 月，孙中山在上海举办的茶话会上的演说中指出：地方自治"首立地方自治学校，各县皆选人入学，一二年学成后，归为地方任事。其次是确定了自治制度，通过调查人口、平治道路、清理土宙和广兴学校等一系列制度推行，实施新政。至自治已有成绩，乃可行直接民权之制矣。今日则先由先知先觉者，负牖启之责任，以此新法为基础，而教导其人民"⑤。1919 年 12 月，孙中山在上海民治学会进行演讲活动中说，推行地方自治首当其冲的是进行规模性的户口调查。对人口的统计有利于实施地方自治，人口的确定对于自治中政治投票、政治责任、社会控制和社会动员都是有益的。只有户口调查完成了，才能进行第二、第三等步骤性活动。下一步行动方案的集合应包括改良交通（如铺马路、桥梁、修开河道等）、推广教育、振兴实业

---

① 孙中山全集：第 5 卷［M］. 北京：中华书局，1985：531.
② 李国忠. 民国时期中央与地方关系［M］. 天津：天津人民出版社，2004：145.
③ 孙中山全集：第 9 卷［M］. 北京：中华书局，1986：128.
④ 孙中山全集：第 9 卷［M］. 北京：中华书局，1986：204-205.
⑤ 孙中山全集：第 3 卷［M］. 北京：中华书局，1984：330.

（农、工、商各业）这三种。① 1920 年 3 月，孙中山在《地方自治实行法》中认为，地方自治的政治条件、经济条件、社会条件和思想条件等已经普遍成熟情况下，可以采取政策试点办法，先在办理户口、设定机关、估量地价、修筑道路、开垦荒地和创办学校等事情上进行自治尝试。等试点成功后，再在全国全面铺开推行。1924 年，孙中山在国民党一大上做了《国民政府建国大纲》报告，比较全面地阐述了地方自治的内容："自治之县，其人民有直接选举及罢免官吏之权，有直接创制复决法律之权。土地之税收，地价之增益，公地之生产，山林川泽之息，矿产水力之利，皆为地方政府之所有，用以经营地方人民之事业，及应育幼、养老、济贫、救灾、卫生等各种公共之需要。各县之天然富源及大规模之工商事业，本县资力不能发展兴办者，国家当加以协助。其所获权利，国家与地方均之。"②

四是规定了组织的诸多标准性问题。1924 年 1 月，孙中山在国民党一大《中国国民党第一次全国代表大会宣言》的报告中讲到，中国要想实现真正的地方自治，必须以实现民族独立为基本前提。现在的中国尚未完全实现自由和独立，即使部分地区实现部分自治仍然是不切实际的。因此，欲争取社会自治运动，需要与争取民族独立、自由运动为并行，自由之中国以内，方能有自由之省的格局。③ 关于地方自治的衡量标准，孙中山在《国民政府建国大纲》报告中规定，关于自治县的主要衡量标准在于：清查全县的人口数，丈量全县的土地，办妥全县的警卫事务，修筑好四境之内纵横交错的道路，群众普遍受到四权训练，人民能有效承担好国民的职责和义务，奉行三民主义。通过民众选举任命县官去进行县域行政管理，通过选举出的议员制定一县的法律。④ 当县政地方自治成熟后，可以进行政府层级性的推广，地方自治在省、县得以全面展开，就可以实现从训政进入宪政的时代了。

（三）民国时期地方自治思想评析

民国时期的地方自治思想主要是由留学生倡导的，制度设计也是留学生主导的。因此，这一时期的地方自治思想主要是由留学生发展和完善起来的。当然，在吸取西方制度精髓的同时，由于诸多留学生已经认识到地方自治的发展必须与中国实际相结合，因而这一时期的地方自治思想也试图从中国国情出发，

---

① 孙中山全集：第 3 卷 [M] . 北京：中华书局，1984：175.
② 孙中山全集：第 9 卷 [M] . 北京：中华书局，1986：123.
③ 孙中山全集：第 9 卷 [M] . 北京：中华书局，1986：116–117.
④ 孙中山全集：第 9 卷 [M] . 北京：中华书局，1986：127.

推进地方自治思想的发展。

"联省自治"显然是当时形势所逼。辛亥革命之后，宪法迟迟未能出台，而袁世凯死亡后军阀割据，地方势力不断坐大，使国民对议会制度普遍失望。他们希望先从省自治开始，先行先试。另外，从当时世界政治制度建设现状看，所建立的国家基本上实行的是联邦制。因而，一批留学生很快接受了"联邦制"思想，并通过论证发掘联邦制在中国的合理性，推动联邦制在中国的实施，这才有了红极一时的"联省自治"运动和思想。出于此原因，联邦制真正目的在于如何遏制军阀势力扩张，结束军阀混战格局。

胡适曾说："制裁、打倒军阀的另一个增加控制阀门在于增加地方权限，坚决推行省自治的联邦制。"[①] 这样看来联省自治其实并不是为了解决中国政体问题，仅仅是一种解决时局问题的手段。这也注定它最终走向失败。

促进近代中国地方自治思想最终形成的代表人物当数孙中山。孙中山一生足迹遍布欧美、日本，阅读大量西方著作，对西方政治制度有较为广泛的研究。孙中山分析了中国社会存在着民众缺乏基本权利的现状后指出："中国革命不但要争取平等还要实现民权，如果坚决实现了平等，而民权实现程度并不发达，即使有极一时的平等，也只是昙花一现，治理梦想归于破灭。"[②] 所以，"我们革命党向来主张三民主义去革命，而不主张以革命去争自由，是很有深意的"[③]。在他看来，"民权""民生"两主义乃地方自治之目的。

孙中山还全面介绍了"民权"包含的基本内容与实现的形式，使得理论界对地方自治思想的关注点从"民本思想"到了"民权主义"。由于当时的中国并没有具备相当的自治基础，孙中山主张在革命进入共和宪政之前还应有个过渡时期和缓冲阶段，逐步提高社会民众的知识水平和参政能力。过渡时期和缓冲阶段就是行约法之治，以训导人民和实行地方自治。[④] 并提出应以县为单位，或联合数村，推进地方自治。孙中山有关地方自治思想带有一些人民自治学说的内容，表现为团体自治学说，它更多是折中各学派思想而成的。这种思想成为早期国民党治理地方事务的指导思想，并在实践中成效显著。但是，国民党执政的中后期，孙中山的思想被束之高阁，并没有得以实现。

---

① 胡适. 联省自治与军阀割据［M］.//胡适文存（第2集第3卷）［M］. 上海：亚东图书馆，1921：89.
② 孙中山全集：第3卷［M］. 北京：中华书局，1984：298.
③ 孙中山全集：第3卷［M］. 北京：中华书局，1984：277.
④ 梁景和. 清末地方自治实践［J］. 西南交通大学学报（哲学社会科学版），2000（12）：18-23.

第三节　留学生群体与近代中国地方自治的实践

一、清末到民国初年的自治实践

（一）清末的地方自治实践

1. 民间自治实践

清末和民国初期主要有一些民间性的自治行为，例如，一些地方政府官员督办的地方自治团体，地方有识之士倡导和举办的地方工程的修建。1905 年，在上海创设了进行一些地方自治性工作的城厢内外总工程局。1909 年，根据《城镇乡地方自治章程》的规定，将城厢内外总工程局重组为自治公所，上海地方的一切自治事务由公所统一筹划并进行管理。在苏州，成立了市民公社管理一些地方事务。在广东，成立了由绅商人员为主体的组织团体（粤商自治会），进行了大规模的自治活动。在民间自治实践中，上海的自治公所和苏州的市民公社具有代表性和适用性。上海自治公所有《城镇乡地方自治章程》等作为制度管理的规范，可以在民政管理、施政建设、地方税收、公共事业管理、部分工商实业和部分文教卫生等方面有相对独立的管理权。苏州的市民公社主要由恰和祥洋货店商董施莹、苏州商务总会会董和苏州自治研究会等发动和创建的，具体包括了渡僧桥四隅市民公社、观前大街市民公社、道养市民公社和金间下塘东段市民公社四大公社。各市民公社均订立详细的章程，作为组织公社活动的总纲。公社建立选举制度选举公社管理机构成员，一般设有干事部、评议部、经济部、庶务部、书记部、消防部六大部门，分理各项事务。重大事项的处理须经过全体职员或全体社员讨论做出决定通过。公社从事的活动主要是以公益事务为主，公社的领导基本通过民众选举产生，公社的活动经费是自筹的，公社运作的内容是以公益活动为主的，所以，可以实现公社的管理、人事、经费和运作等方面的独立性，较少受制度制约。

另外在天津也出现民间自治，与上海的不同在于它是由官方主动推行的，因而"官"的氛围较强，绅商的独立意识较薄弱，政府控制力较为强大，没有形成商会积极活动的局面。

2. 官办的自治实践

官办自治是由地方官府直接督导、地方绅商参与的自治。在自治实践过程中，地方官员主导并发挥积极推动作用。其中直隶 1906 年前设立了天津府自治局，成立议事会、董事会。湖南、河南、湖北、四川等省积极筹办城镇乡下级地方政府的自治；成立了 1000 余处城会，其中成立了乡议事会、董事会，通过选举方式产生乡董。除了筹办城镇乡下级自治的活动，地方省依照民政部门颁发的有关筹备事宜清单，建立了较好的自治体系，主要为府厅州县议事会、参事会等。根据各省奏报，截至 1911 年 10 月，各省府、厅、州、县的自治会大多成立。① 官办的地方自治以直隶天津自治为典型代表。

天津是清朝直属地，1906 年，直属总督袁世凯批准和颁布了天津的自治法令，后由清政府统筹布局管理。第一阶段是在天津进行自治的城市模范试点，按照《府厅州县地方自治章程》和《城镇乡地方自治章程》的政策试点。第二阶段是在天津试点基础之上，借鉴其经验和教训，在全国进行大规模试点，最后实现全面覆盖和推广。

试行期间，成立了天津府自治局，组织自治学社，宣传和培养人才。自治学社后改为自治研究所，专门探讨自治中遇到的实际问题。通过法选方式推选出董事会和议事会。议事会具体涉及的决议事项有：本县下级自治团体之设立，如城镇乡各议事会及城镇董事会并乡长等的设立；自治事务之创设改良及其方法，如教育、实业、工程、水利、救恤、消防、卫生、市场、警察等事务的创设改良；地方入款之清厘及筹集；地方经费之预算决算；地方公款公产及利息之存储、动用；董事会副会长、会员被人指摘之处分。议事会上述议决事项交董事会办理，并可以监督董事会办理事务。董事会由会长 1 人、副会长 1 人、会员 8 人组成。

知县兼任议事会的会长，副会长和会员通过选举方式产生。议事会和董事会成为天津行政机关链条上的特色与亮点，也是其重要的组成部分。议事会成员通过选举产生。在选举中，地方官府进行具体督导，包括县令亲自演说、劝导，制定一系列规章，协调各部门的关系，提供经费支持等。当然，官府也积极承担着监督自治的职责。《试办天津县地方自治公决草案一百一十一条》规定："议事会得应地方官之咨询申述其意见"，"议事会得上条陈于地方官"。

---

① 孙婷. 清末地方自治研究 [D]. 济南：山东大学，2010.

"凡会议决定之事，由议长移知本县知县及董事会并公布之"。① 在天津县自治模式取得一定成绩之后，开始把自治推进到厅州和其他县。1908 年，在地方自治总局的影响之下，各州县的自治机关竞相建立。据 1910 年的统计数据，已有赵州、冀州、元氏、博野、安肃、永年、完县、满城、宁晋等 13 个州县成立了县议参事会。到 1911 年 6 月，"续经设立议参事会者，外府首县为天津等 5 处，冲繁厅州县为通州等 67 处，偏僻厅州县为永清等 49 处"②。至 1911 年，共成立厅州县议参事会 137 处。与此同时，清政府在 1908 年 1 月颁发了《城镇乡地方自治章程》，从直属地开始进行了浩大的城乡自治运动。城乡自治运动首先是从天津县试点开始的，天津县成立了城议事会和通过选举产生了议事会成员。城议事会涉及工作业务范围主要负责建筑、卫生、农工商务和慈善等相关地方事务，负责承担审议自治经费收入的预算和决算，规划和使用资金。后来又成立了城董事会。天津还成立了城镇乡自治联合会，以协调自治中出现的问题。此外进行了乡会选举，将选举结果在天津《大公报》上公布。至 1911 年，总计成立城议董事会 30 处，镇议董事会 6 处，乡议事会、乡董 164 处。③

（二）"联省自治"运动

在"联省自治"思想引领下，一些省开展了"联省自治"实践。湖南是首个倡导"省自治"的地方。1920 年 7 月 22 日，谭延闿向全国发出通电，认为："民国九年来，内争不息，推原祸始，皆由当国武夫官僚蹈袭前清及袁氏强干弱枝政策，强以中央支配地方，引起恶劣战争，鄙见以为，吾人苟有根本救国决心，当以各省人民确立地方政府，方为民治切实办法。"④ 此电得到湖南绅民的大力支持，1921 年 1 月湖南自治法筹备处正式成立，同时成立省宪起草委员会。1921 年 11 月 1 日，省宪草案经全省投票通过，1922 年元旦正式公布。1922 年 12 月下旬，湖南根据省宪产生新政府，赵恒惕"当选"省长。1926 年北伐军进入湖南，自治运动宣告结束。

继湖南之后浙江也开展了"省自治"。1921 年 6 月，浙督卢永祥宣布浙江自制省宪。9 月 9 日，赶在湖南之前公布省宪草案，称《九九宪法》。除了浙江

---

① 试办天津县地方自治公决草案一百一十一条 [M] //甘厚慈. 北洋公牍类纂：卷一. 北京：京城益森印刷有限公司，1907：6-13.

② 宪政编查馆奏遵限考核京外各衙门第三年第二届筹备宪政成绩折 [N]. 大公报，1911-05-28；转引自孙婷. 清末地方自治研究 [D]. 济南：山东大学，2010.

③ 宪政编查馆奏遵限考核京外各衙门第三年第二届筹备宪政成绩折 [N]. 大公报，1911-05-28；转引自孙婷. 清末地方自治研究 [D]. 济南：山东大学，2010.

④ 谭延闿向全国发出通电 [N]. 大公报（长沙），1920-08-16.

省、广东省、四川省外，一些省份（江苏、江西、陕西、福建、湖北、云南、贵州、广西等省）或是通告执政当局的宣言制宪进行自治，或是由群众积极参与制宪；北方的顺省议会和直省议会曾经相互联合共派代表到上海制定省自治纲要。

与省制宪运动相呼应，在上海召开了全国八团体国是会议，目的为"本诸共和国主权在民之义，拟由全国国民确定国宪、省宪大纲，注意于根本解决"①。通过会议讨论并由张君劢和章太炎共同执笔，制定了旨在推行积极地方自治的《国是会议宪法草案》。草案有甲、乙两种，于 1922 年 8 月 18 日正式公布。正当省级自治体系高潮之际，直系军阀坚持倡导"法统重光"的精神，力主恢复旧时的国会，完善民国时期的制宪工作，以此推进自治。

在制宪过程中，《国是会议宪法草案》产生了最直接的影响。1923 年 10 月 10 日，《中华民国宪法》公布，宪法有国权章和地方章，联邦制特征较为明显。随着曹锟贿选的事件发生，宪法的权威性受到相当多的质疑和挑战，以至于被段祺瑞政府废弃。当然，由于当时军阀战乱频仍，地方自治也徒有其表，只有张耀曾、沈钧儒等在 1925 年发起成立的联治党，算是地方自治偶有的上佳表现。

二、留学生与清末到民国初年的自治实践

清末民初，留学生积极参与各地开展的地方自治实践。其中清末民初的自治实践，虽是由绅商或地方官员倡办，但这些知名人士，均有西学背景，或与留学生有密切接触。

在湖南首创地方自治的黄遵宪，曾出使日本，任使馆参赞，"是时日本民权之说正盛，先生初闻颇惊怪，既而取卢梭、孟德斯鸠之说尽读之，心志为之一变，知太平世必在民主也"，后来有"开民智"、"兴绅权"、促自治的思想和实践。② 袁世凯在天津倡办地方自治时，《试办天津县地方自治章程》就是由留日生金邦平等人所拟。③

在清朝的预备立宪运动之中，一批留学生积极著书、演说，促使清政府被

---

① 东方杂志 [J].宪法研究号，第 19 卷第 15 号 133 页。转引自吴永明.清末民初地方自治述论 [J].江西社会科学，2001（3）：115.

② 张玉平.黄遵宪的地方自治思想 [J].嘉应学院学报（哲学社会科学版），2006（1）：78-81.

③ 梁景和.清末地方自治实践 [J].西南交通大学学报（哲学社会科学版），2000（12）：18-23.

迫实施预备立宪，在预备立宪中颁布了一些具有地方自治性的政策和法律。清末《宪法大纲》由宪政编查馆的留学生"拟就各节"，其中"以汪荣宝、杨度所拟居多"①。自费留法的博士生伍廷芳学成归国后接受清政府的法律大臣任命，制定了一些新的法律，不时斟酌西法，以此修订了《大清律例》。② 还有一批留学生在各类参政院、省咨议局谋职，或直接参与决策或做咨询。他们作为思想先进、业务水平高的群体在地方自治中发挥了重要的作用。其中广西咨议局 58 人中留学生有 10 人：唐尚光（进士，日本法政大学）、甘德蕃（廪生，日本法政大学）、唐锺元（荫生，日本法政大学）、蒙经（举人，日本法政大学）、古济勋（日本法政大学）、徐新伟（日本陆军士官学校）、周维宗（日本法政大学）、卢天游（日本法政大学）、朱景辉（留学日本）、陈太龙（留学日本）。③ 民初热闹一时的"联省自治"运动的推动者，有许多著名人士均为留学生。在湖南省宪起草委员会的 13 人中，12 人有留学经历：留美学生 6 人（黄士衡、王毓祥、唐德昌、王正廷、陈嘉勋、董维键），留日学生 2 人（彭允彝、蒋百里），留英学生 1 人（向绍轩），1 人（石陶钧）分别去日本、美国留学过，2 人（李剑农、皮宗石）分别去日本、英国留学过，1 人（张声树）为京师大学堂毕业生，长期受到较为浓郁的外来文化影响。主席为李剑农。155 名审查员中，有 56 人接受过国内的新式教育；有 35 人有留学日本或美国的经历。其中，日本法政大学毕业生 11 人，日本早稻田大学毕业生 6 人。④

三、国民党统治下的地方自治实践

（一）地方自治的实施

国民党统治时期的地方自治实践较为活跃，模式多样，互动多层，是地方自治发展的高潮。这和两方面有着直接的关系。一方面，国民党在三民主义思想的指导下，地方自治带有很强的三民主义思想的内涵。在国民政府进行训政活动中，政府出台了一系列地方自治法令、法律和政策，为地方自治实施分类治理做了制度支撑基础。另一方面，虽然宣称遵照三民主义，但是蒋介石集团试图通过进行有利于基层社会稳定的地方自治实践，实现独裁统治。因此，实施地方自治自上而下无须进行利益分割，自下而上没有利益整合，易于得到国

---

① 尚小明. 留日学生与清末新政 [M]. 南昌：江西教育出版社，2003：15.
② 郝铁川. 中国近代法学留学生与法制近代化 [J]. 法学研究，1997（6）：3-25.
③ 尚小明. 留日学生与清末新政 [M]. 南昌：江西教育出版社，2003：173.
④ 裴艳. 留学生与中国法学 [M]. 天津：南开大学出版社，2009：143.

民党高层的认同。

这一时期，可将地方自治分为：1928—1939 年为第一阶段，主要是新县制实施前的准备阶段；1939—1949 年为第二阶段，主要是新县制的实施时期。

1. 1928—1939 年新县制实施前的地方自治实践

第一阶段是初创阶段（1928—1934）。国民党政府为形塑地方自治的发展方向，颁布了《县组织法》《地方自治原则》《县组织法施行法》《区自治施行法》《乡镇自治施行法》等系统性的制度，颁布了与之相配套的登记、选举等类型的法律，旨在推进以县为单位的地方自治实践效果。还包括了县、区、村里（乡镇）、间、邻五级制等内容。编制实行 5 户作为基本邻，5 邻为基本间，有百户以上的村庄可以编制为乡，街市编制成镇，20~50 个乡、镇可以编制成区。

具体操作办法如下。其一，在时间安排上。国民政府规定训政期限是 6 年，从 1929 年开始，结束于 1935 年。县治理是以分年为完成方式的。1930 年，完成县组织的构建工作，训政人员初期训练得到了巩固。1932 年，完成对县土地丈量与户口清查事项。1933 年，筹备和构建好具有相当自治意义的自治机关。1934 年完成县自治工作。其二，在具体工作安排上，首先是合理划分自治区域，完成县政建设的各项事务。按照县的历史、土地面积、人口交通和人们生活习惯等科学划定县治的标准，构建起县与区、乡与镇、间与邻等各层级的行政机关。具体包括县参议会、区民大会、乡镇民大会、居民会议。执行机关有县政府、区公所、乡镇公所、间邻长，其他机构如监察委员会、调解委员会等。其次是要完成对人口与土地的调查，广西该工作于 1934 年就完成了。最后是构建功能层次多样的警政。公安局由县政府掌控，工作职责在于掌户籍和警卫、消防和救灾等事务，合理划分守望巡逻区，以分驻所为最小的管理单位。

初创阶段有几项工作取得一定实效。一是对民众的训练。尽管国民党并不十分主动，但还是做了一些工作。当时各地兴起兴办国民补习学校和国民训练讲学堂的高潮。这些学校在扫除文盲、传播自治知识方面发挥了重要作用。在南京，一些来自市自治事务处及各区乡镇民众学校的教员，在平时教学过程中还自编教材，根据识字的程度使用不同教材，训练成果显著。①

二是对自治人员的培训教育。"到 1933 年江苏、江西、湖北等 18 省先后设区长训练所。""到了 1932 年 7 月有 97 人经南京中央考试院考核合格被任用，一些省市通过自行考试来选拔县长。1929 年，山东举行了第一次规模大型的县

---

① 闫婷婷. 论民国的地方自治［D］. 西安：西北大学，2007.

长考试会，报考者有 530 名，经过 3 次考试刷选，成功当选县长的才 22 人。"①

三是设立民意机构。"1934 年年底全国成立县市参议会 792 个，到 1935 年年底，川、湘、鄂、浙、闽、桂、赣、云、贵、康、粤、徽、陕、甘、宁、青、豫、缓、晋、云、渝、青岛、沪、宁 24 省市就完全设立了县市参议会，而鲁、新、冀、辽、苏、北平、津 7 省市成立了临时参议会。截至 1934 年，全国有20146 个乡镇民大会，246235 个保民大会，到了 1935 年，乡镇民大会和保民大会增加了 1/3 以上。"② 当然大多徒具形式。

四是开展选举。"据时人胡次威记述，1929 年 10 月至 1934 年 3 月，全国大部分省市通过自上而下的方式完成了县域治理的各项改革，组建了新型的县政府组织，重新划分了自治区，编制了新型乡镇，以间邻为治理的最基本单位。少数省份也有做到召开乡民大会、镇民大会，选举乡长、副乡长、镇长、副镇长，乡镇监察委员及组织乡公所、镇公所的；一些省份召开过区民大会，通过选举方式产生区长和区监察委员。可是没有一县选举过县参议员，组织县参议会；更没有一个县合于《建国大纲》第八条的规定，准其为完全自治之县，民选过县长。"③

第二阶段是调整阶段（1934—1939）。

这一阶段有几方面值得注意。

一是保甲制度的构建。1934 年，蒋介石在江西和安徽"剿匪"时，为了加强对农村社会的控制和管理就推行了保甲制，乡镇内之编制为保甲，改变了原来的间邻组织。这种组织结构严密，易于控制和传达信息。此后豫、鄂、皖、赣、闽、川、黔、陕 8 省相继废除乡镇，实行联保制度，使乡镇区域成为联保自卫的官治区域。同年国民党制定了《修正县自治法及其实行法要点》，规定用保甲制取代原来的间邻制，10 户为一甲，10 家为一保，10 保以上者为乡镇。保甲制运行以保甲公约为基础，实施联保连坐的制度。声明界内各户绝无"通匪""纵匪"之事，如有违犯者各户愿负连坐之责。从此标志着"将保甲纳于自治组织中，乡镇内之编制为保甲"的阶段到来。④

保甲制度规定："甲之编制以十户为原则，不得少于六户，多于十五户"，"保之编制以十甲为原则，不得少于六甲，多于十五甲"，"乡（镇）之划分以

① 闫婷婷. 论民国的地方自治 [D]. 西安：西北大学，2007.

② 闫婷婷. 论民国的地方自治 [D]. 西安：西北大学，2007.

③ 曾绍东. 南京国民政府地方自治研究——以赣南（1939—1949）为中心的考察 [D]. 重庆：西南政法大学，2011.

④ 闫婷婷. 论民国的地方自治 [D]. 西安：西北大学，2007.

十保为原则，不得少于六保，多于十五保"。保设办公处，有正副保长及民政、警卫、经济、文化干事各一人。保长兼任保国民兵队队长和保国民学校校长，与乡（镇）长一样，亦实行行政、军、文"三位一体"。主要工作内容包括普遍清查户口；根据户口、习惯、地势及其他特殊情形编组保甲；举办户口异动登记，实行 5 户联保；将保甲内 18~45 岁的男子编成壮丁队接受军事训练、协助清查户口、追查盗匪，战时修筑堡垒公路协助军警抵御"共匪"；制定保甲规约等。

二是对自治进程的推进。从"扶植自治时期"看，县长是由政府任命的，县有县参议会，成员由专家组成，通过乡镇选举 3 人担任乡镇长，再由县长最终决定一人任用。从"自治开始时期"看，县长由政府直接任命，通过人民选举方式产生县议会和乡镇村长。从"自治完成时期"看，由民主选举产生县长、县议会和各乡镇村长，人民有一定的罢免、创制、复决各权。

三是县、乡镇村两级为自治的最基层组织。县为独立级，县下设的乡镇村构成了组织团体的又一级。对于所属乡村有统治困难而其地方已有相当自治基础者之区，仍为自治团体，其余则为县的下级佐治机关，属行政机关。

四是加强县级的行政监督力度。从法理来看，县政府和乡镇村等自治团体是领导和被领导、监督和被监督关系。训政是通过县政府统筹运作而完成的，区公所严格受到县长的指挥和监督。作为上级政府，县政府经常通过特别人员深入区乡镇公所进行工作监督和指导，在一些民选乡镇长的地方，仍须兼用行政监督权。

五是地方自治程序和方式极其富有柔性。当时的中央政府对地方自治程序和方式只做了宏观的规定，至于具体的运作程序和内容，各地政府可以因地制宜而行事。各县由省政府分别拟定程序咨请，内政部核准再定推行情况。

2. 1939—1949 年新县制实施后的地方自治实践

为将保甲制度引入自治，1939 年后国民党开始推行新县制。

一是对机构设置进行调整。其中县为自治单位，县长为法人，乡镇为法人，区为特设机关而不是常设机构，可设立区公署，为县政府的辅助机构。县政府督查和指导各乡镇的行政和各项自治事务情况。

二是把保甲制度融入自治中。在乡镇以下设立保、甲、户。一个乡镇至少有 6 保，每保至少 6 甲，每甲不少于 6 户。设立了议决机关、保民大会和保办公处等机构，部分行使保甲功能。其中保民大会是由本保每户举荐一人组成的。保民大会的职权包括议决本保保甲规约、议决本保与他保间相互之规约、议决本保人工征募事项、议决保长交议及本保内公民 5 人以上提议事项。

　　三是实现了直接选举向间接选举的转变。乡镇保民代表会作为乡镇的议决机关，通过保民大会选举产生，每保可以举荐两人参加。各保保长负责召集本保的保民大会，按照规定选举出乡镇保民代表。

　　四是明确界定了地方自治的范围。包括"编查户口、规定地价、开垦荒地、实行造产、整理财政、健全机构、训练民众、设立学校、推行合作、办理警卫、推进卫生、实施救济以及厉行新生活等14项"①。

　　五是实行新的财政制度。县、乡具有独立财政权，县政府因建设需要，经县参议会决议及省政府核准，可依法募集县公债。县财政实施统收统支的管理模式。

　　（二）留学生与国民党统治时期的地方自治的实践

　　国民党统治时期，留学生已经成为一支重要的力量，活跃在政治、经济、文化、科技、教育等领域，为近代中国现代化做出了积极的贡献。其中在地方自治实践中，也发挥了不可替代的作用。

　　1. 决策部门的留学生

　　作为制定国家法规政策，也包括自治管理政策的机关——国民党中央执行委员会、中央政治委员会，留学生占有相当的比例，留学生群体影响比较大。

表 2-4　国民党历届中央执行委员中的留学生情况

年份	届次	委员数	留学生数	占比（%）	留美生	留欧生	留日生
1926	二次	36	24	66.7	7	2	15
1929	三次	36	26	72.2	5	1	20
1931	四次	73	51	69.9	10	4	37
1935	五次	120	51	42.5	9	6	36
1945	六次	222	89	40.1	20	21	48
累计	5	487	241	49.5	51	34	156

　　资料来源：周棉：《留学生与中国社会发展》（第二卷），吉林人民出版社，2008：208 页。

――――――――――

① 陈柏心. 地方自治与新县制［M］. 北京：商务印书馆，1942：21.

表 2-5 国民党历届中央常委中的留学生情况

年份	届次	委员数	留学生数	占比（%）	留美生	留欧生	留日生
1928	二届四中	5	4	80.0	0	0	4
1929	三届一中	9	7	77.8	1	0	6
1931	四届一中	3	3	100	0	0	3
1935	五届一中	9	7	77.8	2	0	5
1945	六届一中	25	17	68.0	4	0	10
累计	5	51	38	74.5	7	0	28

资料来源：周棉：《留学生与中国社会发展》（第二卷），吉林人民出版社，2008：208 页。

由表 2-4 和表 2-5 可知，留学生在国民党政府最高决策机构中所占比例高，对决策影响是很大的。1928 年 10 月起担任过南京政府行政院院长一职人员中，除第一任的谭廷闿没有留学背景外，其他如蒋介石、孙科、汪精卫等均是留学生①，因此不难看出留学生对地方自治实践的影响。

2. 在省一级的地方自治实践中，留学生也发挥了重要作用

他们要么作为主要决策者推动自治发展，要么作为参与者大力开展地方自治实践。其中山西的阎锡山从日本留学回国后，1917 年 9 月全面掌握山西的军政、民政大权，开始倡导"村本政治"思想，并设计了两个阶段的"村治"发展之路，到 1928 年最终形成"村民自办村政之时代"。山西的做法后来为国民党新县制所借鉴。在广西地方自治中，《广西建设纲领》的制定、颁布及"三自政策"的推行，就得益于当时广西大批留学生的参与。在 20 世纪 30 年代，广西涌现了以马君武、雷沛鸿、邱昌渭等为代表的数百名留学生。他们以特有的政治智慧、聪明才智和精湛的业务水平，身居要职，在广西自治建设的岁月里做出了特殊的贡献，影响深远。时至今日，他们的理论研究成果和对管理模式的探索仍不失为宝贵的精神财富。

---

① 周棉. 留学生与中国社会发展：第 2 卷 [M]. 长春：吉林人民出版社，2008：212.

第三章

顶层制度设计与基层治理互动：留学生群体与新桂系政治集团

第一节　20 世纪 30 年代中国留学生群体状况

20 世纪 30 年代初期，自南京国民党政府正统地位确立开始，中国的留学生教育得到了较好的发展。南京国民政府采取了一系列刺激留学生教育的积极政策，包括以下几方面。整体选派政策的调整。政府通过有关留学生教育调查，规范了留学证书发放，使得留学生选派和管理有严格的法制规范。具体选派方式的转变。政府实施了由教育部统一的选派制度，教育部统一组织考试，并且将自费留学纳入考试机制之中。这就改变了过去留学生由中央部门、省政府、各团体、各学校等各自为政的选派方式。管理方式的调整。实现了驻外监督与日常管理相结合的方式，驻欧、驻日的专门机构逐步承担起留学生的日常管理与监督职责，加上南京国民政府的教育部门直接发号施令对留学生进行管理，留学生的学习、思想、费用和生活等方面的管理日趋规范和严格；归国任用方式的改变。20 世纪 30 年代，留学生归国后，国民政府较为重视对他们的任用，政策相对开放，以至于从留学生群体中诞生了许多政治家、学者等社会名流。[①]虽然南京国民政府采取了旨在刺激和推动留学生教育发展的诸多制度和政策，但由于政府的工作重心在于如何巩固其国内统治地位和抵御日本侵略，从实践上看，留学生教育的管理仍处于无序状态，加之学界对留学生教育的研究成果不系统，因而难以对 20 世纪 30 年代留学生群体的整体状况进行系统性分析。在此，本文只从留学生的数量、留学国度、学科、费用和归国就业等视角做片段性分析，以管窥整个留学生教育的状况。

---

① 章开沅，余子侠．中国人留学史［M］．北京：社会科学文献出版社，2013：330.

一、留学生的数量

以留美学生教育作为参照物，通过考察 1930—1937 年留美生数量的变化状况，大体上可以发现，20 世纪 30 年代留学生群体数量是在缓慢增长中逐步发展的（表 3-1）。

表 3—1　1930—1937 年留美学生概况

年份	总人数	留美人数	留美占总数比例（%）
1930	1032	158	15.3
1931	433	115	26.5
1932	576	99	17.2
1933	621	186	30.0
1934		254	
1935		294	
1936	895	255	28.5
1937	367	202	55.1

资料来源：章开沅、余子侠：《中国人留学史》，社会科学文献出版社，2013 年。

国民政府初期，由于国民政府对留学生群体采取自由放任政策，出现了新一轮留学高潮，这也是新桂系在 20 世纪 30 年代自治和建设中能聚集数量众多留学生的原因。整个 20 世纪 30 年代，留学生群体人数没有大的起伏，但是和 20 年代相比，呈现了一定的紧缩趋势①，其原因有：

其一，南京国民政府加强了对留学生的管理，从学历、经验、外语等方面加以限制，使得留学准入门槛更为严格。《教育部公布国外留学规程》（1933）规定必须符合如下条件才能准入：需在专科以上学校毕业的，并工作两年以上的专业技术职务者；需在专科以上学校毕业的，工作两年以上且能提供有价值的学历者；从各类大学毕业且成绩优良者。②

---

① 章开沅，余子侠. 中国人留学史 [M]. 北京：社会科学文献出版社，2013：369-370.
② 国民政府教育部档案. 教育部公布国外留学规程 [M]. 南京：江苏古籍出版社，1991：381-390.

其二，大幅度提高留学生外语水平的要求。国民政府教育部对留学生的外语水平要求越来越高。1930 年，国民政府教育部规定：留学生到留学国之后，须补习留学国的通用语言。作为公费留学生，在考核过程中，要加强阅读能力、会话能力、写作能力和听讲能力的考核，考核通过者才有资格留学。凡是相关科目没有通过，将不会被录取。①

其三，世界经济危机的影响。1929 年后，爆发了世界性的经济危机，欧美主要国家相应采取了一些严格的留学政策，如美国规定禁止中国留学生进行课外工作，谋求经济收入；中国留学生在入境之后，须向美国有关部门提交由中国公安部门开出的刑事证明材料，如不提供或者审核不通过将失去留学资格，自行归国。这些限制性政策，大大抑制了中国留学生教育的发展。

二、留学生的留学国度

日本是与欧美并行的中国学生留学的重要国度。南京国民政府初期，由于日本学费低廉和地理位置靠近中国等原因，留学日本成为很多学生和人士的选择，而且日本在很多专业的设置上适用性更强。在留日公费生和半公费生中，学习养蚕、缫丝、农产制造、兽医等农林专业的学生占较大比例。② 不过从 20 世纪 30 年代看，留日学生逐年减少，留欧学生日益趋增。1930 年，留日学生归国人数是留美学生数的 3 倍，1931 年则下降至 2 倍。但从公费生的派遣来看，则是留美学生数比留日学生多。1930 年公费留美生是留日的 2 倍。1931 年则上升为 3 倍。③ 1935 年，各省市共派出 1033 名留学生，其中留日有 477 人，留美有 297 人，留欧有 286 人。日本不再是中国留学的唯一目的地，但日本主导性目的地的地位仍然不可动摇。20 世纪 30 年代中后期开始，留欧美和留日并行方针日趋明显，国民政府持续向日本、欧美派遣了大规模的留学生。

三、留学生的学科

1932 年，从国民政府教育部文史资料来分析留学生的学科，法科的人数最多，约占总数 1/3，文、工次之，各约占 1/6，医学约占 1/10，理学约占 1/14，教育农商最少，约占 1/20。在法科的留学生中，最多为学习政治的留学生，可见，当时的国人十分信仰政治救国的思想。在法科中，也包括了不少学习法律

---

① 教育部注意派公费留学生对留学国语言文字须严加考试 [N]．申报，1939-02-13．
② 章开沅，余子侠．中国人留学史 [M]．北京：社会科学文献出版社，2013：355．
③ 教育公报 [J]．第 4 卷第 8 期，1932．

的留学生。这些留学生认定非法治不足以救国，他们更具有远大的政治眼光。在当时中国社会中，法治精神和效力没有充分显示，但在上海等一些大城市中，仍然可以看到不少的大律师招牌。学习教育专业的留学生日趋见少，只约占总数的 1/20，说明教育救国思潮越来越弱。还有一个现象值得关注，就是女留学生越来越多。女留学生占总数比例从 20 世纪 20 年代约为 1/9 到 30 年代约为 1/7，说明女性不再是单纯的贤母良妻的形象了。她们更多从私人和家庭领域走出来，逐步走向社会和政治舞台，这是留学生教育直接推动的结果。

四、留学生的费用

民国前期，由于时局混乱，国民政府的经费主要在军备上，官费留学则一再消减，因而，各省官费留学人数也随之减少。大体情况列表如下（表 3-2）。

表 3-2　民国前期官费留学人数情况统计

年份	1913	1914	1915	1916	1917	1918	1919	1920	1921	1922	1923	1924	1925
人数	2066	1835	1514	1397	1599	24	106	205	97	162	98	175	123

资料来源：章开沅、余子侠：《中国人留学史》，社会科学文献出版社，2013 年。

20 世纪 30 年代以后，国民政府基本结束了国内的军阀混战，国内形势趋向相对稳定，政治认同和权威也得以明显改善，而留学生的官费投入也随之增加。根据 1935 年国民政府教育部统计数据：1929 年，留学欧美国家的约为 1657 人，官费国币共 2910964 元，其中，欧洲各国为 699597 元，美洲为 710899 元，剩下为其他国家；1930 年，留学欧美国家的为 1029 人，官费国币共 1879201 元，其中，欧洲各国的经费投入为 732498 元，美洲为 7128 元，剩下为其他国家，人均官费投入大大增加；1931 年，留学欧美国家的为 450 人，官费国币共 1673411 元，其中，欧洲各国的经费投入为 991619 元，美洲为 588810 元，剩下为其他国家；1932 年，留学欧美国家的为 576 人，官费国币共 1723641 元，其中，欧洲各国的经费投入为 969204 元，美洲为 495719 元，剩下为其他国家；1933 年，留学欧美国家的为 621 人，官费国币共 20744110 元，其中，欧洲各国的经费投入为 857986 元，美洲为 922958 元，剩下为其他国家；1934 年，留学欧美国家的为 859 人，官费国币共 2112765 元，其中，欧洲各国的经费投入为 1027227 元，美洲为 816027 元，剩下为其他国家。从以上数据可以看出，留学生的人均投入官费呈现逐步增加的趋势，国民政府加强了对留学生管理的同时，又加大了对留学生官费的投入力度。

五、留学生的归国就业分析

20 世纪 30 年代，留学生归国就业可分为两个阶段。抗战前，留学生归国的就业政策相对宽松，地方政府和留学生个人都有充分的就业自主权，南京国民政府只做些基本的具体数据调查和政策指导。抗战后，南京国民政府教育部统一管理留学生的就业，基本原则是"统一登记、统一分发"。抗战后，公费留学生按照"从哪儿来，到哪儿去"的规则就业，很多公费留学生是委培的。毕业后，基本由原来委派地方进行就业分配，如果违约则要赔偿留学期间的一切费用。据《中央日报》（1936 年 8 月 20 日）的报道，1936 年，按照庚款规定的 9 名首届留英学生，修满 3 年学业后，4 人归国供职于高校和政府部门之中，其他 5 人则继续在欧美留学。相对而言，自费留学生就业自由度就高很多，他们归国后，可以进行多元化选择。从南京中央政府看，中央政府基本没有就自费留学生就业制定统一的管理政策，只是从参考与征询角度进行了一些非约束性的管理。1936 年，南京政府教育部的咨询处发布了留学生就业的调查报告。报告称，归国留学生在教育界服务者占总数的近 33%；在中央及地方党政机关任职者占近 42%；在工商企业服务者占总数的近 10%；律师和一些自由职业者占总数的 3%；在文化团体、慈善机构和一些宗教机构等服务人数占总数的 3%左右；其余为无职业或不详。① 从以上数据可以看出，尽管留学生就业结构趋向多元化，但在教育、政治领域工作的留学生数量仍达到了 70%左右，而在其他领域、行业就业的留学生数量相对较少，以至于时任清华大学校长梅贻琦就曾主张要改变留学生群体就业无序的现状，政府部门承担起调节和管制的职责。

抗战爆发后，大量的留学生身怀报国之心归国参与抗日救亡活动，许多留学生中途辍学，留日学生归国声势浩大，影响深远。在七七事变到 1937 年 9 月近两个月内，有近 4000 名留日学生因战争原因而匆匆归国。南京政府面对如此突发情况，于年底颁布了《留日返国学生救济办法》，要求他们分别向南京、上海、武汉、广州、济南 5 处指定地点或各省市教育厅登记报到。其中"志愿参加战时服务者，先向教育部登记或向各厅局登记，由各厅局报部、经审查合格后介绍服务"②。在留日归国学生中，多数在南京军队中的军政治部、师政治部担任秘书、科长、团指导员等政工职务；少数留学生在中央党部、中统、教育部等部门任职；一些女留学生还从事"行营"的工作，包括后方医院、政工大

---

① 学术工作咨询处调查回国留学生统计 [N]. 中央日报, 1936-05-25.
② 留日归国学生的消息 [J]. 教育杂志, 第 27 卷第 9 期, 1937.

队等。宋庆龄、陈逸云共同组建的中国妇女战时服务团招聘了大批女留学生。由于留欧学生数量十分众多，且整体学历、专业技能都相对较高，对他们的归国安置十分重要。1939 年，南京政府颁布《抗战期间回国留学生分发服务简则》："依照学科专长和个人志愿，分别指定编译、研究、教学、技术或其他工作。在职期间，生活费由教育部统一发放，服务成绩也由教育部监督考评。"①此后，南京国民政府将统一分发、任用归国留学生政策作为一项长期制度稳定下来。抗战期间，归国留学生有八九千人之多，多是通过战时政府统一分发政策完成就业的。需要指出的是，20 世纪 30 年代，也存在着"毕业即失业"的高校毕业生就业困境，南京国民政府教育部统计的相关数据可以说明一些问题（表 3-3）。

表 3-3　全国专科以上学校之毕业生数（1931—1937）

年份	1931	1932	1933	1934	1935	1936	1937
人数	7034	7311	8665	9622	8672	9150	5137

资料来源：教育部教育年鉴编纂委员会：《第二次中国教育年鉴》第十四编：教育统计表 17，商务印书馆，民国三十七年。

1931—1937 年的大学生毕业人数达到 55591 人，大大超过了从民国到 1930 年大学生毕业总人数 32802 人。"就业难"也成为当时高校教育发展的难题。1936 年，南京教育部进行了调查和统计：1933—1934 年，高校毕业生失业人数达 9623 人，失业率达到 52.6%。国内青年大学生失业俨然成为时下社会动荡不安的因素。留学生就业情况又如何？与国内学校毕业生相比，他们在学历、学科、专业、技能等方面有一定的优势，理应获得良好就业机会和发展平台，而事实上，在动荡的社会之中，留学生也难以幸免。1935 年秋，全国失业留学生人数达到 9000 余人，虽然社会各界力求救济，仍然杯水车薪，很多留学生去刷马桶，一些心理脆弱的留学生甚至服洋药自杀。这与社会环境有关，也与留学生自身有相当关系。陈之长发表的《留学生之当头棒喝》中就指出：留学生未能联合一体，形成有领导力的领袖；留学生生活奢靡，在国外生活安乐，归国后仍追求安逸，在当时的北京、上海、浙江等地有很多的留学生俱乐部："上海每晚有多数留学生拥着佳人跳舞……又留学生归国后，身价甚大，小事不肯去

① 国民政府教育部档案.抗战期间回国留学生分发服务简则［M］//中华民国史档案资料汇编：第 5 辑第 2 编.南京：江苏古籍出版社，1991：864-865.

做，设不得重要位置，宁愿赋闲。"留学生缺乏传统美德，很多人重奢靡，尚宴乐，怠惰成性。中国人素有的好学、好礼节美德在他们身上荡然无存。许多留学生好游乐，不专心读书，混学位，毫无礼貌。20世纪30年代的归国留学生人数众多，然许多人名不副实，表面上冠冕堂皇，但是通过深交发现，优秀人才凤毛麟角，较之早期的20世纪20年代的留学生之精神，有江河日下之势。

第二节 新桂系重新主政广西后的强烈改革意愿

新桂系作为民国时期显赫的地方实力派，崛起于广西。代表人物李宗仁、白崇禧、黄旭初（以下常称"李、白、黄"）与旧军阀、旧桂系相比，自身有一定进步性。他们的治政理念适应了时代诉求，主政广西后的改革是最为彻底、影响最大的。李、白、黄3人年轻时深受资产阶级思想的影响，资产阶级思想形塑了他们的价值观和政治轨迹。白崇禧参加过广西援鄂北伐学生军，进行了反清战争。北伐军解散后，他先后在武昌陆军预备学校、保定军官学校攻读，学习了军事理论和军事技能。黄旭初年轻时在广西陆军速成学校学习，后来到北京陆军大学学习，具备了一定的军事和科学文化知识。军事学习结束后，他们成为新桂系模范营的军官，依靠自身独特的素养和性格，身边迅速聚集了大批年轻将领。新桂系领导人的素质决定他们在具体领导中善于利用现代化理念和技能，并能较好地改变家长制领导作风。黄绍竑说："新桂系是各方集合而成之团体，在表面上虽有阶级（指级别——引者注）之分，而实际上许多重大的问题，大家都有发表意见之机。"李、白、黄有着各自力量和派别，但又相互合作，实现了"三驾马车"式的统治模式；新桂系善于通过有组织活动而不是如旧桂系那样利用封建迷信来树立统治权威。白崇禧为了巩固新桂系集团的统治权威，曾经下令拆除寺庙的偶像。他们建立了各类政治组织，发展和壮大实力，宣扬新桂系统治权威和自治理念。1930年，新桂系成立了中国国民党护党青年军团，1932年将其改组为三民主义革命同志会。1934年进一步改组为中国国民党革命同志会，这些组织以李、白、黄的评价为主要准入标准。新桂系在治理广西过程中，有一套高明的理论。新桂系首领们思想主张的混乱夹杂，并没有妨碍他们以孙中山信徒的"革命者"角色出现，这就是新桂系比它的前辈旧桂系高明的地方。[①] 新桂系重新主政广西后的强烈改革愿望与他们自身成长和发展

---

① 莫杰. 军阀的基本特征和新旧桂系的比较研究［J］. 学术论坛，1985（8）：55.

有着密切关系。他们的思想价值观有一定的进步性，治政广西的理念符合了时代、社会发展和民众的需要，这就吸引了包括大批留学生在内的进步人士和团体积极参与到宏大的广西建设实践中。

一、治政理念：三民主义

三民主义为民族主义、民权主义以及民生主义，它是孙中山提出的用以指导中国资产阶级的民主革命纲领。新桂系执政广西后，用何种理论来统治广西，事关重大。20 世纪 20 年代末期，新桂系内部存在着两种观点：一种观点认为国民党已经腐败反动，需创设一种新主义来发展广西；另一种观点认为新桂系要提高在全国范围内的影响力，必须依靠正统主义来发展自我，而高举三民主义旗帜无疑是最佳选择。最后，后一观点占据了上风。黄旭初认为如果把新桂系在政治上的不作为或失败归咎于三民主义未免太武断，三民主义不必更改，未来广西发展更应以三民主义为指导。《广西建设纲领》中指出："总理所创立之三民主义，乃中国惟一适当的原则，广西党政军同志及全体民众之无上使命，即本此原则，以建设广西、复兴中国。"① 三民主义作为新桂系的治政思想，应和了当时中国国情和不断发展的国际形势。同时，新桂系不只是简单照搬三民主义，还融合了广西具体的实际，提出了诸如三自政策等理论体系。"三自政策，在原则上本来是国父的遗教，不过广西在办法上加以补充，使之成为适合广西建设重要的实施政策罢了。"② 三民主义自此成为新桂系治政的指导思想，作为旗帜与标杆贯穿于新桂系治政广西的全过程。

20 世纪二三十年代，中国遭遇外患，国土日丧，国民经济崩溃，人们生计困难，此时的三民主义无疑为较为可行的救国之策。然而，三民主义仅仅是一种思想，要想转变为实际的力量，就必须依托可靠的政策。新桂系在三民主义的基础上提出三自政策，要求：要实现民族独立，必须能自卫；要实现民权主义，必须能自治；要实现民生主义，必须能自给。因此，自卫、自治、自给的三自政策成为三民主义指导下的政策，构成了新桂系治政的新三民主义。

当然，三民主义也不是万能的，新桂系在推行三民主义的实践中也存在问题。白崇禧在《三民主义在广西的检讨》一文中认为，从民族主义看，民族主义在广西发挥了很大的作用，构筑了复兴中国的坚实基础，但是三民主义毕竟

---

① 中国第二历史档案馆，全宗号一，案卷号 1556 目录（1），第 8 页。
② 孙仁林，龙家骧，叶贻俊，等 . 桂政纪实［M］. 广西省政府十年建设编纂委员会，1946：8.

有点空洞，需要以政策落实，三民主义对民族生死问题和阶级问题尚未能有效厘清；从民权主义看，民权主义在广西正努力进行，但是，广西人民的政治兴趣和政治认识能力都有限，要彻底实现有相当难度，民权主义徒有虚名，权力为少数劣绅所玩弄；从民生主义看，民生主义在广西得以逐步施行，广西在公共造产、公耕等方面成绩显著，但广西还是经济较为落后，人均产量和收入低，人民生活水平不高，加之大量的军费开支，民生主义在广西并没有彻底实现。

新桂系治政广西的口号是"建设广西，复兴中国"，理论指导是孙中山的三民主义。但新桂系不是简单照搬照抄，而是根据当时国内外形势和广西的实情，提出了具有广西特色的三民主义理论——三自政策（自卫、自治、自给）。从理论体系看，三自政策中自卫、自治、自给最重要的在于继承了三民主义思想，突出了新桂系政治诉求和广西社会发展要求。三自政策进行了丰富的实践，这是三民主义所能真正实现的。在广西的政治建设、经济建设、文化建设、军事建设的实践中，造就了丰富的三寓政策、民团制度、"三位一体"制度等。

二、"李、白、黄"合作的领导体制

经历了军阀战争和桂系力量的重组，20世纪30年代，新桂系组建起了新的领导集团——李宗仁、白崇禧、黄旭初，号称新桂系"三驾马车"。"李、白、黄"合作的领导体制注重共同利益的整合和调节，以合作融化和取代分歧。这一体制成为新桂系励精图治、发展广西的可靠保障。它也使得广大留学生能够在新桂系中寻找平台，充分发挥才华，更为乐观、积极地参与广西建设。"李、白、黄"合作的领导体制有如下几个特征。

（一）以史为鉴、相互体谅

在广西爆发的太平天国运动失败，很重要的原因就是领导集团内部分裂，新桂系领导层特别注重吸取太平天国失败的遗训。李宗仁就认为，"洪杨故事不远，张氏（指时任广西巡抚张鸣岐——引者注）是聪明人，自不愿再蹈覆辙"。李宗仁和黄、白合作比较注重坦诚、精诚团结，不为外界流言所左右。白崇禧也认为"洪杨内讧，自毁其事业"，积极拥戴李宗仁为新桂系的总司令。李宗仁回忆道："值此敌人环伺之时，我们稍有不慎，必蹈昔日太平军诸王内讧瓦解的覆辙。"① 20世纪30年代初离开广西的黄绍竑到国民党中央任职后，也不排斥新桂系，反而积极帮助李、白治理广西和进行自治斗争。1948年李宗仁在竞选

---

① 李宗仁，口述；唐德刚，撰写. 李宗仁回忆录［M］. 桂林：广西师范大学出版社，2005：159.

副总统时，黄绍竑积极游说于右任、程潜与李组成竞选联合战线，共同帮助李宗仁。

（二）各取所长、各得其所

李宗仁宽厚仁爱、涵养功深，自然成为新桂系的代言人；白崇禧精明机智、战术素养较好，成为新桂系的军事指挥；黄旭初用人得当、治理有方，毫无疑问成为新桂系镇守后方的掌门人。在他们共同治理广西的过程中，无论情况多么复杂，困难多么大，都相互信任、共同帮扶，较好地完成各自任务。因此，李宗仁曾经说："以之和其他各省当轴的互相水火，如皖、直系的分裂，国民党内胡、汪、蒋三人之间的斗争，云南唐继尧和顾品珍的火并，贵州刘显世和外甥王电轮的骨肉相残，以及湖南和北方各省的内讧等相比，我们似确有人所不及之处。"① 1936 年，蒋桂之争出现了表面上的妥协，但蒋介石为分化新桂系的领导集团，将李宗仁调任战区司令长官，将白崇禧调往南京任职。作为李、白二人的后方基石，黄旭初依然按照李、白、黄的领导体制有力地治理广西，民团建设、乡村治理、县政改革有条不紊地展开，很多做法成为全国推广的典型。

（三）剔除旧俗、创建自主组织

封建官僚和旧军阀崇尚桃园结义，但一旦面临危机便土崩瓦解。新桂系注重通过严密组织来宣扬、贯彻他们的政治主张。20 世纪 30 年代，新桂系组建了两大著名的组织——中国国民党革命同志会和广西建设研究会。中国国民党革命同志会是一个秘密组织，有着严密的组织制度、宗旨、章程和行为规范，规定组织成员要绝对效忠于会长和副会长，积极贯彻一切命令，也就是效忠于李宗仁和白崇禧。广西建设研究会是一个公开的学术组织，其结构设置和领导体制与革命同志会大同小异。它在全国招揽众多包括留学生在内的人才，积极为广西建设集思广益。中国国民党革命同志会和广西建设研究会是为了加强新桂系统治而成立的具有现代组织性质的团体，其机构设置和工作方式大大巩固了李、白、黄的领导体制。李宗仁曾经说："蒋先生搞这一套封建时代的玩意儿，其真正目的只不过是拉拢私人关系，希望我向他本人效忠而已，其动机极不光明。我想当时南北双方的要人，相互拜把，或结为亲家的真不知有多少，但是往往今朝结为兄弟，明日又互相砍杀，事例之多不胜枚举。反观我们广西的李、黄、白，并未金兰结盟，而我们意气相投、大公无私的合作，国内一时无两，

---

① 李宗仁，口述；唐德刚，撰写. 李宗仁回忆录［M］. 桂林：广西师范大学出版社，2005：209.

无形之下，益觉封建手腕作政治结合的方式有欠正派。"①

（四）建功立业、首重自卫

20 世纪 20 年代，连年的军阀混战使得广西经济萧条、政治混乱，社会濒于崩溃境地，因而广东省认为统筹广西省事务乃为"蚀本生意"。30 年代中期，广西以《广西建设纲领》为指导，利用三自政策、三寓政策，实现了社会治理和经济发展的新格局，成为"模范省"。以至于武汉会战、长沙会战等失利后，广西成为湖北、湖南等中部省份难民逃亡的主要目的地，大大超过了逃亡广东省的难民数量。这说明广西社会稳定和经济发展，不再是"蚀本"省份。同时，新桂系通过民团建设，增强自卫能力。抗日战争爆发后，广西在两个月内迅速组建了四个军的兵力奔赴全面抗战的第一线。李宗仁认为这归结于"平时有准备，有健全的行政基层组织，有全省皆兵的民团训练，再则归功于兵工政策的配合适当"②。

（五）顺乎时势、审时应变

20 世纪 30 年代后期，随着民族矛盾上升为社会主要矛盾，蒋介石还抱着"攘外必先安内"的政治偏见，致使国土沦陷、民族受辱、国家危亡。新桂系适时在全国率先打出了"反蒋抗日"的旗号，李宗仁还提出了"焦土抗战"的抗战思想。新桂系抗战思想成为舆论热点，大大鼓舞了广西儿女的抗战热情。新桂系抗战思想顺乎时势、审时应变，也得到了中国共产党和进步人士的赞许。1936 年，李宗仁在桂林期间通过刘仲容与中共代表张云逸保持联系和沟通，共同商议抗战大计。西安事变发生后，新桂系即刻电令全国支持张学良、杨虎城。

三、开明的治政态度

新桂系充分吸取了以前的教训，认识到旧桂系缺乏足够的资本和号召力，新桂系要想与蒋介石抗衡和复兴广西，巩固和扩大其统治，扭转在政治上全面被动地位，除了努力发展军事实力外，还需要采取开明的治政态度，重视宣扬新桂系的政治理念，争取舆论同情与支持。在 20 世纪 30 年代广西自治中，新桂系始终以开明的治政态度，务实进取。李宗仁年少时就具有开明的民主思想，主政新桂系后，在政治方面，推行地方自治，以民推方式选举县长，严禁军人

---

① 李宗仁，口述；唐德刚，撰写．李宗仁回忆录［M］．南宁：广西人民出版社，1980：95.

② 李宗仁，口述；唐德刚，撰写．李宗仁回忆录［M］．南宁：广西人民出版社，1980：189.

干政。在军事建设方面，他实施军事财政民主。"我对财政绝对公开，收入情形、不特全军上下，乃至社会各界人士，俱可一览无余。"① 在军纪方面，李宗仁要求严禁强买强卖，不得随意占用民房，军人如侵扰老百姓，将采取最为严厉的措施惩罚，革除旧军阀拉帮结派的陋习，官兵要亲密无间，军民和谐。李宗仁性格平和，深得人心，能团结幕僚，协调好各利益团体的关系。在台儿庄战役期间，李宗仁宽待川军，大大激发了川军强大的战斗力，和解了庞炳勋与张自忠的矛盾。李宗仁还善于与知识分子、进步人士打交道，深得共产党和进步人士的好感。白崇禧虽然性格有点固执，但具有浓厚的民主观念。白崇禧在治理广西过程中，积极推行"行新政用新人"。这些新人有着强健的体魄、明确的认识、坚强的意志和无畏的精神。他们干劲大、有理想、敢于拼搏牺牲，是建设广西的骨干和核心。以广西统计局数据看，20 世纪 30 年代，广西省政府机构工作人员普遍较年轻，20 岁到 40 岁之间的工作人员占了八成以上。在地方政府中也如此，1934 年 8 月，新桂系政权免除了 20 个县的县长。与旧时县长相比，新县长受过高等教育，有魄力和能力，同时对基层社会的土豪劣绅进行彻底清查，以免除、清除等方式解决了农村社会的痼疾，代之以大量的青年学生军。

开明的人事政策。新桂系为了完成治理广西的大业，实施不拘一格招揽天下人才的人才政策。"广西六君子"、王公度派、四川派、湖南派甚至杨东莼、刘念之共产党派等政治人才都积极活跃在新桂系的政治舞台之上。新桂系也十分重视技术人才的聘用，著名地质学家丁文江和李四光，黄君度、黄征夫、胡行健等报界人士，英国矿业工程师邓安等技术人才，都得到了新桂系相当的礼遇，广大技术人才为广西经济社会建设直接提供了技术支持和智力贡献。抗战全面爆发后，新桂系依然奉行此政策。据统计，抗战期间先后到桂林的各种文化人数以千计，其中全国知名人士 200 多人。他们当中有作家和艺术家、社会和自然科学家、教授和学者。沦陷区众多人才汇聚桂林，桂林成为独特的文化城，成为战时国内文化基地和民主高地。

行新政。新桂系在 20 世纪 30 年代治理广西过程中，提出了"行新政"的政治主张和"用新人"的人事制度，造就了一支为广西建设做出巨大贡献的科学化的文官队伍。从文化水平看，1935 年，广西省会的行政机关人员有 72.97%受过不同层次的教育，其中受过大学教育的占 11.19%，受过中专教育的占

---

① 李宗仁，口述；唐德刚，撰写. 李宗仁回忆录 [M]. 南宁：广西人民出版社，1980：463.

29.77%，受过军事学校训练的占 20.97%。1940 年，对广西 99 个县长的学历调查显示，国外留学生有 3 人，受过大学或中专教育的有 38 人，受过军事教育的有 12 人。广西的基层领导的学历、素养有了普遍的提高，他们敢于负责、敢于担当的能力也得到明显的提高。从年龄看，广西政府机构人员实现了队伍的年轻化，1933 年，80% 的广西省会机构人员在 20~40 岁。这些年轻人成为新桂系统治的得力助手，是广西建设的生力军。

发展非常教育、蓄积非常之才。人才是广西建设的根本保障，而人才的蓄积需要靠教育发展才能源源不断地供给，李宗仁认为建国之道首在人才提供。新桂系首推军事教育，兴办了南宁军校、广西民团干部学校等军事学校，培养了一大批具有军事知识和军事技能的人才，为新桂系的统治提供了坚实的军事支持。据李宗仁回忆，抗战时期的五战区官兵大部分为桂系培养的子弟，他们特别能打仗，是一支著名的能打苦仗、硬仗、大仗的队伍。新桂系也十分重视普通教育，希望通过适用的科学教育，养成三民主义国家和广西建设的各类人才。新桂系聘请留学生雷沛鸿主持广西的教育行政，雷沛鸿根据新桂系的诉求，聘用了大量的教育专家，设计了广西教育发展规划，调整和改革了广西的学校建制，发展了广西高等教育，探索开发了社会教育，尝试制定了广西地方众多的教育法规。20 世纪 30 年代初期，新桂系每年花费 40 万元委托北京师范大学为广西培养应用性的师范生。新桂系还加大留学生的资金投入力度和完善保障机制，鼓励留学生回广西工作。到 1933 年，新桂系选拔出去的留学生达到 900多人，这在全国可谓首屈一指。

四、全社会参与的政治运作模式

新桂系领导层试图通过广西自治，将广西打造成中国的"新模范"。整个 20 世纪 30 年代，新桂系进行了一系列范围极广、视野极宽、魄力极大、速度极快的自治运动。桂省曾经以此无比自豪，中外亦冠之为"中国新希望和模范省"。在这场声势浩大的自治运动之中，广西各阶层成员都主动或被动地投入各类宏观和微观的建设实践中，因此，新桂系形成了具有特色的全社会参与的政治运作模式。这种模式主要是通过具有自治创新的制度设计来实现的。

"三位一体"制度。20 世纪 30 年代，广西确立了学校、民团和公所"三位一体"制度。这种制度能极大地将广大基层社会的大部分机构、社会成员和其他社会资源紧紧依附于新广西建设实践，形成了特有的组织活动体、利益共同体，使广西整个辽阔的基层社会出现了左右有联系沟通网络、上下有层次管理组织，形成具有牢牢依靠性的整体，改变了过去各自为政、各自独大的格局。①
从制度设计角度来看，"三位一体"制度有着一定的合理之处。从组织机构看，
在乡镇、村街的组织中设立了三大机关，乡镇有乡镇公所、乡镇中心基础学校
和乡镇民团后备队三大机构，村街有村街公所、村街国民基础学校和村街民团
后备队。从人事管理角度看，"三位一体"制度施行了综合职位管理体制。乡镇
长作为行政长官，又作为中心基础学校校长和民团后备队大队长，负责具体事
务的管理；村街长既是国民基础学校校长，又作为民团后备队队长对民团进行
具体管理。从运作方式看，"三位一体"制度形成了工作综合协调运作机制，三
大机构合并办公，分工又合作。村街所是中心领导机构，民团是推动基层建设
的组织，学校则是建设的辅助机关，这些机构都归乡镇长、村街长领导。

　　全员动员政策——三自政策。自卫、自给、自治被称为三自政策，它是新
桂系励精图治之纲领，又是新广西建设的目标。新桂系寄希望于三自政策，壮
大桂系的军事力量，通过新桂系政权统一的行政行为，团结人民，整合利益，
实现政治上的自治、经济上的自给、军事上的自卫。从实施效果看，三自政策
能最大限度将广大群众纳入新桂系自治体系中。三自政策自开展以来，不同阶
层的人民以极大热情加入民团，民团成为广西建设的力量支柱。广西建设如果
离开了民团的支持，将失去力量源泉，广西奇迹亦将成为空谈。自卫实际上是
"地方的保安行政"，自治是"利用民团的方式来组织民众，训练民众"，自给
则是"借助组织的力量，从事公共造产以及福利活动"，这实际上就是一个全社
会参与的政治运作模式。在广西训政期间，政府当局通过培养合格的训政人员，
派驻各县协助地方自治，调查地方人口，测量地方土地，办理县警务，修筑纵
横四方的马路，训练民众能有效使用"四权"。到 1933 年，除了训练民众使用
"四权"外，广西建设中的其他事项也都较好地完成。1933 年 3 月，广西大部分
县的区、乡镇、村街、甲的人口都已经被政府纳入调查范围，普遍建立了组织，
人民的数量、年龄、地址、性别等信息被政府悉数掌握。通过三自政策的实施，
桂省不但调查了户口，清丈了土地，而且设立了警务室，把四周道路都修好了，
而当时全国其他许多省份就连调查户口都没有办好。20 世纪 30 年代，广西 99
个县的县政治理被冠以"路不拾遗，夜不闭户"和"无处无山，无山无洞，无
洞藏匪"的美名。

　　全员动员策略——三寓政策。"三寓"即寓兵于团、寓将于学、寓征于募。
所谓寓兵于团，就是广西正规武装力量的兵源来自民团。为储备后备军广泛训

---

① 乡村政务督察员及乡镇长应有的认识 [N]. 广西省政府公报，1938-01-09.

练民众，新桂系规定，凡是中华民国国籍，在广西境内居住满两年，年龄 18 岁以上 45 岁以下者，均有被征为团兵的义务。并规定年龄在 18～30 岁被编入甲队，年龄在 31～45 岁被编入乙队。这就可以把大部分壮丁动员起来，进行军事训练，保家卫国，又可以进行经济建设和社会事务的治理。预备队由退伍的队员组成，由县民团司令部于每年农闲时召集，训练一个星期，4 年为一期。除了复习以前所学课目外，还学习联防法、防卫工作、国耻纪要、垦荒造林等专业课程。寓兵于团是广西实施全民皆兵的制度创新，它极大提高了民众参与军事的热情和动力。以广西平乐县为例，平乐县的后备队于 1933 年成立，第一期共 3 队，每队 90 人，共 270 人，到 1933 年年底，共训练了 4 期 1000 人左右。1937 年，邕宁县的民团后备队，甲队 40923 人，乙队 32098 人。

寓将于学，即广西正规军的干部由各级学校培养。不仅如此，这一政策推行还成为地方基层干部的重要来源. 总体来说，这一政策的特色和亮点体现在以下几方面。

学校军训与民团干部的结合。在新桂系"新人治政"的格局下，初中、高中和肄业的学生构成了地方基层干部的重要来源。1935 年，各区指挥部大量招收学生进行训练。依照学历、年龄等分为甲、乙、丙 3 类，实施时间不同的训练。毕业后，训练生被派往各地担任民团干部、国民基础学校的校长或教员，有些还担任了乡镇长、村街长。

将行政机关干部全部集中训练，实现全员参与、全员训练。新桂系规定：省政府、县政府的一切行政人员，一概加以训练，甚至延伸到地方基层组织的各类人员。当然，完成这个目标实际上是一件难事。因为在广西的县内有许多土豪劣绅，他们名义上都是乡镇长、村街长，操纵着基层利益分配话语权。新桂系能调离他们原有的利益场域去进行单纯军事训练，确属难能可贵。

瓦解了地方势力。新桂系当局通过寓将于学，不仅将地方势力整批调动，而且实施严格的军事训练，增强地方势力的治理能力，还能抑制地方势力的无序增长对政治变革和经济社会发展的阻碍。据统计，1933—1935 年，新桂系共调集了万人左右的乡镇长，赴各类民团学校进行培训。

有效训练学员。寓将于学征调的学员不依其原有职位，而根据教育程度分为甲、乙、丙 3 类，依照成绩进行外调和分配工作。这样能使省政府和集团军的指令迅速传到基层，地方势力得到消除，政令畅通，新干部工作热情负责，军事动员接"地气"。

军事的社会化。新桂系在寓将于学政策实施中，注重军事与政治的平衡，军事因素兼有政治元素，训练出来的干部可以充当社会治理的角色。这些原来的乡镇长、村街长，普遍经过 6 个月或更长时间的学习，返回后，只负责原有的行政工作，还有军事职务和头衔，这样，可以将军事功能与政治和教育有效结合起来，实现军事的社会化。寓征于募，即以征兵制代替募兵制，用募兵的手段来达到征兵的要求。它对新桂系有效抵御日寇、巩固统治、扩大影响产生了直接的效果。以平南县为例，1934—1938 年，新桂系共征 9115 人。平南县可供征的 18~45 岁的壮丁仅有 60724 人，1938 年冬后，征调平南县壮丁的 1/9，连同以前征用的达到了 15754 人。

第三节　留学生群体与新桂系政治首领良性互动的政治关系

一、新桂系首领"行天下事，用天下人"的人才政策

（一）新桂系领导的人才思想与实践

20 世纪 30 年代初，新桂系表面上控制和统一了广西全境，但广西境内仍匪患丛生，经济凋敝，社会不安；此外还时刻面临着蒋介石的掣肘和革命力量的威胁。新桂系高层为了消除内忧外患和提升治政能力，千方百计策划全方位的广西政治、经济、文化、军事建设，而建设的策划和完成首先需要有大量的政治官僚和技术人才。旧桂系治政有"外省人不如广西人，广西人不如桂林人，桂林人不如两江人，朋友不如亲戚故旧"的落后人才观念。为此，新桂系适时提出了"行天下事，用天下人"的人才策略，在四海内外大量招聘政治官僚和技术人才。好的工作方针会孕育好的制度设计，制度推行最终还是依靠干部、依托人才，这些都是与新桂系首领层开明的人才思想和政策主张分不开的。

李宗仁的人才思想与政策。20 世纪 30 年代的新桂系官场如全国一样，派别、门第、地域等要素产生的影响特别明显，而要构建具有新气息的人才政策必须不用私人，严禁派别行政和自治。为此，李宗仁非常重视人才的引进和任用，他反思了传统狭隘的"桂人治桂"的人才思想，提出了"行天下事，用天下人"的人才观。他对政治官僚参与广西建设十分重视。新桂系敞开广西大门，广纳海内外贤士。邱昌渭、"广西六君子"、王公度派、进步人士，甚至一些共产党员在广西都得到了李宗仁的礼遇。他们充分参与到了广西建设中，成为著名的政治幕僚。李宗仁还特别注意对技术人才的引进，提出但凡来广西工作的技术人员，无论其政治主张、地域、性别、国别等个体差异如何，新桂系政权

都应给予足够的工作条件和薪酬保障。著名的地质学家李四光、丁文江，英国著名的矿业工程师邓安，报界知名代表黄君度、黄征夫、胡行健等，都得到了李宗仁礼遇和重用。为了扩大新桂系的影响，李宗仁注重加强舆论宣传，不惜重金，邀请了一批政治活动家、社会名流和报界记者等来广西参观，为广西建设造势。"美国人艾迪，教育家司徒雷登，日本《朝日新闻》特派记者足利、美国记者亚奔特和安林汉，以及国内名流胡适、张继、伍朝枢，香港《大公报》经理胡政之，《新生周刊》主编杜重远，江苏省教育厅厅长侯鸣监等先后来到广西。"① 抗战爆发后，桂林成为人才聚集的新阵地，全国有200多名著名的学者、教授、艺术家云集桂林，为抗战进步事业呐喊，形成了特有的抗战大后方文化。面对日本入侵，李宗仁还提出了"面向全国，罗致人才，兼收并蓄，促进抗日"的人才主张，与先前的"行天下事，用天下人"的思想一脉相承。

白崇禧的人才思想。白崇禧作为新桂系二号人物，也十分重视人才的建设，并且提出了一些有关人才与为政之道的理论主张。他认为新政所颁布的新制度必须合乎民众意愿和时代需求，脱离时代的思想、制度，也必将被时代摒弃。只有适合于时代的、担当起时代使命的制度、政策或主张，才是新政。而要有效推行新型制度或政策主张，必定有受到良好训练的人才去负责，只有他们才能较好地领悟和推行新政。白崇禧还强调要注重训练基层人才。在旧桂系的治理下，官员们都热衷于奔赴繁华都市工作，视乡村工作为畏途，以致广大乡村事务落入乡绅控制之中。一些乡绅素养较差，能力平平，经常发生鱼肉百姓、作奸犯科、侵占公共财产、剥削民众之事，根本难以进行有效的乡村自治。因而要通过系统化的科学训练，以青年才俊替代昏庸者，这是行新政用新人的必然趋势和必需之事。

黄旭初的人才思想。黄旭初较为深刻地认识到广西建设实现与人才建设的必然关系。他认为广西的三自政策和《广西建设纲领》仅仅为理想的政策，这些政策实施关键在于找到能有力施政、治政的人才。由于深受"桂人治桂"观念的影响，广西建设储备的人才比较匮乏，必须举天下之英才共推广西之建设。黄旭初专门论述了新桂系该如何引进、培养和任用好人才，在《干部政策》中，提出了人才和政府人才的标准。对于人才，他认为必须有3个标准：具有严格意义上的三民主义思想、精神与行动，具有计划、组织、办理、协调等综合素养，具有对军事、经济、文化、民众组织活动等的领导力和技术推动力。能承担起行政使命的政府人才——公务员应满足4个条件：文武兼资、以身作则、

---

① 李岚. 浅议李宗仁的用人思想与实践［J］. 广西教育学院学报，2002（3）：112.

有胆量、有责任担当。符合了这些条件才是有希望有表率的政府人才。虽然广西建设储备的人才较为匮乏，黄旭初仍然认为广西建设要由广西民众率先行动，合格的政府人才——公务员必须有表率，他们身上要时刻闪烁着文武兼资、以身作则、有胆量和有责任担当等特质。

新桂系的一些政治家和理论家围绕着"行天下事，用天下人"的人才政策进行了积极讨论。到底用什么样的人？人才的标准究竟是什么？其中一些留学生的认识与"行天下事，用天下人"的人才观具有高度吻合性。广西省教育厅厅长邱昌渭认为，当下亟须任用的人才需具备 4 个条件。第一，应为青年。他认为青年首先应年轻，年轻之人有强壮的身体，能吃苦耐劳。第二，应为三民主义的忠实之徒。时下之中国，只有三民主义是包容的内容很多、适用的时间和空间最广泛的理论。任用的人才要信仰、崇拜三民主义，要做三民主义的创新者。第三，应懂得做人的道理，要能做到礼、义、廉、耻。第四，要懂得做事的方法，要切实执行上级的指令。对"行天下事，用天下人"人才政策的理论研究，学者梁上燕归结为三点：推行新政，必须用好新人；实施新政，必须培养好新人；建设新政，必须爱护好新人。

（二）新桂系相关人才政策的法规体系

20 世纪 30 年代，新桂系对人才的管理从人治向人事管理转变，反映了新桂系在践行三民主义的广西建设实践中。人才政策具有一定的独创性和民主性，在当时中国有着特殊的进步意义和示范价值，这可以从新桂系制定相关人才政策的法规体系中分析出一些端倪。

新桂系《广西建设纲领》等指导性文件对政府工作人员——公务员规定了具有现代意义的人事管理价值取向、办法和机制，其中体现了现代公务员管理的基本要求：公务员按照级别管理和使用，无论是被举荐的还是被委任的；为了统一公务员的思想，提高他们的工作能力，被举荐、委任的公务员需要定期到行政研究所接受培训；对公务员进行定期的考核，由主管长官考核公务员的工作、能力、性情和操行；公务员如有违法行为，将被送至特别法庭接受审判和惩罚；制定多种现代文官的法规，保障公务员的任免奖惩考核的规范和有序；根据过去能力，颁发给公务员服务证明书，作为使用的标准；实施职位保障制和职位分类制。这些人才管理的指导性文件对新桂系的人才职位分类机制、培养机制、任用机制、保障机制的设计，反映了现代文官制度特征和内涵。1934年，广西省颁布了《修正广西省公务员任用章程》，它是新桂系治政下第一部具有系统性的公务员任用条例。该章程规定广西公务员应从通过相关考试和资格审查的人员中遴选，试用期为 1~3 个月，称职者才能被选用。对"曾经褫夺公权尚未复权者，曾有停委处分尚未期满者，亏空公款尚未缴清者，曾因藏私处罚有案者，年力衰弱不胜职务者，有不良嗜好者不得任用"①。在 1934 年到 1938 年之间，广西省颁布了多种人事法规，这些法规涉及公务员的任用、考核、薪酬、奖惩等诸方面。其中，有关人事准入方面的有《广西省荐任人员考试章程》《广西省公务员资格审查委员会章程》《广西普通行政人员资格审查标准》等 25 部法规；有关人事任用方面的有《修正广西省公务人员任用章程》等 26 部法规；有关人事薪酬方面的有《广西公务员俸给章程》等 13 部法规；有关人事考核方面的有《广西公务人员考绩章程》等 8 部法规；有关人事保障、奖惩方面的有《广西省县长奖惩章程》《修正广西公务人员奖惩章程》等 12 部法规。由此可见，20 世纪 30 年代的广西人才管理制度一定程度上实现了有法可依和有章可循，标志着新桂系的人事管理从传统人治型向现代法治型转变。

二、乐群社与留学生群体互动

1924 年，在广东革命政府大力支持下，李宗仁、黄绍竑、白崇禧统一广西。当时全国乱象纷呈，唯广西政局一枝独秀。之后，李、黄、白为治理好广西，积极延揽人才，延请了不少博学鸿识之士来桂，襄赞大计，一时间新桂系幕僚人才荟萃。政治人才有留学生邱昌渭、马君武、潘宜之、雷殷、"广西六君子"等；军事人才有留学生刘士毅、李品仙、叶琪等。他们与李宗仁、黄绍竑、白崇禧、黄旭初等新桂系首领密切合作，直接影响乃至主导新桂系的各项决策。在这群幕僚巨细无遗的筹划下，广西成为万众瞩目的模范省。

（一）留学生群体与乐群社应运而生

以李宗仁为首脑的新桂系刚刚崛起，为了稳固统治，消除内忧外患，按照李宗仁提出的"建设广西，复兴中国"的指导思想，力图在国内塑造全新的政治形象。蒋桂对峙时期，双方相互攻讦，不择手段分化、策反对方，形势十分紧张。然而新桂系力量弱小，常处于防守地位，时时严加提防，防止蒋介石势力的渗透。为巩固团体，新桂系除了大力训练和培养忠实干部队伍外，还建立秘密政治组织，加强内部控制，尤其是对中层以上干部的掌控，强化李、白的领袖权威，巩固团体。1931 年 2 月，蒋介石扣押胡汉民事件，促成两广联合反蒋。新桂系重新统一广西，度过了最困难时期。然而形势又发生了变化。1932年 1 月，蒋介石、汪精卫在杭州举行会议，形成蒋汪合作局面。闽变前后，新

---

① 修正广西省公务员任用章程［M］.//广西现行法规汇编（组织人事）［M］，广西省政府编印，1938：201.

桂系立足未稳定，总想抓住机会进行自我宣扬和包装，以便将有识之士吸引到广西来。1932 年春天，传来消息说，由香港影艺界知名摄影家组成的"五五旅行团"来广西开展采风活动。李宗仁认为，这是进行自我宣传、扩大影响的极好机会，于是决定隆重接待，以便通过五五旅行团的摄影机，达到展示新桂系新风采的目的。

然而对由名流精英组成的这一民间旅行团，用什么样的方式接待好呢？官方出面？露骨，搞不好被人耻笑。用民间礼仪？又不够隆重，怕旅行团没有领会到他们的良苦用心。当时蒋介石方醉心于法西斯统治，拜希特勒与墨索里尼为师，派亲信干部赴德、意留学，并先后成立 CC 系、复兴社等反动组织。李、白虽与蒋对立，但他们的作风完全是一样的。李、白为了巩固地盘，并进而与蒋介石争天下，也在广西一隅企图建立他们的法西斯统治。一面派遣心腹干部韦永成、程思远等赴德、意留学；一面想效法复兴社、CC 系，搞一个秘密社团为自己捧场。接待五五旅行团，正好给成立这样一个社团提供了契机。1932 年 9 月 4 日，乐群社正式成立，总部设在南宁。李、白、黄为后台老板，韦永成为理事长，留学生王公度、雷沛鸿、黄荣华、黄钟岳、雷殷等为主要理事；留学生程思远为副理事长兼总干事，统管日常事务。

乐群社是新桂系特务工作的隐蔽机构。它采用旅行社、餐厅、招待所和俱乐部的形式公开营业，表面做着招待宾客、送往迎来和文娱体育活动的工作，实际上是一个特务机关，干着侦察、暗探、密报的勾当。新桂系的政治部负责人多由办乐群社起家，这已经成为公开的秘密。如王公度、潘宜之、韦永成都先后担任乐群社的理事；韦赞唐、程思远等，都因担任过乐群社总干事而做到政治部副处长或处长。南宁、桂林、柳州都设有乐群社。省府所在地的乐群社由总政训处的负责人兼管或控制。

（二）新桂系乐群社评价

乐群社其实是蒋桂矛盾或者是社会发展潮流的产物。乐群社的建立，在当时的历史情况之下也有着积极的贡献。当时李（宗仁）、白（崇禧）、黄（旭初）的基本立场仍然是坚持割据，积极反蒋。为此，亟须联络和拉拢各方力量，广开言路，礼贤下士，网罗人才。而乐群社正是为此活动提供方便的适宜场所。如邀请了后来成为新桂系智囊团的"广西六君子"胡讷生、刘士衡、万民一、万仲文、徐梗生、朱五健。1935 年 8 月，曾在北京、上海、杭州等地美术院校任教的著名画家黄宾虹到南宁举办个人画展，展示了中国山水画艺术的精湛技艺，其间得到乐群社的周密接待。与此同时，在乐群社任职的一批留学生如黄荣华、黄钟岳、雷沛鸿对新桂系乃至广西做出了巨大的贡献。黄荣华支持采矿、设检验局及代运代卖、鼓励种桐树、主张废除商包制、鼓励修筑马路架设电话，为广西经济开辟了一条新的出路，使新桂系的经济和军事工业得到更大的发展；黄钟岳在广西禁烟禁毒方面采取了强有力的措施，如开设当时梧州最大的桂成行，禁烟活动给新桂系带来了巨大的财政收入；雷沛鸿在广西推行了普及国民基础教育活动，对广西的教育事业发展做出了极大的贡献。这些留学生对新桂系广西自治的贡献，我们在后面将会专门进行讨论。

众所周知，每个事物的产生都伴随着利和弊，乐群社也不例外。如前所述，乐群社采用旅行社、餐厅、招待所和俱乐部的形式来公开营业，表面做着招待宾客、送往迎来和文娱体育活动的工作，实际上是一个特务机关，其性质是维持以李宗仁为首的新桂系集团在广西的永久独裁统治。1936 年 5 月 5 日，广西当局在该社隆重欢迎由"南天王"陈济棠最信任的谋士之一林翼中率领的广东军政考察团一行 20 人。该团来桂使命是借考察之名，行传达陈济棠联合广西"以请缨北上抗日为由，实行共同倒蒋（指蒋介石——引者注）"意见之实。林以乐群社为中心，广泛接触各级军政要员，游说、鼓动他们接受陈济棠之主张。20 多天后，即发生历史上有名的两广联合反蒋的六一运动，单以这一事件就可窥见乐群社的功能了。

三、广西建设研究会与留学生群体

1935 年，新桂系就成立了反蒋的秘密组织——中国国民党革命同志会。1937 年，由于"王公度案"，中国国民党革命同志会逐步瓦解和解散。从长期看，新桂系与蒋介石有难以调和的利益分歧和矛盾，这就决定了蒋桂矛盾将一直延续和僵持着。新桂系为了维持反蒋的政治资本储量和增量，需要另起炉灶，构建一个更富有号召力和时效力的公开合法组织，继续从事反蒋斗争。与中国国民党革命同志会相比，广西建设研究会不再是神秘而等级森严的组织。其宗旨和任务又与抗战和广西建设有契合之处，更何况它是一个学术团体，可以规避蒋介石的责难和排斥，能更为广泛地吸引广大知识分子和进步人士参与。李宗仁曾经说：现在是抗战时期，要举全国之力，团结抗战，没有必要搞秘密组织了，但公开的组织还是可以的。广西要实现"建设广西，复兴中国"，通过一个新型组织——广西建设研究会，可以招揽人才，促进广西建设。这样，可以使得广西建设研究会成立既具有合法的政策许可，又有社会广泛的心理认同度。1937 年 10 月，广西建设研究会在桂林成立。李宗仁在开幕致辞中特别强调，广西建设研究会是一个学术机关，也是一个实际推动广西建设发展以为全国树立榜样的机关。它的范围如此之大，迫切需要面向全国，罗致各种各样的专门人才，以便集思广益，为发展会务而共同奋斗。对于广西建设研究会的性质，我们应运用历史唯物史观去看待。如果把广西建设研究会看成一个纯粹的反蒋组织，则有悖于历史事实。在研究会前期筹备中，民主人士主张学会任务需将抗战研究和广西建设研究联系起来，以进行学术文化交流为主要宗旨；从广西建设研究会运作方式看，它带有会长负责制的特征，由李宗仁担任会长，白崇禧和黄旭初担任副会长，李济深为名誉会长，建设研究会的人选以会长名义聘用；从广西建设研究会工作的内容看，研究会每月举办座谈会，会议主要焦点在于社会自治、军事、经济和文化建设等诸多事项。在广西建设研究会的组织机构和人员构成中，留学生是核心成员和领导人物。他们在推动研究会开展扩大新桂系政治影响、传播抗战文化和支持广西建设等活动方面，屡有作为。

（一）组织机构方面

广西建设研究会的领导体制仍然是由李、白、黄为主体构架。在其成员来源上，李宗仁主张多吸收一些进步人士，以此壮大新桂系的影响，团结一致抗战。留学生群体从学识、能力和抗战热情等方面看，无疑为首屈一指的群体，他们在广西建设研究会的组织机构的构架中发挥着主力军的作用。研究会设政治部、经济部和文化部，常委会下设秘书室、编辑室和图书室，各室有主任一名，还有数名干事和助理干事。留日学生陈劭先与李宗仁、黄同仇为研究会的常务委员，后来黄同仇调入安徽工作，研究会工作实际由陈劭先主持。作为驻广西建设研究会常委，他领导的广西建设研究会在团结抗战、推动广西建设、发扬文化和民主等方面发挥了重要作用。留学生韦永成曾任研究会副会长，留学生邱昌渭曾为政治部副主任，留学生黄蓟曾为经济部主任，留学生雷沛鸿和苏希询先后为文化部主任，留学生胡愈之曾为文化部副主任。研究会还吸纳了大量的进步人士作为成员，如张志让、范长江、夏衍、何香凝、梁漱溟、柳亚子、金仲华、白鹏飞等。也有一些共产党员加入了研究会。随着广州沦陷，《救亡日报》迁往桂林，共产党员夏衍、林林、司马文森等被聘为研究会的研究员，他们以广西建设研究会为名义开展了大量的进步爱国活动。

（二）进步舆论宣扬

广西建设研究会创办了《建设研究》（月刊）、《时论分析》和《敌国舆情》等刊物。其中《建设研究》（月刊）是集经济、政治和文化于一身的综合杂志，主要宣传广西的三自政策和三寓政策，为新桂系进行的"建设广西，复兴中国"摇旗呐喊。张志让、张铁生、杨东莼等在其上发表过文章。《时论分析》主要是介绍每月发生的国际政治、经济等问题，并且附有权威性的评论。《敌国舆情》是专门摘抄日本报刊发表的侵略战争言论，以及日本与战争相关的政治和经济情况。这些刊物影响极大，每期都以内参形式分发给新桂系和国民党议员学习，甚至还以邮件形式传给远在延安的毛泽东。刊物还经常发表、摘录新桂系领导、学者的文章、言论，如《最近抗战情势及广西建设》（黄旭初）、《欧战对敌我两国经济上的影响》（千家驹）、《最近两月来国际形势鸟瞰》（谢康）等。黄旭初《最近抗战情势及广西建设》中的观点代表了新桂系分析抗战形势和广西建设思想的精华。对于抗战，日本的策略是政治上树立傀儡政权，军事上强迫中国境内的壮丁为兵，经济上实施经济封锁，开采和掠夺资源，实现"以华制华"的策略。对于广西建设，黄旭初认为，在政治上，要充分使人们了解新政，以构建起实施行政改革的社会条件。推进广西自治体系的重点是县、乡村的自治。由于桂南受到战争影响，损失较大，要开展难民救济工作。在经济上，要继续在发展农业和开采矿冶上做足文章。对于民众生活，黄旭初认为，尽管受到战争影响，但民众收入较多，生活足以比肩中级公务员的待遇，尤其是桂林一带的民众。在教育方面，随着广西自治推进，政府要研究好基础教育改革计划，以期满足社会对于基础教育的需要。黄旭初认为广西建设研究会在抗战和广西建设的事业中，应该有更加宏大的作为。

（三）爱国民主活动

陈劭先在主持广西建设研究会期间，营救和保护了一些进步爱国人士。在皖南事变之际，共产党驻桂林办事处被特务监控，李克农受到威胁。陈劭先通过李济深帮助为李克农买了机票，并利用广西省政府的汽车，将其安全送至机场，李克农得以安全脱身。邹韬奋在重庆受到国民党的迫害，他突破封锁来到桂林，陈劭先利用李宗仁的关系为其买好去香港的机票。随着武汉沦陷，大批进步爱国人士从广州、武汉撤往桂林，加入广西建设研究会，如张志让、夏衍、何香凝、梁漱溟、柳亚子、金仲华、范长江、林砺儒、宋云彬、傅彬然、张锡昌、秦柳万、杨承芳、邵荃麟、吴华梓、姜君辰、莫乃群等。广西建设研究会是公开合法的组织，陈劭先又是新桂系领导人李宗仁的亲信，因此，广西当局很多活动和施政理念是以广西建设研究会的名义完成的。

广西建设研究会还发动了旨在推动民主和进步的活动。抗战之后，蒋介石抛出了"宪法修正案"。广西建设研究会联合新桂系开明议员和一些进步人士组建起宪政维持会，力求改变蒋介石的训政，实现还权于民的民主宪政。广西建设研究会还按照宪章的内容，组织了总纲研究小组、政治研究小组、文化研究小组、教育研究小组、人民权利义务研究小组，利用收集到的国内外有关"宪章"的资料，讨论形成了修改意见。并且将修改主张在广播电台上进行"宪章"名义下的大讨论和宣传，最后形成了《广西建设研究会关于"五五宪章"的反对意见》，在《建设研究》和《星岛日报》上发表，揭穿了蒋介石表面披着孙中山"五权宪法"之名，而实质进行着反民主的独裁统治本质。

应该看到，广西建设研究会是在国民党内部的复杂矛盾和利益分配不均的背景下所产生。它所承担的主导性任务是进行反蒋和巩固新桂系领导，这种复杂矛盾和利益分配不均机制，加之战争失利，最后导致广西建设研究会的瓦解。广西建设研究会虽然有众多爱国民主人士和共产党员参与，但是一些反动派也充斥其中。他们时刻威胁和瓦解着研究会，广西绥靖公署政治部主任韦贽唐就宣扬广西建设研究会是广西与国民党中央政府展开合作的主要障碍，主张严厉取缔之，引发新桂系骨干人员的相互猜疑。甘介侯曾经向南京行政院的孔祥熙告密李宗仁、陈劭先和梁漱溟预谋利用广西建设研究会图谋不轨。一些中间派虽然同情抗战和主张民主，但是苦于蒋介石一贯的欺压，态度暧昧，也难以承担起领导责任。即使新桂系领导层也不是一如既往地支持研究会的发展。白崇禧一开始就不是热心广西建设研究会的工作，他是皖南事变的主要发动人，广西建设研究会进行了一些营救进步人士活动，白崇禧就更痛恨研究会。作为广西后方建设的掌舵人——黄旭初，重要事情都唯李、白是从，加之黄的保守和谨小慎微的处世态度，广西建设研究会逐步失去了它应然的功能。1944 年 8 月，随着桂林沦陷，广西建设研究会撤至昭平、八步，名存实亡了。

第四节　广西自治中留学生群体特质分析

近代广西留学生教育始于 19 世纪末 20 年代世纪初。广大学子纷纷至日本、欧美，归国后，他们和新桂系招揽的外省留学生积极参与了波澜壮阔的广西建设实践。在 20 世纪 30 年代，留学生或进入省政府、县政府、基层社会，直接主导、参与和实施各项决策；或与新桂系政权保持着某种秘密关系，成为新桂系政权的政治幕僚和理论顾问；或成为技术专家，著书立说，影响着广西各领域的自治实践。近代广西自治实践孕育在新旧朝代的制度变革、蒋桂长期复杂矛盾与斗争和抗日战争的环境之中，留学生群体是这场宏大运动中的骨干和先锋，他们对广西自治的影响是广泛而深远的。考察留学生群体与广西自治情况，有如下特质。

一、三民主义主流思潮下的多元思想

孙中山在辛亥革命中提出的三民主义——民族主义、民权主义、民生主义

革命理论，成为资产阶级民主革命的指导思想。留学生群体成员大多出生在晚清时期，他们怀着革命理想和实现孙中山三民主义的抱负出国留学。归国之后，在参加广西自治实践中，都把实现三民主义为奋斗目标。他们善于唤醒民众，使广大群众参与广西建设。从广大留学生力行主导、实施广西建设实践看，广西建设很有效地践行了孙中山的三民主义。从民族主义看，新桂系始终坚持反对日本帝国主义，李宗仁甚至提出了焦土战争、全民皆兵的抗日主张；从民权方面看，广西积极施行训政、民团训练，完成了地方自治很多公共事务，训练了民众，普及了教育，扫除了文盲，培养了地方自治急需的人才；从民生主义看，广西大力发展经济，实施公耕、兴建农村仓库、开办农村借贷、筹建农民银行、保护种树、鼓励植桐，事关百姓的衣食住行等问题得以明显改善和提高。

雷殷在广西政府和民政厅等部门的任职实践中，较为全面地认识到了广西实施三民主义的情况。他认为，在民生主义方面，实施了国民经济建设之义务劳动，修筑铁路、完备交通，开拓荒地以振地利，清查土地，增加地方自治经费，缔结公产，以增财富，树立财政制度整理收支，广设合作社，促进物流贸易畅通，广种五谷，普设仓储以足民食，推广种植棉纱，畜牧毛羊，用纺织而裕民衣，改良人民住房以乐民居，设立公共卫生医院以促民众健康，普办救济以实现人民各得其所；在民权主义方面，建立和健全了各级自治机制，使国民能自行参与和管理属于地方的自治事务，广西设立各级议会制度，保证国民有参与政治的可能，培育各级民众团体、民团，颁布地方立法，保证人民优先有选举权；在民族主义方面，训练自治人员，增进广西自治的智能，弘扬民族传统的道德规范，清查户口，整理户籍与国籍，界定了人民身份、权利与义务，设立学校，普及国民教育，恢复民族优秀的德行，实现人民能够各尽其力，各得其所，组训民众，办理警卫，团结国民自卫及发展生产，实行国民精神总动员，举行国民会议，推进新生活运动，增强国民的民族意识及建国能力。总的来看，广西发展是以最大热忱积极奉行三民主义的结果，成果斐然，"模范省""新广西"就是当时世人给予广西自治的认同与赞誉。广西自治中的很多成绩是蒋介石在浙江、韩复榘在山东、阎锡山在山西难以复制和企及的。

历史现象又是难以捉摸的，广西自治在复杂实践推进中又难以固有单一理论为指导。留学生群体作为新阶层，新理论、新观念、新模式在他们参与广西自治中也明显体现着。从治理实践看，他们除了主张学习传统的欧美思想之外，更青睐浓厚的德意日军国主义思想和苏俄社会主义思潮。

新桂系虽然反对日本侵略，但又对和日本结盟的德意志、意大利的政策甚至日本的政策认同度较高。李、白二人多次提出要向德、意学习，执政方略中带有显著性的军事化痕迹和青年情结。留学生群体主张学习德、意经验主要有两方面原因：学习德、意法西斯组织的结构严密、组织高效和运转有序的优点，这样可以实现奋发图强，建设广西；学习德、意军事上的训练机制和开展群众体育活动，实现锻炼身体和奋发图强的目标。邱昌渭写了《法西斯蒂政府与劳工组织的关联》《从政治学的立场谈广西建设》等文章，程思远写了《今后青年运动的方向》《意大利青年的训练》等文章，介绍德、意国家弥漫的全面武化精神和强有力的军事训练系统，这也是德、意法西斯强大的原因。事实上，组织结构设置、技术推广和管理方法改进都是人类共有智慧的结晶，都可以为人类民主进步和经济繁荣服务。因此，抛开德、意的法西斯侵略特质之外，它们很多的政策、管理机制和应用技术都可为新桂系执政所借鉴。

新桂系改革和治理中还直接受到苏俄社会改革的影响，尤其广西建设、三自政策以及县政改革等制度设计深受苏俄社会改革的影响，甚至大大超过了欧美其他国家。20 世纪 30 年代，新桂系既服从蒋介石政权统一的领导，又对苏俄的建设成绩和模式极力宣扬与赞美。白崇禧认为，从俄国革命历史和社会发展历程看，苏俄首先取得了革命的胜利，实现了自卫，然后才实施了经济建设，制定了社会改造型的经济政策，推进了第一、第二个 5 年计划，实现了自给。苏俄在实施第一个 5 年计划时，经济状况比不上 20 世纪 30 年代的广西，苏俄的共产党以坚忍的意志和超强的动员能力，实现了第一个 5 年计划。20 世纪 30 年代的苏俄，重工业兴办了，人民吃、住都改善了，欧美资本主义国家人们的生活水平在苏俄也可以达到，因此，广西也能实现像苏俄一样的发展成绩。在广西自治和学习苏俄的实践之中，有以王公度为首的著名的留俄派。他们在《广西建设纲领》修订、组建和发展中国国民党革命同志会、乐群社、开展新桂系的军事训练、处理两广事变等事关新桂系发展的重大政治决策、社会治理决策中都发挥着主导、参与和咨询等作用，甚至留俄派还与共产党保持密切关系。如王公度与张云逸有着密切关系，他们都主张以坚决之态度逼蒋抗日；新桂系的主要将领、留学生潘宜之妻子刘尊一为共产党员。尽管留俄派在新桂系的影响随着王公度、区渭文、谢苍生、韦干（中共党员）、陶保垣（中共党员）等人被害后逐步减弱，直至完全瓦解，但其在 20 世纪 30 年代对广西政治决策和社会自治的重要贡献是不容抹杀的。

二、与新桂系高层交往中形成优势的社会资本

社会资本理论认为社会资本的获得有利于资源吸收、名誉扩散、理念传播。社会资本又分为同质社会资本和异质社会资本。同质社会资本由于互动方所处

平台、储备能量和舆论导向性等趋同性原因，相比异质社会资本，更加有利于互动方实现资源交换和互信关系的形成，构筑互动方的统一组织体系。留学生群体和新桂系高层原本属于不同的社会阶层，他们有着不同的思想和人生轨迹，但是，在20世纪30年代，新桂系在波澜壮阔的治理改革中吸收了大量的人才，因而实现了二者的紧密互动，实现了二者的社会资本从异质社会资本向同质社会资本的转移和固化。

在一个组织体系中，上层人物往往具有更为广泛的活动能力和活动空间，他们会直接影响着组织的政治决策。旧桂系治理依托桂人治桂，重视人情和世故。新桂系主政广西后，仍然十分重视人情和世故，不过对人情的选择有一定制度的规范，对人才的选择范围更宽泛，准入机制更加柔性化。而具有现代教育背景的知识分子精英——留学生群体就迅速构成了广西自治中重要人才的一极。留学生群体在与新桂系高层互动中形成了有利于自我发展的社会资本，也博取了较高社会认同的溢出价值。白崇禧认为有相当一部分留学生在广西建设和自治中付出了艰辛和努力，成了广西的风云人物。其中广西本省著名的留学生有马晓军、马君武、韦云淞、雷殷，外省著名的留学生有刘士毅、刘斐、林伟成、邱昌渭、黄季陆、黄荣华、汪士成、王仍之。白崇禧认同的对广西建设和自治有重要贡献的风云人物全部为新桂系招揽的留学生。他们多为外才桂用，在民政、教育、建设及兵工技术等领域担任领导岗位。他们在参与广西建设和自治中拿的俸禄仅为在中央供职的一半，但他们有着报效祖国的理想，有着工作的热情，对广西也有好感，因此，他们能迅速得到新桂系集团的认同与任用。李宗仁提出了"行天下事，用天下人"的人才价值观，他以广西为大本营，不拘一格招揽天下人才，任用新人，以其真诚与宽容之心赢得了留学人才群体的青睐。从邱昌渭和"广西六君子"开始，大批留学生进入广西，成为新桂系政策制定的核心幕僚和政策执行的有力推动者。抗战全面爆发后，由于新桂系人才政策深得人心，大批有留学生背景的作家、艺术家、学者会集广西，桂林成为盛极一时的"文化城"。黄旭初也非常重视留学人才的培养和适用。为了实施广西建设，黄旭初重视广西各类国民教育、中等教育、高等教育。在这些教育领域中，聚集着大量的留学生人才。1936年，黄旭初兼任广西大学校长一职，将一大批留学过的教授、专家和学者优先编入广西大学农学院、文法学院、医学院和理工学院。黄启汉在回忆黄旭初对他来桂的接待时说道："黄旭初对我相当厚待，回到桂林那天晚上，就在省府（皇城旧址）为我设宴欢迎，请来了省政府的领导班子作陪。其中有省府秘书长黄中廑（早年留美）、民政厅长张威遐（北伐时期留俄学生）、财政厅长阳明炤（早年留美）、教育厅长黄朴新（留日）、建设厅长曾其新（陆军大学生，在陆军小学当过教官，是李宗仁的老师）、田粮处长（厅级）李一尘（留俄）。还有省党部书记阳叔葆、三青团总干事韦赞唐、省保安副司令莫树杰、参谋长吕竞存等。"①

三、留学生群体与近代广西自治变迁

（一）留学生与新桂系的决策系统

决策系统主要包括了决策枢纽系统、决策信息系统和决策咨询系统。决策枢纽系统在整个决策之中居于核心地位，起指导作用，具有最高权力。决策信息系统对决策有极为重要的价值，它可以收集和处理相关决策问题的信息，依此确定决策方案，实施方案优选。决策咨询系统可以帮助决策者进行客观判断和做出专业性的判断，为更好地决策提供技术和增加备选方案。决策枢纽系统、决策信息系统和决策咨询系统相互分工，就会发挥决策的最大效用，进而会形成合理的决策体制，实现科学决策。20 世纪 30 年代，留学生群体广泛穿梭与影响于这三大决策系统之中。

从新桂系的决策枢纽系统看，新桂系最高的权力集团是李、白、黄，广西发展中的价值取向、经济发展和社会治理模式选择等重大问题决策均由李、白、黄共同完成，如蒋桂大战、中原大战、广西建设与广西自治、焦土御敌等重大政策都是通过他们各自倡议和共同决定的。但是，这些重大政策和制度的落实，需要有配套政策与之相适应才能完成。20 世纪 30 年代，留学生纷纷进入新桂系决策层，决定和影响着广西许多政策的制定。作为广西的宪法——《广西建设纲领》就广泛凝聚了邱昌渭、"广西六君子"、苏俄派等的智慧和主张。如纲领突出以三民主义为指导，又有着一些西方民主主义、法西斯主义和马克思主义的理论印迹。当时广西省政府的人事设置中，有相当一部分部门的行政首长是由留学生担当的。他们主导和影响着各自管辖范围内的众多政策，如雷殷担任过广西省民政厅厅长、黄荣华担任过广西省建设厅厅长、雷沛鸿担任过广西省教育厅厅长。还有一些留学生直接提出了具有创新性的政策或理论，如潘宜之策划了"三位一体"制度、刘士毅提出三寓政策等。从新桂系的决策信息系统看，留学生群体广泛收集了与决策具有相关性的信息，为新桂系科学决策提供了准确和客观的信息。从经济领域看，黄荣华任职广西建设厅厅长期间，聘请了大量的技术专家，利用德国先进技术设备，数次对广西矿产资源进行调查，打破了广西属于矿产贫瘠区的论断；铁路专家凌鸿勋不仅对发展广西铁路交通

---

①　黄启汉 . 国民党新桂系见闻录［J］. 学术论坛，1989（5）：95.

做出了贡献，还对广西森林火灾和梧州电力进行了实地调查；龙家骧作为银行专家，考察了广西与越南的边境贸易。从新桂系的决策咨询系统看，众多的留学生都受到从新桂系高层到广西各界的青睐与欢迎，尤其是 20 世纪 30 年代新桂系构建的特殊组织。1934 年，新桂系政权在李、白二人主导下，在南宁成立具有一定意义的政策咨询性的组织——中国国民党革命同志会。同志会的秘书长为邱昌渭，秘书部副主任为程思远、徐梗生，组织训练委员会主任为王公度，副主任为谢苍生、张威遏、李一尘，宣传委员会主任为潘宜之，副主任为万民一、万仲文、刘士衡和胡讷生，留学生占据了绝大多数的席位。1937 年 10 月 9 日，新桂系政权在桂林成立了广西建设研究会，除了承担独特的政治功能外，还为广西建设进行政策论证、编订相关计划。后来还草拟了抗战建国纲领方案，其政策咨询功能相当明显。在其机构人员组成中，常务委员有朱佛定、韦永成，政治建设部副主任为白鹏飞，文化建设部主任为邱昌渭，副主任为万民一。秘书室主任为徐梗生，图书室主任为胡讷生，编译室主任为万民一，他们根据新桂系军事斗争经验和广西经济建设的情况，为广西建设进行大量的理论研究和政策论证。

（二）留学生群体与广西建设

广西建设包括了政治建设、经济建设、文化建设、军事建设，它是一项一体化的政治战略和社会发展项目，而完成广西建设的最根本保障就是人才建设。留学生群体作为新知识、新理论和新生产力的代表，广泛任职于新桂系政权，成为广西建设的骨干和生力军，为广西建设和治理做出了重要的贡献。在此，仅从留学生群体与新桂系政权组织结构的关联性角度进行分析，就足以得见留学生群体之于广西自治的作用。

1. 留学生与省政府

广西省政府是国民党中央政府执行省级政务的部门，承担指挥与监督广西各市县地方政府组织的工作职能，又代理着国民党中央政府的部分行政权力。在国民中央政府的《修正省政府组织法》（1931）的基本框架范围内，1933 年，广西省又颁布了《广西省政府组织大纲》。通过二者的对比，可以发现国民党中央政府和广西省政府在部门设置和职能配置中的区别（表3-4）。

表 3-4 《修正省政府组织法》和《广西省政府组织大纲》比较表

法规类别 比较项目	1931 年《修正省政府组织法》	1933 年《广西省政府组织大纲》
省政府委员	设委员 7~9 人	设委员 9~11 人
机构设置	设秘书处、民政厅、财政厅、教育厅、建设厅，于必要时增设实业厅及其他专管机关	设秘书处、民政厅、财政厅、教育厅、建设厅、审计处
省主席职责	（1）召集省政府委员会，于会议时为主席 （2）代表省政府执行省政府委员会之决策 （3）代表省政府监督全省行政机关职务之执行 （4）处理省政府日常及紧急事务	（1）行使省政府职权 （2）召集省政府委员会，于会议时为主席 （3）签署各厅各种政务
省政府职责履行原则	依国民政府建国大纲及中央法令，综理全省政务	隶属国民政府综理全省政务
省政府职权	（1）在不抵触中央法令范围内，对于省行政事项得发省令，并得制定省单行条例及规程 （2）对于所属机关之命令或处分，认为违背法令，或侵越权限，或存在其他不当情形时，得停止或撤销之	（1）综理全省事务 （2）议决立法性质之事项 （3）督促或考察各署政务

资料来源：黎瑛：《权力的重构与控制——近代广西社会控制机制研究》，民族出版社，2011 年，第 43 页。

新桂系政府运作方式是典型的权力集中制。广西省政府主席权力无限大，一切公文都要通过主席核准。主席下设主席办公室。当然，各厅可就其管辖范围的事务提出方针或计划，由省政府核准后统一实施。广西省政府的权力结构如图 3-1 所示。

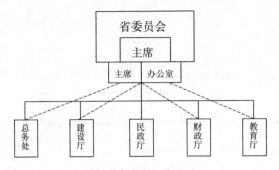

图 3-1 省政府与各厅关系图

资料来源：黎瑛：《权力的重构与控制——近代广西社会控制机制研究》，民族出版社，2011 年，第 45 页。

在 1932 年广西省政府机构设置中，黄旭初为主席，取代了黄绍竑。委员最初是黄钟岳、李任仁、雷殷、黄蓟、黄荣华、王公度、梁朝玑、雷沛鸿等 9 人。其中黄蓟、黄钟岳都曾担任财政厅厅长，李任仁曾为建设厅厅长，雷殷曾为民政厅厅长，雷沛鸿曾为教育厅厅长。① 从广西省政府核心决策层看，留学生成为新桂系幕僚的重要一极。他们通过特有理论和知识有力控制、影响着新桂系政权。

不仅广西省政府如此，在广西省政府下设的各职能部门中，留学生也成为组织机构中的核心。以 20 世纪 30 年代的广西建设厅为例：黄荣华在 1931 年 3 月—1934 年 3 月担任厅长。黄旭初在 1934 年 3 月—1935 年 1 月兼任厅长，韦云淞在 1936 年 1 月—1937 年 9 月担任厅长，陈雄在 1937 年 9 月—1941 年 3 月担任厅长，除了陈雄以外，20 世纪 30 年代的广西建设厅厅长多为留学生把持。从一定角度看，留学生群体也掌控着、影响着整个广西建设的进程。

2. 留学生与县政府

中国传统行政管理中，知县是中央政府派出的末梢官员，有着"亲民之官""父母官""皇权不下县"之说。乡镇、村级政权的建设是相对薄弱的，县政府承担了大部分基层事务管理的职责，中央政府的政策和法律贯彻取决于县级政权的组织设置和运转情况。因而，县级政权的组织设置和体制选择的情况直接决定着整个政府体系的运行效率，大体如图 3-2 所示。

---

① 黎瑛. 权力的重构与控制——近代广西社会控制机制研究 [M]. 北京：民族出版社，2011：56.

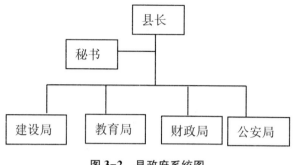

图 3-2　县政府系统图

资料来源：黎瑛：《权力的重构与控制——近代广西社会控制机制研究》，民族出版社，2011 年，第 58 页。

从《广西各县县政府组织暂行条例》看，县政府的机构设置和体制运转的核心就在于县长。因为县长要完成与本县发展相关的各项事务，其职责范围很广。政治建设：一是严密基层政治组织；二是举行村街民大会；三是办理户口调查与人事登记；四是禁烟禁赌；五是推行乡村卫生事业；六是推行耕地租用条例等。经济建设：一是增加生产方面，如水利振兴，植桐，防治牛瘟，开矿等；二是筹设村街仓；三是举行公耕、公牧，造林；四是发展交通，筑路，设立乡村电话；五是修筑或扩大圩市；六是农村副业提倡；七是垦荒等；八是推行牛瘟保险；九是推行合作运动。文化建设：一是普及儿童教育；二是普及成人教育；三是筹措学校基金；四是改良风俗；五是推广乡村社会教育；六是提倡国术；七是推广学龄前教育。军事建设：一是训练民团；二是训练辎重兵；三是建筑哨垒、碉堡、墙闸；四是办理征兵等。①

留学生长期在国外生活，他们理论功底和素养较好，相对于省政府而言，他们在县级治理中并没有像在省政府的影响力。但是，在新桂系励精图治推进的广西建设事业中，对县长的要求也越来越高，高学历、知识化的年轻精英占据了更多的县长席位，其影响力也逐步增大。尽管有些县长和县政府工作人员并没留过学，但是由于他们受到过系统的西方民主思想和管理知识的教育和训练，也同样具有留学生的一些精神特质。因此，就这点来说，留学生群体对广西县政府的良性运行，同样功不可没。

---

① 郑湘畴. 县政考核纲要［M］. 公务员训练班讲义，1937.

表3-5 各县县长年龄学历统计（1940年5月）

学历	合计	中学	专科或大学	国外留学	军事学校	党务学校	其他	不详
人数	110	31	38	3	12	9	13	4
年龄	合计	26~30岁	31~35岁	36~40岁	41~45岁	46~50岁	51岁以上	不详
人数	99	—	29	33	23	8	2	4

资料来源：《广西民政统计》，广西民政厅编印，1940年，第30页。

表3—6 各县政府职员年龄学历统计（1940年5月）

学历	合计	大学	专科学校	中学	短期职业学校	县政训练	小学	其他	
人数	1986	96	64	776	379	287	49	335	
年龄	合计	20岁以下	21~25岁	26~30岁	31~35岁	36~40岁	41~45岁	46岁以上	不详
人数	1986	41	317	671	419	264	164	92	18

资料来源：《广西民政统计》，广西民政厅编印，1940年，第17~30页。

3. 留学生群体与广西基层社会治理的转型

广西位于中国西南边锤，经济落后，少数民族众多，民风淳朴，历来又有匪盗猖獗的现象，以往政府整合和控制社会能力并不高，广西的地方事务管理落入土豪乡绅控制之中。这些土豪乡绅不乏少数开明人士，为地方做了不少事情，但是大多数损公肥私、欺压百姓、结党营私。新桂系主政广西后，为配合进行全方位多领域的广西建设，必须整合乡镇、村级的基层政权，以稳定混乱的乡村社会。新桂系政权采取了系统性的乡镇、村级政权改制的措施，继承和发展了广西社会自治的传统，基层社会治理从传统社会自治的自发性、无序性和破坏性到法制化、规范化和实效化。在这场基层社会治理运动之中，留学生群体积极进行制度设计和理论论证，去呵护改制运动。从制度设计看，潘宜之策划"三位一体"制度，刘士毅提出三寓政策；从理论论证看，有雷殷的《地方自治》、黄旭初的《县政建设与基层建设》、邱昌渭的《广西县政》等著作。新桂系通过理论论证、制度设计与实践探索，广西基层社会在新型自治中出现了新气象。

建立和完善了基层的管理机制。广西省全面施行了乡村自治制度，清算户籍，实施保甲制度。"各县区、乡（镇）、村（街）、甲的编制，以每区万户，每乡（镇）千户，每村（街）百户，每甲十户为原则，限制每甲最少须达到六户，不满六户的附于他甲，每村（街）不得少于八甲，不得多于十五甲，每乡（镇）不得少于八村街，不得多于十五村街；每区至少须有十乡镇，不足二十乡镇之县无须设区。"①

实施"三位一体"制度。新桂系在乡镇设立了国民基础学校，国民基础学校既是推行国民教育的管理组织，又是乡村领导机构。它对乡村发展具有人事控制和事务领导权力，乡镇领导直接担任学校校长，既可发展国民基础教育，为乡村发展发挥引导教育舆论和蓄积人才的作用，又可以利用对乡镇事务的领导权力，管理民团组织，积极调动群众力量，加快乡村建设。"三位一体"制度是一种权力集中、分工明确的制度设计。这种制度有利于新桂系政令畅通至乡村社会，加强了新桂系对乡村社会的控制，改变了传统广西社会治理中无序混乱的格局。

建立起基层民意机关。1936 年，新桂系打出"人民民权"的旗号，在广西基层社会中建立起村街民会议制度。新桂系规定，凡是年满 20 岁的民众、年满 14 岁的学生和全体民团成员必须参加村街民会议。村街民会议主要事务包括选拔村街长，审核乡村财政预算和决算，开展与其他村的业务往来和确定关系，最后的决定权以投票为主要参照。建立基层民意机关主要意义在于"训练民众对于'四权'的认识和运用、传达和阐明政令，报告时事，激发革命意识"②。

---

① 邱昌渭. 广西县政 [M]. 桂林：桂林文化供应社，1941：77.
② 黄旭初. 广西建设现状 [J]. 创进，1935（2）：47.

第四章

留学生群体与新桂系广西自治的政治建设

第一节　留学生群体与广西自治中现代行政体系的构建

20世纪30年代，为了摆脱军事上的全面被动，实现政治上有所作为、经济上有所发展、社会发展有所进步，新桂系在广西自治中以政治改革为突破口，试图以政治改革设计出事关军事、经济、社会发展等系统制度，全面实现"建设广西，复兴中国"的理想。新桂系代表人物李宗仁作为最高决策人物，全面负责政治改革，具体的制度设计和安排则由白崇禧、黄旭初负责。留学群体在这一时期充分参与了制度设计与政策推行的实践。

一、留学生群体与《广西建设纲领》的制定

（一）邱昌渭起草初稿

新桂系治理广西可谓久经沉浮。桂系内部矛盾引发的新旧桂系大战以新桂系胜利而告终。1931年，新桂系全面掌握了执政广西的权力，作为新生政权，新桂系面临的挑战和问题不容小觑：对内，广西经济社会已经到了"大兵之后，疮痍满目"的边缘，社会民心动荡，广西境内还存在着时刻威胁新桂系的左右江根据地；对外，由于打着"倒蒋救国"的旗号，新桂系仍然受到蒋介石政权的封锁和围剿。

面对诸多矛盾与困境，新桂系要想立足广西，必须以强化政治统治、推行新政换取民心，于是颁布新政纲领《广西建设纲领》就成为刻不容缓的首要任务。《广西建设纲领》是一个历史发展倒逼的改革成果，留学生群体在《广西建设纲领》的理论宣传、政策调研、制度设计和政策实践等环节中贡献了特殊智慧和力量。

1930 年，王公度、程思远在李宗仁、白崇禧鼎力支持之下成立了中国国民党护党青年军团，由李宗仁、白崇禧担任正、副会长，实际工作运行掌握在王公度手中。该团体采取秘密方式发展海内外组织成员，主要进行一些党政评论与研究，实际上是广西政治组织改革的雏形。1932 年改名为三民主义革命同志会，1934 年改名为中国国民党革命同志会，迎来了邱昌渭、潘宜之和新来的"广西六君子"。这些新成员的加入，打破了由王公度独办的领导体制，新成员被纳入组织核心领导层之中，为以后新桂系新政提供了新型智囊与决策人物。

为了延揽人才进行制度设计和决策，新桂系聘请以留美学者邱昌渭为首草拟《广西建设纲领》人员。在起草过程中，邱昌渭进行了大量的理论探讨。其一，《广西建设纲领》需借鉴国外的政治改革经验。在《法西斯蒂的组织与理论》《法西斯蒂的独裁政治制度》等文章中，邱昌渭虽然不赞同实施法西斯统治的政治制度，但是认为"意大利墨索里尼的统治方法""建立秘密组织""军人独裁统治"等强有力的政治统治，不失为一种有效而又能保持内部统一团结的方法。在《法国的政府：议会制度》一文中，邱昌渭介绍了法国的立法、财政和监督组成、三种权力运作程序、选举制度等有典型性的西方国家议会运行情况，为后来在政治纲领中设计健全行政组织和基层组织的制度提供了良好的基础。其二，《广西建设纲领》需继承与发展三民主义。邱昌渭在《三种精神一个政策》一文中指出："广西是以三民主义为依归的。为了实现三民主义，因而创造了自卫自给自治的三自政策。广西的一切设施，就是建筑在这三自政策的基础之上，而这三自政策，又完全是根据广西的社会环境，与中国现阶段的需要而创造的。"其三，《广西建设纲领》应有一定的学科基础。在《论约法与宪法》中，邱昌渭指出政治建设要经历如孙中山之建设序图，即军政时期、训政时期和宪政时期，政治建设须与宪法建设、行政建设和军事建设相配合才能有效推行。邱昌渭是从美国留学归国的政治学博士，他看问题十分重视从政治、政策层面去分析。就《广西建设纲领》实施的影响而言，他认为当时国人非常关注广西，都把广西作为模范省。广西饮誉全国乃至海外，不是因为学校居多，不是因为民团人数众多，而在于广西的特殊行政体制和行政实施，从而在政治上能有所作为，这具有政治学层面上的深层意义。

为了改革行政系统，统一政令，发展生产，安定社会秩序，重整广西地方教育，1932 年，新桂系以官方名义发布了《广西省施政方针及进行计划》. 这为广西经济社会的发展带来积极的影响，但这一不完善的建设方案为《广西建设纲领》的制定奠定了良好的基础。应该说，邱昌渭对《广西建设纲领》的起草工作是十分投入的。在起草时，邱昌渭重视政策的理论指导，还进行了实证调查，以便制订出的政策能更好地符合广西省的实际。为了设计好基层行政体制，他对柳州许多县政府的组织结构进行调研，提出要建立县幕僚长制度，对乡村长要求做到明白职责，明白政令，对待政令要区分轻重缓急。在处理事情时要借助乡绅力量进行公正对待，要了解政府的中心工作。邱昌渭的《广西建设纲领》草案，大体明确了广西建设的制度设计，在制度方面的开拓性作用是毋庸置疑的，内容如下。

政治方面：把地方行政单位的建设作为民族复兴的基础；以民团制度来组织、训练民众，树立地方自治的思想；肃清贪污，建立廉洁政府，制裁土豪劣绅，保障人民生命财产自由；建立预算决算制度，禁止苛捐杂税；厉行考试铨叙制度，并确定公务员保障制度。

经济方面：实行统制经济，发展国家资本；保障民族资本，奖励私人资本；用累进税率征收所得税、营业税和遗产税；保障农工利益，消除阶级斗争；整理土地，奖励垦荒，振兴水利；推行合作事业，并兴办农业银行，严禁一切高利贷；革新旧式农业，振兴与农业相适宜的工业，以达到工业化的目的。

文化方面：提高民族意识，发展先进的民族文化；实施适应政治、经济、军事需要的政府需要的教育。国民基础教育，强迫普及；中等教育，注重职业教育；高等教育，注重建设专门人才之养成；中等以上学校实施军事训练。

军事方面：由寓兵于团，达到国民义务兵役制。

但是《广西建设纲领》草案并没有真正意义上从政治、经济、文化、军事方面进行具体制度设计，都是些原则性规定，这和邱昌渭作为留学政治学博士的知识背景是分不开的。他喜欢从政治原则性高度去分析问题，但是未免显得有点空洞，泛泛而谈，因此，由邱昌渭设计的《广西建设纲领》新桂系政权否决，甚至有人把邱昌渭称作"不学无术"。即使是这样，后来经过苏俄派和"广西六君子"修订的正式版《广西建设纲领》的主体内容还是借鉴了邱昌渭的建设思想的。

后来的"三自三寓政策"理论体系依托的也是邱昌渭制订的《广西建设纲领》。白崇禧根据邱昌渭关于民主、自治的认识提出了广西版三自政策、三寓政策。自卫主要是从军事、政治上进行广西建设，实现国家的独立；自治则主要是在社会事务上进行治理，表现为政府委托的地方自治团体进行的地方事务的管理，并以法律予以规定；自给主要是从经济上发展广西经济。1931年，广西入超1700多万元，要人尽其力，地尽其利，三五年后入出相抵，一二十年后可以出超。白崇禧认为三寓政策首先表现为寓兵于农，构建起农民无事则为自然民、有事则为军事兵、兵农不分的民团组织。将每村街18~45岁的男壮丁组为民团后备中队，18~30 岁的组为甲级中队，31~45 岁的组为乙级中队，施行 180 小时的军事训练后实施考核，合格者颁发证书。到抗战全面爆发之时，新桂系共训练出民团兵力 130 万人，有力支持了抗战事业，为广西各地的经济和社会稳定做出了较大的贡献。同时作为新桂系的统治工具，民团又进行了一些镇压民众和捕杀共产党员的活动。三寓政策其次表现为寓将于学。为了锻炼青年身体、精神，防止学生懒散，同时养成预备将校的人才，广西从 1931 年起就开始实施寓将于学的政策。学生实行军训，初中期满的学生必须进行 5 个月的军事训练，成绩合格之后，才能办理相关证书，并且可以被列为预备军官。这样政府不用开销很大经费，学生由于不是职业军人，毕业后可以找到工作，又可培养出有素养的军官。三寓政策最后表现为寓征于募。白崇禧认为比如甲、乙、丙 3 个村，每村 20 岁至 25 岁壮丁各有 50 人，要抽 1/10 来当兵，若愿去有 5 个，恰好十分之一，那愿去就去；若愿去的有 6 人，超过定额，就用抽签的办法，抽着的就去，抽不着就作为本期的预备兵；若是一个都不愿去，也用抽签的办法决定，抽着的就去。

（二）万仲文与苏俄派参与讨论、修改完善

邱昌渭在制订《广西建设纲领》草案前虽然从学术上、理论上周密论证、实践上积极考察，但纲领基本是照抄、照搬胡适思想和美国法典条文，没有立足中国亟须完成推翻封建主义、摆脱帝国主义的统治、实现民族独立的国情，也没有真正估计新桂系的政治诉求和广西社会需求。所以，当纲领初稿公布出来后，就遭到新桂系当局和社会各界的批评，包括一批留俄归国学生的反对。以王公度为代表的留俄学生纷纷发表时事评论，认为邱昌渭制定的《广西建设纲领》思想单一、适用性差，只是些无法企及的空架子。因此，新桂系就起用留俄派和"广西六君子"参与《广西建设纲领》的讨论、修改和完善。其中万民一负责具体起草，万仲文负责具体工作商谈。万仲文后来谈到当时情况时说："有些党政军文各界倾向民主改革的青年干部，特别是留苏学生，所以无形中扩大了新桂系民主派的力量，但他们都是在国民党革命同志会这个组织内，在李、白支配下进行统一的活动，没有单独活动。最突出的是修改广西建设纲领，使它同孙中山的三民主义挂钩，多少带上一些民主改革的色彩，而且仍然强调反帝、反封。"① 新桂系青睐留俄派，原因如下：一是苏联进行了国内经济建设，取得较大成就，使新桂系产生羡慕之情；二是与孙中山提出的联俄政策及友好态度有较大关系；三是苏联与帝国主义特别是日本帝国主义进行斗争，使新桂

---

① 万仲文．桂系见闻谈［M］．桂林：广西师范大学出版社，1983：79.

系认为是自己的同盟；四是广西离苏联较远，既无矛盾更无怨仇；五是广西当时任用了一批民主人士，如李任仁、王公度等以及一批留俄学生，对新桂系制订政策也产生了较大影响。①

修改后的《广西建设纲领》有几个新特征。在邱昌渭将中国国情概括为贫、愚、弱、乱的基础上，分政治、经济、文化、军事4项建设列出广西建设的措施。其中，政治建设有6条，经济建设有7条、文化建设有1条、军事建设有1条。修改后的纲领显得更加系统化、理论化。在序言说明中重申了三民主义为广西事业建设的指导思想，向世人宣告桂系最彻底奉行孙中山先生遗教，开先河地提出"建设广西，复兴中国"，具有重要的历史意义。

"建设广西，复兴中国"的提出，也反映了新桂系政权敢于担当的勇气。在国民党派系之中，作为极其重要一极的新桂系希望通过建设广西、振兴中华，实现孙中山所梦寐以求的三民主义。对于当时广西的各项改革措施，新桂系领导人要求应以三民主义为行动纲领。白崇禧在《怎样完成总理遗嘱留下的使命》（1935）的演说中指出："总理告诉我们要唤起民众，要组织民众，训练民众，以完成国民革命。可是，到了现在，民众还没有唤起，并且还没有组织，没有训练，全国人民还像一盘散沙一般，对于民族国家漠不相关，这又是什么缘故呢？一方面因为几千年来家天下的封建思想，深入民心，人民对于国家政治，以为不是自己的事，而是政府和军队的事，人民除纳税外，不负什么责任；一方面也由于政府没有什么具体方法教导人民，使人民对民族对国家发生深切的观念。"② 因此，实现三民主义任重道远。1935年8月，修改后的纲领获得了广西党政军联席会议通过，《广西建设纲领》正式向海内外公布并付诸实施。它对于巩固新桂系政权和发展广西具有里程碑的价值，《广西建设纲领》被认为是"广西的一部宪法"，又是"新桂系教育培养干部人才的宣传册和教材"。

当然，《广西建设纲领》在制订过程中是由谁提出、草拟、修改和完善的，是一个复杂的历史问题，绝非单一个人、单一派别能够完成。但毋庸置疑的是留学生群体中的邱昌渭、万仲文和留俄派在其中发挥了重要作用。一方面，他们是留学生群体中的民主和改革开明人士，对制度设计有理论话语权和设计能力；另一方面，他们又是新桂系政权中的一员，能利用新桂系政权合法性，整合社会资本制订与施行《广西建设纲领》。应该看到，《广西建设纲领》有"建设广西，复兴中国"和消灭军阀、反对帝国主义等进步思想，但也有镇压民众、

---

① 杨乃良. 民国时期新桂系的广西经济建设研究［D］. 武汉：华中师范大学，2001.
② 白崇禧. 怎样完成总理遗嘱留下的使命［M］. 桂林：广西师范大学图书馆存，1935：11.

肃清共产党的反动思想。广大留学生也看到了民众对实现广西建设任务的重要性，据此思想，总结出了广西建设中的重点事务。第一，三自政策为广西建设的指导原则，广西建设目标实现必须依托于三自政策作为主要载体。第二，广西如同全国一样，应最大限度从事军事建设，充实和提高自卫能力。第三，广西省的政治建设一方面要做到保障民权，依靠民众去进行自治，造就具有民主政治的社会基础；另一方面要做到政治建设下的行政行为和行政设施，要充分尊重基于生产民众之意志。第四，广西经济建设指导思想为民生主义，主要是通过节制私人资本，发展国家资本主义，实现一定的生产社会化。循此途径，根据广西省之特殊环境，现阶段经济建设之特点，在于抵制帝国主义经济侵略，救济农村，改良劳苦民众之生活，防止私人操纵独占之弊害，向自给之目标前进。第五，文化建设方面文化建设要服务于广西建设，为广西建设加强人才储备和智力支持。最后，留俄归国学生和"广西六君子"依据广西亟须进行的重点任务和新桂系政权需要，制定了完整意义上的《广西建设纲领》，其中政治建设内容如下：

第一条，整饬行政组织，制定本省需要法规，以收因地制宜之效。第二条，健全政府基层组织，推进建设事业。第三条，以现行民团制度，组织民众、训练民众，养成人民自卫自治自给能力，以树立真正民主政治之基础。第四条，发扬公正廉洁之政治风尚，肃清贪官污吏，制裁土豪劣绅，以保障人民生命财产及自由。第五条，推行卫生行政。发展人民保健事业。第六条，树立文书制度之基础，提高行政效能。第七条，实施公务人员训练，以增进其能力。第八条，厉行预算、会计、审计制度。①

二、潘宜之与"三位一体"制度

在第二次倒蒋运动中，潘宜之被委任中华民国军交通司令，是冯、阎的得力干将。第二次倒蒋运动失败，蒋介石通缉潘宜之，他偕夫人刘尊一在获得阎锡山的经济支持下，辗转中国香港、意大利、瑞士、法国，最后到英国，在英国伦敦大学和牛津大学开始了为期两年的留学生涯。受当时复杂的国内外形势所逼，蒋介石取消了对潘宜之的通缉令。他在新桂系李宗仁、白崇禧的特邀之下赴桂任事，曾任国民党第四集团军总政训处少将处长、三民主义同志会和中国国民党革命同志会的政治委员会副主任，兼任宣传委员会主任，后来担任南宁的《民国日报》社社长。潘宜之重视军队建设，认为"国家之大，在于兴

---

①　杨乃良. 民国时期新桂系的广西经济建设研究［D］. 武汉：华中师范大学，2001.

戎"，在世界还没有实现大同之前，就一定有侵略和战争。国家兴办军事，可以抵御外敌，可以兴内业。同时，战争胜负并不止于军事方面，而与政治、经济、文化等方方面面都有关联。对于广西的教育建设，他非常赞赏。广西的国民基础教育的特点是同时以儿童和成年人为对象，而以养成全体民众——不分男女老幼——了解政府政治为目标，积极参加政治生活，以求建设广西，复兴中国。教育脱离了政治，教育则无内容；政治若无教育，则政治不会是民众所希冀的政治。广西的基础教育之所以在全国雷厉风行，就在于适合广西民众所需要的政治。在教育和政治关系上，他提出政教合一的思想。政教合一的教育制度就是把教育工作看成是整个政治工作的一部分，与其他的政治工作，同受政治权力的支配。为了寻找新型治理体系，潘宜之与广西平、桂、柳、梧一带军政、防务和学校的官员、教官、学员、村长进行了很多调查与互动后，认为广西已经具备了实施三自政策的基础条件，可以在广西农村推行"三位一体"的治理。基本条件包括如下 6 条：服从于信仰领袖的指导、合理的组织指挥部、加强训练各级干部与全体民众、扩大宣传三自政策、扫除一切障碍、实行广西建设纲领。潘宜之在经历了人生坎坷后，对国内局势有了更加理性的认知，反蒋、亲共、抗日是其人生后期政治生涯的主流价值。其间，潘宜之在广西地方政权建设中亲自策划了具有相当基层自治意义上的农村治理制度——"三位一体"。

关于"三位一体"制度的内容，之前已一再提及。它是为了广西农村治理需要而创设的一种基层机制。从《各县办理村（街）乡（镇）民团后备队、村（街）国民基础学校、乡（镇）中心学校及乡（镇）村（街）公所之准则》（1934）之规定可以看出，就是构建起公所、民团、学校三大机构的"三位一体"制度系统。从组织机构看"三位一体"制度，需在乡（镇）、村（街）两级设置 3 个机构，分别是乡镇公所、乡镇中心基础学校和乡镇民团后备队。还有村街公所、村街国民基础学校和村街民团后备队。从人事方面看"三位一体"制度，乡镇长兼任中心基础学校校长和民团后备队大队长，村街长兼任国民基础学校校长和民团后备队队长的职务。从管理事务方面看"三位一体"制度，就是乡镇公所、中心基础学校、民团后备队三机关合署办公，一套人马，机构职能互补。从机构的职能看"三位一体"制度，就是构建起以村街公所为决策机构和以乡镇、村街长为领导力量，合理运用民团的组织力量，借助基础教育之下的力量进行各类建设工作。具体的政权运行结构如图 4-1 所示。

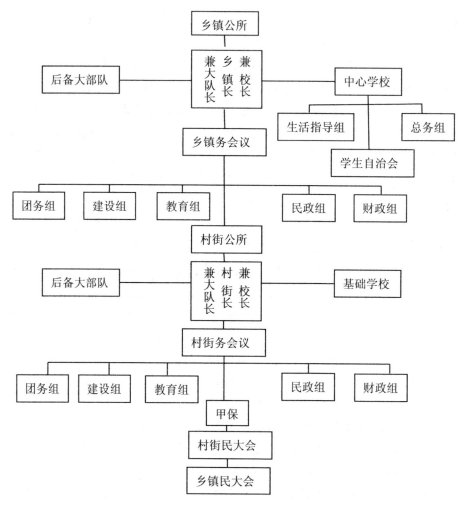

图 4-1 "三位一体"制度下的政权机构图

对"三位一体"制度，雷沛鸿经过反思，认为"四位一体"制度更符合广西基层社会自治需要。他认为广西基层社会许多问题，较之单纯从制度上找原因，转而从政治、经济上寻找更为深刻和可靠。"三位一体"制度只涉及政治、文化、军事三大要素，如果离开了经济就会使政治建设、文化建设和军事建设难以为继。因此，"三位一体"制度要改为"四位一体"制度，将政治、经济、文化和军事融合起来。这样可以不荒废最低限度的经济建设行为，完成诸如造林、合作社、工耕等公共事务建设。与"三位一体"制度相比，"四位一体"制度更加符合广西基层建设需要，也与三自政策相匹配。原因在于："四位一体"制度更加容易实现与政教合一、文武合一、管教养卫打成一片，国民基础教育在"四位一体"制度中的作用得以淋漓尽致地体现。校长兼任后备队队长，以国民教育推动民团的训练，适应自卫的需要；校长兼任乡镇、村街长，教职员和学生参加各类行政会议，普及教育，宣扬管理，适应了地方自治，提倡生产教育配合基层经济建设，适应自给的需要。在"四位一体"制度下，国民基础教育不再是单纯学校的功能，而是集政治、经济、文化和军事于一体的复合型功能性组织。雷沛鸿对"三位一体"制度进行反思和突破后提出的"四位一体"制度，为广西农村治理的理论选择做出了突出的贡献。

"三位一体"制度是新桂系治理广西基层社会的主要制度选择，它具有一定生命力和实用价值。对"三位一体"制度的价值，学者亢真化认为，"三位一体"制度可以治疗当时社会存着的诸如面子主义、分离式的社会病态，提高中国各项建设的工作效率的同时提升政府形象。抗战时期的行政机构下沉困境在广西因为实施"三位一体"制度而得以解决，为广西训练了至少120万名壮丁，为抗战积蓄了大量有素养的兵源。广西教育也得到了飞速的发展，国民基础教育在全省乡镇基本建立起来了，儿童教育和成年教育都发展起来了。邱昌渭曾经感叹：广西基层组织的"三位一体"是一个穷做法，在训政期间民众由组织训练自然过渡到民众自己组织训练，它是一个有效地聚集军事力量的敏捷办法，也发挥了实际效用。当然，任何制度都是时代的产儿，时代发展了，"三位一体"制度也将随之发展。进入抗战胜利阶段之后，随着广西农村经济发展和乡村自治的改善，"三位一体"制度演变成为新型的"三位三体"制度。

第二节 留学生群体与广西现代人事制度和公务员制度

民国之初，整个国民政府的人事行政是比较混乱的，公务人员的任免、升降、奖惩，大多是以主观的好恶喜怒为转移。尤其是援引私人、卖官鬻爵以及奔走钻营，几乎成为中国政治的普遍现象。尽管孙中山早就主张文官考试制度，在中国建立文官制度，但是旧时的人事行政落后观念、机制和模式仍不曾被从根本上动摇。旧桂系留下了大量思想落后、腐败无能的官员，严重阻碍了新桂系进行励精图治和推行新政，很多国家政令难以执行、落实到位，官场潜规则和地方保守思想严重，"外省人不如广西人，广西人不如桂林人，桂林人不如两江人，朋友不如亲戚故旧"。在农村，广西许多地方官员由有钱有势的豪绅担任。他们经常搞一些地方山头主义，有些甚至会中饱私囊，鱼肉乡民，成为地方豪强和恶霸。地方盗匪猖獗、农民骚乱、官僚集团腐败和虚弱是中国近代县域社会的典型特征，也是广西当时社会的真实写照。黄绍竑曾说广西的政坛实在是变乱频年，百政废弛，行政、司法官吏流弊横流、蠢态百出，或营私舞弊，或渎职贪污。

　　文官制度是法治社会的重要标志，要建设广西，推行新政，重塑政府形象，提高行政效能，需构建新型文官制度。有别于旧时人事制度，文官制度能培养出大量能承担起"建设广西，复兴中国"重任的复合型人才。在广西的现代人事制度和公务员制度中，留学生群体积极参与现代人事制度和公务员制度的制订、组织和落实。

　　李、白新政期间，为了招揽天下人才，积极推行了"行天下事，用天下人"的人事政策，向全国招揽一批少壮派人才，如程思远、潘宜之、邱昌渭、王公度、韦永成、韦贽唐等。这些人是留美、留日、留欧和留俄的留学生。由邱昌渭起草和"广西六君子"参与修改完成的《广西建设纲领》，其中的人事制度内容具有西方国家公务员制度与生俱来的公开公平、政治中立、竞争择优的特征，这集中体现在纲领有关政治建设的条文中。被誉为"广西宪法"的《广西建设纲领》为广西的现代公务员制度提出了政策性指导，为广西 20 世纪 30 年代的文官制度革新指明了方向。在此基础上，广西在 20 世纪 30 年代还制定了系统的公务员制度，体现在《广西省候用公务员登记办法》《广西省荐任委员会考试条例》《广西省公务人员任用章程》《广西省公务人员考绩章程》《广西省公务人员奖惩章程》等规章、条例中。这些制度对公务员的准入机制、激励机制和分类机制都进行了改变，摈弃了原有人事制度的很多弊端，使得广西省政府人事工作逐步走向规范化和法制化。

　　对广西的现代人事制度，留学生群体进行了大量理论研究和实践探索。早在 20 世纪 20 年代，黄绍竑进行了有开先河意义的县级人事制度探索。他认为政治成效的关键在于县域治理，一个县的好坏与该县的县知事有相当大的关系。县知事应有名望、有经济实力、有相当武力。黄绍竑还实施了县公署的经费包干制度，给予县知事相当高的经济待遇。到了李、白、黄时代，在"行新政、用新人""行天下事，用天下人"人事政策的影响下，留学生群体广泛致力于现代公务员的理论探索和实践。省主席黄旭初认为，作为新型公务员——新人应当信仰三民主义、具有行政官的素养、具有领导力。实际就是现代行政人员要具备良好的思想觉悟、政治素质和业务水平。

　　邱昌渭认为"新人"要具备 4 个条件。其一，青年人作为公务员的主体，应思想开放、身体强健、吃苦耐劳。1935 年，他在南宁对公务员进行调查时发现，52.6% 的公务员的年龄在 21~30 岁，把 16~30 岁和 30~35 岁的公务员人数全部加上，比例超过了 80%。其二，新人必须有坚定的三民主义的思想。三民主义是当时国内适用时间和空间最持久广泛的思想和精神支持，包含的内容极其丰富。新人不仅要忠实信仰三民主义，还要竭力奉行。其三，新人要懂得做人。新人的衣、食、住、行要符合礼、义、廉、耻，要懂得道德规范。其四，新人要懂得做事办法和技巧，包括区分政令法令、分清轻重缓急、运用有利的环境条件、以身作则的办事流程和规则等。

1939 年 2 月，为对完成抗战大业储备必要的干部，促进广西地方治理，广西省在桂林成立了广西地方建设干部学校。校长为黄旭初，留日学生杨东莼任教育长，全面主持学校日常工作，为抗战和广西建设培养了大批的基层领导干部。广西地方建设干部学校共开办 4 期，培养了 1400 多名基层干部。这些干部实现了知识化、年轻化。当然，由于留学生群体具有较高素质、能力和理想，他们比较注重在新桂系中、高层政府中谋求职务，担任行政领导或辅政，他们的工作重心并未下移。从对县长这一职位的分析来看，留学生在其中所占比例较少，表 3-5 大体能反映这一情况。

由于新桂系的阶级局限性，由留学生群体倡导构建起的人事制度存在一定局限性，多数照搬了一些西方国家公务员制度的基本准则。许多人事制度设计难以维系，特别是新桂系统治中后期，官员平庸、贪污腐化等现象层出不穷，与留学生群体倡导的公平公正、竞争择优的人事制度相去甚远。但是，在 20 世纪 30 年代，处于上升时期的新桂系在人事改革中取得的一些成效，对现代中国人事体制改革仍然颇具借鉴意义，具体如下。

较为公平的准入机制，能体现成绩与公平主义。以县长的任用为分析对象，《广西任用县长临时办法》（1934 年）规定了具有如下资格就可以任用县长：在广西省经过县长考试和在广西地方行政人员讲习所学习合格者；在中外各类学校学习法律、政治、经济和文哲社会科三年，并有行政、司法事务经历一年以上者；曾任广西县长著有成绩者；曾任行政司法荐任职继续两年以上据有凭证呈验者等。这种准入机制注重公务员学历、专业、经历等影响要素，并且突出了成绩主义价值倾向，较之以往任人唯亲、庸人执政，无疑具有规范性和公正性。

严格的考核制度，能保持公务员的纯洁性。新桂系对公务员进行考核主要采取考试（少数）和审查（多数）等方式。到 1939 年，广西县长考试进行了 11 次，有 78 人参加。到 1941 年，公务员审查共举行了 19 届，审查 12399 人。公务员经过考试、考察后，才能进入试用期。"由黄旭初兼典试委员长，论文题目由旭公（黄旭初）商同当时西大校长陈剑脩先生决定，以'立法贵严执法贵宽'为题……当时初出校门参加是项考试的法律系毕业生,据说没有一人及格,显然不了解这个题目是儒家政治思想的范围。"①

考绩与奖惩相结合的激励制度,实现公务员义务和权利的平衡。《广西公务员考绩章程》(1934 年)规定公务员实行一年一次考绩制。先由个人根据工作情况填表后再逐级考核,考绩的内容分为工作(50%)、操行(25%)、学识(25%)。考绩分数用作奖惩的依据。《广西所属公务员奖惩办法》(1934 年)规定:公务员奖励分为升叙、晋级、记功和嘉奖 4 类,惩戒包括撤职、降级、记过和申诫 4 类。1934—1937 年,广西对省政府所属的 3721 名公务员进行了考绩。其中,升迁有 32 人、晋级有 18 人、记功有 1023 人、嘉奖有 651 人,占总数的 96.1%,惩罚 144 人,占总数比例为 3.9%。

军政结合的人事培训制度。《广西公务员军事训练办法》规定:年龄在 18~45 岁的公务员必须参加 180 小时的军事训练活动,包括军事课和政治课的训练。公务员军训合格后颁发证书,不合格者需参加下一批的训练。20 世纪 30 年代,广西共举办了两次大规模的公务员军事培训,受训人数超过了 1 万。公务员通过军训了解了国防知识,增强了军事知识和技能,通过政治课程训练,又能接触基层人员,了解基层实际,这是一个军政良性互动模式。

简朴的生活作风和廉洁的工作作风。1933 年,广西规定公务员制服用料夏天为米黄色的山东绸布,冬天则为浅灰色土布。1934 年,广西规定公务员不穿制服不得行使公职行为,公务员不分春、夏、秋、冬,都穿灰色衣服并佩戴自制的帽子。在当时的广西,街头涌动着穿灰色衣服之人,被誉为"灰色广西"。广西公务员的薪酬也大大低于当时全国的平均水平,广西省省长和各厅长只有桂币 300 元,全国同类水平为 600 元。政府公务员的生活俭朴相当突出,即使贵为广西省主席黄旭初的太太,也得亲自上街买菜做饭,家中没有一个佣人。廉洁的工作作风是广西公务员的重要特征,广西各行政机构都设有会计与审计部门,相关人员任用由省职能部门统一分配,采用统支统收的管理办法,官员难以贪污。

到了 1935 年 2 月,对广西省会 580 个政务机关 3930 名公务员的统计显示,受过一般教育的占 72.97%(其中国内外大学占 11.19%,中等学校占 29.77%,特殊学校占 24.58%,小学占 6.79%,科举占 0.64%),军事学校占 20.97%,6.06%不详。② 留学生群体不仅是广西公务员人事制度设计者,在新桂系中、高

---

① 黄济夫. 以不忍人之心行不忍人之政 [J]. 广西文献,1979(3):5.

② 广西年鉴(第二回)[M]. 广西省统计局,1944:1159.

层政府公务员中又占据一定比例，是现代公务员角色的承担者。

第三节 留学生群体与广西地方自治的推行

一、程思远致力于广西军政和协调外交事务

程思远作为国民党少壮派人物，成长于国家与民族危亡之中，从一个普通文书，踏入新桂系上层之中。程思远曾经供职于白崇禧作为副参谋总长的指挥部，在台儿庄战役之中，曾协助李宗仁指挥作战。丰富的作战经历使得他有足够的资本和名望致力于新桂系外交活动。1942年，蒋介石在组建远征军的时候，程思远被任命为随军组织部主任，就是对程思远致力于广西军政和协调外交事务，中杰出贡献的认同。程思远致力于广西军政和协调外交事务莫过于在广西绥靖公署和乐群社中的作为。当时广西绥靖公署的主任为李宗仁，副主任为白崇禧，政治部主任为程思远。由于当时处于国共合作时期，新桂系实行了很多开明政策。程思远在工作期间，和国内一大批民主人士和共产党人士建立了良好的关系。在毛泽东《论持久战》的思想影响下，新桂系提出"以空间换时间，积小胜为大胜"的论断，为国民党采纳，成为全国性的抗日战略思想。新桂系影响力颇大，蒋介石为了遏制新桂系和其他势力的过度膨胀，成立了复兴社，大肆进行所谓的CC渗透。新桂系为了防止蒋的控制，成立应对性的机构——乐群社，由程思远任总干事长，全面主持乐群社的工作。他通过平易近人的作风，赢得广泛赞誉，将乐群社办成了一个既具有政治功能又具有文化功能的组织。

国民党组织以宋子文为首的代表团对意大利进行了几次考察后，国民党党内弥漫着一种崇拜墨索里尼的军事独裁统治的思想，并有计划地散布"独裁论"和"暴力论"。因此，新桂系组织了国防艺术团，由程思远任社长，进行了大量有利于抗战胜利的演出，如《帮助咱们游击队》《雷雨》《太阳旗下》等一大批抗战的进步剧目，努力宣扬民主和抗战思想，桂林也由此成为抗战前线的艺术和文化中心。程思远在20世纪30年代与许多政治精英、社会名流、中国共产党和民主人士相交甚多，建立了深厚友谊。"白对程思远的工作是应对各方，扩大新桂系的影响力。我看到思远经常奉命接待周、叶到白宫邸洽谈国共军事、政治合作事宜。广西的男女学生军到武汉，白崇禧指示程思远请周恩来、叶剑英乃至王明，向学生军讲话。这就为思远后来得到周的慧眼赏识，迎李宗仁由

美返国，先建立了良好的私人人际关系。"①

经过中原大战、蒋桂战争之后，冯玉祥、阎锡山被打败，归附蒋介石. 新桂系虽力量尚存，但已经事实上臣服于蒋介石。此时，国家统一后的治理模式寻求就成为困扰蒋介石和国民党政府的问题。蒋介石提出了 3 种治国模式：其一为法西斯统治模式，该模式追求国家至高无上，国民要无条件为国家和民族做出牺牲，而不是追求国家之下的福利，施行暴力统治；其二为共产主义统治模式，该模式把国家和统治权合为一体，以无产阶级当政为目标，消灭其他阶级，实现共产主义，国家也将由此消失；其三为自由民治模式，该模式以个人主义为出发点，崇拜天赋人权，主权属于全体人民，以实现个人自由为重。在接连发动镇压共产党和国内军阀势力的战争后，蒋介石抛弃了三民主义，认为最有效的治理方式为法西斯模式，只是他崇尚的法西斯主义披上了一层漂亮外衣——三民主义—法西斯主义"，实质上也是赤裸裸的 "法西斯主义" 统治模式。蒋介石在国民党内部成立了复兴社，该组织进行了大量法西斯主义思想的传播工作，如出版了《墨索里尼传》、《我的奋斗》（希特勒）、《法西斯蒂主义运动论》等。在国民教育体系中也积极宣扬法西斯主义，《初中学习文库》中就有法西斯小丛书系列。而此时的新桂系仍然崇尚孙中山的三民主义为执政的指导思想，但是广西作为中华民国的一个部分，新桂系在蒋介石为首的国民党领导下，也认同和重视法西斯主义学习与教育。在此背景下，1934 年，程思远赴意大利留学，1937 年，获得罗马大学的政治学博士学位。其间他相继考察了意大利和德国法西斯主义的实施情况，根据两国的政治、经济和国际环境，著有《意大利与欧战》《意大利青年的训练》。归国后，程思远随李宗仁参加了台儿庄战役李宗仁为了表达对蒋介石的忠心，将程思远推荐至国民党中央任职。蒋介石曾当面询问程思远如何看待德、意法西斯。程思远告诉蒋介石，法西斯最大特征就是对内进行集权统治，对外大肆军事扩张，如同当时的日本帝国主义一样。1936 年，程思远作为国民政府特使，参加了柏林奥运会，其间他参加了一些体育和文化艺术交流活动。

程思远在 20 世纪 30 年代的广西自治中，主要辅佐新桂系李宗仁从事军政工作，从秘书工作起始，到新桂系智囊人物和核心人物，在参与反蒋、筹划李宗仁竞选副总统、与共产党谈判和宣传抗日战争文化等重大事项中起到了举足轻重的作用。作为政治活动家，他远赴意大利留学，实事求是记录了法西斯的行径，归国后如实告之。几次作为国民政府代表访问欧洲，表现了政治家的智

---

① 胡行健. 怀念战友程思远先生［J］. 文史春秋，2008（11）：22.

慧。晚年，程思远历经艰险从欧洲归国，拥护共产党的领导，积极参与社会主义现代化建设，成为著名的政治活动家、民主人士和共产党的亲密朋友。

二、雷殷主持民政工作

雷殷，原名恺泽，为广西邕宁县南晓乡人。因积极反对袁世凯称帝，拥护共和制度，民国初年，被袁世凯通缉，改名为雷殷，逃难日本，就读于日本法政大学。毕业后，在继续参加讨袁的同时，积极向国民党靠拢，仕途得以步步高升。辛亥革命后，雷殷担任广西省的议员。民国六年，担任广东省军署总参议。其间，他多次探访民情，在造林、兴水利、禁烟赌等社会管理方面成绩甚著，此时已经充分显示了他有较强的地方自治管理才能。民国十一年，是国民党中央宪法起草委员会成员。民国十七年，担任哈尔滨法政大学的校长，兼任中东铁路督办署顾问。日本发动侵华战争后，雷殷回广西任广西省民政厅厅长。任职期间，雷殷领导开展了有利于社会事务管理、基层民主建设、社会救助、服务军队等的大量民政工作。由于雷殷在广西自治管理中业绩突出，得到蒋介石的器重，1939年，被任命为国民政府行政院内政部常务次长，兼中训团教育组长。他大力宣传广西的自治工作，以至于他主政广西民政工作期间的一些模式，如保甲制度和"三位一体"制度，风靡全国盛极一时。

在军事服务方面。雷殷主政的民政工作大多是为了服务军事建设而展开的。雷殷认为《县各级组织纲要》要服务于国民兵役，使人民明礼仪，知廉耻，行权四方，衣食住行充实，为抗战提供足够的壮丁，动员全国力量进行抗战。那么，构建一个如何样式的《县各级组织纲要》？雷殷借鉴了古代周礼行政系统与军事系统、管子行政系统及军事系统的结合优点，认为当务之急是实施新型保甲制度。如果从每保百户中抽出18~45岁的壮丁，加以组织管理训练，可供役兵抽取，抗战兵源就充足，则可实现军事又行内政，实现军事胜利的目标。而《县各级组织纲要》颁布以来，广西很多地方自治工作进展缓慢。雷殷进行了大量的调查发现，工作进展缓慢主要是人的原因，而非官员普遍搪塞的钱的原因。在他看来，办理很多事情并不需要钱，从他在东南沿海工作的经验看，搞地方建设经常得到乡保少则十余钱多则几十钱的支持，实际上很多地方工作资金较少是由政府出资的，而多来自民间。能正确解释广西县级自治工作进展缓慢的原因就在于人，在于训练干部工作机制的滞后。因为训练民众并不需要花很多钱，而且训练可以达到教育、求知、发现人才用好人才的目的，为地方自治贡献可供选择的人才。

怎么才能训练好人才？雷殷在广西主政民政工作期间采取了如下几种方式。

第一，分级训练。区分受训者的社会地位、工作性质和所担责任，区别对待。例如，一个乡镇长训练时，要弄清楚乡镇长所负的责任和所办的事情；训练保长时，要区分他所负的保长责任和所办的事情。第二，分类训练。与孔子所说因材施教不同的是，雷殷要求在训练过程中要分课、分人进行。分课就是进行专业性课程训练；分人就是根据受训之人已有的学识、过去的经验、所担任的工作来确定训练程度的高低。第三，平时训练。平时训练就是长官用启发式方式去训练，纪律训练、生活训练、行动训练、智能训练、服务训练、体格训练、军事训练都可以不受拘束地作为训练题材。第四，临时训练。就是就某一事件去训练受训者的能力，是一种短期训练和补习训练。

在实践中，雷殷又发现了保甲制度对《县各级组织纲要》实施有着积极的新作用。其一，保甲组织虽非完全意义上的自治单位，但它行使着对保内之自治事业。其二，保甲组织中，以 10 甲为指导性原则，但又不得少于 6 甲，最多为 15 甲。既有 10 甲之弹性原则，又有 6~15 甲之弹性原则，能很好地适应外部环境的需要，解决过去区域社会联防治理与户口、土地等结合不紧密所引发的矛盾。其三，在保甲制度中，保民大会就地方自治事项选举出相关委员，发展地方自治事业，与过去的保长办公室作用完全不一样。其四，保甲制度既可以通过训练，锻炼国民体格，祛除病弱，又可以为抗战提供源源不断的兵源，足以支撑抗战百年的基业。其五，保甲制度可依托国民学校，普及义务教育，宣传政令，促进政治工作。

雷殷主政广西民政工作期间正值抗战全面爆发时期，民政工作多是围绕军事化做铺垫，即使在单纯的民政领域也未免带有很鲜明的军事化的特征。当时新桂系政权为了应付复杂的军事斗争，较少出台系统制度去指导各地民政工作。因此，雷殷在广西民政自治管理中，进行了大量探索性研究和实践。

关于如何实施地方自治，雷殷认为：首先要制订地方自治具体方案。地方自治并非只是让地方政府成为完整意义上的自治组织，自治方案是三民主义的延伸，是总理遗教的结果。只有完成了《广西建设纲领》中的 4 种建设任务，广西才能初步实现自治。自治还意味着通过选举方式组建自治的县级机构，由人民选举出县长和议员。户长会议、居民会议、保民大会、乡镇民代表会都要能充分行使自治职能，以符合现代之地方政府制度。自治要有充分的财政自主权。雷殷在主政民政工作中发现大量工作人员经常面临突发的事件和社会变故，心理承受力有限，心理健康指数不高。因此，他认为要实现良好的地方自治绩效，需要关注自治人员的心理健康。如何提高地方自治能力？其一是政治思想须改变。许多自治之事，非一党一派一系一姓之利益关联，需要多方共同努力。

其二是政治道德有所改变。政治为众人之事，非为升官发财、营私舞弊，是为众人谋幸福，为国家民族谋生存。其三是政治知识须丰富。凡是自治人员包括自治公民，须丰富政治知识，否则就会成为奴隶和亡国人民。其四是政治能力须加强。行政效率、施政效果、政治成绩的取得半为制度设计所决定。半为行政人员工作之能力所决定，凡行政得过且过、敷衍了事、与世沉浮，此类无能行政行为必须得到纠正。积极提高行政能力，否则国家、民族将无以自存，自治管理也将不能实现。

1937 年，抗战爆发后，随着战区的逐步南移，广西成为战区难民的迁往地。到 1939 年 3 月，入桂的难民总数达到了 16398 人。之后半年左右，由湘入桂的难民总数猛增到了 164870 人，由粤入桂的战时难民也有 500 多人，这给广西的民政工作和社会自治管理带来考验。1937 年，国民政府颁布了《非常时期难民救济办法大纲》，国民党中央设有难民救济总会。广西省在中央政府统一规定下成立了难民救济委员会广西分会，由民政厅厅长雷殷任主任委员，在民政厅设立了很多独立部门，下设 3 股，行使收容、给养、运输、救护、保卫等职能。同时，广西民政厅根据特殊实际情况，先后在桂林、阳朔等 62 地设立了市县难民救济会，收留了流落广西的难民。与此同时，各地兴建了 166 处难民救济所。1939 年，根据统一部署，广西难民救济分会改组为广西省赈济会，由省政府主席担任主任委员，并由省政府组建了包括邱昌渭、雷殷、陈雄、黄钟岳在内的 14 名委员的委员会，设立了总务、财务、筹募、救济、查核 5 个部门。鉴于桂林难民较多，还特别在桂林设立了桂林义民管训处，专门负责桂林难民的管理。在雷殷主政广西民政工作期间，广西还设立了很多临时性的机构，行使其他重大灾情的管理职能，使得政府和社会力量，更有计划、有系统地进入救灾中来。抗战时期，广西民政厅为了抢救、保护从战区来的难童，积极倡导建立一批育幼机构。1938 年，广西分别在桂林、邕宁、柳州成立了第一、第二、第三儿童保育院。随后，广西民政厅在临桂、南宁设立了儿童教养院，收留和教育战时儿童，极大促进了儿童福利事业的进步。

建立仓储是雷殷历来较为重视的一项建设，仓储储量是衡量一个国家财富的重要指标体系，又是应对战时危机的主要手段。雷殷在 20 世纪 20 年代，就密切关注民食问题与粮食整理及其统制之商讨，认为要固国本，必须裕民食，民食裕而后国本固，国本固而后社会定。雷殷甚至把厉行节约与救国相提并论，认为中国自清朝以来处处挨打、割地赔偿，就在于中国穷，也正因为帝国主义富才有资本与实力侵略中国。因此，要救国，就要大力发展生产，任何施政、民政或教育都要以大量财政作为基本。还应当厉行节约，节约可以蓄积资本。

在当时情形下，任何借款都是奢望，就国家和地方政府而言，要厉行节约才能为生产更好地积累资本；就人们而言，要使用土货，拒绝虚浮奢靡之风，节省开支，积极购买政府公债。全面抗战前夕，广西的仓储名目繁多不易稽核。据广西民政局 1932 年数据统计，广西所拥有的仓储仅为 85 所，存谷仅为 3039571 斤，存款仅为 16478 元。雷殷主政广西民政工作后，把建立仓储作为一项重要的战时任务来抓。在他的游说与影响下，广西省颁布了《广西各县县立农仓通则》《广西省立农仓章程》等制度，在桂林、玉林、宾阳、邕宁等 10 地建立了省仓。自此，广西有了省仓、县仓、乡镇仓、村街仓 4 级体系的制度。根据广西民政局 1937 年数据显示，广西省共建成 20968 个仓储，存有玉米 598970 担，每个仓储平均有存谷达到 28.56 担。这在应对战时军事需要、救急济贫方面起到了重要作用。在他执政期间，发明了新型的仓储积谷办法。每年新谷登场时，政府征收谷物的标准为：自耕纳其所得的 1%，地主纳其所得的 50%，地主所交的由佃农代给政府，佃农减免。这样一来，贫农、佃农负担减少了，地主负担增加了，可以较好地稳定物价。地主难以囤积居奇，佃农很愿意帮助政府将土地所得的 50% 交给政府。地主因无厚利可图，纷纷出售土地，土地价格降低。在雷殷看来，这是一种用和平方式消除土地分配不均和贫富差距悬殊的办法。

禁赌、禁烟。雷殷认为抽鸦片和赌博是最不好的习惯，对个人、家庭和社会危害极大。他责成各县县长全面负责禁赌、禁烟，并且建立了相关责任控制机制。同时，向老百姓宣传禁赌、禁烟的法律和法令，通过鲜明例子使得老百姓明白抽鸦片和赌博的危害。为了禁赌、禁烟，雷殷甚至亲自开导一些因赌博被抓的人，向他们耐心讲述赌博浪费钱又浪费时间，然后将其放回。很多人因此改变过来，不再以身试法，因为老百姓知道政府重视禁赌、禁烟。后来，蒋介石当面表扬雷殷在广西禁赌、禁烟很有成绩，很值得其他省份效仿。

息诉。由于新桂系疲于应对复杂的军事斗争，地方自治体系尚未完全构建，民间诉讼是广西社会普遍存在的现象，而且都是由一些小事导致的。很多问题由于没有处理渠道和办法，以致社会怨声载道，许多矛盾激化。雷殷主政广西民政期间，在广西各乡镇成立了调解委员会，大大减少了民间诉讼。"他任民政厅厅长时，曾多次回家乡调解群众纠纷。1936 年，南晓乡古元、那排村群众为了争水利，双方准备刀枪动武。他在南宁闻讯后，立即赶往家乡，向双方群众说理，善言劝解，使两村群众化敌为友，团结生产。"①

---

① 黄新硎. 雷殷先生传 [J]. 广西文献, 1983 (3): 21.

三、邱昌渭倡导县政改革

20 世纪 20 年代，桂系在广西进行了很多地方政权体制改革，许多内容明显涉及县政改革的范畴。1926 年，桂系实行省、县两级行政管理体制，废除了道一级的行政管理体制。1928 年，桂系颁布了《广西各县县政府组织暂行条例》，广西的县政管理由局、科行政组织执行，每个县设立县长 1 名。不仅如此，在 20 世纪 20 年代的县政改革中，出现了具有公平、透明化等特征的现代人事行政迹象。桂系在县政管理中选拔任用了具有新颖思想、精明强干、具有先进文化知识特别是具有留学背景的年轻官员。1926 年，为了有效地对县级行政官员进行考核，广西省特别设立了广西科吏馆，专门负责对县知事、科长等县级官员的考核工作，对县长的考核则由专门的县长考试委员会进行。尽管这一时期的广西进行了广西县政改革，也取得了一些成效，但是很多实践还停留在政策制订和实验阶段，理论体系也尚未完全构建。

1931 年，黄旭初任职广西省政府主席，与李宗仁、白崇禧组成了新桂系的"三驾马车"，广西出现了少有的政局稳定局面。1932 年，广西省颁行三自政策。此项政策成为广西县政改革的制度设计基础，随着《广西建设纲领》的实施，县政改革全面启动。新桂系对县域内的各项政治、军事、经济、文化教育等体制进行了全面改革，一直持续到整个抗日战争时期的十几年中，广西的县政改革被誉为"国统区县政改革的奇葩"。

政治体制方面。广西县政改革重点侧重于县级行政组织、政权的整顿、人事管理等方面。具体表现在：首先，县政府设立科级行政部门。1933 年之前，广西县级行政组织结构是府内设科、府外设局的格局。这实质上是一种权力分散性极强的组织结构形式，它严重制约了行政效率，引发社会诸多不满，也容易引发桂系内部猜忌和矛盾。1933 年，广西在宾阳实行裁局设科的改革试点，将县政府分为内务、财政、教育、建设四大科，按照职能管理相应事务。之后，广西制定了《广西各县县政府组织暂行章程》（1933 年），全面确定了裁局设科的县政府组织结构。这样，县级政权的事权能有效集中，政府的财政支出得以削减，行政效率大大得以提升。其次，构建乡村基层组织。为了有效控制和发展基础组织，广西省颁布《广西各县甲村街乡镇区编制大纲》（1932 年）。1934 年，广西完成了有关的甲、村街和乡镇的行政编组工作。广西省 99 县中划分为乡镇 2399 个、村街 24897 个、甲 247425 个。乡（镇）村（街）组织是县政改革的重要内容，为新桂系进行 20 多年的四大建设创设了良好的基层组织运行机制。与当时的晏阳初在河北正定、梁漱溟在山东邹平、阎锡山在山西进行的乡村改革相比，广西的县政改革时间长、范围广、作用大、民主性与进步性较强。1939 年，蒋介石对广西县政改革倍加赞誉，提出广西新县制可推行至全国。最后，广西的村街民大会制度探索与实践。《广西村街民大会规则》（1935 年）规定：凡是年满 20 周岁的男、女村民，各类学校的教职工人员，以及年满 14 周岁的学生、民团后备队的团兵，都必须参与村街民大会活动。村街民大会可以组织、训练民众，让民众参与管理之中。村街民大会制度具有一定的现代民主政治的要素，成为我国县政改革的一次新尝试。抗日战争期间，村街民大会聚集民众，宣传抗日，引导广大民众纷纷参战。广西在抗日战争中做出了特殊的贡献，与村街民大会发展息息相关。据统计，整个抗战期间，广西省参与抗战的人数高居全国第二位，第一位为四川；如果按照人口比例来计算，广西高居全国第一。当然，由于一些原因，村街民大会在运行过程中也存在着"村街长发言太多，而民众多不肯发言""假造民意或强奸民意"等负面现象。

军事体制方面。广西省将军事改革与县政改革同步进行。在基层和农村展开了军事建设，通过寓兵于团和寓兵于农的制度创新，有效实现了兵与民的有机合一。军事改革的主要内容：首先，县以下的乡村民团建设。乡村民团建设是县政改革的重要内容，基层军事建设的中心工作即民团的训练与运用。[1] 新桂系县政改革注重乡村民团建设，把民团组织和行政组织结合起来，以三民主义的民权思想为指导，民团组织被注入新的内容，不再作为地主豪强鱼肉百姓的工具。民团也有力推进了社会自治和县政改革。其次，新型的民团组织系统。有了统一的组织机构，在南宁和桂林有民团总指挥部，统管全省的民团工作。县长作为县民团司令，村长作为乡民团大队长。民团有严密的编组和训练，政府按照户籍人口的年龄划分，编组为甲级队（18~30 岁的壮丁）、乙级队（31~45 岁的壮丁）和民团预备队，按照类别进行训练。训练时期从每年 9 月 1 日开始至次年 2 月底结束，每队训练 180 小时，除军训习武外，还要学习军事知识、公民常识、自治概要、实业常识、读书识字等，包括文、武两方面。训练期间实行军事管理，如团兵不按规定参加集训处以罚金或拘役。[2] 最后，与军事建设的配套改革。由乡村公所出资构建警卫设施，购买武器，构建了自卫和共卫的乡村警卫模式。自卫为"早夜开闭闸门须有一定时间，由当地乡（镇）村（街）甲长各就其地方治安情况订定之，必要时并须遣派当地后备队轮值看守，

---

① 黄旭初. 县政建设与基层建设 [M]. 桂林：民团周刊社，1941：471.

② 乡村工作须知（第四编 团务与征兵）[M]. 南宁：第 4 集团军政训处印，1937.

监查过往行人"①。共卫的方法是当村里发生匪盗等应急灾害时，在本村自我应对不足的情况下，还可以通过鸣锣鸣角、飞请等方式联合附近乡村进行应急处置。

经济建设方面。广西是穷省，少数民族聚居地区，发展极为不平衡。为了实现三自政策中的"自给"，增强广西的经济实力，广西的经济建设战场主要是县域。县政改革涉及的经济内容有：首先，开展公共造产运动。根据《广西省筹建村（街）公产办法大纲》（1935 年）规定，广西公共造产运动包括实行公耕、建立村仓、造公有林，广西成为全国首推公共造产运动的省份。广西公共造产运动成绩显著，影响深远，1941 年广西 76 县纯收益总数为 21584314 元，平均每县纯收益数为 284005 元；1942 年 99 县纯收益总数为 52991782 元，平均每县纯收益数为 535271 元；1945 年 52 县纯收益总数为 422585456 元，平均每县纯收益数为 8126543 元。② 其次，积极发展农业生产，保护农民利益，发展工矿业和交通金融业。最后，创新体制，积极发展文教事业。

邱昌渭在 20 世纪 30 年代积极倡导和参与广西的县政改革。1933 年，邱昌渭南下从政于新桂系，1936 年任广西省政府委员，兼任教育厅厅长，1939 年任民政厅厅长。其间，他积极参与了县政改革实践，"亲自主持或旁边相助"。他以政治学者的身份观察县政改革事实，为县政改革的制度设计进行了理论探讨。广西县政是一个县级管理的综合运行系统，涵盖了县政、县级组织机构、县级人事制度和县级财政、经济建设、教育、卫生事业，以及具有广西特色的民团制度、地方自治等内容，改革的涉及面是很广的。

广西的县政改革是在广西建设背景下进行的，邱昌渭认为广西建设的动力来自政治力量和社会力量，政治力量包括党组织、行政组织和军事组织。而行政组织是实现政治、经济和文化建设目标的最高执行机构，组建好包括县政府在内的行政组织制度、机制、机构和人事等要素，就可以实现建设目标。社会力量是政治之外的力量，革命和建设需要借助伟大之社会力量之推动，这就需要有社会组织组建，因此，才有后来的民团组织和村街委员会。

邱昌渭认为广西建设全面实现至少包括 3 个条件。第一，实现绥靖地方。广西历来土匪恶霸横出，且官、军和匪相互勾结，要通过标本兼治方式去绥靖地方。从标来说，严肃军纪，采取严苛打击方式进行剿匪，绝不收编；从本来说，要创设民团制度，民众通过训练，增强自我防卫的能力。第二，统一政令。

---

① 乡村工作须知（第三编 怎样办理乡村行政）[M]．南宁：第 4 集团军政训处印，1937.
② 广西省经济建设手册 [M]．桂林：广西省政府建设厅统计室编印，1947：135.

当时广西有省总部、省政府、第四集团军总司令部 3 个最高机关，需要做到独立行事而互不干涉。第三，铲除贪污。贪污主要是人和制度等因素造成的，在广西，已经具备铲除贪污的条件。从人来看，广西出现了几位公正廉洁的军政领袖，他们能自上而下保证廉洁。从制度看，广西省各级政府规定了超然的会计核查制度，会计人员不是由业务主管机关任用，而是由会计处委派。他们在会计核查工作中能做到独立和超然。广西省还实施了统收统支的财政制度，加之当时广西军政界和社会崇尚生活简单化和俭以养廉，即使有官员想贪污，都是一件难以做到的事情。邱昌渭认为这 3 个条件在广西已经具备或者正在形成，民国二十二年（1933）以后，这 3 个条件在广西的实现已经是相当成功了。

广西县政改革主要围绕着组织机构、人事制度和财政、经济建设、教育、卫生事业以及民团制度、地方自治等内容开展。在邱昌渭看来，这些活动主要是针对三大事项的改造而开展的。其一为改造机构。以前的县政机构组成是在县政府外，设立了财务、教育、建设、公安 4 个局。各局独立发布命令和行使管理权力，事权分散，系统紊乱，以至于许多善政被搁置。新桂系针对上述弊病，集中了县政府的事权，推行裁局设科，清查户口，编组村甲，人必归户，户必归甲，甲必归村街，积极改造了县治理下的地方行政区域。改造后的广西县政机构，很快清除了先前的行政弊端。其二为训练干部。在训政时期，广西大胆推行了"行新政用新人"的人事制度。政府指派训练合格的干部，到地方各县推行自治实践。通过省政府开班的县长训练班、民团干部训练班，培训了大量的县长、县政府公务员、乡镇村街长，使得政府政令一直能较好地贯彻到县，深入乡村基层组织中。其三，筹集经费。民国初期，广西省县政府的收支不合理，苛捐杂税多。新桂系实施了县、乡镇村街财政制度，规定了县财政的计划数额，削减了国省税之附加，大力发展公共造产。到 20 世纪 30 年代末期，广西县财政事业筹项达到 8%，租税百分比降低至 65%，事业收入增加，广西的县乡财政迎来了前所未有的局面。

广西的县政改革在全国可谓独树一帜、首屈一指、影响甚大。邱昌渭认为广西的县政改革并非独创的制度设计，而是在三民主义思想的影响下进行的，广西的县政改革既有共性一面，也有其独特性。第一，广西的新县制是在民国中央公布的《县各级组织纲要》（1929 年）的基本框架下制定的，各县的组织大纲不算是独创的，与国民政府中央的精神是一致的。第二，广西新县制中的改革实施纲领、地方自治方案、县各级干部人员训练等制度实施了相当长时间了，取得了一些成绩。与中央制度设计相比，也有着相同之处。例如，中央规定县长下设 7 科（民政科、财政科、教育科、建设科、军事科、社会科、地政科），其中地政科可以设立，也可以不设立。至于社会科在广西也是在政府里面，科机构的名称也遵循严格的序列。第三，从县以下的机构设置看，广西和中央也是相同的。广西在县以下设乡镇，乡镇以下设村街；中央也是设乡镇，乡镇以下设保。根据中央颁布的《县各级组织纲要》规定：保之编制和原有村街圩场可以是一致的，原有村街圩场仍然可以保留，但是要逐渐改变，改村街圩场为保，以统一规制。但是当时正处于抗战时期，如果将村街进行改制，势必涉及户口、门牌、公所牌、校牌、队牌、团记等管理事项，经费支出较大，时间较长，也不利于社会稳定和控制。同时，广西的新县制也有独特的一面。第一，确定了有效推进县政自治的团体，并要求具有法人资格。第二，在县政府的机构改革中，新设地政、社会两科，管理社会中新增事务。第三，在区署设置警察所。第四，通过民选产生乡镇长。第五，在乡镇增设军人会、长老会、妇女会等民众组织，这些民众组织结构完整，组织周密，自治效果较好。

20 世纪 30 年代，新县政运动在广西如火如荼地开展。它是广西建设保障的基石，对整个广西建设的完成、社会自治、战争准备都起到了至关重要的作用。那么，邱昌渭是如何看待这一时期的广西新县政运动与改革的呢？对新县政改革，邱昌渭进行了一分为二的评价。从积极方面看：第一，较好地实现了县级机构改革。广西的县分为 5 等，每等各分两级。广西的县政府改组，设立了民政、财政、教育、建设和军事 5 个科，下设秘书、会计二室，后来增设了地政科和社会科。县以下的区公所调整为区署，乡村有乡镇村街。第二，训政效果明显。有专门从事培训干部的机构，有省、地方行政干部训练委员会，县级政府有县政务人员训练所。通过逐级培训方式，从县长、县级干部到乡镇村街长、乡镇公所主任干事都进行了训政。这样，大大提高了训政人员的行政能力，又能做到政令统一，将政令贯彻到新桂系广西自治中的每个角落。第三，组建了反映民意的新型组织。从正式组织看，县临时参议会、乡镇民代会、保民大会等组织的组建，能够及时反映民意，提高政府的决策和行政能力。从非正式组织看，建立了长老会、少年团、妇女会。第四，财政汲取能力得到显著提高。广西财政遵照四权分立制度，各县都通过征收处征收税捐，县与乡镇的财政得以分开，两类组织的经济权限得到了明晰区分。属于县财政收入的名目有：土地税、屠宰税、各种营业牌照税、行为取缔税、使用牌照税、处罚及赔偿收入、利息及利润收入、公有营业和事业盈余、国税分给之各种补助费、省款补助收入，以及其他税捐。属于县政收入的名目有：公有财产收入、公营事业收入、利息和利润收入、契税、规费收入、不动产交易登记税、惩罚和赔偿收入、省补助金、县市区补助金、自治户捐，以及其他收入。第五，广西国民教育的普及。广西国民教育数量上普遍得到了改善，尤其是县政治理下的乡镇基础教育更为突出，有中心基础学校、国民基础学校，这都是广西新县政改革带给农村教育的实惠。

由新县政改革，邱昌渭看到一项新制度，从设计到实施会遭遇很多困境，难以达到制度设计的目标。他以"三位一体"制度为个案进行调查后，认为"三位一体"制度的确存在很多难以突破的困境。第一，社会反感。在实施县政改革的初期，"为政之要，莫若得人"，在招揽新人过程之中，社会抵触心理比较严重。在招收第一期干训生的时候，一般人对干部莫明其妙，认为是不干好事的活；在招收乡村长的时候，社会认为是做地保，读书人不应该去碰的事。因此，最初为改革招收的干训生，良莠不齐，一些为低能儿。等到他们在地方进行自治管理时，出现了统治不力、品德不良等恶象，发生了一些抗拒的事件。第二，新旧对立。干训出来的青年并未完全按照三民主义精神去管理地方事务，很多新政因受到恶势力的阻扰而破产。在实施"三位一体"制度时，有些人甚至连校长、教员的职位都一起兼任。最后造成了新人与旧人对立，甚至演变为民变。民国二十八年，在广西的中渡、容县和百寿县，发生过剧烈的民变事件。第三，父老不协助。在地方教育之中，办理教育的乡村长们，年纪轻，学识浅，行为失范，教育公款筹集和落实不到位，使得一些有志于教育的有识之士寒心。地方上的父老们，对办学问题大都是旁观，以及恶意指责，不肯协助教育事业的发展。第四，待遇太低。在新县政改革之中，新桂系创建了很多基层组织，而财政运作仍然以原有的县地方经费为保障开展新政，加之当时县款收入多为税捐，抗战爆发后物价飞涨，使得各级行政管理者的待遇太低。据邱昌渭的调查统计，在 1940 年，也即"三位一体"制度发展到了相对成熟的阶段时，乡镇长的薪给每月在 14 元~24 元，村街长的薪给每月在 5 元~23 元，村街国民基础学校的教员的薪给每月在 2 元~12 元. 这种低待遇机制，使得一些学历高又有能力的人士辞职。据统计，民国学校校长具有国内外大学或专科学历以上的仅有 42 人。在 1986 人的县政府职员中，具有大学或专科学历的仅有 160 人，中学毕业的也只有 776 人。

对于新县政的发展方向，邱昌渭认为，广西的新县政改革完成了第一步即县政组织构建，第二步则是系统性更强的实施部分。广西离完成此项工作尚远，需要具备一些良好的客观条件，新县政才能全面完成。第一，要有统一的政令。县级及县以下组织是法令下的执行机关，上面有专员公署、师与团管区司令部、省政府和军管区司令部。在三权鼎立的体制下，县长以上的家婆太多，政令就难以得以统一，新县政就难以实现。新县政的实现必须政令统一，如何才能做到？就需要有一个具有最高意志的政令作为县长行政的标准，这个最高意志就是国家法律。县长遵守和按照法律去发号施令，行使行政首长的权力，也能较好地沟通军事与党的力量。当然，政令统一既包括县的政令统一，也应包括省的政令统一。第二，要具有司法能够配合新县政的精神。新县政是地方自治的基础性工作，民众通过训练，达到自己组织训练和管理事务的目的。在广西的地方自治中，一大批乡村长承担了很重的责任，但由于他们阅历较低，不甚更事，常常受到恶霸、土豪劣绅的暗算和官司。打官司需要有钱作为基础，即使被判无罪也要花销很多钱用作路费和打官司的日常消费。乡村长待遇微薄，司法制度就有可能被土豪劣绅用来作为攻击乡村长的工具。因此，司法制度要保障民权，尤其保障乡村长的权利，体谅乡村长的困难。第三，对基层干部要有信赖的决心。政府对基层干部要立下决心，一方面对青年干部要做不断的指导、教育，使他们走向正确发展道路；另一方面对一些反动势力要加以制裁，使他们不能在基层治理过程中浑水摸鱼，让他们知难而退。

第四节　留学生群体与中国国民党革命同志会

蒋桂战争后，新桂系首领就打算立足广西，再图新发展。在 20 世纪 30 年代新政中，制定了《广西建设纲领》，提出"建设广西，复兴中国"的发展新思路。为了更好地推进新政，维护新桂系在广西的统治，宣扬新桂系执政理念，需建立一些组织作为治理工具，更为重要的是直接牵制和对付蓝衣社。1932 年，蒋介石成立了蓝衣社。蓝衣社表面是为了民族发展的三民主义力行社，它模仿和复兴德国、意大利运动，崇尚日本的武士道精神，实则为蒋介石实施独裁、铲除异己的工具。1938 年，蓝衣社解散，成员大多转为军统成员，仍然从事独裁统治活动。1935 年春，新桂系在南宁成立了中国国民党革命同志会，它的总纲领是反帝反封建，对外则是为了实现"防共、防蒋、防蓝"的任务。中国国民党革命同志会的工作原则是民主集中制，又规定了正副会长负责制度。他们有权决定所有的议案，无论表决的票数多少，正副会长都有直接决定权力。其组织原则为"领袖民主与集权""严守秘密，触犯将受到最为严厉的惩罚""组织工作隔离机制，非经许可，组织之间、组织成员之间不得随意交通"。

最高组织为会本部，同时设立了政治委员会、监察委员会、秘书部、宣传部、组织训练委员会等部门，分部下设各小组。政治委员会、监察委员会分别设立了 1 名首席委员、1 名秘书和若干名委员。秘书部设 1 名主任和 1 名秘书和若干名干事。宣传部设 1 名主任、1 名干事和若干名委员。组织训练委员会设 1 名首席委员、1 名干事和若干名委员。小组设 1 名组长和 5~10 名组员。会员入会的方式有两种：一是正副会长指定；二是经过 2 名以上的会员介绍，经小组和分部的联合考察，组织委员会审核，报正副会长批准。入会标准还是相当严格的。会员发展的初期，广西只有重要的党政军学界中的四五百名要员加入，而且不单是以公职的位置作为入会标准，主要是综合考虑人员的身份、职位和活动能力等条件确定的。当时，广西省民政厅厅长雷殷虽说职位较高，仍然不能参加该会。

既然中国国民党革命同志会对外承担一定的"防蒋、防蓝"的任务，为何又以中国国民党的名义出现？有两个原因：首先，中国国民党革命同志会缺乏系统的理论作为指导，必须以三民主义为思想指导，才能获得社会成员的广泛认同；其次，如果有组织成员泄露机密，破坏组织活动，则既可将中国国民党作为有力的挡箭牌，规避蒋介石的讨伐，又可以赢得舆论的同情。

中国国民党革命同志会成立初期，李宗仁、白崇禧经常来会本部参加会议和入会仪式。会本部常常一个星期举行两次会议，许多决议由正副会长共同裁决，由其他机构去实施和推行。中国国民党革命同志会的工作机制十分严密，会本部除了正副会长和极少数人外，会员佩戴秘密卡出入。为了工作上的保密，就连人的姓名都是保密的，每个人入会后都会取个化名。比如，李宗仁化名为"正气"、白崇禧化名为"扶义"，就连中国国民党革命同志会也化名为"图书馆"。所有的工作文件、计划、密电本都严格保密，用保密箱保存。1936 年，广西省省会迁往桂林，中国国民党革命同志会的会本部也随之迁往桂林。组织发展后，业务扩展了，人数也增多了。

留学生群体在中国国民党革命同志会中的地位和作用也是十分突出和举足轻重的。他们或替正副会长主持日常工作，或参与管理，或积极入会，成为中国国民党革命同志会中的一支新力量。在这些留学生的影响下，组织系统中有无数的留学生身影，每项议案都有留学生群体的智慧，每项活动都打下了他们的印迹。中国国民党革命同志会成为当时组织机构严密、发展成熟、颇有影响的组织。

从政治委员会看，中国国民党革命同志会的首席委员由黄旭初担任，他经常开会和值日，谨小慎微地代理李、白二人的正副会长职务，政治委员中有王公度、雷沛鸿、邱昌渭、朱佛定、潘宜之等留学生成员。政治委员会对内承担着为广西省制订政治、经济、文化等各项政策的职能；对外要承担起有关"防共、防蒋、防蓝"的任务。

监察委员会：首席委员为叶琪，后为李品仙。监察委员会的委员由黄旭初亲自挂帅。监察委员会主管对同志会各级组织的监察工作与有关的奖惩工作。

秘书部：主任是由留美 8 年的政治学博士邱昌渭担任。他在中国国民党革命同志会一年后，就担任了广西教育厅厅长；秘书部主任由留法的法学博士朱佛定担任，留意的政治学博士程思远和"广西六君子"之一的徐梗生担任副主任。程思远对李、白忠诚，同时在南宁乐群社担任总干事。秘书部分为文书部和事务部。文书部主要工作包括化名印信的使用与保管、文件的处理与来往、密电的收发、会议的记录。事务部主要工作包括经费的管理、文件的秘密传达与交通、保卫工作、其他有关事务工作。

宣传部：主任最初由留学生潘宜之担任，中国国民党革命同志会迁往桂林后，由留俄、留英、留法学生韦永成担任。那个时候，正值广西的六一运动，潘宜之担任广西公署和五路军总部的秘书长，韦永成担任了广西公署和五路军总部政治训练处处长和《广西日报》社社长，潘宜之的宣传部主任就让位给韦永成。宣传部委员包括万民一、万仲文、刘士衡、胡讷生等留学生数人。万仲文只开展工作一年，就赴日本留学了。宣传部在中国国民党革命同志会中发挥了较大的宣传作用，它针对时事研究相关的政策及方针，及时提请正副会长表决。根据正副会长的指示和意见，制订实施方案，通知中国国民党革命同志会的秘密组织进行宣传，及时通过有关正式机构、报刊等发表文章和社论，以主导社会舆论。

组织训练委员会：主要工作包括会员入会的审查、分部和小组的人事调整、训练材料的发放、对各种报告的审查和指示，负责会员的入门审核、教育和发展同志会的重大使命。曾经担任过组织训练委员会的委员有谢苍生、黄均达、万民一、区渭文、刘士衡等。中国国民党革命同志会成立初期，由王公度担任首席委员，他是留俄学生。回国后，先后在广西党、军、政界担任广西党政研究所训育处处长、第四集团军总司令部总政治训练处处长、广西童军训练所教育长、广西省政府委员等要职。他利用这些有利的条件，培养忠诚于他的干部，使得他在会中影响极大。并且利用中国国民党革命同志会发展了一些秘密组织，革命青年同志会、读书会、军校第五六期同学通讯社等秘密组织纷纷建立，也由此与新桂系高层产生了矛盾，后来被李宗仁逮捕处死。1934 年，王公度在担任第四集团军总司令部总政治训练处处长期间，让位于潘宜之。潘宜之又发展了亲信刘士衡；刘士衡是"广西六君子"之一。谢苍生是王公度的得力干将，留学于莫斯科中山大学，在广西的军事机关和民团干部学校担任教官和指导员。由于王公度案的牵连，被李宗仁逮捕处死。

中国国民党革命同志会组织中有相当多的中、高层成员。他们在当时广西省的党、军、政界影响极大，还影响到了广西的政治、经济、文化和军事的大政方针，并影响了社会发展的各个层面。中国国民党同志会在当时的龙州、百色、梧州、八步、桂林、宜山（今河池市宜州区）和武鸣都有分部，在南宁还设立了几个小组。广西省政府、第四集团军总司令部、南宁初高中和南宁军校都有直属小组，影响了整个新桂系的统治体系。当然，由于某些历史偶然与必然的原因，中国国民党革命同志会被深深打上了王公度的印迹，当 1937 年他被处死后，又正值抗战全面爆发，国内矛盾转移，中国国民党革命同志会也就完成了它的历史使命，无形中得以解散。

第五节　以王公度为首的留俄派的地位和作用

俄国十月革命胜利之后，为了为世界革命运动发展提供必要的人才储备，1921 年，俄国成立了东方大学，以为苏俄远东和亚洲各国的革命发展提供革命青年人才。随着中国革命形势急剧发展，共产国际把莫斯科大学改名为中国劳动者孙逸仙大学，专门为中国培养青年革命人才。20 世纪二三十年代，新桂系作为一个开明和具有远见的集团，比较重视留学生教育。新桂系时期留俄生的选派主要通过广州国民政府招考、广西当局公开招考、广西省军政机关特别派送 3 种形式进行。

其中通过广西当局公开招考留学的人数最多，归国后对广西的影响也比较大。1925 年，广西省政府获国民中央政府批准，选取 50 名留俄学生。经过测试、面试和体检，最后南宁录取了 20 名学生：沈锡瑚、韦守华、李竞春、区渭文、杨树尤、黄权、黎嵩材、闭有清、周永杰、闭树准、陈荣、郑广汉、任敏、杨威汉、黄仲杰、黄汉柱、谢陶然、梁镇兑、谢生桦、雷荣绰；桂林录取了 5 名：张威遐、李忠、郭任吾、文谔、李步墀；梧州录取了 25 名：谢苍生、陈傅昌、李一尘、黄成业、邓拨奇、李达馨、曾宪栋、廖梦樵、易浜素、莫愁、钟亮、苏眉、李汉泉、黄楚、周乾初、陀春生、扬达佐、张目恤、粟凯、尹家骏、何文炳、张德铣、刘居汉、李成达、区品荣，后来增加了郑叔鸾、谢绮孟、李碧潇、李霭云、谢雪琴 5 人，总共录取了 53 人。因沈锡瑚未报到，雷荣绰在粤病故，最后去俄留学的为 51 人。本次大规模留学为新桂系统一广西后的首次，正值国共两党合作时期，派遣大规模学生留俄，具有较强政治上的意义，为后来广西 20 世纪 30 年代的自治提供了大量的人才。甚至有些人成为共产党的骨干力量，积极活跃在国共两党之间，如廖梦樵、杨威汉、邓拨奇等。通过广西省军政机关特别派送的留俄人数虽少，但他们具有官方背景，和政府官员有着密切的关系，他们归国后在广西自治中发挥了主导性决策作用。李宗仁支持了一大批留俄人士，有他的三弟李宗义和表兄李文钊、挚友王公度，韦永成（其前妻之堂弟）、韦若华、黄世宪、黄楚、粟裕蒙等十余人。后来这些大都成为李宗仁的得力干将，为新桂系的励精图治留下了重重一笔。

从留俄生的籍贯来看，桂林地区最多。桂林（含临桂）12人，永福3人，灵川2人，共17人；第二是玉林地区：贵县2人，桂平2人，容县3人，陆川1人，平南3人，共11人；第三是梧州地区：苍梧2人，贺县2人，武宣2人，怀集1人，藤县1人，岑溪1人，共9人；第四是南宁地区：邕宁2人，永淳1人，横县2人，龙州1人，共6人；此外，凤山1人。分布在19个县，占当时广西县份不到1/3。以上显示以桂北地区文化较发达，人数较多；7个县较少，仅仅1人。从留俄生就读的学校来看，除2人（贺县的黄士嘉、桂平的施益）就读俄京莫斯科东方大学（莫斯科东方大学）外，其余学生全部集中在莫斯科中国劳动者孙逸仙大学（莫斯科中山大学）学习。和全国留俄情况相比，广西留俄生仅为50人上下，约占2.5%的比例（全国总计约2000人），应属少数。但他们毕竟是广西历史上第一代留俄生，也是广西民国留学史上最后一次规模较大的公费派遣的留学生群体。

广西留俄生大多于1929年春毕业后陆续回国。后来他们在教育、政治等领域里发挥了作用，对广西的革命和建设做出重要的贡献。现主要从以下几方面来考察归国留俄生产生的主要影响。

积极推动广西的基础教育和高等教育。当时影响比较大的有黄朴心，曾留学于莫斯科东方大学，积极发展广西的教育事业，在20世纪30年代还担任了广西教育厅厅长，为第一届国民大会广西省代表。郭任吾，临桂人，先后任广西教育厅科长兼高等教育设计委员、省立三中校长、省立师专校长。另外还有陆川人胡学林任省立师专教授和生活指导主任、临桂人秦强任教师、灵川人易滨素任图书馆主任；邕宁人李维新取得美国康奈尔大学硕士学位，转道俄国学成归国后任教于广西大学。留俄女学生李蔼云，梧州市人，是莫斯科中山大学第二批学生，回国后曾在南宁三中教俄语。相当多的留俄生在新桂系集团中担任政府要职，成为一支生力军，影响了广西省政府各项决策、政策执行，活跃在广西建设的各个领域之中。

表 4-1　广西留俄人员在新桂系集团中担任要职的情况

姓名	籍贯	主要任职
王公度	永福	第四集团军总政训处处长、广西党政研究所训育主任、童军训练所教育长、南宁军校政治训练处主任
韦永成	永福	第四集团军总政训处副处长、第五战区司令长官部政治部主任、安徽省民政厅厅长
张威遐	临桂	荔浦县县长、广西省政府民政厅厅长
谢苍生	平南	南宁军校政治训练处副主任
李一尘	桂平	梧州市公安局局长、广西省田赋粮食管理处处长
李文钊	临桂	第四集团军总政训处宣传科科长、国防艺术社社长
黄朴心（黄士嘉）	贺县	广西省教育厅厅长
郭任吾	临桂	广西省立师专校长

资料来源：根据《广西通志·政府志》《政坛回忆》《万仲文文集》等编制。

对中国革命的贡献。一部分人参加革命工作和从事地下斗争，成为中国共产党的领导骨干。其中较著名的有：黄未若，容县人，是最早在家乡传播马克思主义的比较有影响的人物。1925—1927 年留学莫斯科东方大学期间就加入苏联共产党，后来成为训练有素的军人和指挥人才。归国后投身抗日救亡运动，解放前曾组织民众在容县、藤县、平南、桂平交界地区开展武装斗争。1947 年率领队伍攻打容县县府，至今容县还流传着"未若原名黄世宪，留学苏联文笔高，组织学生来抗日，攻打县府史册留"的山歌。粟豁蒙，临桂人，1925 年加入中国共产党，担任中共梧州支部宣传干事，1927 年赴莫斯科留学，归国后加入中国自由运动大同盟。另外留俄女生中韦云仙（南宁人）、莫佩琼（桂林人）、胡佩文、谢绮孟等成为广西第一批女共产党员、广西妇女运动的前辈。

在留俄派之中，王公度最为有名，他归国聚集了一批留俄同学辅佐李、白二人的治理，深得新桂系器重信任。他们或占据政训部门的主要席位，或成为影响大中院校的知识派学者，声威显赫，在广西自治中发挥了生力军作用，取得了一些积极成效。但最后由于"王公度案"，他们未能实现救国图强的愿望，未能将苏俄模式有效移植到广西自治之中，最终归于失败。

积极影响新桂系政权的政策制定。20 世纪 30 年代，广西的新桂系颁布了一些开明的地方发展政策，最重要的为《广西建设纲领》。此项政策是留俄学生发挥积极的作用完成的。如前所述，《广西建设纲领》最初是由邱昌渭负责调研后草拟的。草案颁布后，李宗仁和白崇禧认为平淡无奇，既不能反映新桂系的政治诉求，又不能很好地结合广西的治理现实情况，也难以动员和整合社会力量。同时，以王公度为首的苏俄派极力反对草拟的大纲。据当时曾参与制订该纲领的新桂系高级幕僚"广西六君子"之一的万仲文回忆，新桂系政权中倾慕民主改革的青年干部，特别对留俄学生有认同感，留俄派成为新桂系民主派的重要组成部分。但留俄派大多数是通过中国国民党革命同志会开展活动的，而中国国民党革命同志会受到李、白、黄严密领导和控制。最突出的是修改《广西建设纲领》，使它同孙中山的三民主义挂钩，多少带上一些民主改革的色彩，而且仍然强调反帝、反封。① 修改后的《广西建设纲领》明显带有三民主义的思想，就是来自很多是莫斯科中山大学留学生的意见。

兴办刊物，积极宣传广西自治。当时有一定影响力的《南宁民国日报》《广西日报》《创进》《南方杂志》等刊物刊发了大量留学生所写的文章，留俄学生积极宣传广西自治。韦永成是《南宁民国日报》的社长，该报以广西新政与改革为报道重点，很多文章和社论是由留俄学生谢苍生、张威遐、区渭文完成的。他们广泛撰写有关广西的政治建设、经济建设、文化建设和军事建设的文章，积极宣传了三自政策（自卫、自治、自给）和三寓政策（寓兵于团、寓将于学、寓征于募），为20世纪30年代广西建设提供了良好的舆论指导。

构建秘密组织，培养了大批干部。王公度在留俄期间，通过积极参加对苏联的社会实践考察，发现苏联的情报系统相对完备和有效，特情机构是苏联有效运转和实施对外舆论控制的得力工具。留学回国后，他效仿苏联的情报工作机制，经过不断努力逐步扩大自己的权力，最后发展到集组织、党务、青训大权于一身，被称作新桂系特务组织的"克格勃"和"鼻祖"。他还在中国国民党革命同志会任政治委员会主任，担任副主任的谢苍生、张威遐、李一尘成为他的政治同盟。他还积极发展读书会、革命青年同志会、军校同志会等组织。王公度的权力在广西盛极一时，以至于有广西为李宗仁、白崇禧、黄旭初的天下，又是王公度的党的说法。王公度开展了许多反蒋介石的活动，他权力至盛的同时，秘密成立了组织，发展自我的势力以谋求私利，进行了一些政治迫害事件，在两广事变等事件中显示了强硬的态度，导致以黄旭初为代表的新桂系幕僚的发难。最终由于其"开罪军人排挤外客"，专横独断，树敌过多，"太迷

---

① 万仲文. 桂系见闻谈［M］. 桂林：广西师范大学出版社，1983：59.

信组织"，1937 年 9 月，王公度、谢苍生、区渭文等人被新桂系冠以"破坏团体、阴谋篡权""托派汉奸"罪名在桂林处以死刑，以王公度为代表的留俄派在新桂系的势力逐步瓦解。

留俄派之所以在广西颇受重用，根源在于以王公度为代表的留俄派将他们的政治思想根植于广西自治的实践中。新桂系是较为排斥共产党的，但对苏联另眼相待。有如下几个原因：其一为苏联国内进行了大规模的经济建设后，国内政治稳定，社会安定，使得新桂系产生了羡慕之情而想去效仿之；其二为孙中山的联俄政策一直根植于新桂系之中，孙中山在俄国兴办了学校，三民主义思想深入人心，所以《广西建设纲领》中就有孙中山三民主义的思想；其三为苏联与包括日本在内的西方帝国主义进行了卓越的斗争，新桂系认为苏联可以作为政治同盟；其四为以王公度为首的留俄派知识渊博、参政意识和能力较强，深得新桂系高层赏识。

留俄学生群体对广西自治影响一时灿烂，但是与留美、留日和留欧学生参与广西自治相比，留俄学生群体在广西自治体系中存在的时间较短。究其原因，有如下几方面。其一为党派原因。留俄学生群体之中，有一些成为共产党的骨干力量，他们通过同志会积极影响了在新桂系政府工作的骨干。后期，王公度与共产党建立了良好的关系。1937 年张云逸的广西之行，是由刘仲容居中联系、王公度周密安排的。这说明这时候的王公度对共产党的看法有了转变。张云逸访桂，引起新桂系内部一场争论。① 以至于"王公度案"中，不少共产党员和进步人士被捕，如陶保桓、崔真吾、陈大文等。其中，陶保桓为中共柳江县的委员，领导了广西的反法西斯同盟。崔真吾是左翼作家联盟成员，鲁迅的学生，为进步爱国人士。时任广西省主席黄旭初想通过"王公度案"全面肃清广西大学的民主思想，但因为李宗仁反对，才保住了广西大学许多进步人士和爱国教授。其二为蒋介石排除异己。以王公度为首的留俄派始终高举的反蒋的旗帜，因而遭到蒋介石离间而毁灭。在处理胡汉民事件上，王公度在广州进行了两广联合反蒋的活动，又在上海、香港建立了特别的情报机构，收集蒋介石的情报。王公度因此得到了白崇禧的赏识，而受到国民党特务机构的敌视。军统要员王新衡曾对人说，中央特工人员一直把王公度当作他们的眼中钉，必除去他而不留后患。在讨论中国国民党革命同志会的政治纲领的时候，王公度就指出，李宗仁、白崇禧制定的中国国民党革命同志会的政治纲领，要体现新桂系的政治纲领，完成倒蒋救国、完成中国革命的大业，否则无异于蒋介石领导下的黑暗

---

① 曾巍．李宗仁为何杀死心腹干将王公度［J］．民国春秋，1995（1）：58.

南京政府，更不能与蓝衣社抗衡。1936 年，两广事变发生的时候，王公度就极力主张以强硬的军事打击蒋介石。最后，李宗仁决定"以和为上策"后，蒋桂对立才终结了。程思远曾经说："王公度的问题，肯定是蒋介石对白崇禧提出的。""似乎新桂系炮制王公度案，中了南京政府的反间计了。""王案的确是一桩错案。"其三为新桂系内部复杂的矛盾。当时，新桂系在全国风靡一时，表面团结，其实暗中争夺。内部有元老派、实力派和少壮派、留俄派和外宾派，各派别为集团利益而针锋相对。其四为以王公度为首的留俄派缺乏与新桂系诸多派别周旋的经验和耐心。王公度在 20 世纪 30 年代初期就秘密组织了同乡会、读书会，发展自己人，压制异己。王公度集组织、党务、青训大权于一身，占据要津，甚至连省主席黄旭初也不放在眼里。1937 年，抗战全面爆发，为了统一抗战的需要，李、白下令解散中国国民党革命同志会。王公度却没有执行，我行我素，军校的同学会、干校的同学会仍然运行。最后，王公度不单得罪了新桂系同僚廖磊、夏威、潘宜之等人，还得罪了广西省主席黄旭初，影响到了新桂系的团结。

综上所述，20 世纪二三十年代留俄热是一场政治性的留学运动。新桂系时期选派的留俄生曾在广西的教育、革命、政治等方面产生过较大影响。一部分具有马列主义系统理论知识的人才为中国革命做出了应有的贡献，用实际行动实现了救国图强的理想；一部分人深受苏俄教条主义和宗派主义的影响，如留俄派首领王公度沿用俄国的一些经验，试图对广西社会加以改造，在取得成效的同时危机四伏，最后走向"未能鞠躬尽瘁已致身死名裂"的末路。

第五章

留学生群体与新桂系广西自治的经济建设

　　1925 年，以李宗仁、黄绍竑、白崇禧为首的新桂系立足于广西。20 年代最后几年中，由于北伐战争及与蒋介石新军阀集团争夺地盘和利益，没有时间、精力和机会进行广西自治。1930 年，蒋桂战争以新桂系失败而告终，新桂系退居广西以期新发展。尽管如此，通过北伐战争，新桂系在中国政治格局中仍有一定的话语权和影响力，但广西经济实力落后是不争的事实，直接影响了战争成败。特别是在 1929—1931 年，在新桂系的一连串反蒋活动中，桂军在枪械装备、粮饷供应等方面无法与得到江浙、上海资本家资助的蒋介石集团一比高下。新桂系失败与其说是军事的原因，毋宁说主要是经济落后和财政的窘困所致。因此，新桂系痛定思痛，深感要想与蒋介石集团相抗衡，唯有建设强大的广西，"从头做起"，"从根本上整理广西省政"。① 白崇禧认为："我们要准备斗争的力量，不仅在军事上要有准备，就是经济、政治、文化一切都要有准备。"② 从 20 世纪 30 年代的广西境内看，1931 年，粤军胡汉民退出了玉林和梧州地带，1930 年，滇军卢汉被赶回云南，1930—1932 年，新桂系对左右江革命根据地和东兰、凤山等根据地实施了军事绞杀，韦拔群牺牲，广西境内的革命活动转入蓄势之低潮期。一时之间，新桂系的"内忧""外患"纷纷解除，广西获得了能够进行经济建设的相对和平环境。新桂系利用了这个时机，致力于"建设广西，复兴中国"的经济建设。

---

① 黄旭初. 广西建设成就之由来［M］.//广西之建设（一）［M］. 广西建设研究会编,
108.
② 白崇禧. 三自政策［M］. 国民革命军第四集团军总政训处印, 1935.

第一节 留学生群体与新桂系经济建设方针和政策的制定

一、留学生与新桂系经济建设方针和政策的制定

1932 年，广西省政府颁布了《广西省施政方针及进行计划》，同时，第四集团军总司令部提出了"建设广西，复兴中国"口号，随后提出三自政策、三寓政策。1934 年 3 月，广西省党政军联席会议通过了《广西建设纲领》。1935 年 8 月，广西党政军联席会议通过了修改的《广西建设纲领》，然后正式颁布，在广西全省实施。以上政策是广西 20 世纪 30 年代进行经济建设的顶层制度设计，留学生群体通过理论探讨、实践调查为经济建设方针和政策的制定提供了舆论支撑和技术方案支持，部分优秀留学生直接参与了新桂系经济建设方针和政策的制定，表现最为突出的是邱昌渭和"广西六君子"。

关于邱昌渭和"广西六君子"作为重要成员参与的《广西建设纲领》的制订过程，我们在上一章已述及。无论如何，两者都发挥了重要作用。邱昌渭的情况之前已多有涉及，在这里我们介绍一下名噪一时的"广西六君子"。

1934 年应李、白延请来到广西的胡讷生、刘士衡、万民一、万仲文、徐梗生、朱五健 6 人，是新桂系重要智囊人物，他们被媲美康梁变法时谭嗣同式的六君子，应该说是有其过人之处而为时人所认同和赞赏的。

胡讷生，江西南昌人，南昌师范毕业，北伐时曾经在江西一个军部的政治部做政治工作，思想倾向于国民党左派。大革命失败后，在南昌被排斥到上海谋生。他文笔出色，到上海后在国民党改组派办的《革命日报》《华东日报》做编辑工作，后又到汪精卫办的《中华日报》工作。《南华评论》出版后，他和万民一等脱离了《中华日报》，在《南华评论》搞出版工作，主要负责筹款。

刘士衡，湖北保康县（或黄陂县）人，原名刘昌群，武昌中华大学毕业。大革命时，曾经是共产党员，任湖北省共青团书记，帮肖楚女、恽代英办过《中国青年》杂志，能写文章。大革命失败后，到江西苏区做宣传工作，后来离开苏区，脱离了共产党，在上海靠卖文过活。他在上海生活很不安定，需要找个固定生活的地方。在政治上，他尽管表示反对蒋介石，但对新桂系也不是很看得起。他曾经说过，蒋介石是王八蛋，李、白、黄是王七蛋，只不过比蒋介石稍好一点，都是军阀。胡讷生邀请他来广西，广西答应给他 200 块月薪，又给旅费、安家费，他便答应了。他是抱着找生活出路的目的来广西的。

万民一，海南儋县人。曾在地方组织过国共合作的国民党组织，领导部分渔业工人和青年学生从事反对军阀余孽、土豪劣绅、贪官污吏的反封建运动；在共产党员县长邢贻丙领导下做过教育科科员，任职期间批判封建文化，提倡新文化。蒋介石叛变革命后，万民一以共产党嫌疑犯罪名被逮捕入狱，出狱后在上海、南京流浪，做过教师、编辑，创办过报刊，因不满蒋介石的独裁统治而受到迫害，参加过吉鸿昌在绥远的起义和李济深的福建人民政府后落魄回到上海，生活不稳定。他来广西后有强烈的政治愿望，希望李、白、黄先搞好广西，打好基础，然后乘机打出去搞垮蒋介石政权。在主观上想把广西当作凯末尔的土耳其。凯末尔在复兴土耳其时曾以安哥拉为据点，然后打出去。

万仲文，跟万民一是亲兄弟，曾留学日本，曾参加国共合作，搞过工人运动和妇女运动等，从事反封建活动。同万民一一样被诬为共产党员坐过牢。出狱后在上海、南京流浪，生活不稳定。写文章、做记者，反对蒋介石的独裁统治，主张抗日民主与万民一的政治态度是一致的。

徐梗生，江西进贤县人。南昌师范学校肄业。大革命时，曾在地方参加共产党，领导进贤县的革命工作。清党后被捕，出狱后在上海一所中学当语文教师，和胡讷生的关系很好。

朱五健，江西人，原是新桂系的上海市长张定璠的秘书，文笔好，喜欢读书张定璠下台后仍做张的私人秘书，一个月拿几十块钱津贴，生活不固定。反对蒋的独裁统治。

从 6 人的经历来看，除万仲文外，其他 5 人都没有国外留学经历，但在他们的工作圈和生活圈都有许多留学生，和留学生群体有广泛深入的接触，也深受西方思想的影响。某种程度上可以认为他们虽然没有出国，却已深具留学生的思想意识。鉴于他们在新桂系幕僚集团中的特殊地位，我们在阐述留学生与广西自治的关联性时把他们与留学生相提并论。

客观地说，当初他们对新桂系并不是很了解，到广西更多是考虑生活的着落问题，但到广西后都为新桂系首领的盛情和励精图治所折服，充分发挥所学尽心尽力为新桂系服务，也深得李、白、黄的倚重。他们刚到广西，即被委以重任，负责对邱昌渭为首草拟的广西施政纲领进行修改。修改稿得到李宗仁、白崇禧的充分肯定，经党政军联席会议讨论，改为《广西建设纲领》颁布，后又经进一步的修改完善推行。《广西建设纲领》在经济建设方面的政策有：施行社会制策，依法保障农工利益，消弭阶级斗争；革新旧式农业，振兴与农业相适应之工业，使农工业互相促进，以达到工业化为目的；开拓土产市场，提倡国货，节制奢侈品之输入；运用金融政策，扶植中小工商企业；适应民生需要，公营重要工商企业；在不违反公众利益之原则下，奖励私人投资，开发各种实业；积极开发矿产，并发展交通事业；改善税捐制度，严禁苛捐杂税及一切有碍生产之征收；用累进税率征收所得税、营业税及遗产税；整理土地，奖励垦荒，振兴水利，以发展农村经济；推行合作事业，并设立农民银行，兴办平民借贷所及农村仓库，严禁一切高利贷；整理各县仓储，调剂民食。

《广西建设纲领》号称广西的宪法，统领着广西各方面的建设。广西省各方面的年度实施计划，"均依建设纲领，循其进行程序，年订一次"①。经济建设也是一样，通过计划的逐年落实，取得了巨大的成就，获得了立足国内政坛的充分资本。"广西六君子"中万仲文是留日归国的，在留学期间深入研究欧美各国先进制度，熟悉欧美的制度设计。其他5人也深受欧美思想影响，颇具国际视野。从邱昌渭、万仲文等留学生在制订《广西建设纲领》等时所发挥的作用，大体可窥见留学生与新桂系经济建设方针和政策制定的关联性。

二、黄荣华等留学生对广西经济建设的贡献

整个20世纪30年代，新桂系为了巩固其政权，在广西推进了旨在"建设广西，复兴中国"的全面经济建设，聘请了一大批归国的留学生参与其中，如黄荣华、黄钟岳、丁文江、李四光、邹秉文等。他们有些成为新桂系的官员，参与经济建设政策的制定，直接领导和参与了经济建设；有些作为学者到广西进行实地考察，积极宣扬广西省经济建设成就与模式。尤其是经济专家黄荣华，他在留学期间就树立了为国家建设而兴办实业的理想。在广西工作后，作为广西建设厅的掌门人，他将他实业救国的理想移植于广西经济建设实践之中。

黄荣华，祖籍广东开平，为墨西哥华侨，留学于美国哥伦比亚大学，主修矿冶专业。留学期间，他积极关注国内的经济建设情况，在美国撰写了有关中国矿冶经济的学术论文。留学归国后，主要在广西和国民党中央政府任职。1929年，在广西省建设厅任职，职位为技正。其间，由于专业技术过硬，业务能力强，又有留学的经历，有相当的领导才能，被新桂系高层视为"可造之人才"。1930年，担任广西省建设厅厅长一职，他的抱负和才能在广西经济建设中得以全面施展。1938年，黄荣华任西南运输处柳州支处处长，奠定了柳州在当代广西运输中心的地位。20世纪40年代，由于黄荣华在广西经济建设中成绩斐然，被调入国民中央政府任职。1948年，复任广西省建设厅厅长，兼任广西省政府委员。在桂期间，积极倡导经济建设带动其他建设，对广西的贡

---

① 赖彦于主编. 广西一览［M］. 南宁：广西人民出版社，1989：6.

献极大。结合白崇禧对黄荣华的评价，他对广西经济建设的突出贡献表现在以下几方面。

采矿业。20 世纪 30 年代，黄荣华执掌广西建设厅期间，为了更好地探寻广西的地下矿产，更好地支持经济建设和抗战事业，聘请了当时国内著名的地矿专家丁文江到广西开展地质和矿产的勘探。丁文江经过调查后认为：广西的土层多为黄土，而非黏土，较少能储存矿，只有少部分的薄层矿；富川、贺县没有什么高产量的锡矿，宜山煤矿的采掘价值也不大。他的论断一出来，对于十分倚重于资源的广西经济建设而言，无异于晴天霹雳。黄荣华在广西省政府会议上认为，首先要尊重丁文江博士的权威论断，肯定其论断的合理性但丁文江博士的论断大都为肉眼判断，其结论并不一定完全科学，大可不必悲观。同时，黄荣华还建议，科学论断需要有科学的设备，即使广西再穷，也要购买先进的设备。于是，广西省政府到德国进口了先进的探矿设备，由广西建设厅技术人员组成了勘测组，重新在富川、贺县进行矿产储量勘测。结果与丁文江博士的论断大为不同，广西锡矿的矿层厚、矿质好，在当时的中国排名第一。之后，黄荣华积极组织力量开采了广西的锡矿。后来又通过勘测发现，广西恭城钨矿储量全国第二，武鸣的铂金、合山的煤矿均有极好的开采前景。

设检验局及政府代运代卖。以前广西的矿产品和桐油销往外地是沿着西江进入梧州最后到香港。沿途检验的标准杂乱，一些不法商人经常以次乱真，以致广西很多的矿产品和桐油产品在香港被贱卖，严重影响了广西的出口和财政收入。面对这种情况，黄荣华提出在梧州设立检验所，负责检验过往船只，所有产品必须合格才能运出。这样做之后，在国内市场中，江、浙一带非广西的锡箔不用，国内其他地方争相购买广西的锡；在国际市场中，香港商人只要看到是广西检验所盖章的产品都不开包查看，按照国际价格购买，外汇照结，广西的矿产品在国际市场声誉极好。以前在广西货物输出交易中，存在着普遍的"货到地头死"的现象。货物输出是私人行为，掮客、买办开始把货物价格定得较高，等货物一到目的地后再使劲压低价格，许多远道而来的商家只能被逼就范。针对这些情况，黄荣华提出由政府直接控制货物的代运代卖，政府通过伦敦的国际市场标准，确定商品标准价，商人不再受到掮客、买办的制约而经济利益受损，政府也可以在省内用省币获得外汇，又大大促进了商业的流通。这项政策实施后，广西经济状况收到了立竿见影的效果，尤其是规范和促进了广西的锡矿业的发展，以至于一些"小姐"纷纷将首饰变卖投资开矿，寻求发财的机会。

鼓励种植桐树。桐油是当时中国出口的重要资源之一，而当时的广西基本没有什么相关产业，也没有出口。黄荣华任建设厅厅长一职后，有计划有组织地鼓励民众种植桐树。政府选好种子分给乡村长，乡村长再发给村民，鼓励他们种植，并且提供一定的技术和资金支持。在黄荣华建议和推动下，广西省政府将桐花视为省花，可见桐树种植在广西农业中的非凡地位。经过努力，广西省桐树种植从有到无，跃居全国第四，仅次于桐树发展较好的四川、湖南、浙江。同时，桐树种植又带动了桐油的出口，广西利用在梧州设立的检验所控制桐油出口，改变了过去奸商利用茶油冒充桐油的现象，以至于广西的桐油价格在全国居于第一位，并且顺利打进了国际市场。

主张废除商包制，鼓励修筑马路架设电话。连年战争使广西公路运输受到严重破坏，当政者迫于当时环境，在缺乏资本及官办交通管理机构无力管理公路和维持运输的情况下，为了尽快恢复公路的交通，对部分地区实行商包制。实行商包制后，公路养护和汽车运输虽能继续维持，但是，依然存在着各种弊端。主要是出现了各自为政、划地为牢、抬价压价、垄断运输市场等现象。同时，养路费也不能按时如数征收，公路、桥梁无法维修保养，对交通安全不利。黄荣华极力主张废除商包制，他在《广西建设特刊》上发表文章，提出六大理由，力陈商包制的危害。[①] 政府采纳意见废除商包制后，妨碍运输发展的各种弊端得以清除，各区之间得以沟通，运输业务得到进一步发展。不仅客货、邮件运输较之前更方便、快捷，而且对广西的政治、经济、军事、文化的发展，均起到促进作用。

黄荣华选择马路和电话建设为发展广西交通事业的突破口，这既是满足社会公众对基本公共服务的需要，又是适应抗战的需要。在修筑马路时，黄荣华要求各村都要通马路，不求马路质量有多好，只求先开通，后完善。在修筑过程中，马路多用砂石为地基，用木材修筑桥梁，不用钢筋水泥和柏油铺设马路，节省了资金，又可以防止日军破坏。经过努力，广西农村基本都通了马路。在架设电话时，黄荣华要求广西全省普遍架设，形成了电话的统一通信网。时任全国防空总监黄镇球认为"广西的乡村警报居全国第一"，可见广西通信网络构建的成就。

黄荣华在担任广西省建设厅厅长期间，取得了卓有成效的业绩，社会各界好评如潮。尤其是新桂系代表人物白崇禧对其赞誉有加，认为黄荣华在广西建设厅工作期间有如下贡献：第一，经济上改变了广西落后的面貌。广西在清朝时，由于交通闭塞、经济极为落后，是通过湖南、广东两省共同协饷的共建省

---

① 黄荣华. 公路不能商包之理由［J］. 广西建设特刊，广西建设厅编印，1932（1）.

份。到民国初期，广西只能自食其力。后来经过陆荣廷执政，广西省的经济社会又退步了。黄荣华力推桐树种植，能"经营得法、控制得法"，为广西开辟了一条发展经济的新路子，解决了社会民众的生计问题，对广西经济发展做出了重大贡献。第二，黄荣华为人清廉，任广西省建设厅厅长期间，主持广西各项经济事业，一些诸如锡矿的经营是很容易赚钱的，但是，他坚持"一介不取"。他 3 个女儿的生活费都是靠他的太太在广西大学教书来维持的；黄荣华的工资并不高。第三，黄荣华办事干练，秉性忠义。民国十九年（1930）滇军围了南宁，韦云淞率部队苦守，频频告急。危难之际，广西建设厅的机构和工作人员大部分离开了南宁，黄荣华和夫人却留守在南宁，没有撤退。战斗期间，南宁市一间无线电报室的真空管失灵了，南宁城危在旦夕，连白崇禧都认为南宁失守了。紧要关头，黄荣华大义凛然，以超常的胆识写了一封英文信，派人去城郊外的外国医院救助，成功解决了真空管失灵的问题，南宁得以解围。

　　除了黄荣华，作为财政厅厅长的黄钟岳在广西经济发展上也采取了强有力的措施，使得广西的财政收入因禁烟而大大增加。1934 年，广西省政府公布《禁吸鸦片法》。第二年 7 月，又将此办法修订为《广西省禁吸鸦片实施章程》。各县警察局奉省政府令，设立禁烟戒毒所，凡是进入戒毒所的烟民，至戒断烟瘾后才被放出。同年，黄钟岳投资银毫 6 万元合股开设当时梧州最大烟土销售商行桂成行，专营鸦片。另设南宁宁桂行、广州东成行 2 家分行，以批发鸦片为主，兼营鸦片零售；以代销为主，兼自营。代销时按售价 4% 收卖方佣金。"云、贵官僚政客经营的鸦片，多运至桂成行及其分行代销，常整船鸦片从邕、柳运梧转穗，一次多达三四百箱，货到梧州时，拿现款往禁烟局纳完税，即可合法转运或出售。"①

　　禁烟活动给新桂系带来了巨大的财政收入。广西是云、贵烟土销往粤、港的必经之路，每年都有大量的烟土过境。以李宗仁为首的新桂系厉行"禁烟"，并设立了禁烟局，实行的是寓禁于征政策，即对过境烟土征收"禁烟罚金"。新桂系在全省各地设立禁烟税局、所、卡，对入境烟土每千两征收禁烟罚金 500元，销售给广西的加征 200 元。还组织禁烟缉私队，严厉取缔私售私运。客观来看，广西禁烟活动虽有一定的积极意义，但要指出的是，新桂系为维持其财政开支，不顾人民的生命，在禁烟名目下大搞鸦片经营，危害巨大。当时就连

---

① 广西壮族自治区地方志编纂委员会. 广西通志·公安志 [M]. 南宁：广西人民出版社，2002：483.

称赞四大建设的人士也指出，广西"财政尚须仰给于烟赌，谈话所、银牌馆，到处皆是，这是广西绝大的缺点"①。

第二节　留学生群体与新桂系农林建设措施的推行

一、农林业在民国时期广西经济结构中的地位

广西山多地少，山地和丘陵占总面积 8/10，平原仅占 1/10，因此，素有所谓"八山一水一分地"之说。② 据《晚晴和民国时期广西统计史料摘编》记载，广西的耕地面积总数为 2904 万亩，占了整个广西土地总面积的 8.64%。其中，旱地面积达到 1910 万亩，占耕地总面积的 64%。③ 又据统计，1933 年，广西平均粮食亩产仅为 125 公斤，比全国粮食亩产量的 165 公斤低了 24%。④ 由于广西山地多，水田少，天灾频繁，加之连年军阀战争，人民生活较为困苦，广西流传着"千差万差，差到农家。清粥一碗，酸菜一抓。天亮出门，半夜归家"⑤的顺口溜。《广西年鉴》记载："本省农民，粗衣粝粮，住房简陋，日出而作，饥则思食，日入而息，浑浑噩噩，一如中古时代，耕作方法，墨守成规，东南部因人口稠密，为生存竞争，不得不刻苦耐劳，西北一带，地广人稀，半年辛苦半年闲，足以供温饱，故多怠惰，一遇天灾人祸，则束手无策，惟自怨叹。"⑥广西发展相对落后是不争之事实，广西作为农业省，农业和林业在经济结构中占据了很大比重，显示农林业在广西经济建设中的异常重要地位。根据《桂政纪实》的记录，广西每年的农林业总产值为五六万万元，约占广西生产总值的95%。从出口看，农产品出口占总出口值的 50%，林业占 13%，畜牧业占 32%，3 项指标占出口总值的 95%。

综上可以看出，农林业在广西经济结构中的根本地位无可动摇，只有重视和发展农林业，广西经济建设才能实现，广西的全面建设才能有牢固的基础，

①　毅庵. 全国瞩目的新广西 [M] //许璧. 广西建设集评. 成都：西南印书局，1935：65.
②　钟文典. 20 世纪 30 年代的广西 [M]. 桂林：广西师范大学出版社，1993：194.
③　广西壮族自治区统计局编. 晚晴和民国时期广西统计史料摘编 [M]. 北京：中国统计出版社，1989：38.
④　陈正详. 广西地理 [M]. 南京：中正书局，1946：64.
⑤　广西省民政厅. 广西民政 [J]. 第 2 卷第 1 期，1935：30.
⑥　广西省统计局. 广西年鉴（第一回）[M]. 1934：184.

新桂系的统治才能巩固和维护好。"不但现在，即将来工商业发达，大部分工业原料仍须取之于农林，大部分自给物品如粮食、木料、薪炭等仍须唯农林是赖，故农林建设，实为国民经济建设之根本建设。"① 20 世纪 30 年代，新桂系许多政策促进经济与社会的发展，最为突出的在于农业方面。新桂系积极兴办了农事试验场、省营农场和林场，改良了水稻品种，兴办水利，积极拓荒，民众造林。通过积极发展农林业带动了整个广西经济建设发展，由此博得一个"新广西"的美誉。

沙塘农都试验作为新桂系农林建设中样板性的工程，结出了丰硕果实。彼时，来自华东、华北、华南的大批农学家、教授荟萃广西柳州市郊的沙塘，这些专家、教授绝大多数都曾经留过学。在沙塘，他们建立了多所农科单位，旨在推广农业科学技术，以改变广西农村贫穷落后面貌。这些留学生在沙塘潜心科研、实地考察、开展教学，进行农业试验和农业布局，使广西的农业科学技术一度兴盛起来，在国内外享有声誉，并对我国近代农业科学技术的发展产生了重要影响，成为我国近代农业科学技术发展史上一个重要的历史片段。

二、农都旗帜：农学家马保之

抗战初期，在著名农学家马保之博士的号召下，国内许多农业专家、留学归国人才纷纷南下加盟广西农事试验场、广西大学农学院、中央农业实验所、广西省推广繁殖站一批农业界的鸿儒巨擘齐集柳州沙塘，他们绝大部分都曾经出国深造，1937—1944 年曾先后在沙塘居留。他们当中大多数人在广西农事试验场进行重大农业课题的研究，又在广西农学院兼课，在中国近代农业科学技术的发展上，产生了重要的影响。

马保之（1907—2004），广西桂林人，近现代中国著名的农学家，广西著名的教育家、社会教育活动家马君武之子。1929 年毕业于南京金陵大学农学院，毕业后留学美国的康奈尔大学，1933 年获得博士学位；1933—1934 年留学英国剑桥大学。归国后致力于国内农业建设。曾任国民党中央农业试验所技正、中央农业试验所广西站主任、广西农事试验场场长、农林部西南区农业推广繁殖部主任、广西大学农学院教授、沙塘垦区主任、广西省立高级农业职业学校校长。在柳州积极创设和实践了"农都"沙塘，1945 年，调任国民党中央农林部农业司司长。

留学期间，马保之孜孜不倦地学习农业知识，潜心研究农业技术。马保之

① 广西省经济建设手册［M］. 广西省政府建设厅统计室编印，1947：135.

中学时期是在上海度过的，由于父亲为著名的学者，母亲为上海人，家教环境较好，加之刻苦学习，被国内著名高校东南大学（后改名为中央大学）和金陵大学同时录取。东南大学的农学专业是当时高校中最好的，但由于军阀混战的原因，东南大学开学受到了影响，因此，马保之选择了去金陵大学攻读农学。金陵大学也是著名的大学，学术氛围比较自由，当时有很多美国人教授外语，马保之自此就受到了西方文化影响。他师从著名的农学家——沈宗翰先生，学习刻苦，成绩优良。1929年，他花了四年半的时间修完大学本科5年的学分，提前半年拿到了本科学位。毕业后，应父亲马君武的邀请，连同3位同学在其父在梧州创办的广西大学工作了半年。工作之初，马保之并没有借助父亲的权力，而是从助教做起。由于大规模的军阀混战在广西爆发，广西大学停办了。在父亲和导师沈宗翰帮助下，马保之去往美国康纳尔大学留学。留学期间，马保之勤工助学，学习成绩优异。他的主系5门课，副系3门课，必修的11门课都得了A，顺利入选博士培养对象，获得了中华文化基金会的奖学金。毕业后，马保之决定去英国伦敦剑桥大学留学。归国后全身心报效国家，从事农业研究和农业建设，取得了非凡的成就。马保之报效国家的忠心至死不渝，1997年，90岁的马保之从美国回到广西，开始了他的第二次报效国家之旅。在广西师范大学和广西大学访问期间，他提出在学校做个"义工教授"，两所学校欣然答应其要求。马保之终于与两所大学重续前缘，再次造福家乡、报效国家。90岁高龄的马保之每年在桂林和南宁之间奔波，讲学，带研究生搞科研，默默为广西的教育事业奉献着。2004年，马保之于昆明逝世，享年97岁。

马保之热爱着沙塘农都的建设事业。留学回国后，他应广西省政府主席黄旭初邀请，在广西省政府任职。任职之后，就风尘仆仆赶赴沙塘工作。他协同技正张信诚联袂飞渝，向农林部报告广西推广繁殖站之损失及请示复原之方针。旋即担任农事司司长新职，主要工作，就是接受国际善后救济总署之物资及其分配事宜。他对沙塘事业及广西建设是全力以赴的。在沙塘学校的纪念活动中，他积极评价了沙塘建设对中国善后救济总署工作的影响。马保之多次奔赴柳州鹧鸪江国立广西大学参观并指导工作，数次专程将沙塘经验向南京汇报。

马保之个性鲜明。有人这样描述，在中国善后救济总署汇报工作时，"在几分钟的静穆空气中之后，复归活跃。一个中等身材，一撇浓黑短劲的小胡子，额上满载着世事经历的几条皱纹的人，他带着沉重的桂平口音，滔滔不绝报告他新拟就重建沙塘的工程计划和办法"。他自认为"我总是一副脾气，老是想从

'无'中创出'有'来，舍不得离开沙塘的理由，也就在这里"①。

马保之建设的沙塘农都，可以说硕果累累。沙塘农都，怀抱 3 个农业机关、2 所农业学校，即中央农业试验所广西工作站、农林部广西推广繁殖站、广西农事试验场、广西大学农学院、广西省立高级农业职业学校。是广西农村改革试验基地、农业科研中心和农业教育的摇篮，广西农业科学的重要发祥地。马保之在沙塘领衔的农林部繁殖推广工作获得了很大成果，具体来说，种子方面，收获棉种 6000 斤，品种包括德字棉和斯字棉，菜种达到 7 吨；牲畜方面，饲养乳牛 10000 头，包括荷兰牛、瑞士褐牛、绵羊达到 20 只之多；植物病虫药械方面，计有 80 吨，主要功能包括辅助全国各植物病虫药械场等。

三、农都名人：铁骨铮铮宗师白鹏飞

白鹏飞（1889—1948），祖籍为江苏苏州，桂林籍人士，小时候当过学徒，曾在桂林陆军测量学校学习，后前往两广高等化工学堂学习，与广西的雷沛鸿、广东的李效化为同窗之友。1911—1922 年，白鹏飞东渡日本留学，学习了兽医、统计、政治、经济、法理等科目，同时获得了兽医、统计、政治、经济、法理 5 个硕士学位，与郭沫若、李达等人为同窗。在法学界有"包公再世""铁面御史"之称。白鹏飞在广西农都建设中也被誉为"四大名人"之一，被视为沙塘农都试验的掌舵之一，他的贡献多是在治理广西大学中实现的。

七七事变后，白鹏飞回到了广西，在广西省主席黄旭初再三敦请下，赴广西大学担任校长。当时广西大学校址在桂林的李子园，白鹏飞聘请教育界有名的学者，包括李达、郭沫若、马叙伦、王力等 30 余人担任广西大学的教授。这件事震动了新桂系高层，黄旭初、邱昌渭等暴跳如雷，但又束手无策，只好说："白鹏飞又在广西大学搞红色大本营了，搞的都是北平大学法商学院的那一套！"于是，新桂系当局唆使学生要求将广西大学搬回梧州，如不答应，就进行罢课、游行抗议，实质上将矛头指向白鹏飞。白鹏飞和学生代表促膝谈心，有理有据地揭露了新桂系当局的阴谋，最后顺利化解了这一危机。白鹏飞执掌广西大学时，聘请大量的高水平教授，为沙塘农都试验的实施提供了人才保障。广西大学曾经的"红色大本营"特色，也使沙塘农都有相当多的教师后来成为共产党人。

白鹏飞敢于直言进谏，指斥新桂系当局的种种不是。"桂省府数次搬迁，宜山不宜，都安不安，百色百变，从此凌云直上，安居乐业；四战区再度撤退，

---

① 刘光世. 农学家——马保之 [M]. 出版社不详，1999：28.

向华失向，夏威失威，云淞失散，盼望龙光反照，气煞健生。"这副对联反映了新桂系将领中的向华（张发奎）、夏威、云淞、龙光、健生等作战无能。他有爱国之心，对共产党怀着友好的态度。皖南事变后，白鹏飞在广西建设会议上说道："蒋介石竟不顾外辱当前，国家的兴亡，大搞分裂，下令转枪口向着抗日战斗最英勇的八路军和新四军，使抗日的主要力量受到严重的损失，引起全国同胞无比愤恨。这破坏团结，大闹分裂，破坏抗日的罪行之首是蒋介石。"白鹏飞清正廉洁，为人刚正，深得广西人民敬仰。1948年，白鹏飞溘然逝世，他的墓至今仍矗立在桂林市七星区普陀山北麓上，墓碑上刻着"高风亮节"。

四、从沙塘走出来的中国科学院院士群体

20世纪三四十年代，柳州沙塘被誉为抗战后的"中国农都"。一些专家、教授、学者在这块农业科研和实践的乐土上进行了锲而不舍的科学试验，为后来他们在农业学术上的突破奠定了基础。据统计，从沙塘走出了数以百计的科研人员，他们为振兴中华而孜孜不倦地进行科研，最为突出的陈焕镛、张肇骞、沈善炯、汪厥明、邱式邦，后来成为中国科学院院士。他们都是留学生，这也表明了留学生群体投入广西经济建设的热情。柳州沙塘留下了他们的足迹，留下了他们丰硕的成果，历史和广西人民应该铭记着他们。

陈焕镛（1890—1971），生于香港，中科院院士、植物学家。1909年赴美留学，1913年进入哈佛大学学习，1919年以优异的成绩获得硕士学位。回国后，曾经任广西大学经济植物研究所所长，森林学系教授、系主任。在沙塘工作期间，他组织专业采集队在广西龙州、那坡、百色、隆林、十万大山、大瑶山等地采集了大量植物标本，领导和组织创编了《中国植物志》《广西植物志》等刊物。在广西工作期间，他重视应用研究，在构建研究所的同时，还开辟了苗圃和植物园，对广西特色植物罗汉果、杜仲等进行了生态学、生物习性学、木材力学等方面的研究，提出了实现罗汉果栽培与加工一体化的产业思想。

张肇骞（1920—1972），植物学家，浙江人。1926年毕业于东南大学生物系，1933年，赴英国皇家植物园、爱丁堡植物园留学，主要从事植物区系学和植物分类学的研究。1935年归国。1937—1946年在广西农科院担任教授，兼任植物研究所主任。工作期间，他思想活跃，关心群众，治学严谨，注重理论与实际的联系，1937年，发表了学术论文《广西菊科一新属》。他学识渊博，精通英、法、德、俄和拉丁文。他对广西红水河流域进行了考察，并进行了植物区系的研究，为我国的植物地理学发展做出了贡献。

沈善炯（1917—2021），江苏吴县人，生物化学和遗传学家。1937年借读于

广西大学农学院（沙塘）。1947 年，赴美国加州理工学院生物系留学。留学期间，他得到了张肇骞教授的莫大帮助。

汪厥明（1897—1978），我国生物统计学的主要创始人，浙江金华人。随父去日本留学，先后在熊本高等学校、日本东京帝国大学攻读农学。1924 年，获得硕士学位，同年回国在北京农业大学工作。1935 年，他应新桂系的邀请到广西进行农业的实地考察，在北京农业大学做了《两广农业目击谈》报告。报告内容涵盖了广西农都的情况，内容丰富，学生深受启发，引发国内关注。1937年卢沟桥事变爆发北平沦陷后，汪厥明转赴柳州沙塘，任广西大学农学院教授，兼任农艺系主任。1944 年，广西的柳州、桂林相继沦陷，他被迫躲避在荔浦县瑶山之中。其间，他在学生的帮助下，仍然坚持生物统计学的研究，完成了《动差、新动差、乘积动差及其相互关系》的巨著，鼓励人们树立"日寇必败、中国必胜"的信念，提出击败日寇的希望要寄托于中国共产党。

邱式邦（1911—2010），浙江湖州人，我国现代生物防治的先驱者和院士，昆虫学家。1931 年就读于沪江大学，大学毕业后在南京中央农业试验所工作。抗日战争全面爆发南京沦陷后，中央农业试验所被迫西迁，他被分配在广西柳州沙塘工作，继续进行害虫等研究工作。1949 年，入英国剑桥大学留学。在沙塘工作期间，他先后从事有关大豆害虫、松毛虫、玉米螟虫、甘蔗棉蚜虫等研究，从生物学、发生规律、防御方法和预防天敌等角度进行研究，研究取得重大的进展，提出考虑虫害防治要树立"防重于治"的思想。

五、留学生群体与广西沙塘农都建设

清末以前，广西的农业科学技术如同国内其他各省一样处于传统阶段，地方官府除偶有善政做某些提倡外，农业科学技术只任其自然发展。清末以后，西方近代科学传入我国，我国的农业由传统阶段逐步进入科学农业阶段，广西开始有近代科学技术的研究者和教育者。由于广西地处亚热带，动植物资源极其丰富，农业生产的自然条件优越，为许多农业科学工作者和农业专家所注目。他们曾陆续到广西进行科学考察，在广西兴办各种农业设施。特别是在抗日战争时期，国内许多农学专家学者荟萃广西柳州沙塘，他们绝大部分是归国留学生。这些留学生在沙塘潜心科研、实地考察、开展教学，广西的农业科学技术一度达到了兴盛时期，在国内外享有声誉，并对我国现代农业科学技术的发展产生积极影响，成为我国近代农业科学技术发展史上一个重要的历史片段。

（一）参与沙塘农都建设的留学生群体概况

农业方面的专家有马保之、肖辅、吴绍骙、张景均、徐天锡、范福仁、孙仲逸、程侃声、骆君骕、彭绍光、张国材等；土壤农化方面的专家有黄瑞纶、戴弘、张信诚、李西开等；植保方面的专家有周明牂、柳支英、严家显、陆大京、冯敦堂、黄亮、蒋书楠、邱式邦等；林业方面的专家有林刚、汪振儒、马大浦、周国华、钟济新等；畜牧兽医方面的专家有郑庚、沈克敦、张一农等；园艺方面的专家有吴耕民、程世抚等。号称中国农都的沙塘，人才汇集，成果显著，在中国近代农业科学技术的发展上产生了重要的影响，极大提高了广西农业生产力，直接支援了抗战事业。

据 1940 年广西农场试验场编印的《广西农事试验场概况》的统计数字，当时试验场共有职员 106 人。除场长、秘书外，共有技正 13 人、技士 17 人、技佐 20 人，其余为助理员及事务人员。其中留学国外的有兼场长陈大宁，兼代场长马保之，农场管理股主任、技正兼农艺组主任周汝沆，公租管理员林伟材，农艺组技正徐天锡、萧辅、谢孟明，病虫害组技正兼主任严家星，技正陆大京，技正黄亮，化验组技正兼化验组主任黄瑞纶，技正戴弘。[①] 其大体情况列表如下。

表 5-1　广西农事试验场职员中留学人员名单

	职 务	留学情况
陈大宁	曾任广西农事试验场场长，广西省政府农林局局长，广西省政府农业管理处处长	北平农业大学毕业后留学日本早稻田大学从事农学研究
马保之	场长，经济部中央农业研究所技正，派驻广西工作站工作	美国康奈尔大学哲学博士
周汝沆	农场管理股主任、技正，农艺组主任	留学日本东京帝国大学农学院，北京农业专门学校毕业，曾任西北农林专校技正兼高级农科主任
林伟材	公租管理员	日本法政大学法科毕业，曾任广西农村建设试办区附属林场公租管理员

---

① 广西农事实验场概况［M］.广西农事试验场编，1940 年 1 月杂刊一号.

续表

	职　务	留学情况
徐天锡	农艺组技正	美国明尼苏达大学农学硕士，曾任浙江大学教授
萧辅	农艺组技正	美国明尼苏达大学农学硕士，曾任浙江棉业改良场场长，浙江大学教授，广西省政府技正派驻广西农事试验场工作
谢孟明	农艺组技正	美国乔治亚州大学农学硕士，入康奈尔大学进行研究工作，曾任金陵大学农学院农业系助教等职
严家显	病虫害组技正，主任	美国明尼苏达大学哲学博士，曾任武汉大学教授

资料来源：广西农事试验场编：《广西农事试验场概况》，民国二十九年一月杂刊一号。

（二）留学生群体的"救国图强"思想

近代中国沦为半殖民地半封建社会后，开始逐渐落后于西方国家。中国的落后表现在各方面，其中，农业方面一直是封闭的传统型，在广西也表现得尤为突出。抗战的爆发使得这种情况更为严重。在广西近代农业科技史上，不乏著名农业专家、学者专职从事科研工作。他们有爱国心和事业心，不满于社会政治的腐败与黑暗，开始寻求"救国图强"道路，怀着"科学救国"的热忱投入农业科研，发展广西农业科技，推广农业技术。马保之认为中国人应该爱中国，团结同胞，与同胞合作，牺牲小我成就大我，这样的中国一定可以富强。他一直鼓励科技兴农。邓植仪作为广东人，自小目睹了社会动荡、民族灾难，农民种粮不能自食，织布不能自衣，缺乏科学知识，贫穷落后，处于社会底层，农村经济濒临破产，因此，很早就树立了"教育救国""振兴农业"的坚定理想。后来，他坚定地选择了爱农、学农、振兴中华农业的道路，毅然担负起现代高等农业教育和农业科学事业拓荒者的重任，并为之奋斗。

（三）留学生群体的主要活动

1. 开垦水利。广西位于珠江的上游，水系密布，加上雨水充足，农业灌溉应该不成问题。广西历年的《施政计划纲要》都详细例举了农田水利建设项目、水利专门人员的安排、省级农业相关部门和人员要去地方调查及指导举办农田水利的事宜。但是由于缺乏人工疏通，缺乏科学方法，一些地方仍然没有能充分利用好水资源。广西中部、东北、西北各地区，荒旱之地仍然随处可见。1931 年后，新桂系将农田水利建设作为要政，积极组织专家和技术力量对一些水利工程进行了勘查、测量，并且修建了数量众多的水利工程。到 1939 年，新桂系已经完成了 440 处水利工程的勘查，20 多处水利工程的测量，正在施工的工程 11 处，待施工的工程 19 处，另外各县自办小规模水利工程 200 多处。广西的农田水利工程主要是以小型为主，在数年间完成的水利工程计有：邕宁县的广泽水坝、中兴水坝、古贤水坝、雷平县的泗文水坝，龙茗县的涂造水坝等大小水坝共 21 处，灌溉面积 244350 亩。政府和国家大型项目投资与地方政府小型投资相比，仅占地方政府小型投资的 1/9。1944—1945 年这两年，广西的小型水利工程由原来的几十处增加到近 20000 处，大型项目多数也是这个时期完成的。

2. 开展乡村教育。留学生在沙塘的乡村教育主要体现在多所农业院校的建立。1911 年辛亥革命后，广西省临时省议会成立教育司。1937 年 9 月，由于战事需要，广西大学农学院从梧州迁往柳州沙塘，农学院设置了农学系、森林系和畜牧兽医学系，各系均设置了研究室。此外，还有农场、林场、牧场、梧州农分场、兽医院、植物研究所、仪器室、卫生室及图书馆等。抗战期间，农学留学生先后在广西大学农学院任院长的有王益滔、周明牂、童润之、汪振儒。1943 年，全院学生有 225 人，教职员 82 人。已毕业学生 220 人，"服务国内各农业机关，均能以刻苦耐劳著称"。广西省立高级农业职业学校，是广西有史以来第一所中等农业技术学校。为了培养中等农业技术人才，在广西农事试验场场长马保之博士的倡议下，经广西省政府批准，1940 年 4 月 10 日创立该校，马保之兼任校长，教务主任余桂甫主理校务。学校建筑物计有：礼堂连办公室、教工宿舍、教室各 1 栋，学生宿舍 6 栋，分别命名为"柳江""桂林""苍梧""邕宁""平乐""西林"。村内设有导师住房、学生住房、食堂、保管室、农具房、厨房、浴室、厕所和猪舍等。每村住学生一个班。学校附属设施还有球场、操场、实习场地、蔬菜地和花圆等。

专业分农林和畜牧兽医两科。自 1940 年秋起，每科每学年招收初中毕业生一个班（1944 年秋日寇入侵广西，停止招生一年）。每专业各攻读功课 38 门（包括普通课及专业课），还有音乐、体育和军事课。修业 3 年，考试全部及格才准予毕业，并由政府分配工作。

教学做到理论与实践结合。没有现成的专业课教材，大多由教师参照大学教材自编。学生听课必须做好笔记，晚上在宿舍自修、复习和整理当日笔记。边上理论课，边参加实习，做到手脑并用，学以致用，培养学生具有真才实学和实干精神，为将来就业打下牢固的基础。学生毕业后，大多被派往广西各地工作，也有部分到学校任教的，有少数升入大学继续深造，也有先出国留学再到社会上工作的。各教师经过努力拼博，艰苦奋斗，培育了许多专才，在科研上获得重要成果。

除上述外，当时沙塘还设有农业技术推广人员训练班，1940 年至 1943 年，共办了 3 期。它在抗战期间也培养了一批初级农业技术人员，成为推广农业科技成果的必不可少的力量。

3. 进行农业科学研究。留学生群体科学考察了广西各地，为合理布局、科学指导广西农业生产提供依据。广西农事试验场和广西大学农学院曾经组织力量对广西的农林生态环境、动植物分布进行了实地调查。不仅如此，还通过调查发现三江、融县的森林资源、漓江、鹿寨的油桐资源非常丰富。同时对南丹、河池、东兰之水稻、柳庆各局的畜疫先后进行调查，将调研成果编辑出版。还征集各地产品制成标本 200 余种，由各部研究。1938 年，马大浦教授带领广西大学农学院专家学者对广西大明山进行了系统的调查，并对大明山的利用与更新提出建议，如对主要物产之利用、副产物之利用、更新法之采取、开发之意见、对天然林及荒山之处理等提出了极富见地的意见。

（四）农业试验

留学生在广西进行的农业试验主要由广西农事试验场、广西大学农学院负责。

第一，培育了一批高产品种。研究水稻、小麦方面的留学生有马保之、徐天锡、莫炳权、张国材、周汝沅、程侃声等。1936 年至 1939 年，他们经过 4 年的试验从各地搜集了 3285 个水稻品种，选育出广西早禾 1~14 号、广西老禾 1~6 号、广西晚禾 1~6 号、长安籼、大王籼等 30 个优良品种，产量较农家品种平均增加 10%~20%。从外省引进的水稻品种中，筛选出黑督 4 号、东莞白 18 号等 5 个优良品种。上述有 37 个优良水稻品种，均被列为当时全国主要改良稻种，推广后，取得了明显的增产效果。小麦育种始于 1934 年冬，1938 年起在沙塘经过数年的区域试验，从 144 个品种中选出纯系桂 3566 号，每亩较农家品种增产 27.29%；中央农业试验所广西站从各杂交系中选出交系 166 号及 199 号，两亩较农家品种增产 30% 以上。研究玉米的留学生主要有范福仁、顾文斐等。玉米育种始于 1936 年，先后从全省各地征集地方品种，逐一进行自交。接着又引进美国杂交玉米 64 种，进行引种试验。1939 年开始，将自交 3 次的自次系做测交，1941 年进行双杂交，共得杂交种 48 种，单杂交种 168 种。经过对比试验，最优良的双种产量，在柳州超过当地的 56%，在宜山超过 41%，在南宁超过 69%。研究甘蔗方面有较为突出的贡献的留学生有彭绍光。从 1935 年开始，他从国外一些地区引进 51 个品种，在省内征集 29 个品种，还有台湾品种，总共 80 余种。经过多年的比较试验，选出桂 2 号两种良种，产量及含糖量高，宿根力强，无黑穗病，含糖量较本地竹甘蔗高 37%。

第二，筛选出超强的抗病品种。抗病品种的试验历经多年，成效尤为突出，首先是小麦。马保之、范福仁于 1933 年在南京中央农业试验所开始进行试验，1938 年继续在沙塘试验。历时 9 年，从参试的 3000 多个中外品种中，选出抗黄锈病品种 4 个。其次是落花生，由留学生黄亮、相望年于 1940 年开始在沙塘进行抗花生叶斑病和枯萎病、冠腐病研究试验。历时 4 年，于 1943 年在 300 多个品种中选出抗叶斑病品种 7 个，抗枯萎病品种 19 个。最后是烟草，广西农事试验场于 1939 年开始试验。历时 4 年从 177 个烟草品种中，选出"865阿波"一个品种，对烟草立枯萎病具有抗病力，其抵抗能力较普通品种强 30%。

第三，病虫害的研究与防治。在这方面，留学生群体主要工作包括：重点病虫害调查。广西农事试验场的植保专家有留学生柳支英、严家显、陆大京、黄瑞轮、黄亮、蒋书楠、邱式邦等。他们在十分艰苦的条件下，对广西主要作物虫害的分布状况、生活史、生活习性、生理特性和危害等方面进行了较为深入的调查。其中主要害虫有水稻 15 种，棉作 11 种，甘蔗 5 种；主要病虫有水稻、甘蔗、棉花各 4 种，小麦 6 种。1938 年 6 月，陆大京博士在 500 尺~50000尺 5 种不同高度的柳州上空捕获真菌孢子 12 类。高空真菌之观察，在我国几乎没有记载过，即使在欧美地区也很少见。

抗病抗虫育种。小麦：从 1933 年中央农业试验所开始进行，到迁移广西沙塘后继续试验，1942 年开始将抗病品种与高产小麦品种杂交。1944 年得出杂交良种 166 号和杂交良种 199 号。玉米：玉米螟是国际公认的农业主要害虫之一，1938—1940 年，中央农业试验所的邱式邦在广西柳州沙塘农业试验场对玉米螟的发育规律、生活习性、寄生天敌特别是赤眼蜂寄生的关系等进行了系统研究。

第四，沙田柚的贮藏和保鲜新技术的探索。1939 年至 1942 年，黄亮和相望年、金聿在沙塘进行国内首次大规模的沙田柚贮藏试验，时间长达 4 年，共试验 20000 多个。

第三节　留学生群体与新桂系工矿业建设措施的推行

一、20 世纪 30 年代广西工业的发展状况

20 世纪 30 年代，广西工业有了一定的发展。尽管广西发展工业主要是为了巩固新桂系的统治，但是具有经济发展方向标的工业建设，也为广西社会的经济全面进步起到了至关重要的支撑作用；广西工业的发展客观上也抵制了外国资本主义的经济侵略。在此，只从公营工业两方面和民营工业来说明。

（一）公营工业发展情况

20 世纪 30 年代，从数量看，广西公营企业数量成倍增加，已经形成了初步的公营工业体系。

表 5-2　1935 年广西公营企业的统计

厂名	地址	成立时间（民国）	资本（千元）	发动机			工人数	职员人数	每日工作时数（小时）
				种类	座数	马力			
富贺钟三县民生厂	贺县	15.12	26	—	—	150H. P 100K. Y. A	42	8	8
两广硫酸厂	梧州	17	431	蒸汽机 发电机	1 1	67KW 30H. P 12H. P	108	26	8
广西酒精厂	柳州	21.11	308	电动机 蒸汽机 内燃机	11 1 1	11.5H. P	34	10	10
广西土布厂	南宁	22.7	19	电动机	2	30H. P	141	11	10
南宁制革厂	南宁	22.8	62	电动机	3	16.5 H. P	82	11	10
宾阳瓷器厂	宾阳	22.8	27	—	—		43	9	10
广西印刷厂	南宁	23.5	146	电动机 内燃机	1 1	2.5 H. P 12 H. P	202	100	10
广西制药厂	梧州	23.9	79	电动机	4	1.5 H. P	12	14	

续表

厂名	地址	成立时间（民国）	资本（千元）	发动机			工人数	职员人数	每日工作时数（小时）
				种类	座数	马力			
桂林县立民生厂	桂林	23.11	23	—	—	—	80	4	9
南宁染织厂	南宁	24.5	269	蒸汽机 电动机 内燃机	1 18	122 H.P 70KW 59.5H.P	196	12	10
广西桐油厂	梧州	24.5	100	蒸汽机	1	—	5	10	9
合计			1490		37		945	215	

资料来源：广西省统计局：《广西年鉴》第二回，1935年，第402—403页。

20世纪30年代，从行业来看，新桂系为了应付战时需要和回应社会对经济社会发展的诉求，大力发展了与军事、能源和民用相关工业。

表5-3 1933年广西公营企业的行业分布

业别	厂数	资本数	职员数	工人数	马力
总计	287	70405918	1782	13043	4091.5
机器业	52	1850652	550	2701	968
电工器材业	13	563600	240	1217	632.3
水泥业	1	8000000	54	127	—
纺织业	21	2380091	44	958	148.5
面粉业	5	1185000	21	958	148.5
碾米业	17	481000	24	202	530
建筑业	17	149345	70	104	3025.5
印刷业	32	2532086	243	1302	242.2
教育用品业	4	49509	—	54	5.5
植物油制炼厂	5	140000	77	235	23

业别	厂数	资本数	职员数	工人数	马力
造纸业	5	566616	—	106	100
制革业	5	2026578	22	834	46
制糖业	2	830000	—	177	—
火柴业	2	110000	—	46	—
交通器材业	5	4140000	107	578	76
橡胶业	2	200000	2	12	10
酒精业	2	6113000	44	44	53
酸碱业	19	9302000	69	69	34
金属品冶制业	38	3045500	90	1431	1175
其他	26	3185950	89	807	490

资料来源：广西省统计局：《广西年鉴》第三回，1944 年，第 593—594 页。

　　20 世纪 30 年代，广西的公营企业发展达到了相当高的水准。这些企业发展规模不断扩大，门类和行业分布较为齐全，回应了当时广西经济社会现实需求，广西初步形成了具有现代雏形的工业体系。需要注意的是，整个 20 世纪 30 年代，广西处于中国抗战的大后方。随着正面抗战的节节败退，国统区的许多公营企业纷纷内迁至桂林，战争导致的内迁广西企业数量急剧增加，这些企业带来了雄厚的资本，占据了广西资本总数的 34%。这些企业带来了新技术和管理人才，其中就有一大批留过学的文化名人。在广西桂林活动期间，他们对广西的建设、社会发展和文明传承都起到了积极影响，桂林由此被称作战时的文化城。这些著名的文化名人包括郭沫若、巴金、艾青、梁漱溟、李四光、张大千、徐悲鸿等，他们影响了 20 世纪 30 年代的中国文化各领域。

表 5-4　抗战时期内迁桂林企业的统计表

民国二十七年	迁入地		
中央铁工厂	桂林	中央电工器材第四	桂林
华中铁厂	桂林	科学印刷厂厂	桂林
希孟氏军需机械厂	桂林	三户印刷厂	桂林
中央无线电器材厂	桂林	国光印刷厂	桂林
中国汽车制造公司桂林分厂	桂林	民国二十九年	迁入地
婕和钢铁厂柳州分厂	柳州	东达昌机器厂	桂林
广西中华铁工厂	柳州	实奉机器厂	桂林
交通部全州机械厂	全州	大新机器厂	桂林
民国二十八年	迁入地	民国三十年	迁入地
中国印书馆		中一机器厂	桂林
鼎丰美术制版印务馆	桂林	民国三十二年	迁入地
新华煤气制造厂	桂林	四达机器铁厂	桂林
怀民实验厂	桂林	启文机器厂	桂林
强华机器厂	桂林	赵金记机器厂	桂林
振昌五金电镀厂	桂林		
朱洪昌铁工厂			
熊发昌机器翻砂厂			
六河沟制铁公司			
中央电工器材第二厂			

资料来源：杨乃良：《民国时期广西经济建设研究》，崇文书局，2003 年，第 68 页。

（二）民营企业发展状况

20 世纪 30 年代，新桂系大力提倡和奖励发展民营企业，广西省政府制定了发展民营企业的专门方针：凡是兴办工商业之个人、企业或其他组织，政府应尽全力扶持，政府主要承担代为设计和进行指导的职能。《经济部小工业贷款暂行办法》规定组织专门力量去广西调研民营企业发展情况，给予它们针对性的奖励、指导和帮扶。"新兴工厂之设立，有如雨后春笋，盛极一时"，至民国二十四年，民营工厂达到 54 家。至民国三十二年，民营企业发展到 242 家，约占全部工厂数 85%。[1] 这一时期，与公营企业相比，民营企业的数量、发展速度和

---

[1]　广西省统计局．广西年鉴（第三回）［M］．1944：593.

资本总额都超过了公营企业，民营企业成为广西工业发展的主体，为广西经济社会发展和民众的日用品的提供做出了突出贡献。在民营企业中，梧州民营企业结合广西传统的民营企业特色进行创新，将广西传统民营企业发展成为新型现代民营企业。到 20 世纪 30 年代末，梧州有著名的大型民营企业，如德成板厂、志成板厂和大成板厂、利民皂药厂和香港永发印务公司梧州厂等，同时，梧州还新建了 50 余家新的民营企业。柳州民营企业代表了广西新型民营企业的发展方向，这些企业几乎都是在 20 世纪 30 年代创立的。到了 1941 年，柳州的民营企业有 53 家，有著名的利民、华强、梁联和梁芳等机器厂。这些民营企业中，18 家有 10 万元以上的资本。桂林的民营企业发展速度最快，抗战前，桂林只有广宜安机米厂、民生机纺织厂。抗战爆发后，桂林的民营企业发展到了 90 余家，有碾米工厂、机器业工厂、印刷业工厂等。这一时期，桂林的民营企业中，30 家有 10 万元以上资本。

同时也应看到，广西民营企业分布不均，如在省会南宁只有修车厂一家民营企业。民营企业发展说明了中国社会的半殖民地特征，加之民营企业技术落后，资本规模小，缺乏政府根本性的扶持，多数民营企业的发展道路曲折。桂林和柳州沦陷后，民营企业在国外侵略和国内官僚资本的压迫下纷纷倒闭，曾经的繁荣不复存在了。

二、留学生群体与新桂系工业建设发展

20 世纪 30 年代，新桂系在发展广西工业中，特别注意引进和吸收包括留学生在内的各种人才。这不仅因为留学生群体代表着先进技术和生产力，而且因为留学生群体富有报效国家的拳拳之心，思想上也有一定先进性。广西工业从无到有、从有到发展，无不凝聚了留学生群体的智慧和付出。

广西地处中国西部，工业发展向来迟缓。1907 年，在桂林创办的广西官书局被认为是广西近代工业的开始，1925 年、1926 年，在桂林又兴办了 5 家公营企业，广西才拥有了现代意义上的企业。由于军阀混战、政治腐败和社会不稳定，这些企业停产时期多，生产时期少。民国早期，广西著名的公营企业见下表。

表5—5　广西公营企业统计

厂名	地址	工人数	创办时间	工业种类	资本数（元）	发动机			主要原料			出品	
						种类	座数	马力 H.P	名称	产地	年需量	名称	销场
两广硫酸厂	梧州	76	民国16年	无机化学	1000000	蒸汽机 马达	212	175 80kw	硫化铁矿	广东	2500吨	66度硫酸	广东 上海
广西机械厂	梧州	163	民国16年	机械	401000	蒸汽机 马达	18	100 54kw	木、铜、铁	柳州 外国	—	军用品	本省
广西酒精厂	柳州	26	民国16年	有机化学	375993	蒸汽机 马达	11	40 12	桔水、玉蜀等	柳州 柳城	30000担	酒精	两广
南宁制革厂	南宁	—	民国16年	有机化学	80000	蒸汽机	1	16	牛皮、树胶	本省 外国	—	皮革	—
广西印务局	南宁	40	民国15年	印刷	60000	柴油机	1	10	纸、油膜	瑞土 德意	—	印刷品	南宁
广西地民生工厂	贺县	53	民国15年	织造	1700	—	—	—	棉纱、染料	上海 德国	25箱 60磅	袜布 毛巾冷衣	富川贺 县钟山
合计		138			1918693		27						

资料来源：广西省统计局：《广西年鉴》第一回，1934年，第308页—309页

20 世纪 20 年代末，广西民营企业比公有企业发展要好，数量达到了 39 家。较公有企业，民营企业的人数、资本数量、技术设备具有一定的优势。但是民营企业发展不平衡，主要集中在南宁和梧州两地。具体如下表。

表 5-6　广西民营企业统计

地点	工厂数	工人数	资本（元）	发动机		产品总值（元）	备注
				座	马力		
梧州	29	942	152490	35	336 匹	1703425	原料：除国内未有出产须仰给于国外者，其余多为本省所产。销场：锯木业部分销往港粤，烟草火柴部分销云南贵州，其他各业产品仅销往省内。
南宁	10	193	22980	11	141 匹	10400	
合计	39	1135	175470	46	477 匹	2113825	

资料来源：广西省统计局：《广西年鉴》第一回，1934 年，第 308—309 页。

20 世纪 30 年代，新桂系不遗余力地发展工业，《广西建设纲领》中明确提出"发展国家资本和节制私人资本""大力发展官僚资本企业""振兴与农业相适应之工业，使农工业相互促进""运用金融政策、扶持中小工商业"。1933 年，为了进一步发展工业，广西省政府成立了工商局，制定了广西工业发展的方针："凡人民所能办之工商业，政府代为设计及指导之地位，尽扶助人之责任；凡必要兴办之工商业，又为人民力量所不及者，由政府筹办，一旦办有成绩，获利可期时，即准许人民集资承办；大宗重要工商业，必需巨额资本者，利用省外商民投资，或政府与其合办。"[①] 同时，广西省为了进一步发展工业，规范了兴办企业的标准：第一，进行农产品加工（如木薯粉）的工厂，获得高额利润后要扶持农业发展的工厂；第二，能够充分利用广西原有资源与材料，又能帮助农工增加利益的工厂（如纸厂等）；第三，广西省不能自行制造而又是大量需要的日常生活消费品、能堵塞漏厄和广西自治的工厂（如土敏土厂等）；第四，广西省农民生产上必需、能自行设计制造的工厂（如农具厂等）；第五，广西省民众生活上急需的，又实现自给的工厂（如卷烟厂等）；第六，事关广西国防与交通需要的工厂（如酒精厂等）；第七，与广西文化教育有密切相关性的工厂（如文具厂等）。[②]

---

① 杨乃良．民国时期广西经济建设研究［M］．武汉：崇文书局，2003：58.

② 广西档案馆，全宗号 4，目录 1，案卷号，第 6 页。

这一时期，留学生群体运用所学的工矿业专业知识和先进管理经验，积极参与新桂系工业建设，使得广西的现代工业企业数量明显增加，工业产量也获得了一定程度的提高，提高了广西的工业经济效益，为广西工矿业建设发展和抗战胜利提供了物质保障，在广西工业现代化和经济建设中做出了重大贡献。

（一）亦官亦商的企业家：陈秋安

陈秋安（1889—1969），广东省南海县人。1904—1910 年在广州完成中学学习之后，赴美国密歇根大学攻读政治与经济学。1915 年，陈秋安顺利完成学业返回祖国，积极参与兴办工厂和实业救国。陈秋安的工作领域涉及政商教育界，是亦官亦商的企业家代表。20 世纪 20 年代，陈秋安在纽约、香港、广州和江西兴办工厂，由于军阀混战，民族资本经常受到官僚资本的压制，陈秋安兴办的工厂均致失败。使他认识到，在中国要有"好人政治"，才能兴办实业，振兴国家。因此，他转向在国民党政府任职，希望为兴办民族企业出点力。1930 年，他在南京国民政府铁道部任职。1934 年，陈秋安到广西，先后担任过广西省财政厅主任秘书和广西省贸易处驻港经理。中华人民共和国成立后，他动员了一些美国和中国香港的人士积极参加国内社会主义建设。陈秋安成为民进第三届中央理事、民进第四届中央委员和民进第五届中央常委。

在广西工作期间，他积极奔走，为广西的经济建设献计献策。他提出广西建设需要有两个条件。一为实现社会稳定。广西人多地广，政治主张不能一致，很难实现所谓的民主政体，政府与人们难以出现有效合作，广西建设需在稳定的社会环境中进行。二为人民要有智识。既然政府与民众难以出现有效合作，补救办法就是培育民众之智识，从教育入手，施以实用科学技术教育。培育民众智识之力量，方法固然很多，最重要的是进行经济建设，而要办好经济建设做好几件事情：富藏、人工、资力、交通。

（二）工业应用化学专家：李运华

李运华（1900—1971），广西贵港人。1921 年留学于美国威斯康星大学，获得理学学士学位。随即进入麻省理工学院研究院、哥伦比亚大学研究院学习，攻读应用化学。1927 年，获得哥伦比亚大学研究院工程博士学位的同时，荣获美国一项化学与工程方面的专利。归国后，主要在广西开展有关工业应用化学的研究，为广西化工业发展提供了宝贵的智库支持。1928 年，李运华担任广西建设厅技正兼工业主任。1934—1939 年，担任广西大学教务长。20 世纪 40 年代，李运华担任广西大学校长一职。中华人民共和国成立后，李运华在农垦部华南热带作物科学研究所任研究员，后任职化工部主任兼物理化学研究室主任。

李运华积极倡导中国机械工业的发展。鉴于中国机械工业的学科研究、工业及机械应用与西方列强相比有着天壤之别，他认为可以通过 3 种方法补救：第一，奖励高深的研究，以争取在机械工业学科研究上的话语权；第二，实施工业富国计划，以建成工业国家；第三，厘定工业标准，以振兴机械事业。实现所有的一切，当务之急是要发展中国的机械工业，要有一定的行业规范标准，全国都要遵守。统一行业规范标准可以提高效率，实现国家建设之事业。

（三）电力企业家：龙纯如

龙纯如（1895—1982），广西桂平人，1920 年上海交通大学毕业后赴美国康纳尔大学留学，攻读电机工程专业，顺利获得工学博士学位。归国后，在香港、广东、广西等地的电力公司、电力厂任职。1935 年，他来到广西桂平，亲自购买机器和安装设备，创办了桂平火力发电厂。1936 年，龙纯如与李运华、顾毓琇、支秉渊、谭世藩等人被选为中国工程师学会第六届职员司委员。20 世纪 40 年代，龙纯如在澳门电灯公司工作，1982 年病逝于澳门。

（四）制糖企业家：沈镇南

沈镇南（1902—1950），祖籍上海。1928 年赴美留学，在俄亥俄州立大学留学，获得化学学士学位，之后在路易斯安那州立大学获得硕士学位。1934 年，参与广西糖厂的筹建工作。广西省政府在柳州筹建新式的糖厂，后来，沈镇南通过调研发现，贵县的条件比柳州更好。同年，广西省将在柳州的糖厂迁至贵县罗泊湾，全厂共有资产 121.7 万元。1935 年，沈镇南任广西糖厂经理。糖厂投产 3 个月，共生产 90 万公斤的糖。由于广西地处偏远，生产出来的糖很难运往沿海地区，沈镇南与其他人联名上书省政府予以支持。广西省政府请示中央政府，将糖列入特种工业予以奖励，准许该厂产品运沪销售时，豁免转口关税及其他捐税，由国营招商局各轮船减费运沪，以资奖励，并准许向海外购买原料制糖，免税入口，提炼白糖运沪销售。得允。①

沈镇南不仅有丰富的制糖管理经验，对中国糖业的研究也有独到之处。他在《我国之制糖工业》中将中国糖业分为蔗糖工业、甜糖工业和炼糖工业，对每类的特征和发展重点做了客观和科学之分析。他认为，对于蔗糖工业，中国广东、广西、福建、江西、四川都为产甘蔗之地。甘蔗成熟收割后，炼糖土法工艺简单，不能将赤色之糖蜜漏去。加之我国交通不便，甘蔗运输困难，大规模发展制糖业不现实。因而，中国的蔗糖业日趋退化，受到世界廉价洋糖的冲击，尤其受到低廉的古巴糖和爪哇糖的影响。从世界范围保护糖业的经验看，

---

① 民国日报（南宁版）[N]．1935-08-18.

美国、英国和德国等莫不实施了糖业的关税保护。而我国的关税不能自主，本国的糖业受到外来冲击，因此，实现关税自主和民族独立是保护糖业的前提。对于甜糖产业，甘蔗在寒冷之地不能生长，因而蔗糖业发展受到了极大制约。世界一些国家利用甜菜可以提炼出含糖丰富杂质更少的糖。德国、法国和美国都利用甜菜来制糖，世界—1/3 的糖业来自甜菜。我国利用甜菜制造糖业的历史已有 20 余年，从宣统年间就开始了，但是由于政局不稳定，极大干扰和制约了甜菜制造糖业的发展。随着日本在东北和华北战事的接连胜利，这一产业基本停顿了，造成了与甜菜糖业相关的几千万元资本虚置，此为产业的浪费和民族的不幸。对于炼糖产业，我国兴办的制糖公司和工厂，因资本不充实，受到日本糖业的排斥和压制。

对于我国糖业不振，沈镇南认为主要原因包括：关税不自主，未能有效保护糖业，被日货充斥，国货难以与之竞争，要想发展糖业，必须实现关税自主；政局不稳定，投资者畏惧，生命财产难以得到有效保障，大规模投资和发展糖业较难；交通不便，家庭工业难以组织规模运输，发展交通业，为糖业发展做进一步行动；农民积习太深，他们仇视资本家，需要政府倡导一种合作机制，使得农民免于受到资本主义流弊的影响，资本家投资能正常获利。

（五）壮乡边关优秀之子：赵可任

赵可任（1902—1971），广西龙州县人，壮族。1916 年从镇南中学毕业，进入南宁市第三师范学校学习。1926 年，在《中国日报》工作。其间，赵可任受到共产主义思想的影响。1926 年，赵可任得到鲍罗廷的积极推荐，赴苏联留学，在莫斯科中山大学学习政治经济学。1927 年，赵可任加入苏联共产党。其间翻译了《苏联共产党简史》，与张闻天和杨尚昆等成为同学。他们利用组织活动，系统学习了马克思主义。赵可任留学归国后，在香港兴办了实业工厂。1935 年，在国民党政府任职，积极宣传孙中山的革命和建设思想，撰写了《孙中山先生经济学说》的著作，在国内产生了较大的影响。由于赵可任有兴办企业的经验，又有对政治经济学的研究特长，1936 年，担任广西经济委员会专门委员，专门负责广西经济建设的政策咨询工作。其间，他发表了《广西经济建设的商榷》的文章，对广西经济建设有独到见解，成为广西建设厅的政策咨询意见。1937年，担任广西出入口贸易处经理，40 年代还担任过广西企业公司总经理。在广西期间，赵可任重视招商引资，多次努力引进上海的刘鸿到广西兴办了广西火柴厂。广西火柴厂集资 10 万元，官商各半，营业额达到数十万元，纯利润突破了 10 万元的关口。这段时期成为广西火柴业最兴旺的时期。后来，赵可任与国民党、新桂系军阀决裂，与中共地下党组织联系，进行人民解放事业活动。中华人民共和国成立后，赵可任担任过中国人民银行高级研究员、专门委员和参事等诸多职务。

三、20 世纪 30 年代广西矿业的发展状况

20 世纪 30 年代，广西设立的矿业公司、矿区都创造了空前的纪录。这些企业资本雄厚、技术先进、人才荟萃，广西矿业呈现出了兴旺发达的景象。特别是进入全面抗战后，广西设立的矿业公司和矿区占了 20 世纪 30 年代数量的一半，资金也超过了一半，整个 30 年代特别是中后期是广西矿业发展的高潮阶段。

（一）矿业公司和矿区的数量急剧增加

表 5-7 广西历年实存大矿区统计

年别（民国）	公司数	矿区数	矿区面积（亩）	资本（国币元）
25	120	182	627133	6514859
26	390	455	2433239	11826918
27	462	522	2930486	16079614
28	425	483	2746146	16783820
29	434	483	2839722	17580225
30	478	530	3712513	21052025
31	459	512	3660768	20640025
32	483	535	3950923	4897966
33	459	515	3965470	4884966

资料来源：广西省统计局：《广西年鉴》第三回，1944 年，第 581 页。

从上表可以看出，广西的矿业公司和矿区的数量逐年急剧增加，民国二十七年之后进入一个发展的高峰期。这是由于抗日战争全面爆发，国统区的工业纷纷西迁所改。新桂系北上抗日需巨额军费。民国三十二年后，这个局面虽未从根本上发生改变，但是资本增加量急剧下降日军进犯广西，柳州、桂林等地沦陷后，许多广西矿业企业虽然还存在，但是在日本控制下难以维系生产，名存实亡，其影响力大大减弱了。

（二）矿区的产量大

表 5-8 广西省历年各矿产统计 单位：吨

年别（民国）	合计	煤	铁	锰	锡	钨	锑	锌	砷	砒	其他
总计	775695	579097	3681	152282	23449	7949	7437	493	103	139	1058
17	17595	—	—	17400	186	9	—	—	—	—	—
18	18094	—	—	18000	82	12	—	—	—	—	—
19	1080	—	—	603	263	214	—	—	—	—	—
20	9940	—	—	9518	286	102	—	—	—	—	—
21	8684	—	—	7714	271	9	307	332	37	11	—
22	8937	—	—	8341	499	5	—	61	6	13	3
23	4583	2430	—	1201	935	5	—	10	—	—	—
24	6810	4005	—	534	1242	457	449	—	16	5	99
25	50077	22355	—	23298	2015	1030	1178	—	9	64	125

资料来源：杨乃良：《民国时期广西经济建设研究》，崇文书局，2003 年，第 93 页。

从上述看出，广西矿产产量逐年增加，增速排在前列的为煤矿、锡矿、钨矿、锰矿。增长的高峰期为 1937 年（民国二十六年），1940 年（民国二十九年）明显减少。唯一保持持续增加的为煤矿，随着战争的进展，位于广西西北山区的煤资源显得尤其重要。综观全国煤产量较丰、产区安全、运输便利者，除粤汉路各矿外，当推广西。但粤汉路时遭劫匪，运输颇受影响，故广西之煤，更为社会所注意。

（三）矿产对税收贡献大

20 世纪 30 年代，新桂系大力重视和发展广西矿业，大大激活了社会闲置资本，矿产的出口又增加了新桂系政权的赋税收入，矿产收入成为广西政府重要收入来源。因此，整个 30 年代，广西建设牢牢依托于矿产资源开发与利用，以矿业的发展增加赋税为进行建设的突破口，这为广西全面进行社会自治和开展建设提供了厚实的经济基础，也大大支持了新桂系的抗战事业，巩固和扩大了新桂系的影响。

表5-9　广西历年矿税收入统计　　　　　　　　　　　单位：国币元

年别（民国）	共计	上期	下期
总计	254649	129666	124982
26	32739	16690	165049
27	29089	13800	15298
28	32617	15130	17487
29	33509	16341	17168
30	40956	20960	19895
31	85827	46742	39084

资料来源：广西省统计局：《广西年鉴》第三回，1944年，第592页。

四、留学生群体与新桂系矿业建设发展

广西矿产资源蕴藏丰富，采矿历史久远。在宋朝时，广西南丹一带就有铝矿和银矿的开采，并且有相应的冶炼技术。宋初广西出现了具有商品经济的资本主义特征的采矿和矿冶加工产业。20世纪30年代，在册登记的矿冶公司达100多家。战争时期，桂系疏于管理，广西存在许多民间采矿企业。

新桂系统一广西后，极为重视广西的矿冶发展。新桂系认为矿业是广西经济建设的基础，需要通过最大规模开发矿业，换取外汇，增加政府金融收入，购买先进的机器，促进广西工业化的实现，以壮大经济和军事实力。新桂系从政策层面颁发了有利于广西矿业发展的规定。在《广西建设纲领》中强调要整合全省的各种矿产资源，地方政府要全力开发，要为广西工业建设和经济建设服务。为此，新桂系政府制定了《广西矿业建设政策》：第一，对开发金矿予以奖励，以稳定广西的金融秩序。第二，救济和扶持矿业发展。政府办的银行要对各矿业公司予以贷款支持，将政府拥有的蒸汽机、采矿机按照优惠条件租予矿业公司使用。第三，管制重要矿产内外的运销活动。第四，积极开采与国防相关的矿产。授权桂平矿务局开采贺县铁矿，开采西湾煤矿，停止输出锰矿。第五，提高技术，改良矿产产品。在新桂系政权的高度重视下，留学生或被聘为政府管理者，或以专家身份来考察、研究和指导广西矿业的发展。

（一）广西矿务局的掌门人：陶绍勤

陶绍勤（1902—），祖籍广西玉林。1929年，毕业于德国柏林大学，获得采矿特许工程师学位。毕业后在德国艾克霍夫、德麦克矿山机械厂担任过工程师。1931年，陶绍勤归国在广西工作，任广西建设所工程师。1935年，担任广西矿务局总工程师和局长。20世纪40年代，陶绍勤转到了广西矿业发展中心——梧州工作，在梧州很多商营矿山担任厂长和工程师。作为广西矿务局局长，他主管广西省矿产开发及经营工作，为广西矿冶发展的制度设计、技术进步和日常管理做出了贡献。作为留德矿业技术专家，他关注采矿安全的管理和技术研究。20世纪30年代，他翻译了匈牙利著名矿业学家尤舍夫柯达的文章，系统介绍了防止瓦斯危险的安全爆破法知识。他认为当爆炸物开始膨胀时，爆炸生成物如果和外界氧气阻隔，在短时间将被冷却，就会丧失它的点燃性和可燃性，由此提出了利用预防填料解决问题的方法。1935年，陶绍勤组织广西矿务局专门力量对广西矿产进行了一次大规模调查，亲自参与实地调查、数据采集和理论分析，对广西的矿产有了整体详尽的判断，为新桂系科学决策提供了信息、技术和理论支持。他组织的调研分为矿产调查、钻探和开采等方面。大体情况如下。

矿产的调查。上林金矿：通过调查发现万嘉马村冲积物中，砂金含量十分丰富，总含量价值突破了一亿元。上林金矿闻名，老百姓、政府和国外势力纷纷加入采矿队伍之中，上林金矿趋向于国际化。兴安苍梧的金矿：兴安的金矿以前不出名，1935年，陶绍勤派人去调查和勘探后发现砸黄柏江流域藏金量丰富，总估值达到1495.8万元，比国际上砂金矿石的最低品位高5倍。苍梧产金的地方在思贤乡、毓秀乡、思委乡等，总值达到3.8888亿元，储量非常丰富，在广西，仅次于上林，位居第二。恭城的钨锡矿：1934年1月，陶绍勤亲自带队到广西恭城视察，发现在粟木乡狗卵岭、人形岭和笔架山一带有两种矿产——钨矿和锡矿。柳州新墟的煤矿：在柳州新墟发现了3万吨煤矿，煤矿的品质优良，属于上等的无烟煤，可以通过土法进行开采。怀江鹅滩和十五里滩煤矿：有人向矿务局报告在怀江鹅滩和十五里滩发现了煤层。陶绍勤马上派驻专员进行勘查，发现在这一带有5000万吨煤矿，可供开采130多年，是广西中部的一大富源。

矿产的钻探。钻探工作非常重要，根据地形、交通以及估量粗矿的储量，来计算矿产的经济价值，再决定开采程度。对上林的砂金，矿务局到上林万嘉圩村附近，从东南折向东北，再到北部的荒坡进行钻探，最浅有40尺，最深有80尺。后来在马村等地域进行钻探，受到卵石的影响，技术设备难以修复，上林矿产的钻探因此结束。黄华山的脉金：在各平洞的工程，浅的掘进 60 多尺，深的掘进 90 多尺。取样送到化验科，显示每吨磺石含金一两九钱。与中山大学开展了矿冶冶炼的合作。那坡的煤矿：1934 年，陶绍勤派人去那坡一带钻探煤田，东自田州，中经那坡、恩阳，西达百色，东西长 80 里，南北广 10 里，面积 800 平方里，进行了手摇加瓦斯钻探。

矿产的开采。广西的矿产一律开放，政府负责开采的矿产，主要开采西湾煤矿、试炼那坡油砂母岩和商办矿业。同时在政府扶持下，成立了贺成锡矿公司和茶盘源锡矿有限公司。

陶绍勤还用辩证观点看待矿产事业的发展，认为广西要发展矿产业，需要做好两件事情：一是八步电力厂的设立；二是造林。矿产业发展与其他资源开发和保护有密切关系。

（二）地质专家：李四光

矿产与地质结构有密切的关系，要探明、开采矿产资源，必须对地质结构有科学认识。新桂系为了开发广西矿产，邀请全国著名矿业和地质方面的专家云集广西，其中就包括了著名的地质学家李四光。他们充分发挥了学识的特长，为广西矿业的发展提供了可靠的技术保证。

李四光（1889—1971），湖北黄冈人，原名仲揆，后改名四光。1902 年进入武昌第二高等小学学习，1907 年考入日本大阪高等工业学校，在日本留学 3 年。1910 年归国后在武昌的昙花林湖北中等工业学堂工作。后来进入国民政府任职。1913 年，赴英国伯明翰大学留学，1918 年获得自然科学硕士学位。归国后，李四光在北京大学和中央研究院地质研究所工作，担任中央研究院地质研究所所长。1937 年，卢沟桥事变后，中央地质研究所迁往桂林，李四光也来到了桂林。1938 年秋，担任桂林科学实验馆馆长一职。1952 年，任地质部部长。主要学术成果有《中国地质学》《古生物与古人类》《三大冰期》《中国第四季冰川》《地壳构造与地壳运动》等。

李四光对广西矿业发展的贡献在于，首先在于科学认识了燃料和动力对广西矿产资源开发和利用的重要性。他认为近代社会无论社会结构如何，无论经济基础何种水平，一切的工业都少不了燃料和动力；而燃料和动力的缺乏是广西进行矿产资源开发和利用的困境之所在。因此，他呼吁广西应重视和大力发展煤的供给。首先，他从横向角度分析了广西煤资源的现状，广西煤资源和北方相比相去甚远，还远远落后于南方的湖南、江西，就是和四川、云南相比也是望尘莫及。面对极其有限的煤资源，就需要合理地开发。如果采取过去那样的开采方式，无异于缘木求鱼。其次，他对广西煤资源的开采情况进行了科学的分析。他认为广西的煤资源只分布在西湾、合山一大垄、寺门圩、那坡等地。广西的煤资源不但数量不大，而且煤质不佳，大多含有硫黄、石渣，火力不旺。合山一大垄和寺门圩产的煤多为无烟煤，西湾产的煤为半烟煤，那坡等地产的煤为一种柴煤，含有的挥发物和水分较多。这种煤资源，在中国北部简直不值得一提。广西的煤资源在西湾、合山一大垄、寺门圩三处，但这三地开发的规模和程度无不让人遗憾。最后，强调要合理遵循开发煤资源的科学程序。科学开发煤资源需要遵循"请地质专家详细探测"——"由探测者指定地点，举行钻探"——"决定投资的限度和施工的计划"的程序。过去，广西的煤资源在开发过程中，一些企业听信传说，夸大事实引诱投资，不去遵循开发煤资源的科学程序和步骤，失败者比比皆是，就连合山、西湾等地煤资源开发也存在类似情况。

（三）煤矿工程师：邝兆安

邝兆安（1894—1945），广东台山人。1923年赴美留学，学业完成归国后在外国资本兴办的开滦煤矿任工程师。后因不愿受外国人的控制，在山西与人合伙办煤矿，失败后来到广西。1937年，被任命为合山煤矿工程师。1938年，中央政府与广西政府决定对合山煤矿进行改制，由两级政府共同出资。当时新桂系北上抗日，所需军费浩大，军费的重要来源是广西资源的出口，其中主要包括矿产出口。作为广西大型支柱企业——合山煤矿，由于公股无法支款，煤矿面临全面停产。此时，中央银行总裁宋子文到桂林调研广西银行资本事情，邝兆安得知后，利用与宋子文留美同学身份而勇于自荐，向宋子文汇报了合山煤矿处境，请求得到其帮助。邝兆安的诚挚之心获得宋的支持，即决定中国银行广西分行投一半股本加入合山煤矿，将合山煤矿股份两合公司改为合山煤矿股份有限公司。资本总额为440万元，有44000份股份，每份100元，中国银行和广西各占一半，任命曾其为新任董事长，聘请邝兆安任总经理兼总工程师。合山煤矿为新桂系抗战事业提供了可靠的能源和物质保障。1939年，合山煤矿员工在努力提高生产力的同时，还发扬爱国的精神，为抗战捐款捐物，购买飞机支持抗战，受到柳江县当局的通报表扬与大力宣传。1943年，广西共出产了12.9万吨煤，其中合山煤矿出产9.42万吨，占广西煤总量的73.02%。

（四）煤矿管理者：陈大受

陈大受（1896—1977），浙江海盐人。1925年毕业于北洋大学矿业系，随后赴美留学。1921年，获得伊利诺伊大学的冶金硕士学位。归国后，先后在国民党中央政府、广西平桂矿务局、云南锡业公司任职。其中在广西作为平桂矿务局总经理，主持矿务局日常管理工作，完成公司改制的任务。

1938 年，国民党资源委员会与广西省政府共同协商之后，"决定在富贺钟矿区合组平桂矿务局，以开发锡矿、提炼精锡为主要事业，资本定为 5000000 元（国币），各投资一半。资源委员会以现款投入，广西省政府除以原省营望高锡矿、西湾煤场及八步电力分厂估价投入外，不足之数再以现款投入"①。1938 年 10 月，平桂矿务局正式成立，陈大受为总经理，其他部门人事设置有：协理 2 人，稽查 1 人，由省会派；局中设总务、工务、会计及营运 4 处，每处设处长 1 人；工务营运 2 处，复设副处长各 1 人，每处视事务之繁简，分设 2 或 3 个科，处理各项事务。事业方面设锡矿、煤矿、炼锡厂、电厂及机厂，各矿设矿长、厂设厂长各 1 人，负责办理各矿场之事业。② 作为政府授权的管理者，陈大受主管生产机构，要求平桂矿务局在企业自身发展、调控战略物资、支持抗战等方面下工夫。在 1939—1944 年广西省矿业官僚资本总额 9481100 元中，属于平桂矿务局及其管辖权限的锡矿资金达 5511100 元，占广西官僚资本总额的 58.1%；同期广西另一锡矿基地丹池矿区仅有官僚资本 8 万元，占资本总额的 0.84%。③

表 5-10　1938—1944 年平桂矿务局与广西、国统区公营部分锡产量比较表

（单位：吨）

时间（年）	平桂矿务局产量	广西产量	占广西产量百分比（%）	国统区公营产量	占国统区公营产量百分比（%）
1938	4.5	3523.92	0.13	6176	0.073
1939	38	2981.91	1.27	7122	0.534
1940	2182	2437.02	89.5	8708	25.06
1941	2118	2285.48	92.67	9953.4	21.28
1942	1630	1629.95	100	9101.95	17.91
1943	867	828.17	100	7560	11.47
1944	319	318.99	100	4336.7	7.36

资料来源：平桂矿务局志编纂委员会：《平桂矿务局志》，1945 年，第 427 页；广西省统计局：《广西年鉴》第三回·历年各矿产量，1944 年；经济部资源委员会：《资源委员

① 平桂矿务局志编纂委员会. 平桂矿务局志［M］. 1937：28.

② 陈大受. 平桂矿务局事业概况［J］. 资源委员会月刊，1934（1）.

③ 莫济杰，陈福霖. 广西省矿业官僚资本概况（1939 年—1944 年）［M］//新桂系史：第 2 卷. 南宁：广西人民出版社，1991：284.

会季刊》，1946年一、二期合刊；吴太昌：《抗战时期国民党国家资本在工矿业的垄断地位及其与民营资本比较》，《中国经济史研究》，1987年第3期。

第四节　留学生群体与新桂系交通运输业建设措施的推行

一、黄荣华与广西交通通信网的形成

关于黄荣华的基本情况，前已述及。以下就其与广西交通通信网的形成做进一步的阐述。在他执掌广西建设厅期间，促进了广西交通通信网的飞跃发展。

（一）交通网络的建设

广西的交通通信包括了公路、电政、电话、航政和航空等诸多业务。广西大大减少了公路管理机构。以前广西各区分设一个公路管理局，改革后将南宁公路局、柳江公路局、桂林公路局、容苍公路局和镇南公路局等合为广西公路管理局。公路局管理的费用由以前的100万元减少至29万元。同时依托其他公路局兴建交通网络系统，大大改善了广西交通落后的局面，具体表现如下。

丹池公路。依托丹池公路局拟新建的丹池公路（河池到南丹）全长约为300余里，黄荣华打算向政府和社会筹集120万元来修筑此条道路。此条公路是贵州省的重要出口，又能有效开发桂西北重要的矿产资源。黄荣华认为修建丹池公路对加快整个广西经济建设的步伐具有重要的战略意义。

百平公路。依托百平公路局修建通往广西田南、通往滇黔的交通干线。百平公路局在广西省经济建设中有着重要地位，公路修建的经费来自百货附加税和向广西省银行借款，在1933年4月通车。黄荣华反思了以前广西省政府数年没有解决好田南公路，导致田南一带连年的政治不景气的问题，因此，他要求1934年务必实现田南公路通车。同时，他要求做好修筑立体式道路网络的准备，相关地方政府要负责建好百色通往天宝靖西的公路线，要着手测量百色通往广南的公路线、平马下游通往南宁的公路线，由武鸣、隆安、果德、思林等先建筑好路基，以便以后再推进。

镇南区公路。1930年10月，邕龙公路通车后，由南宁到边境镇南关龙州仅需花六七小时时间，由龙州到连水口也仅需花1小时。此条线路在广西防务上有极其重要的地位。其他防务上的线路建设，黄荣华要求也应有规划，待时间成熟就能开展建设。

平梧公路和邕钦公路。邕宁、柳江、容苍、桂林 4 区一直是广西省公路建设的重点，黄荣华认为除了建筑平梧路与邕钦路外，本区域暂未有其他公路建设计划。此区域要重点修建贺梧公路，此公路为广西省东面的重要干线，又是贺钟锡黄矿出口的重要线路，必须加紧建设。同时，此区域还要修筑邕钦路，此路为广西省出海的重要通道，在广西省经济版图中有着重要作用。广西省政府加大对邕钦路修筑的支持力度，将筹集 26 万元，保证邕钦公路在 1934 年 6 月顺利通车。

在黄荣华任建设厅厅长期间，一些地方政府和大众看到了交通建设对经济和生活的有利作用。于是他鼓励地方政府、社会、民间共同投资修建马路，自发修建了很多马路，如宝横路、永横路、南平路、武都路等，极大改善了广西的交通网络。黄荣华评价为"这是本年来建设的好景象"，实现了公共产品供给的多元化。

（二）电报、电话和无线电网络建设

电报、电话和无线电网络的管理隶属于国民党中央政府下属的交通部，但国民党对地方投入长期厚此薄彼，加之战时影响，中央自身的建设都难以进行，更谈不上支持广西的电报、电话和无线电网络建设。因此，全国的电报、电话、无线电业颇为不景气。而在广西，黄荣华任职建设厅厅长期间，对电报、电话、无线电的管理进行了一定的制度性改革与创新，收到了奇效。黄荣华曾评价："本省的乡村电话，虽然不敢说十分发展，但总算不落后了。"首先，加大了电报、电话、无线电等通信设施的资金投入。1931 年，广西省政府投入 24 万元，修理了全省电报的电线杆，保证路线的畅通。其次，增设了管理机构。广西省的无线电本属于第四集团军总司令部管辖，1931 年，在南宁、梧州电报局增设了两个短波的无线电台，主要进行一些收发商电的事项，所以，广西发往外省的电波是十分灵敏和可靠的。最后，广西的电话采取分类管理办法：一类为城区电话，城区电话除梧州商办外都由政府直接主办。城区电话收入连年增加，广西政府仍每年投入 10 万元以促其发展；一类为乡村电话，广西乡村电话经过地方政府及民团的努力，完成了 3 万多里的路线，是一个了不起的成绩。

（三）航政的改造

广西的航政历来由航政局管理，但是由于管理不善，很多工程建设不力，迟迟未见完成和投入使用。因此，黄荣华决定将航政局撤销，由广西省建设厅管理原属于航政局管理的事务。广西省建设厅积极派人测量江河，疏导了左江和一些大河的航道。

（四）航空的抱负

经过新桂系的励精图治，广西的航空事业逐步发展，但是广西航空基本是为军事服务的，民航建设基本空白。黄荣华积极筹划建设了 5 条民用航线：①邕梧粤航线；②柳桂全汉口航线；③邕池南丹贵阳航线；④邕百昆明航线；⑤邕龙航线。

二、凌鸿勋与广西铁路的兴建

广西省铁路的筹建工作比较早，在清朝，广西政府就与越南、法国当局筹划修建同登至龙州、同登至镇南关的铁路。筹划工作已经完成了测量、勘探和设计等工作，但由于政局多变，以及政府无法承担巨额的建设费用等原因，铁路项目建设流产。民国时期，旧、新桂系都为筹建铁路奔走努力。1915 年，广西省政府向国民党中央申请筹建北海—全州的铁路线，未得到许可。1916 年，国民政府交通部初步设计了株钦铁路线（株洲—湘潭—全州—桂林—柳州—武宣—贵县—钦州），但终归未能实现。1928 年，广东省与新桂系决定共同修建邕宁到钦州的铁路。虽然得到中央政府的许可，却因为地方政府利益问题而未能成功。1933 年，在李宗仁、白崇禧强的支持下，新桂系信誓旦旦要修建三贺铁路。"该路计由三水河起，经四会、广宁、怀集以至贺县，长共 280 余里，业经勘测完竣"，"铁路修筑款项，由粤桂平均负担"。① 但由于经费筹集复杂，涉及两省地方利益，最终修筑款项难以落实又告流产。虽然几经努力，广西铁路建设蓝图没有实现，但是这些尝试为广西筹建铁路提供了科学的理论论证和技术论证。到了 20 世纪 30 年代中期，随着广西建设全面有序开展，广西经济实力得到极大增强，技术条件得以迅速提升。最重要的是新桂系政权十分重视铁路建设，铁路对经济发展和军事布局都有特别重要的意义，广西铁路建设可谓水到渠成了。

《广西建设纲领》提出"积极开发本省矿产，并发展交通事业"，虽然没有提出修筑铁路，但明确了积极发展交通事业对广西经济的重要性。铁路将有助于开发利用广西矿产资源，增加财政收入，发展社会经济。留学生群体对建设广西铁路是情有独钟的。马君武认为铁道是交通平民化的标志。曾任广西省教育厅厅长的盘珠祁也认为交通根本久远之计划的基础在于修筑铁道。新桂系当局在经历许多次尝试后，决定修建广西历史上第一条铁路——湘桂铁路在这条广西交通生命线修建过程中，留学生代表凌鸿勋对理论论证、技术支持、项目

---

① 申报（上海版）[N] .1934-07-04.

管理和评估都做出了探索性的贡献，湘桂铁路的建成对抗战时的运输做出了突出贡献。

凌鸿勋（1894—1981），生于广州，祖籍江苏常熟，1915 年毕业于上海高等实业学堂土木工程科。同年，受北京政府交通部委派，赴美国桥梁工厂实习。1918 年归国后，先后在京奉铁路工务段、京汉铁路工程司、交通部路政司等部门任职。后来，受国民中央政府委派和新桂系力邀，赴广西工作，1927 年任梧州市市政委员，兼任工务局局长。同年，被新桂系聘为广西大学筹备委员会主任。1937 年 4 月，凌鸿勋被任命为湘桂铁路工程处处长兼任总工程师。

（一）理论论证

在广西铁路修建之前，凌鸿勋积极奔走，著书游说修筑铁路的好处和步骤，论述铁路建设对广西经济社会发展和四大建设的重大意义，并提出专业上和技术上的设想，获得新桂系集团认同。他认为广西因其穷，才要修建铁路。从南洋发展经验看，许多地区从修筑马路开始到修建铁路，坚持下来，达到了当今之繁荣局面。广西修建铁路有着自身优势，就是有充足的劳力，劳力即资本。如果广西省政府能够运用充足的人力及尽可能少的投入完成铁路修建，将是一项伟大而不朽的事业。凌鸿勋认为广西修建铁路的价值主要包括以下几方面。

1. 经济上的价值

复兴广西农村：广西农村贫穷，但一些农产品丰富，未能有效运出去获得实惠；落后的广西交通系统就成为农村贫困的重要原因。广西交通陆上有汽车，但是汽车运输量小而运费贵，水运虽然比较便利，但也有船不能到达的地方，且运输能力也有限。只有依靠火车运输，才能从根本上改变困局。火车速度快，容量大。如果广西实现了火车轨道交通，可东到广东，直贯中原，西北入贵州，西进云南，还可以连接粤汉铁路，使得广西与全国连成一片。铁路畅通了，就可以大量出口农产品，复兴广西农村。

促成地方生产：广西是一个自足的农业社会，产生了两种不合理生产方式：勉强生产和抑制生产。欲纠正这两种不合理的生产方式，就要处理好消费品的供给问题和生产品的推销问题。这些关系的处理必须是以构建便利的交通系统为前提的，铁路无疑是其中最佳的解决方式。凌鸿勋认为"欲有新广西的出现，非行分业生产不可；欲分业生产的发达，非建设铁道为功"。

发展广西的工业：在当时，较大型工业在广西运作是难以为继的。例如，广西的硫酸厂和酒精厂都未能实现良性发展，其中很大原因在于广西交通阻塞，原料、燃料和生产工具的供给都难以为继。如果有了铁路，运输问题就可以解决，还可带动其他新兴工业。又如，广西先前未能办成的士敏土厂，以前广西需求不多，又不能运输到广东。如果有了铁路，士敏土不仅可运输到广东，还可运输到云南、贵州，政府每年可以获得巨额的收入。发展工业是新广西建成的必要条件，而建筑铁道是工业发展的先决条件。

发展广西的林业：广西气候宜人，水土湿润，有丰富的天然林，但疏于管理，人工砍伐严重，人工林如松树等规模有限。广西省政府积极提倡植树造林，成立了许多省营林场，如在柳州，就有柳城沙塘林场、柳州狮子岩林场、宜山桥龙林场和容口林场；在南宁、桂林、龙州、百色等设立了省营林场。但要发展林业，必须立足于便利的交通。木材沉重，需要运往远方，非火车莫属。

开发广西的矿业：广西的矿产特别是锡、锰储量丰富，如果要大量开采，需要便利之交通，矿业之充分发展必须依托铁路。

2. 军事上的价值

铁路之于战争的重要性不言而喻，强大的国家无一不有铁路交通系统。德国、意大利和俄罗斯在"二战"前各种军事行动迅速又有效，就依赖强有力的铁路系统。铁路对于战争有两大突出的功能：一为军队的调动；二是军需品的运输。

从广西的军事情况来看，20世纪30年代，广西推行了三寓政策。未来10年之后，广西将训练出数百万健儿，他们将担当起抗击帝国列强的重任。然而，这些士兵怎么调动和运输，就成为决定战争成败的关键。正如马君武所述："中国今日不特求军备平等，交通须平等；若交通不平等，则军队再多也无用。"再者，广西地处边界，镇南关为中国南方重要的关卡，容易受到只袭击，新桂系需要和中央协调一致，及时调动军事布防。

3. 文化上的价值

民国时期不再只是鸡犬之声相闻的时代了。交通在社会变革中有两个作用：其一，使新文化能够通过一种便利途径传播至民间；其二，能打通与外界交往的渠道。要改革，推行新文明，交通建设必须得到重视。广西作为新文化的后进地区，新文化建设将是不得不认真面对的问题，因此，建设铁道，将极大地推动广西的文化建设。

（二）实施阶段中的控制与管理

1938年，凌鸿勋全面负责湘桂铁路的施工和管理。办理南镇段工程时，凌鸿勋组织专门技术力量测量了南宁到镇南的220里在建的工程，促成了中法借款的成功。此段工程建设主要由中法建筑公司负责，凌鸿勋主要从事工程监督的工作。他十分重视技术自主创新，越南铁路使用的是1米轨（窄轨），我国使用的是标准轨（1.435米）。法方要求该路在中国境内也要铺窄轨。凌鸿勋为不失中国铁路标准,采取了变通的办法:在中国境内,所有的路基桥梁均依标准轨距施工,枕木也按标准轨距铺设,只是路轨仍使用越南轨距。尽管因为东南亚战势变化而停建,但足见凌鸿勋对铁路技术标准自主化的重视。[①] 1938 年,凌鸿勋奉命办理柳南一段工程。1938 年 9 月,凌鸿勋将进行中的桂柳段工程与柳南段工程合并,并组建了桂南工程局;凌鸿勋全面负责湘桂铁路中桂柳、柳南段的管理。湘桂铁路分为衡桂、桂柳、柳南和南镇 4 段,南镇为中法合办。"在衡桂段建设中,为争取短时间内通车,凌鸿勋与地方政府配合,采用先通后备原则及征用民工筑路的办法。因缺乏水泥,桥梁全部搭筑便桥;涵管用石料白灰砂砌筑;钢轨由湘黔路移拨;枕木及桥工用木料在沿线就地取材。衡桂段于 1939 年 9 月提前通车。桂柳段也于同年年底完工。这两段铁路在抗战初期发挥了重要作用。"[②]

(三)湘桂铁路建成情况

湘桂铁路自 1937 年开始修建,北起湖南衡阳,南至广西镇南关,在广西境内全长 821 公里,1939 年 11 月全线贯通。作为当时广西的唯一铁路和交通大动脉,湘桂铁路对广西的经济社会发展、军事斗争和对外交流有着十分重要意义。

表 5-11　广西修筑湘桂铁路情况统计表

路段	起止地点	公里数	征工县份	征工人数	开工完工时间	附注
全桂段 桂柳段 柳南段 南镇段 合计	全州—桂林 桂林—柳江 柳江—邕宁 邕宁—镇南关	153 174 217 234 878	全县、兴安等 11 县 富川、榴江等 15 县 宜山、忻城等 15 县 龙津、都安等 15 县	156300 87200 148000 206000 589500	26.11.1—27.9 27.8—28.9 27.6.28—28.4 27.4.1—28.11	民国 27 年 10 月通车 民国 28 年 12 月通车 民国 30 年 9 月柳来段通车完成土方95%桂南战事被破坏

资料来源:孙仁林、龙家骧、叶贻俊等:《桂政纪实》"经济篇",广西省政府十年建设编纂委员会,1946 年,第 157 页。

---

① 凌鸿勋.十六年筑路生涯(续五)[J].传记文学,1963(2):18.

② 马陵合.凌鸿勋与近代中国铁路自主化[J].中国科技史杂志,2006(3):221-228.

表5-12　湘桂铁路历年乘车旅客人数统计　　　　　　（单位：人）

年别（民国）	共计	一般乘客				游览	优待	其他
		小计	一等	二等	三等			
总计	16087653	11947486	62508	423942	11460973	180358	7784	3952023
27	205167	138380	595	3278	134507	7304	15	59468
28	1580057	952714	2017	14051	936646	25332	374	598737
29	3339212	2017169	9151	59877	1948141	44912	334	1276797
30	3695345	2985989	16036	110308	2859655	35240	411	625068
31	3153218	2486608	17152	113189	2356267	40087	1455	625068
32	4114654	3366628	17627	123239	3225762	27483	2295	78248

资料来源：广西省统计局：《广西年鉴》第三回，1944年，第1042页。

表5-13　湘桂铁路历年载运货物情况统计　　　　　　（单位：人）

年别（民国）	共计	商运物品						非商运物品			
		小计	农产	禽畜产	林产	矿产	制造品	小计	政府用品	他路材料	本路材料
总计	5110277	1643157	370391	58480	158236	796061	259989	347120	820854	9188770	1727496
27	90576	20569	5945	640	324	6827	6833	70007	55168	50	14789
28	931300	197568	68583	5466	5904	80489	37126	733732	196575	240387	296770
29	881120	305226	86518	13049	18332	132977	54350	575894	208514	137206	230174
30	1022778	391832	82192	18352	43655	192799	54834	6309463	127281	141530	362135
31	1022778	344280	65979	10301	64543	668153	56241	686783	131635	179155	375993
32	1153512	383754	67174	10672	46487	214816	50605	769785	101681	220442	447635

资料来源：广西省统计局：《广西年鉴》第三回，1944年，第1042页。

第五节　留学生群体与新桂系财政金融建设措施的推行

一、20 世纪 30 年代前后的广西财政金融状况

广西是经济落后的省份,广西财政历来需要中央政府和其他地方政府共同帮扶才能为继,《桂政纪实》"经济篇"就有这样的记载。清朝时,广西的钱粮厘税都归其所有外,每年还要接受朝廷的 40 万两协饷。到了民国时期,中央政府不再给广西财政进行补贴,广西财政经常入不敷出。"省内经费,就地自谋,捉襟露肘时,时所不免。"① 广西财政大部分投入军事建设和政府开支,对经济建设、教育和社会管理投入相当有限。1933 年,用于政府开支及军费就占省地方岁出的 40.18%,其中公安费占 18.81%,行政费占 14.02%,司法费占 6.8%。②

广西的金融事业也十分落后。"除广西省银行外,尚无其他现代式的金融组织,即以分支行密布全国之银行,在广西全境内尚无一分行之设立,他无论矣。"③ 广西银行作为广西唯一的银行,发展也举步艰难。广西银行最初实行官商合作模式,总资本有 510 万元,商业股份有 170 万元,广西省政府股份有 340 万元。政府控股是主流,但政府行为并不十分合规,经常随意透支。广西银行运作非常困难,给群众生活造成极大的影响。从 1911 年至 1922 年,在政府控制之下,10 年内,广西银行共发行了 2700 万元的纸币,这种过度发行造成了通货膨胀。"自都市以及穷乡,莫不为纸币所弥漫。"④ 1929 年,广西银行被迫关闭,最后倒闭。

新桂系战败退居广西境内后,广西经济衰败,政府财政来源单一越发枯竭,财政金融十分紊乱,难以维系庞大的军政开支。为了保持新桂系的独立或半独立的地位,新桂系政权进行了事关生死存亡的整顿、改制,增加收入⑤,逐步治理财政金融的混乱状态,促进了广西经济发展,安定了社会秩序。这些措施包

---

① 孙仁林,龙家骧,叶贻俊等.桂政纪实"经济篇"[M].桂林:广西省政府十年建设编纂委员会,1946:246.

② 佚名.广西财政纪要新编[M].出版社不详,1938:56.

③ 广西省经济状况[J].广西经济,1934(1):171.

④ 广西省经济状况[J].广西经济,1934(1):172.

⑤ 叶巧群.新桂系时期广西财政研究[D].桂林:广西师范大学,2004.

括：第一，财政机构调整。1931 年，省政府设立财政厅，1933 年在县设立了财务局，省、县设置了专门的财政管理机构、税收征收机构，有效地控制了财源；第二，国、地收支划分。1932 年，广西省将国、地收支进行划分，实行代收国家税收与支出的财政制和财政收入与支出的财政制。第三，省、县收支划分。"1934 年省将粮赋附加三成教育经费，解省屠捐、串票费、公产租课等年约百万，悉数拨归县公用，以裕财源，后为充实县库收入，使各县地方收入之烟酒牌照税、烟酒公卖费附加、营业税，房屋税，各照岁入总额，以百分之十三至四十拨给各县，并助以协助费及省税征收补助费等款。"① 广西地方政府尤其是县级政权因此有了可靠稳定的税源。第四，实行会计与岁计相结合的制度。1931 年，新桂系治理广西有一定成效后，相继推行了会计制度建设的改革。1933 年广西省颁布会计条例以及施行细则。新桂系意识到要实行"人与法要并重"的治理。1934 年，广西省成立了会计委员会，委员会主要草拟各种会计制度，如《广西省会计条例》《广西省审计条例》《广西审计条例施行细则》《广西省会计处章程》《广西省政府审计处章程》等。第五，逐步制定预决算的财政制度，在国民中央政府预算章程（1931 年）思想指导下，1931 年，广西制定了《广西各县财务局编制地方财政收支预算暂行办法》，办法共 14 条。中央政府的《预算章程》和广西省政府的暂行办法，使得省、县两级财政预决算有法可依。

为了有效治理广西，新桂系从政策层面推出了"自卫""自治""自给"的三自政策和《广西建设纲领》。这些政策和制度构成了广西财政和金融体制改革的指导思想，明确了广西财政和金融改革重点是"运用金融政策，扶持中小企业""改善税捐制度，严禁苛捐杂税及一切有碍于生产之征收""用累进税率，征收所得税、营业税、遗产税""推行合作事业，设立农民银行，兴办平民借贷及农村仓库，严禁一切高利贷"。

二、留学生群体与新桂系财政金融建设的推行互动

20 世纪 30 年代，留学生群体在广西财政金融建设中发挥了积极作用。他们中有的直接在财政厅和银行任领导职务，制定财政金融政策，领导财政金融改革和建设，开创了新桂系财政金融发展的新局面，实现了广西财政金融发展从无序到有序，财政管理实现了依法管理，税收汲取能力得以增强，统一了新桂系财政金融体系，大大支援了广西自治和各项建设；有的从事财政金融领域的研究，学以致用，利用所学的财政金融知识，结合广西省特殊情况，为广西更

---

① 黄钟岳. 近年来之广西财政 [J]. 建设研究，第 1 卷，1937（3）：8.

好地构建财政金融体系提供了许多有益的建议；有的主动到财政金融第一线工作，把他们在国外学到的金融、财政、证券、贸易等方面知识直接应用到管理实践之中。

（一）广西财政厅领导集团的留学生群体

1926 年，广西省政府设立了财政厅，它是新桂系主管全省财政金融的机构，对省级财政、县市财政实施财政监督，利用财税政策对整个广西省经济运行进行调控。在人事设置中，广西财政厅有厅长 1 名，秘书 2~3 名，科长 3 名，科员、办事员和雇员 100 多名，是广西政府职能部门中人数较多的部门。历年来的财政厅厅长多为留学生，他们积极进行广西财政体制的改革，成为广西经济发展的有力推手。1929 年 7 月至 11 月，留日归国的梁世昌任厅长；1929 年 11 月至 1930 年，留日归国的蒋继伊任厅长；1931 年 3 月至 1933 年 2 月，在南洋从事过留学教育的黄蓟任厅长。

（二）金融业中的留学生群体

新桂系在建立和发展广西的金融业中，特别注重培养和任用一些高学历、有专业技术专长的管理人才。在银行业发展的初期，广西当局辞退了一大批山西票号职员，改变了过去广西银行由山西票号经理控制的局面。另外，聘用了一大批具有高级专业技术职务的人才参与广西银行的决策和管理。他们中的优秀代表不乏留学生。广西银行总经理廖乔松和廖竞天是留日归国人员，董事、副总经理龙家骧是留法学生、经济学博士，董事长黄蓟在南洋从事过留学生教育工作。1937 年，新桂系成立了广西农民银行，指派时任广西省建设厅厅长陈雄兼任理事会主席，任命黄维、黄钟岳、赵可任、龙家骧为理事，黄维兼任行长、赵可任为副行长。黄维曾经前往新加坡避难，也进行过一定的留学学习和活动，赵可任是莫斯科中山大学的政治经济学留学生，黄维还经博钟介绍加入苏联共产党。这些留学生构成了广西农民银行的领导层，牢牢把持了银行的决策与管理。从整体上看，20 世纪 30 年代的广西银行业有较好的人才聚集体系，一大批高素质留学生人才进入广西银行系统中。他们以先进的管理理念和专业知识，形塑了银行业发展方向，提高了广西银行运转的效率。在此，重点介绍留学生代表黄蓟和龙家骧在促进广西金融业发展上的作为。

1. 黄蓟（1883—1939），广西临桂人，1903 年毕业于体用学堂（广西大学堂），与同学一道兴办了桂林公学，桂林第一所由社会共同出资建成的学堂。之后，他被清政府派驻南洋雅加达，在中华学堂做教员，同时学习南洋有关经济和文化方面的知识。1930 年，任广西省政府委员，兼任广西财政厅厅长。1933 年，辞去财政厅厅长一职。1934 年，任广西省政府秘书长。1935 年，兼任广西银行董事长。1936 年，改任广西银行行长。在广西财政和金融部门任职期间，黄蓟四处筹集资金支持广西的经济建设。由于湘桂铁路修建的需要，黄蓟曾在湘桂铁路管理局监事会担任监事一职。

他担任广西财政厅厅长和广西银行行长期间，进行了一系列新财政和金融体制的变革。其一，烟酒印花税之改。广西撤销了印花烟酒总局，分区设立了印花烟酒局，全省分设六大区。其二，恢复清田事宜。包括清理粮赋、举办验契、修订印花印之考成办法。其三，整理税制事宜。包括修改统税则例、区分统税饷捐。其四，调查官产。包括省金库独立、发行省库券，规定税收以国币为本，建立了国税收支预算和省地方收支预算。

对于广西的金融发展，黄蓟的成就主要是在外汇方面的改革。广西 20 世纪 30 年代以来，外汇不断上涨的原因包括广西省内的通货情况、本省对外贸易的入超、本省贸易外收支之逆熊。黄蓟提出要立足广西资源丰富的省情，加强广西土货的出口，促进外汇收入增加，具体措施有：广西出口所得应依据财政部的规定；结合财政部规定，依据广西省银行的实际情况，制订广西省进口外汇预算，预算数额不得超过广西省出口所得外汇的 50%；广西省银行结售外汇与各政府或商业机构，银行可以提取 1‰ 的手续费；广西省银行每月向财政部报送外汇用途，财政部要派专业稽查。关于五路军的军费问题，黄蓟建议须请财政部拨款，发放给广西省 50% 的外汇收入，如有结余，可酌情支持五路军。

黄蓟在长期实践中总结了广西金融发展的得失。1939 年，他在《广西金融业发展之检讨》一文中系统总结了广西金融业在 30 年发展中的得失。金融业对产业发展和国家发展是非常重要的，金融业繁荣，工商业就活跃。同时，金融发展是否健全关系一个国家、地区发展的程度。黄蓟从金融组织和金融制度方面反思了广西金融业发展的得失。广西最大规模的金融组织只有官民合办的广西银行，资本较薄弱，在梧州、南宁、百色、桂林等地分支金融机构比较少，旧式的典当行成为广西农村主要的金融机构，广西农民银行放款的时间较短，规模也不大。发展较好的广西银行，尽管有很好的制度设计，但时常受到政府行为的左右。如广西银行规定，不代理省金库，以厘清财政和金融的界限、限制政府的透支、放款时间不超过半年、官商合办、发行部独立等。这些有别于旧式银行的新规定要完全使得银行脱离政府行政制约是非常困难的。因为省政府资本占了总资本的 51% 以上，省财政经常难以做到预算平衡。因此，政府经常干预广西银行业务，单从立法方面规定银行的地位以规避行政权影响并不一定有什么效果；从金融制度看，广西银行是具有某种国家行为的银行，理应承担起调节广西省通货的职责，实际情形却大相径庭。以桂钞的发行为例，1937

年前，中央银行、中国银行、交通银行、中国农民银行等在广西省没有设立分行，也没有设立办事处。这四行印刷的钞票在广西没有普遍流通，广西省内流行的货币以毫银和桂钞为主，后来桂钞就成为广西主要的流通货币了。在 20 世纪 20 年代和 30 年代初期，广西桂钞的发行和收缩还是遵循一定市场规律的。后来因为种种关系，"并没有建立一种可以垂诸久远的原则"。到了 1937 年 12 月，毫银和桂钞改行法币，由中央四大银行统筹。因此，黄蓟认为广西金融业发展最大的教训就是金融与财政本应该分开，而事实上，金融受财政牵累，受到较强政治立场影响，使广西金融业经常陷入混乱局面。

2. 龙家骧，留法学生。留学期间，致力于经济学与社会学等的研究，代表作有译著《社会学与经济学》（1932 年）、《经济学的基本原则》（1933 年）、《货币学概论》（1933 年）。20 世纪 30 年代，龙家骧在广西省银行和广西农民银行担任经理、总经理等要职，对规范、整顿和发展广西金融事业做出了贡献。同时，他积极协助新桂系开展寻求外汇支持的外事活动。

1933 年，新桂系为了扩大对外影响和争取外汇的支持，广西省主席黄旭初开展了对越南的外交活动，陪同成员包括多名留学生在内的军政商界人士。主要陪同人员有：李品仙（广西边防督办兼对汛督办上将）、林伟成（广西空军司令，留美）、龙家骧（广西银行专员，留法）、吴助之（督办署外交科长，留法）。此次黄旭初的外访声势浩大，备忘录和具体条款是严格保密的。黄旭初等访问越南后，由新桂系采取的改革措施以及桂、越之间试图实现"守望相助"的愿景看，此次访问成果颇多。与财政金融相关的事项有：明确了广西的纸币与越南的法票实现兑换的比值，广西纸币和越南法票在边境贸易中实现通用；修建靖西到越南上琅之间的公路，实现靖西与高平直达通车。这条道路在广西省建设厅厅长苏诚负责下建成。（苏诚，广西南宁人，曾经在美国斯坦福大学留学，获经济学硕士学位。）后来，这条路在抗战时期成为桂、越之间的战略通道。设立广西贸易处，所有广西境内的特产（桐油、纱纸、黄麻）都由贸易处统购统销。越南的生盐由贸易处从越南高平购买，销往桂南、桂西以及桂滇交界处的那桑等边境。

（三）广西财政金融业的发展

在留学生群体的推动和积极参与下，20 世纪三四十年代的广西财政金融业得到极大的发展，以下我们从当时的财政收支及金融状况角度略做考察。

1. 财政收入

表 5-14　广西历年省地方岁入统计表

科目	民国21年	民国22年	民国23年	民国24年	民国25年	民国26年	民国27年	民国28年	民国29年	民国30年
营业税	521450	1014609	2198275	3049085	2023221	3477910	171260	3582178	7228596	15019109
田赋	2805480	2134053	1975828	2307701	1940540	2030964	942738	1169850	1544598	1751484
契税	191049	216440	294422	424652	421413	342733	76571	232054	308484	594741
房屋税	41751	38664	32285	—	107760	137668	88386	51763	262398	325313
舟车牌照税	47947	78384	53494	69244	74379	75726	30750	118057	149550	217423
行政规费	106251	14008	305850	339012	3998239	2849817	122330	387194	686956	706541
事业规费	140250	169138	70188	101814	96629	153367	23933	202234	125814	448551
出产物品售价	—	—	1370	6685			1617	26829	79599	35596
租金	9203	22827	37449	25756			7226	27963	28513	22692
利息	—	7787	69924	3644			8457	348880	94276	244304
公有营业盈余	4428	380149	953304	1612162	2089332	1872487	30567	366701	3769015	3000000
补助收入				125685	612015	280316	1513086	7087480	6753013	9928525
饷捐	1185336	1204026	3371724	3805329	5309658	4775399	1701737	5458284	13710466	29489902
卷烟督销证费	524912	535675	863098	1278285	1538132	928352	280500	915932	626282	1221890
禁烟收入	6592803	3875956	13750622	10933408	4846152	433170	1155921	2977066	797784	7462
杂项收入	2240523	774390	2802901	1112045	2055826	4043751	1876200	5969904	6400561	5571000
防务经费	2837633	2042261	960475	830513	482521	—				
不动产售价	27092	146172	116116	353158	550082	156043	39936	78836	77272	204
公债收入	—	1118130	—	2110307	20000000	187791	—	8000000	—	—
收回债券收入							713035	26405	1588	11498392
收回资本收入							36420	24175	1500000	290693
合计	17277133	13916680	27861338	28487497	41146266	25645529	10370497	37151767	44144989	80373831

资料来源：孙仁林、龙家骧、叶贻俊等：《桂政纪实》"经济篇"，广西省政府十年建设编纂委员会，1946 年，第 290—291 页。

在 1937 年之前，广西的财政收入主要来源于禁烟、杂项、饷捐、田赋以及行政规费的税收。20 世纪 30 年代，广西当局进行了四大建设，广西财政汲取能力不断增强。以饷捐为例，饷捐在整个 20 世纪 30 年代都是广西重要的财政收入来源，1934 年为 3371724 元，1935 年为 3805329 元，1936 年达到了 5309658 元。到 1941 年，由财政部统筹、广西税务局接管后，饷捐在广西才结束。当然也要看到，广西财政收入在改善的同时，总体上，广西财政并不富裕。1933 年后，广西每年都发行大量公债。1935 年达到 2000 万元，占整个财政收入的一半左右。说明广西财政收入还是十分有限的，无力全面支持广西的四大建设。广西财政收入还存在着一定的结构性困境，如禁烟费占的比重比较大。"这种收入制度，显然不能合于财政原理，哪一天云南、贵州的鸦片不经过广西的话，广西的财政还不是要立刻破产了吗？"[1]

2. 财政支出

表 5-15　广西历年省地方岁出统计　　　　　　　　单位：国币元

科目	民国21年	民国22年	民国23年	民国24年	民国25年	民国26年	民国27年	民国28年	民国29年	民国30年
政权行驶支出	87668	157091	103126	108123	211492	165356	80552	289159	429992	945498
行政支出	2196275	4488832	3305281	3403523	5252705	1968588	975567	3207521	4356975	7088782
立法支出	—	—	—	—	—	—	—	56420	108296	371228
司法支出	1064406	936010	1220059	1284577	1348617	1261991	635483	1242098	1082999	881716
教育文化支出	2318697	2037558	2396101	2839651	3148619	2152766	7937170	3623203	6291137	14002147
经济建设支出	3475526	972962	1269188	1565537	2755790	1805936	683010	2092787	4917548	9577513
卫生医疗支出	—	160271	230757	399276	591890	449520	250240	1050125	1585002	3410563
保育救济支出	—	—	—	—	—	—	—	303685	484230	1561678
营业投资及维持支出	610922	1836281	2620513	1895957	5855617	—	556979	4480488	3783036	3086358
保安支出	2946128	3139758	3238095	4997823	400509	2641470	1672396	10764799	7824687	12714385
财务支出	957039	409759	1789607	2223999	2849372	1652372	709502	1357189	3331648	5451919
移垦支出	—	—	—	—	—	—	—	—	48348	93519
债务支出	571030	1168255	3564143	2855304	20198331	1528131	782743	1989358	3008331	14770584
退休及抚恤支出	—	—	2073	20180	105126	105989	22648	48925	39119	32568

---

① 许壁. 广西建设集评 [M]. 成都：西南印书局，1935：61.

续表

科目	民国21年	民国22年	民国23年	民国24年	民国25年	民国26年	民国27年	民国28年	民国29年	民国30年
普通协助及补助支出	1186664	475403	383443	12533892	523540	1960118	886104	3402413	4293785	10248889
其他支出	249461									
退还岁入款	—	—	—	34037843	493342	—	—	—	—	—
合计	15664822	15783085	20127351	34037843	47341547	15692230	9217396	33906391	41585140	84237354

资料来源：孙仁林、龙家骧、叶贻俊等：《桂政纪实》"经济篇"，广西省政府十年建设编纂委员会，1946年，第290—291页。

从广西财政支出的结构看，军务费用最大。1932—1941年，平均军费支出占全省财政总支出的40%。1933年全省总收入为50906156元，总支出是52481597元，其中军费支出为21117960元，占总支出的40.24%。[1] 军事建设费用一直是财政支出的第一重心，说明新桂系想通过巨额财政投入维护其统治地位。"总观十年省地方支出，平均以保安支出为最巨，盖因此种支出，包括公安、民团、义勇队等项经费在内。广西战前加强自卫力量，巩固国防之基础，对于民团之组训，积极推行，所需经费已甚浩繁；战后复新增编组义勇队之经费，及将原有公安费提高，因是保安支出、遂更形庞大，此乃非常现象。"[2] 新桂系对教育事业也比较重视。20世纪30年代，广西建立了完备的基础教育和乡村教育体系，教育投入每年稳定在200万~360万元。对经济建设的财政投入不高，但是有逐年提高的趋势。经济建设是一个庞大工程，投入超额数量和超长时间才能收到效果。新桂系采取直接投入军事建设的短平方式去维护其统治地位，发展经济、改善民生并不是新桂系重点关注事项，这也是由新桂系阶级局限性所决定的。

3. 金融发展

（1）独立的金融结构及业务

广西省内金融机构主要有广西银行和广西农民银行，这两个机构均被新桂系牢牢控制，作为新桂系金融业有益补充的银号和钱庄，则独立于中央金融体

---

[1]　广西省统计局. 广西年鉴（第三回）[M]. 1944：929.

[2]　孙仁林，龙家骧，叶贻俊，等. 桂政纪实"财政篇"[M]. 桂林：广西省政府十年建设编纂委员会，1943：289

系之外。① 广西银行：资金投入分为政府投资 51%的股份和商股的 49%，"官商合办"投资模式说明广西银行本质上仍然是新桂系政权严格控制下的银行。黄蓟认为广西金融业发展最大的教训就是金融与财政本应该分开，而事实上，整个金融业都受财政牵累，受到较强政治因素的影响，广西金融业发展不成熟。广西银行主要发行钞票、存款、贷款、汇款，还从事一定的经营信托、贸易等业务。因为按照国民中央政府和广西省政府的规定，银行是不能擅自从事经营商业活动的。广西银行说到底还是具有国家银行性质的，广西农民银行更为如此了。

（2）独立的货币流通体系

广西银行享有独立发行桂钞的权力，可以发行 10 元、5 元、1 元、5 角、1 角等币种。为了保持新桂系对广西金融市场的统治，广西金融界还曾抵制国民党中央银行的金融渗透。1935 年，南京中央银行推行货币新政，禁止白银流通，在全国统一使用法币。为了应对国民党中央银行的金融渗透，1935 年，广西颁布了《管理货币办法》，规定：省内不论公私款项、债权债务，一切交收行使，统统限用广西银行、省金库所发行的钞票，照旧十足行使。国民党中央银行的法币被广西当局排除在广西的使用范围之外。

（3）金融业发展迅速

新桂系构建独立金融机制，极大盘活了银行业，增强了新桂系经济实力，实现了新桂系从传统军事集团蜕变成集政治派别、军事集团和经济实体于一体的地方核心力量。以广西银行存款变化为例。

表 5-16　广西银行历年贷款数量统计表　　　　单位：国币元

年别 （民国）	总额	比上年增长： 百分比	年别 （民国）	总额	比上年增长： 百分比
22	54816034.62		28	323376375.17	72.50
23	71633219.01	30.68	29	433145760.63	33.94
24	55429852.23	-22.62	30	619601890.81	43.05
25	168122981.67	203.31	31	1000168698.02	61.42

---

① 李琴．独立与抗衡：抗战前夕新桂系统治下的金融业［J］．广西社会科学，2002（1）：193.

年别（民国）	总额	比上年增长：百分比	年别（民国）	总额	比上年增长：百分比
26	168408817.75	0.17	32	3462801993	246.22
27	187464473.96	11.32	33		

资料来源：《十二年来之广西银行》，广西银行总行，1944 年，第 26—30 页。

　　历年增加的银行存款，壮大了银行业。广西银行利用充裕的资金扩大营业收入。1935 年，广西银行投资额达到 517.58 万元，重金支持广西支柱产业——矿业的发展。1933 年，广西银行为矿业发展放款 4.8 万元，1936 年达到 11.4 万元，增加了 2.38 倍。在各类银行的支持下，1937 年，广西有 289 家大型矿业公司，有 304 个大矿区。广西银行还利用充裕的资金积极发展对外贸易。1935 年，广西省成立出入口贸易处，全面管理广西省的对外贸易，1937 年，广西省出口贸易额达到 4000 万余元，实现利润数百万余元。

第六章

留学生群体与新桂系广西自治的文化建设

20 世纪 30 年代初期，新桂系主持广西政事之后提出"建设广西，复兴中国"的口号。在进行政治、经济、军事建设的同时开始致力于文化建设，并取得引人注目的成就。其中，在普及开展国民基础教育、创办和发展国民中学教育、高等教育、引领戏剧及美术运动、医疗卫生、图书馆建设、报业发展等方面，留学生群体发挥了显著的作用，创造了辉煌的业绩。

第一节　留学生群体与新桂系时期的国民基础教育运动

从 1933 年冬至 1940 年，广西开展了一场以儿童和成人为普及对象、在全省范围内推行、旨在提高全民素质的国民基础教育运动。这场运动的倡导者、总设计师和实际主持者是我国现代教育史上杰出的教育家、曾四度出任广西教育厅厅长的雷沛鸿。他设计推行的全省性普及国民基础教育运动从宏观和整体上对广西初等教育实施了改造。这场运动声势十分浩大，取得的成绩非常显著。雷沛鸿做出了重要的贡献，功不可没。

一、国民基础教育运动的总设计师——教育革新家雷沛鸿

雷沛鸿（1888—1967），字宾南，广西邕宁人。他少年时期就崇仰我国近代政治家康有为的改良思想。他曾上私塾、习八股，后赴广州求学，阅读了大量进步书刊和西方资产阶级民主革命理论的书籍；还曾加入中国同盟会，参加1910 年广州新军起义和 1911 年黄花岗起义。民国成立之后历任广西左江师范监督、南宁府中学校长。1913 年获公费派遣到英国克里福大学留学，攻读应用化学。次年赴美国俄亥俄州欧柏林学院学习政治学和教育学，获文学学士学位。后入哈佛大学研究院研究政治学、经济学，获哲学硕士学位（1936 年被授予博士学位）。1921 年秋学成归国，先后在江苏教育学院、南京中央大学、浙江大学、中山大学等高等院校执教。他分别于 1927 年、1929 年、1933—1936 年、

1939—1940 年四度出任广西教育厅厅长，一生勇担重任，献身于改造教育、改造社会的事业。

雷沛鸿在英国、美国留学近 8 年，刻苦攻读政治学、教育学、经济学、法律等学科的理论知识，深入研究欧美各国的历史和宪法，完成了从热衷于政治斗争到立志为教育事业献身的转变。雷沛鸿的教育思想体系独具特色，在其形成过程中既蕴含着我国古代"有教无类"的传统教育思想和近代中国资产阶级改良思想，又吸纳了西方资产阶级"天赋人权"的主张。其中"教育大众化"（"教育为公"）是雷沛鸿教育思想的核心。他认为："我们所需要的教育是大众化的教育，而现行教育却是为少数人而设置的教育；我们所需要的教育是生长性、普遍性、现代性的教育，而现行的教育却缺乏一贯的政策，形成特殊阶级性，抄袭他人，不能独立自主，不合社会和民众生活的需要。因此之故，中华民国对于现代教育有彻底改造的要求。"[①] 他批判过去人们把小学称为正规教育，把民众教育称为非正规教育的提法，主张用定式教育和非定式教育代替之。他认为失学成人的教育应列为与学童教育同等重要的地位加以普遍推行。因而他首创了国民基础学校，使学龄儿童与失学成人的教育在同一所学校里进行，以达到成人教育与儿童教育并进，社会教育与学校教育合流的理想目标。[②] 他独具匠心，勇于挑战，全力以赴普及国民基础教育，为创建一个适合我国国情、省情的民族教育体系而鞠躬尽瘁。

二、国民基础教育运动实施的主要措施

国民基础教育运动之所以发生于 20 世纪 30 年代的广西，主要是由当时广西所处特定的历史背景和国内外环境条件促成的。正如倡议者雷沛鸿厅长所说："第一，外敌强凌，四郊多垒，国土日削，国难未已；第二，外受资本主义的经济侵略，内则有农村经济枯竭……为聚吾国人申警之志，又为明耻教战起见。"[③] 面临九一八事变后日趋严重的民族危机及广西经济和教育落后的局势，国民基础教育运动应运而生。

1933 年 9 月，根据教育厅厅长雷沛鸿的建议，广西省政府颁布《广西普及国民基础教育五年计划大纲》（后于 1934 年修订为六年计划大纲），1936 年 9 月公布《广西国民基础学校办理通则》。将国民基础教育"六年计划"和"办理

---

① 韦善美，马清和. 雷沛鸿文集：下册 [M] . 南宁：广西教育出版社，1990：3-5.
② 杨启秋. 论三十年代的广西国民基础教育运动 [J] . 社会科学探索，1991 (4)：93.
③ 吴桂就. 雷沛鸿与国民基础教育运动 [J] . 教育史研究，1991 (1)：678.

通则"作为实施国民基础教育运动的主要依据。宗旨是"以扫除文盲,扫除政治盲,以致经济盲,助成各项事业为职志"①,总体目标是"以政治的力量为主,经济的力量及社会的力量为辅,限于 6 年之内普及全省国民基础教育"②;主要特点是将学校教育与社会教育、儿童教育与成人教育熔为一炉,消除学校教育与社会教育之间的鸿沟。在儿童教育方面要求:12 足岁儿童须受 2 学年之国民基础教育;13 至 16 足岁之失学儿童须补受 1 学年之短期国民基础教育。在成人教育方面要求:补充识字教育、推进民团训练、完善村(街)乡(镇)组织、促成合作运动。③

为保证普及国民基础教育运动的顺利执行,广西省政府采取了以下重要措施。

(一) 成立广西普及国民基础教育研究院

雷沛鸿非常重视教育的理论研究和实验论证,认为"不学无术,必不足以言革新教育,更不足以言社会改造"④。为了给普及国民基础教育运动提供理论指导和支撑,辅导促进普及国民基础教育试行与推广,雷沛鸿于 1933 年 12 月,在广西南宁津头村创建了我国较早的正规的教育科学研究机构及近代中国第一个省级教育研究机构——广西普及国民基础教育研究院。研究院由雷亲自兼任院长,直接在教育厅领导之下。其宗旨是"以学术研究所得之结果辅助教育行政,完成普及国民基础教育之五年计划于全省"⑤,主要任务是对全省普及国民基础教育进行设计、研究、试验和指导;研究院的具体工作为调查统计、研究计划、短期培训师资、整理教改经验、负责编辑国民基础学校教科书以及出版教育刊物、提供理论与技术咨询等。

为了集思广益、博采众长,研究院先后从全国各地聘请了一些教育流派如平民教育派、乡村建设派、生活教育派、中华职教社等人员前来开展教育改革。围绕着普及国民基础教育的理论、教材及教法等问题,他们专心研究,开展内容丰富、形式多样的教育实验活动。在研究院从事教育实验、担任教育行政的人才大多是国内教育界的知名专家、学者,其中较著名的如下:

---

① 雷沛鸿.六年来之广西国民基础教育 [M].桂林:民团周刊社,1939:9.
② 广西壮族自治区地方志编纂委员会.广西通志·教育志 [M].南宁:广西人民出版社,1995:195.
③ 广西壮族自治区地方志编纂委员会.广西通志·教育志 [M].南宁:广西人民出版社,1995:195.
④ 韦善美,马清和.雷沛鸿文集:下册 [M].南宁:广西教育出版社,1990:434.
⑤ 韦善美,马清和.雷沛鸿文集:下册 [M].南宁:广西教育出版社,1990:553.

方与严（1899—1968），安徽歙县人，当代初等教育家，陶行知教育思想的忠实实践者。

杭苇（1908—1988），江苏无锡人，当代教育家。

黄齐生（1879—1946），贵州安顺人，近代教育家，曾赴日本留学。

程今吾（1908—1970），安徽嘉山人，当代教育家。

林砺儒（1899—1977），广东信宜人，当代教育家，曾留学日本，毕业于东京高等师范学校。

童润之（1899—1993），江苏南京人，中等教育专家，留学美国获得加州大学教育硕士学位，曾任江苏教育学院教务处处长、院长。

董渭川（1901—1968），山东邹县人，当代教育家，曾被派往欧洲十国开展民众教育和社会教育考察活动。

孙铭勋（1905—1961），贵州平坝人，当代著名幼稚教育专家。

（二）颁布一系列教育法规

为了推动广西普及国民基础运动的迅速发展，广西当局十分重视教育立法，先后颁布一系列相关的教育法规。其中由雷沛鸿亲自主持草拟并经省府委员会以法令形式颁布的主要有：《广西普及国民基础教育五年计划大纲》（后延长为6年）、《广西普及国民基础教育研究院开办计划》、《广西普及国民基础教育指导区规程)、《广西省立国民基础师范学校办理通则》、《广西各县实施强迫教育办法》、《广西国民基础学校办理通则》、《广西特种教育实施方案》、《广西省成人教育实施方案》、《广西省成人教育推行委员会组织大纲》、《广西省成人教育师资训练班办法大纲》等。① 这些重要法令对基础教育工作做了详细的规定，从而使国民基础教育工作有章可循、有法可依，同时也体现了教育家雷沛鸿运用法律手段管理教育的特点。

（三）实行"三位一体"领导体制

用行政的力量来直接推动教育，是广西国民基础教育的显著特色。其成功与雷沛鸿所推行的组织管理体制是分不开的，他称"三位一体"制为"本省在教育行政上的一大发明。② "三位一体"制是一种包括"政教合一""一人三长""一所三用"的组织管理体制。"政教合一"指国民基础学校既是基层政权机关，又是教育机关。"一人三长"是乡（镇）村（街）长兼任国民基础学校校

---

① 李露．论雷沛鸿教育行政管理思想与实践［J］．华东师范大学学报（教育科学版），1998（1）：85．

② 韦善美，马清和．雷沛鸿文集：下册［M］．南宁：广西教育出版社，1990：234．

长和民团后备队队长。"一所三用"，就是国民基础学校既是儿童和成人教育中心，又是地方政治中心、民团训练中心，还是社会经济活动中心。这种组织管理体制本着用"简便、直接、有效"的办法，把广西原有的、比较健全的基层政治组织改进为普及国民基础教育的基础组织，由地方基层政治组织负起直接领导国民基础教育的责任。① 这样有利于广西全境动员起来，解决实施国民基础教育运动时遇到的师资、干部、经费和设备不足等各种实际困难，对有效顺利地开展国民基础教育起到了保证作用。

（四）实施"特种部族教育"

何谓"特种部族"？指的是广西当局对苗、瑶、侗等少数民族的统称。在少数民族地区实施"特种教育"也是国民基础教育中的一种有益的具有开创性的尝试，在广西历史上开启了对少数民族实施义务教育的先河。"特种部族教育"主要针对当时广西各少数民族彼此语言不通、文化落后、多居穷乡僻壤的特殊情况而实施的。省政府先于 1933 年 4 月公布广西特种教育实施方案，又于次年成立专门负责调查全省少数民族生活及教育概况、研究和解决少数民族儿童教育、成人教育及社会教育等问题以及指导少数民族地区国民基础教育的专门机构——广西特种教育委员会，由雷沛鸿任主任委员；同时，为了加强对少数民族师资的培训，省政府于 1935 年在南宁成立了广西最早的民族师资培训机构——广西省立特种教育师资训练所（后改为广西省立桂岭师范学校）。该所面向全省少数民族地区招生，学生毕业后大多数分配在少数民族地区担任小学教师，为民族地区基础教育事业的发展做出了贡献。

"特种教育"的开展，显示了广西当局开始重视西南少数民族教育，并且成绩斐然。据统计，到 1939 年，广西各县特种部族区域共成立中心校 37 所，基础校 627 所，在学儿童 28113 人，成人 23207 人。② 特种教育的开办加强了新桂系对苗、瑶等少数民族的统治、控制与开发，对促进少数民族地区教育的发展具有积极的作用；同时这一举措也拓宽了中华民族观念的传播渠道，塑造了国家大一统的形象，为地方培养了新型的文化精英，在一定程度上推动了少数民族地区社会的发展。

（五）开办国民基础学校成人班，普及成人教育

教育革新家雷沛鸿也是一位积极提倡开展成人教育实践的教育家，是中国

---

① 李露. 论雷沛鸿教育行政管理思想与实践［J］. 华东师范大学学报（教育科学版），1998（1）：84.

② 刘介. 广西特种教育［M］. 桂林：广西省政府编译委员会，1940：22-27.

成人教育运动的先驱。他认为成人教育的作用较大。"成人教育的意义，大概来说，凡为全国 18 岁以上的男女而设施的教育，都可以称为成人教育。"① 他提出教育大众化之施教方针，1933 年倾全力主持开展的极具特色的广西普及国民基础教育运动，将儿童教育和成人教育、学校教育和社会教育结合在一起。他极力建议广西省政府将 1939 年定为"广西省成人教育年"，充分动员全社会各方面力量，在全广西省范围内大规模地普及成人教育。

在广西开展普及国民基础教育运动的同时，各地国民基础学校纷纷开办招收失学成人进行识字教育、旨在扫除青壮年中的文盲现象的成人班。1935 年 3 月，省政府颁布《广西国民基础学校办理通则》，规定 16 岁（后改为 18 岁）以上、45 岁以下的男女失学成人强迫入成人班，接受 6 个月（后改为 4 个月）的基础教育。②

至 1936 年，省政府又先后颁布《非常时期成人教育方案》和《广西成人教育实施办法》，进一步对成人教育作具体规定，从而为开展成人教育卓有成效提供了保证。据统计，全省成人班在学学生数：1933 年 47671 人，1934 年 134790 人，1935 年 472170 人，1936 年 1211576 人，1937 年 1407370 人，1938 年 1337604 人。毕业学生数：1933 年 22550 人，1934 年 37592 人，1935 年 43510 人，1936 年 480642 人，1937 年 299599 人，1938 年 1042397 人。③

国民基础学校成人班的开办，极大地推动了广西成人教育的普及和发展。至 1939 年，省政府为加快成人教育，集中人力财力举办成人班，开始对全省失学成人 270 万人实施强迫教育，由此这一年被定为"成人教育年"。雷沛鸿亲自草拟并促使省府颁布《关于成人教育年实施方案》，提出成人教育以扫除文盲为手段，以动员民众抗战、贯彻政府政令为主旨。还分别就相关成人教育实施原则、组织、设施及设备、入学及编制、师资、课程及教材、教学、视导、考核等问题列出详细的规定，令执法者与受教育者都能很清楚目标与要求。④ 同年成立省成人教育推行委员会，由省政府聘请教育专家董润之（留学美国）、董渭川、唐现之、杨卫玉（曾赴日本留学，入东京高等师范学校）4 人担任聘任委员。"成人教育年"活动在全省展开，对广西成人教育事业产生了深远的影响。

---

① 韦善美，马清和. 雷沛鸿文集：上册［M］. 南宁：广西教育出版社，1989：422.
② 广西壮族自治区地方志编纂委员会. 广西通志·教育志［M］. 南宁：广西人民出版社，1995：576.
③ 广西壮族自治区地方志编纂委员会. 广西通志·教育志［M］. 南宁：广西人民出版社，1995：576.
④ 钟文典. 20 世纪 30 年代的广西［M］. 桂林：广西师范大学出版社，1993：704.

　　由雷沛鸿独创的国民基础教育，在当时是比较系统、完整而且成效显著、影响较大的，曾一度引起国内外教育界的广泛注目。如 1936 年，江苏籍民众教育家、江苏省立教育学院院长俞庆棠带领广西教育考察团到南宁、柳州、桂林等地考察，对国民基础教育十分赞赏；1940 年全国国民教育会议在重庆召开，决定将广西普及国民基础教育的理论和做法推行到全国；1946 年，曾任南京中央大学秘书、国民政府教育部专员督学的湖南籍教育学家刘寿祺在视察广西时发表评论意见，认为"广西的国民基础教育制度，有崇高的理想，有全盘的计划，复有具体的办法，而且能够切实地做大规模的实践，所以能纳入国家立法而推行于全国"①。可见，国民基础教育得到充分的肯定和高度的评价及推崇。

　　总之，20 世纪 30 年代广西国民基础教育的运动是在当时特定的历史条件下对初等教育的一种大胆的改革和创新，是一场依托政权的力量、以行政立法为支撑而全面推行于一个省、规模宏大、形式独具、较为成功的区域性教育改革运动，在近代广西教育史上有着重要的历史地位。其成功经验对于推进当今我国基础教育的改革和发展具有一定的借鉴意义。

第二节　留学生群体与新桂系时期的国民中学教育

　　国民中学制度是广西省教育厅厅长雷沛鸿在 1935 年首先提出的。次年 2 月，省政府颁布《广西国民中学办法大纲》，开始创办国民中学。它是一种广西为继续实施国民基础教育，适应政治、经济、文化、军事"四大建设"的需要，"负有培养地方建设干部特殊使命"②，旨在对传统的中学教育制度加以改革和补充的新型中学。

　　国民中学的创办以县立为原则，或数县联办，其学制、课程、教学方法等均有别于传统普通中学。创办初期，修业期限 4 年，分前、后期各 2 年。前期招收中心国民基础学校毕业生或具有同等学历者，修业期满为结业。后期招收国民中学前期结业生或具有同等学历者，前期结业生具有 1 年以上服务或职业经验后，才得以升入后期。后期学生修业期满，经军训与毕业试验及格者，发给毕业证书③；课程设置以政治、经济、文化、军事"四大建设"为纲，分政

①　刘寿祺. 刘寿祺教育文选［M］. 长沙：湖南教育出版社，1992：128-129.
②　雷沛鸿. 国民中学立法诠释［J］. 广西教育研究，第 5 卷第 1、2 期合刊.
③　广西壮族自治区地方志编纂委员会. 广西通志. 教育志［M］. 南宁：广西人民出版社，1995：305.

治训练、社会服务、生产技术、青年军训、国语、史地、数学、自然、艺术等科目；教学方法上反对注入式。如在教学时间安排上，规定在每一节课，教师介绍新课、指导学生复习旧课、辅导学生自习新课的时间各占 1/3，以防止说教式的教学方法。在江苏省立教育学院（创办人为江苏太仓人，留学美国哥伦比亚大学教育师范学院并获得博士学位的教育家俞庆棠）编订的《广西省国民中学课程教材及训导》中提出，教师要活用教材，在教材的启示下指导学生在生活、工作及社会中学习"做人做事及治学"①。

可见，国民中学教育强调学问与劳动、理论与实践相统一，互教共学，积极参与地方建设。国民中学创办后发展十分迅速，从 1936 年开始在广西推行，历时近 12 年。据统计，1939 年全省国民中学发展到 37 所，144 个班级，学生达 7045 人，毕业生已达 2076 人②；1941 年为 51 所，其中省立 1 所，县立 41 所，联立 9 所，共计 320 班，学生 11000 人③；国民中学先后共培养了 2 万名左右的毕业生，对广西中等教育的发展起了重要的促进作用，同时又推动了基础教育文化事业的发展。

在国民中学创办、发展的历程中，以倡导者雷沛鸿为首的教育家、专家们在开展教育研究、师资培训与辅导、编订课程标准及编撰教材等方面做出了显著的贡献。

一、开展教育研究

为了加强教育学术与教育行政之联系，健全发展教育事业以及培训中等教育师资及教育行政干部，广西省政府委员会于 1940 年 5 月在第 471 次常会通过了广西省教育厅厅长雷沛鸿起草的《广西教育研究所组织大纲》。聘请李任仁（广西省临时参议会议长）、陈鹤琴（教育家，美国霍普金斯大学、哥伦比亚大学文学学士、硕士）、陈剑脩（教育家，英国伦敦大学心理学硕士）、高阳（教育家，美国康奈尔大学文科硕士，1941—1942 年任国立广西大学校长）为广西教育研究所委员，谢康（法国巴黎大学文科博士）为秘书，丁绪贤（著名化学家、化学史家，留学英国伦敦大学）、崔载阳（教育家，法国里昂大学哲学博士）和俞颂华（新闻教育家，留学日本东京法政大学）为下属各组主任，即开

---

① 广西省国民中学课程教材及训导 [M]. 广西省教育厅编，1941：4.
② 六年来广西国民中学概况简表 [J]. 广西教育研究，第 5 卷第 1、2 期合刊.
③ 三十年度广西督学专科视察员教育视导报告 [M]. 中国第二历史档案馆藏，全宗号五，案卷号 1510.

始筹备工作。

1940 年 8 月，作为近代中国地方省级教育研究机构的典型代表之一的广西教育研究所正式成立，广西临桂人李任仁被聘任为所长。该所下设总务、研究实验、教学、辅导 4 个组，主要任务：中等教育师资之培养、辅导、检定、进修，国民基础教育、中等教育的教育理论、制度与方法之研究及实验等。① 研究所于 1942 年 4 月并入省立桂林师范专科学校，改为"广西省立桂林师范学院附设师范教育研究所"。1943 年，省政府决定恢复广西教育研究所，聘雷沛鸿为所长。

为了倡导教育理论研究，1941 年 9 月，在广西教育研究所内设立由雷沛鸿任主任的国民中学教育研究室，专门负责研究相关国民中学教育的各项问题，修订国民中学的全部法规，并邀请专家、学者开展专题研究。如 1942 年 1 月，在桂林召开以"从事国民中学教育理论与实际之研究"为主旨的国中教育研究会第一次会议。出席者有林砺儒（留学日本东京高等师范学校，曾任国立桂林师范学院教授兼教务长）、曾作忠（美国华盛顿大学哲学博士，曾任广西省立师范专科学校校长）、雷沛鸿、谢康等具有留学背景的学术界和广西行政界人物；1943 年 1 月广西教育研究所与中等教育专家林砺儒、董渭川等就广西的国民中学教育、师范教育等问题开展深入研究，并先后举行了上百次座谈和讨论，取得的研究成果颇为显著。

此外，专家们还在《教育与民众》《建设研究》《教育通讯研究》《广西教育研究》《建设研究》等刊物上发表了关于国民中学研究的一系列论文。其中有童润之（中等教育专家、美国加州大学教育硕士）的《广西国民中学兼办师范教育之现状与问题》《国民中学制度产生之背景》《广西国民中学制度创设之背景及其特质》《创办国民中学刍议》，杨东莼（著名教育家、历史学家，留学日本，曾任广西省立师范专科学校首任校长）的《国民中学与地方建设干部学校的联系问题》，雷沛鸿的《国民中学教育之目的理想及设施》《国民中学制度之当前重要问题》《国民中学与县政建设》《国民中学新制度上之新功用力揭要》，苏希洵（留学法国巴黎大学，获法学博士学位）的《广西国民中学之现状与改进》，苏芗雨（留学日本东京帝国大学大学院）的《国民中学九十分钟教学之瞻察》等文章。这些文章围绕着国民中学的理论与实践、现状与问题、组织与设施、课程与教材、导师与学生、教育方法以及立法等方面的诸多问题开展了

---

① 广西壮族自治区地方志编纂委员会. 广西通志·教育志 [M]. 南宁：广西人民出版社，1995：742-743.

深入的探讨，从而深化了对国民中学的论证，丰富了国民中学教育理论，推动了国民中学的继续发展。

二、开展师资培训与辅导工作

为了解决抗战时期广西中等教育因发展较快而紧缺师资的难题，广西教育研究所一经成立即全力投入培训中等教育师资的工作，先后开办多种训练班和研究班。其中主要有：

1. 童子军教练员训练班，学员 77 人。由留法法学博士、广西教育厅厅长苏希洵（1940 年 9 月—1943 年 10 月任职）和留美体育硕士章辑五分别任主任及副主任职位，中国童子军总会视导室主任、曾赴日本考察童子军事业的陈邦才为主任教官。①

2. 文史地教学研究班，学员 50 人。担任委员的除李任仁、陈鹤琴、陈剑脩、高阳、谢康（秘书）外，雷沛鸿和苏希洵分别为当然委员和常务委员；担任研究导师的有教学组主任丁绪贤、实验组主任谢扶雅（中国基督教宗教哲学家，著述家，留学日本的高等师范学校、立教大学及美国的芝加哥大学、哈佛大学）、焦菊隐（著名导演艺术家、戏剧理论家，巴黎大学文学博士）；兼任讲师的有雷沛鸿、黄文博（留学法国巴黎大学获文学博士学位）、黄同仇（留学英国伦敦大学经济学院及爱丁堡大学）、龙一飞（留学法国里昂大学获法科博士学位）、朱智贤（中国现代心理学家、教育家，留学日本东京帝国大学）、董绍良（留学法国，在巴黎大学攻读地理学）、钱实甫（历史学学家）等著名专家学者。

3. 中等学校数理化教学研究班，招收高中毕业生 60 名，分数学和理化两个组进行训练，期限一年，成绩及格者准予毕业，由省政府派往省内初中或国民中学服务。②

4. 国民中学教育研究班，学员 34 人。该班委托疏散在桂林的江苏省教育学院承办。培训方式颇为独特。学员首先探讨国民中学教育及中等教育理论与实践问题，然后被分派到临桂国民中学等学校实习，由江苏教育学院教师巡回指导，最后由学员个人进行总结，写成实习报告。③

---

① 广西教育研究所 . 广西教育研究所概览［M］. 出版社不详，1940：54.

② 肖朗，王友春 . 雷沛鸿与广西教育研究机构的创办——学术史的视角［J］. 天津师范大学学报（社会科学版），2013（2）：55.

③ 肖朗，王友春 . 雷沛鸿与广西教育研究机构的创办——学术史的视角［J］. 天津师范大学学报（社会科学版），2013（2）：55.

在国民中学教育研究班中担任教授兼导师的有苏芗雨（台湾心理学研究者，入日本东京帝国大学大学院进修心理学）、王一蛟（曾赴美国明尼苏达大学学习农业经济学，应聘在国立广西大学农学院任教）、刘同圻（留学美国加州大学农学院获硕士学位，曾任广西大学农学院教授兼园艺系主任）、董渭川（教育家，曾赴欧洲考察教育）；担任副教授兼导师的有段永嘉（著名植物病理专家，毕业于日本北海道大学农学部）、朱智贤（留学日本）等。

此外，具有留学背景、应邀先后兼任广西教育研究所研究导师或研究员的还有林砺儒、童润之、谢康、黄现璠（国际知名民族学家、历史学家、教育家）、陈占元（留学法国巴黎大学）等知名人士。

三、编订课程标准，编撰教材

国民中学创办后，只有课程标准而没有依据课程标准编纂的教材，因而只好采用初中课本为教材。为了加强国民中学制度的推行以及解决国民中学的教材问题，1940 年，广西省政府委托由无锡迁桂的江苏省立教育学院在编订国民中学课程的同时，协助编纂国中各科教材。教育厅与江苏教院积极开展合作，编订国文、地方建设等 17 门课程，凡 130 万字。① 这为后来正式编订国中教材打下了基础。编纂的国中各科教材于民国 30 年春开始试用，新教材的教学采用 90 分钟制，安排有教师讲解，有学生讨论、预习、复习各环节，摒弃注入式教学，尽量避免教师"一言堂"或"满堂灌"。

在课程编订、教材建设的过程中，雷沛鸿充分利用了教育文化名人云集桂林的有利条件，聘请那些在桂林文化城时期影响甚大的广西建设研究会的成员参加国民中学新立法、课程标准和教材修订工作。广西教育研究所成立于 1941 年的国民中学研究室，下设由雷沛鸿亲自担任主任委员兼指导主任的国民中学课程委员会，留日教育家林砺儒任委员兼总编纂，中国乡村建设派主要代表人物及著名教育家梁漱溟、林仲达任委员兼审校。其他成员包括留学日本东京大学的中国现代诗人穆木天、留学美国威斯康星大学和哥伦比亚大学的马名海、留学日本仙台东北帝国大学经济学科的张先辰、留学日本的中国著名戏剧艺术家欧阳予倩等人。他们以原江苏教院编的《广西省国民中学课程教材及训导》为蓝本，除设计全套的《广西国民中学课程标准》外，还编成了《国民基础教

---

① 曹天忠. 桂林文化城时期的国民中学之争［J］. 中山大学学报（社会科学版），2001
　（2）：93.

育》《教育概论》等 21 种国中教材。① 国民中学从此开始使用自己独立的教材，结束了过去借用普通中学教材而被社会讥笑为"次等初中"的历史。

雷沛鸿首创的国民中学制度，是以"六三三"制旧教育为改革对象，与国民基础教育相衔接的新型学制，是我国自清末废科举兴学校之后，第一次提出脱离单一升学准备的中学教育轨道，建立适合我国社会实际、适应地方建设需要的中学教育体制。著名教育家林砺儒先生盛赞国民中学的创制在我国近现代教育史上具有划时代的历史意义，说这个教育制度"可以给全国中等教育指出一条活路"。以研究社会教育著称的国民中学教育专家董渭川教授的评论称："国民中学是改造中等教育的开路先锋。"②

在雷沛鸿厅长的统领下，留学生群体进行的国民中学教育实践，是一项在实践中做出巨大贡献、在理论上为后人留下有益启示，具有鲜明的民族教育特色的教育改革事业。③

第三节 留学生群体与新桂系时期的高等教育

20 世纪二三十年代，以李宗仁、黄绍竑、白崇禧为首的新桂系打败了以陆荣廷为首的旧桂系，登上广西的政治舞台。从此，广西的各项事业蒸蒸日上，特别是新桂系奋发图强，励精图治，对教育事业的发展不遗余力，使广西高等教育的发展从无到有、迅速发展壮大，为留学生施展才能提供了广阔的天地。在此背景下，省立广西大学、广西省立师范专科学校、广西省立医学院应运而生，国内具有留学经历的著名专家、学者纷纷云集到桂任教或讲学。留学生们充分利用在海外学到的先进教育思想与理念来发展广西的高等教育和科研事业。一批研究机构纷纷出现，如国防化学研究所、植物研究所和经济研究所，推动广西科研事业的发展；同时也为广西培养了一大批教育与科技、医疗卫生等领域的人才，优化了广西的教育结构，促进了广西高等教育的发展。留学生所发挥的巨大作用，从广西方面讲，奠定了广西高等教育事业发展的基础，而从国家层面看，则"客观上，对促进我国高校办学模式由传统的封闭式向现代意义

---

① 李微. 新桂系的国民中学 [J]. 广西文史资料，1982（第 15 辑）：154.

② 冯力行，唐国英. 雷沛鸿在桂林——兼论雷氏民族教育体系 [J]. 广西右江民族师专学报，1999（2）：14.

③ 杨启秋. 国民中学述论 [J]. 广西右江民族师专学报，1998（3）：25.

上的开放式转轨起了促进作用，为我国高等教育的发展开辟了新的发展前景"①。

一、留学生与省立广西大学

（一）积极参与筹建省立广西大学

清末自新政期间新式教育兴起以来，受社会经济发展水平的制约，广西新式教育发展速度一直非常缓慢，其中尤以高等教育最为明显。在旧桂系执政时期，广西只有成立于 1908 年的广西公立法政专门学校和成立于 1921 年的广西省立工程专门学校两所专科学校。广西经济发展水平的落后，必然制约发展高等教育经费的投入。由此，广西的高等教育不得不借助省外其他有实力的高等院校的支持。例如，北京师范大学于 1925 年曾开办特别班专门为广西省代培师资，由广西省当局选送学生并拨给补助费。广西高等教育资源的缺乏，广西的学子不远万里到广州、香港、上海和北京等地读大学。② 长期如此外出求学，路途遥远及花费巨大，中产或中产以上人家的子弟，还支付得起，而且这样的人家也有限，而大多数优异的农家贫寒子弟则为远赴求学而面临重重困难。

求学困境使当时广西省内的父老深受刺激。尤其是一些有识之士已经逐渐感觉到需要充实新的知识，从而想方设法创造条件来学习新的科学技术。1927 年 4 月 15 日广西省政府正式成立，委员为 9 人，有黄绍竑、李宗仁、白崇禧、夏威、黄蓟、雷沛鸿、朱朝森、伍廷飏、俞作柏。此时，新桂系掌权的广西省政府对整顿发展广西的教育不遗余力。正如时任广西省政府主席黄绍竑所说："当时广西全省没有一所大学，使广西当局感到极不体面。"③

为培植建设广西的人才，1927 年冬，省政府决定筹办省立广西大学，并由省政府主席黄绍竑邀请广西桂林人——著名政治家、教育家、科学家，具有海外留学经历的马君武博士回桂一起筹办。正式成立省立广西大学筹备委员会，筹备委员 11 人中马君武、盘珠祁、黄华表、雷沛鸿、岑德彰、刘宝琛、邓植仪、凌鸿勋 8 人具有留学背景。从下表 6-1 可以看出，他们绝大多数都留学美国，只有马君武先入日本京都帝国大学，后入德国柏林大学。自从鸦片战争以后，中国的无数仁人志士为拯救陷入水深火热的人民而不断探索救国道路，包

---

①　张振助. 庚款留美学生与近代中国高等教育 [J]. 高等师范教育研究，1996 (5)：12.

②　广西大学校史编写组. 广西大学校史 1928-1988 [M]. 南宁：广西大学印刷厂，1988：2-3.

③　广西文史研究馆. 黄绍竑回忆录 [M]. 南宁：广西人民出版社，1991：159.

括远离祖国、负笈海外求学的留学生们，其目的是"师夷长技以制夷"。他们所学习的科目与科举取士的儒家经典内容有着天壤之别，包括化学、教育学、农学、土壤学、政治学等。他们积极奋发，如饥似渴，沉浸在西方大学教育内，汲取各种先进的科学技术和教育理念。这样一批具有新式教育思想的留学生，自然期盼能在古老的华夏大地上充分发挥他们的聪明才智，发展祖国的高等教育，从而实现"天下兴亡，匹夫有责"的报国情怀。

对于"如何开办省立广西大学"的问题，代表们各抒己见，可谓"仁者见仁，智者见智"。有人主张分设数院，而多数人则反对一校分在几个地方办学。盘珠祁则认为广西开办大学经费既不充裕，又没有历史上的关系，没有必要设立几所分校办学；而且，各分校隔离太远，管理不便。所以，创办大学的地址不仅要交通便利，还要考虑所聘请的教授是否愿意任教于省立广西大学。① 最后，由于马君武、盘珠祁等人力陈分散办校的弊端而主张以集中一地建校为佳，所以筹委会选定省立广西大学校址在梧州市河西区蝴蝶山一带。

表 6-1　省立广西大学筹备委员会中留学生的简况

姓名	籍贯	留学经历	任职情况
马君武	广西桂林	1901 年入日本京都帝国大学工科学习，1913 年再赴德国留学，获德国柏林大学工学博士学位	任教务主任
盘珠祁	广西容县	1909 年留学美国，获威斯康星大学农学硕士学位	兼任美洲特派员
黄华表	广西藤县	1922 年赴美国留学，毕业于华盛顿大学教育系、加利福尼亚大学及丹福大学研究院，获教育硕士学位	兼任建筑系主任
雷沛鸿	广西邕宁	1913 年留学英国克里福大学，次年赴美国欧柏林学院攻读政治学和教育学，获学士学位；1919 年入哈佛大学研究院研究政治学、经济学，获硕士学位，后被授予博士学位	兼任南洋及欧洲特派员
岑德彰	广西西林	留学美国哥伦比亚大学，获法学硕士学位	任总务主任

---

① 广西大学校史编写组 . 广西大学校史 1928-1988［M］. 南宁：广西大学印刷厂，1988：4-5.

姓名	籍贯	留学经历	任职情况
刘宝琛	广东新宁	1919 年留学美国麻省理工学院攻读造纸化学工程，获硕士学位	兼任美洲特派员
凌鸿勋	江苏常熟	1915 年毕业后由北京政府交通部派赴美国桥梁工厂实习	委员
邓植仪	广东东莞	1909 年赴美国学习农业科学。先入加利福尼亚大学，后转入威斯康星大学攻读土壤学，1914 年获硕士学位	委员

资料来源：《广西大学校史》《广西大学校志》《广西民国人物》《广西通志·教育志》等。

（二）担当省立广西大学的行政、教学骨干

经过各方努力，1928 年 10 月 10 日，省立广西大学正式开学。马君武、盘珠祁分别被聘为首任校长和副校长，此乃众望所归。此时，因为广西省内的高中毕业生尚少，所以广西大学成立时先办 3 年预科，为以后发展本科保证学生入学水平打好基础。早在 6 月，省立广西大学就分别在梧州、南宁、柳州、桂林四城市招生，录取预科一年级生约 260 人；分甲、乙、丙、丁、戊、己 6 组授课。① 预科分为甲部与乙部，甲部为升入本大学算学、物理、化学、土木、机械各系做准备，乙部为升入本大学生物、农学、林学各系做准备。

曾留学日本、德国的马君武校长认识到留学生对发展广西高等教育的重要性，在创校前就考虑到聘请教授的问题。表 6-2 为马君武聘请的第一批专业知识扎实、博学多才、具有留学背景的部分教授的情况，如马名海（留学日本）教授物理并任理学院院长及数理系主任，蒋继伊（留学日本）任总务长兼任教化学，黄方刚（留学美国）任英文教师，黄叔培（留学美国）任国文教授，龙伯纯（留学美国）教授国文，曾昭桓（留学美国）教授历史与地理等，他们都在相应的岗位上发挥自己的才华。由此可见，受聘请的留学生不仅担任省立广西大学的行政管理、教学职务，还把西方高等教育管理的经验、办学思想和教育风格直接带进广西的高等院校进行实践。这些英才俊杰到省立广西大学服务，充分发挥了自己的教学才能，促进广西高等教育向前发展。

---

① 广西大学校史编写组 . 广西大学校史 1928-1988［M］. 南宁：广西大学印刷厂，1988：6.

表 6-2 省立广西大学初办时聘请的部分教授简况

姓名	籍贯	留学经历	任职、任教情况
白鹏飞	广西桂林	留学日本东京帝国大学，获硕士学位	兼校务长
马名海	河南濮阳	留学美国哥伦比亚大学，获硕士学位	兼校务长、理学院院长及数理系主任，教物理
蒋继伊	广西全州	留学日本，入法政大学专攻财政	兼总务长，教化学
黄方刚	上海浦东	留学美国获卡尔登大学文科学士学位、哈佛大学哲学博士学位	教授，教英文
黄叔培	广东揭阳	留学美国，获伦斯勒理工学院机械工程博士学位	教授，教植物学
龙伯纯	广西桂林	曾留学日本	教授，教国文
曾昭桓	湖南湘乡	赴美国意利诺大学铁路土木工程系深造，获学士学位	教授，教历史、地理
刘尔题	广东紫金	留学法国图卢兹大学理学院和农学院，获理科硕士学位	教授，教植物学

资料来源：《广西大学校史》《广西大学校志》、《广西民国人物》《广西通志·教育志》等。

省立广西大学于 1929 年因宁鄂战事导致梧州社会不安，办学仅一年校务就被迫停顿。1931 年 5 月，粤军退出梧州后局面恢复如昔。广西政治委员会议决定恢复省立广西大学，仍聘请马君武、盘珠祁任正副校长，随后省立广西大学的发展进入较快的阶段。1932 年，省立广西大学扩大院系，理学院分设数理系、化学系和生物系，马名海任理学院院长。同时成立农学院与工学院，农学院分设农学系和林学系，由副校长盘珠祁兼任院长；工学院设土木工程学系，院长由马君武校长兼任。1933 年夏，预科第二届毕业，毕业生计有 118 人。9 月，工学院增设机械工程学系。[①] 马名海兼数理系主任，林炳光（留学美国）任化学系主任，费鸿年（留学日本）任生物系主任，谭锡鸿（留学美国）代理农学系主任，叶道渊（留学德国）任林学系主任，苏鉴轩（留学美国）任土木工程学

---

① 广西大学校史编写组．广西大学校史 1928—1988 [M]．南宁：广西大学印刷厂，1988：16.

系主任，丘君奋（留学日本）兼代机械工程学系主任。这些学院、学系的设立，吸引了许多国内著名教授来此任职，充实了省立广西大学的教授数量和质量，为省立广西大学的教学和科研质量的提高注入人才优势，也对广西的社会变革产生了重要的影响，推动了广西政治、经济、文化等方面的变革，特别对推进广西高等教育近代化的进程做出了重要的贡献。

表 6-3 为 1934 年有关留学生在省立广西大学中任教或任职的简况。以这一年为列，可看出当时的广西大学招揽了来自全国四面八方的留学生荟萃于此。从籍贯来看，37 人分别属于十多个省份。广西籍的有 11 人，约占总数的 29.7%；广东籍的有 7 人，约占总数的 18.9%；浙江籍的有 9 人，约占总数的 24.3%，以上 3 省所占比例较大，共计 72.9%；江苏、河北、湖南籍的各有 2 人，湖北、福建、山东、四川籍的各有 1 人。以上几个省所占比例较小，共计 27.1%。从这些留学生在省立广西大学任教的职务上看，理学院的留学生占了整个院系教师的半壁江山。说明留学生在创建发展壮大理工科的实际运作中发挥重大作用，为省立广西大学的科研事业的不断进步提供了高素质的人才。工学院的留学生有马君武、苏鉴轩、李德晋、沈锡琳、丘君奋。理学院和工学院都是以科研为主的院系，反映出省立广西大学是一所理工科占有主导地位的综合性大学。另外，广西地处华南地区，典型的亚热带季风气候，农业占有重要的地位。因此，要发展广西的现代农业，离不开高等院校所培养的农业人才。此时，经过几年的曲折发展，省立广西大学的农学院有盘珠祁、谭锡鸿、徐陟、施华斋、叶道渊等教授。

从留学生的留学经历来看，37 人分别到不同的国家、不同的大学深造过。留学美国、日本、法国、德国、英国的分别为 16 人、11 人、6 人、2 人、2 人。从中可看出留学生从美国大学毕业的人数最多，原因是 1908 年美国国会通过议案，授权总统退还庚子赔款作为支持中国留学生赴美留学的费用，对于留学生来说有着很强的吸引力。加上美国有先进的科学教育、积极鼓励外来学生的留学政策和自由宽松的学术环境，更是中国学生选择留学美国的非常重要的一个原因。相对处于太平洋东岸的美国来说，与中国近邻的日本在历史上一直以中国为学习榜样。崛起于 20 世纪末的岛国日本称霸于亚洲，并在甲午中日战争中打败中国。一系列的屈辱条约，惊醒沉睡中的中国人民，所以日本是学生选择留学的一个不可忽视的国家；虽然留学英、法、德的人数较少，但这几个国家都是当时世界上的强国，自然能投入经费来发展现代高等教育。这些留学生在所学科目上是多方面的，包括农学、生物学、理学、经济学、地质学等。

从留学生的职务或岗位看，理学院人数最多，达到 17 人；农学院和工学院次之，分别为 5 人、4 人；教英文预科的有 3 人；其他教员则任教于其他的科目。这些留学生大多数具有学士、硕士学位，甚至有博士学位。而且西方的教育很重视动手能力和实践经历，所以，有很多留学生到美国各地进行实地调查和进入公司实习，把课本知识与实际经历结合起来，从而在实践中开拓了视野，提高了理论水平。更有像马君武具有到两个国家留学的丰富经历，能吸收不同国家的先进教育，开阔了思维眼界。从表 6-3 有关留学生在省立广西大学服务的情况看，凭着受过高等教育的优势，除了担任校长、教务长外，还肩负着领导各院的教学与科研工作。留学生归国后，往往投身于高等院校并成为广西近现代科学、教育的中坚力量，在教育领域里发挥了重要作用，促进了广西高等院校教学及科研能力的提高。

表 6-3　1934 年省立广西大学职员中留学生的简况

姓名	籍贯	学历	任职、任教情况
马君武	广西桂林	留学日本京都帝国大学工科、德国柏林大学，获工学博士学位	校长兼工学院院长
盘珠祁	广西容县	美国威斯康星大学农学硕士	副校长兼农学院院长
苏汝泩	广西藤县	法国南锡大学科学博士	事务长兼代教务长、农学院教授及农学系主任
廖延素	广西桂林	日本法政大学毕业	秘书主任
郭师儒	河北	日本明治大学毕业	训育员
汪立中	广西桂林	日本名古屋高等工业学校毕业	训育员
马名海	河南濮阳	哥伦比亚大学硕士	理学院教授兼理学院院长
张镇谦	浙江嘉兴	法国算学硕士	理学院教授兼数学系主任
邓静华	四川开江	法国南锡大学理学学士	理学院教授
徐玉相	浙江海宁	日本东京帝国大学天文学系毕业	理学院教授
谢厚藩	湖南新田	英国伯明翰大学理学学士	理学院教授兼物理系主任

续表

姓名	籍贯	学历	任职、任教情况
闻诗	浙江温岭	法国南锡大学理学博士	理学院教授
龙纯如	广西桂平	美国康奈尔大学电机科毕业	理学院教授
林炳光	广东中山	美国艾奥瓦省立大学化学工程学士	理学院教授兼化学系主任
萧达文	广西容县	美国密歇根大学化学工程硕士	理学院教授
章哄楣	浙江衢县	美国威斯康星大学化学硕士	理学院教授
陈之霖	浙江新昌	日本帝国大学毕业	理学院教授
蔡承雲	江苏崇明	美国华盛顿大学地质学硕士	理学院教授
费鸿年	浙江宁海	日本东京帝国大学毕业	理学院教授兼生物系主任
谢循贯	浙江永嘉	日本帝国大学生物系理学士	理学院教授
马心仪	山东青岛	美国得克萨斯省立大学学士、硕士、博士	理学院教授
汤觉之	湖南长沙	美国迪堡大学生物学士、哥伦比亚大学生物硕士	理学院教授
宋文政	湖北当阳	留学日本攻读化学	理学院化学系教授
谭锡鸿	广东台山	美国建沙省农业大学农学士	农学院教授
徐陟	浙江江山	法国巴黎国立农学院农艺研究科毕业	农学院教授
施华吝	浙江余姚	赴法国巴黎国立农学院研究三年	农学院教授
叶道渊	福建安溪	德国国立爱柏斯瓦林科大学毕业	农学院教授兼林学系主任
苏鉴轩	广西容县	美国威斯康星大学土木工程学士、硕士	工学院教授兼土木工程学系主任
李德晋	广西桂林	美国康奈尔大学土木工程师及土木工程硕士	工学院教授
沈锡琳	广西贵县	美国普渡大学土木工程学士、康奈尔大学土木工程硕士	工学院教授

续表

姓名	籍贯	学历	任职、任教情况
丘君奋	广东梅县	日本东北帝国大学工程专门部机械工科毕业	工学院教授，代理机械工程系主任
夏之时	江苏丹徒	美国密歇根大学毕业	英文教授
张舜琴	广东汕头	英国伦敦法律学律师	预科英文教授
谢风池	广东台山	美国哥伦比亚大学文科学士	预科英文教授
韦荣	广东中山	美国哥伦比亚大学经济学硕士	预科英文教授
张书云	广西桂林	前清翰林，日本法政大学毕业	预科国文教员
卫本森	广东番禺	德国方言学校毕业	德文教员

　　资料来源：《广西大学校史》《广西大学校志》《广西民国人物》《广西通志·教育志》《广西大学一览》等。

（三）从事科学研究工作

　　为了促进广西科学技术的发展，作为广西第一位工学博士的马君武校长（任期为1928年6月—1929年6月，1931年5月—1936年6月）对图书馆和实验室的建设非常重视。自省立广西大学成立以来，他就不惜重金选购图书资料和教学实验设备。如1934年去欧洲考察时花费巨资购回一批相当贵重的实验仪器，使省立广西大学的教学设备优于同期许多大学。[①] 省立广西大学的理工农科仪器不仅先进，而且十分完备，为科学研究提供了可靠的保证；同时还能邀请到国内有名望的专家教授到省立广西大学创建各种研究机构。

　　省立广西大学致力于创办科研机构和学术团体，为科学研究事业做出了诸多贡献。如广西大学植物研究所于1934年4月成立，聘请时任国际植物学副主席、中山大学著名教授陈焕镛任所长，直到1938年该所归属农学院。陈焕镛教授是广东新会人，1919年毕业于美国哈佛大学森林系，获得硕士学位。他任所长数年内先后派出采集队，采集了大量标本，对植物研究做出了重要贡献。1934—1935年，省立广西大学部分教师、学生结合当时形势，组成国防化学研究组研究各种炸药、信号弹、烟幕弹、炸弹等，请宋文政教授为指导。[②]

　　宋文政曾留学日本攻读化学，对研究各种炸弹比较熟悉，成果显著。1935

---

① 蒙荫昭.广西教育史 [M].南宁：广西人民出版社，1999：958.
② 马继化.广西大学校志 [M].南宁：广西科学技术出版社，1998：143.

年研制新型烈性炸药获得成功，后在一次操作过程中因炸药突然爆炸以身殉职。1937 年 10 月，广西大学经济研究室获广西省政府批准成立，浙江武义人、经济学教授千家驹获聘担任主任职务。该研究室围绕着广西的粮食和交通两个主要问题开展研究，出版了《广西粮食问题》和《广西交通问题》两部专著。以上这些研究成果与留学生们杰出的领导才能、广博的知识、扎实的基础、卓越的科研能力、艰苦拼搏和勇于为科学献身的精神密不可分。

（四）为广西培养了一批杰出的科技、教育人才

从 1928 年开始创办至 1936 年 6 月，省立广西大学发展成为包括理、工、农 3 个学院，有数学、物理、化学、生物、土木、机械、矿冶、农学、林学 9 个系和 1 个研究所的综合性大学。① 据相关资料统计，1932—1936 年，共有 5 届预科生毕业，计 369 人；1935—1937 年，共有 3 届本科生毕业，计 213 人；此外还有矿冶专修科（矿冶工程学系的前身）毕业生 27 人。②

可见，省立广西大学为民国时期的广西培养了一批科技、教育等方面的杰出人才。

新桂系在治理广西时期，在注重发展高等教育的同时，也十分重视出国留学教育。为培养在职中青年教师，省立广西大学实施资送教师出国深造，回国后返校服务的政策。在校长马君武的指导下，先后由西大资送或省政府考送出国的教师、毕业生有郑建宣、熊襄龙、杭维翰、汪振儒、徐震池、唐翰青、余克缙、秦道坚等人。他们学成归国，都在各自从事的领域里做出了突出的贡献。其中较著名的有以下几位。

郑建宣，广西宁明人。物理学家、教育家。1933 年由省立广西大学派到英国曼彻斯特大学深造，获物理学硕士学位。后回到省立广西大学，历任省立广西大学教授兼数理系主任、理工学院院长、副校长，从事金属物理学的研究。在抗战期间，他聘请当时我国著名物理学家如留美博士施汝为和卢鹤绂、吴敬寰等到校任教，使得数理系人才济济，为省立广西大学科研事业的发展打下坚实的基础。

秦道坚，广西桂林人，毕业于省立广西大学，由于成绩优秀，获得学校颁发的金质奖章并留校任助教，同时兼任省立广西大学附中化学教员。1937 年，赴美国留学专攻糖业化学、有机化学等科。1940 年学成回国后，受马君武之邀，

---

① 广西壮族自治区地方志编纂委员会. 广西通志·教育志 [M]. 南宁：广西人民出版社，1995：546.

② 广西大学校史编写组. 广西大学校史 1928-1988 [M]. 南宁：广西大学印刷厂，1988：21.

就任国立广西大学教授。1946 年秋，秦道坚应聘赴台，任台湾糖业公司正工程师，协助恢复屏东糖业，为台湾糖业的发展做出重要的贡献。1947 年，重回国立广西大学任化学系教授兼系主任。

汪振儒，祖籍广西桂林，1933 年获聘为省立广西大学理学院生物系讲师。1935 年由省立广西大学派到美国康奈尔大学林业系留学，获硕士学位。次年在北卡州迪尤克大学林学院森林系开展生态研究，获博士学位。回国后，任省立广西大学农学院森林系教授。

熊襄龙，广西柳江县人，被保送到美国康奈尔大学农学系深造，获农学博士学位，后回省立广西大学任教，升任为教授、农学系主任并兼任广西省政府农业顾问。

杭维翰，南宁亭子人，由省立广西大学保送到曼彻斯特大学水力发电工程系深造，回国后任广西建设厅技正，为建设广西贡献了一份力量。

二、留学生与广西省立师范专科学校

（一）首任校长杨东莼办学理念的贡献

1929 年蒋桂战争爆发，新桂系铩羽而归，李宗仁、白崇禧退守广西，以保存和发展自己的势力，企图东山再起，为兴兵中原做准备。在建设广西的过程中，提出"建设广西，复兴中国"的口号，大力贯彻"三自三寓"政策，同时在县、乡（镇）、村（街）大办民团，实行"三位一体"制度，强化基层组织，兴修公路，大办学校。广西省立师范专科学校（简称"广西师专"）正是在这样的历史背景下成立的。

需要指出的是，新桂系创办高等教育是存在着局限性的。"新桂系开办师专，不是单纯为了发展教育，主要是为了他们的政治服务，企图从师专培养一批他们所需要的甲级政治人才和中层干部。"[①] 因此，1932 年 7 月广西师专的第一届招生，就特别强调以培养教育行政人员和乡村师范师资为宗旨。在广西师专接受教育毕业之后，相当数量的学生往往被安排做政治工作。如第一届毕业生近百人，被分配到后来的民团干校和第四集团军政训处的几乎占半数。

广西师专成立前唐现之先生为筹备主任，他是广西灌阳县人，深受陶行知先生早期教育思想的影响，提倡生产教育。1932 年 9 月开学，广西师专还没有委派校长。同年 10 月，桂、粤联合反蒋，广西从外省招揽名流，想利用他们帮助培养人才，以巩固新桂系的统治。杨东莼（中国当代史学家、教育家）通过

---

①　莫济杰，陈福霖．新桂系史：第 1 卷 [M]．南宁：广西人民出版社，1991：507-508.

此时的广西教育厅厅长李任仁（1931—1933 年第一次任职）的介绍，认识了白崇禧，被聘为广西省立师范专科学校第一任校长。作为马克思主义学者的杨东莼，是大革命时期有名的共产党员，1927 年留学日本，1930 年回国。他巧妙地利用蒋桂之间的矛盾，希望在白色统治下建立一个革命据点。直到 1934 年，约一年多的时间里，作为广西师专的校长，杨东莼注重培养学生的良好学风，为以后广西师专的发展打下了坚实的基础。在充实学校教师队伍方面，聘请了诸如革命家朱笃一（朱克靖）、著名文学家沈起予、马克思主义经济学家薛暮桥、朝鲜革命家金奎光等进步专家学者来校任教和工作。其中有不少教师是留学生（见表 6-4），如杜敬斋曾经赴法国勤工俭学并进入莫斯科大学学习，具有两个国家的留学经历，广泛地接触了西方的高等教育，更能潜移默化地运用于实际教学中；沈起予有着 7 年留学日本的经历，学识见闻广博。当时广西师专很多课程是由受聘的留学生讲授的。在杨东莼主校期间，学生们感受到课程教学内容及教学方法与唐现之时期的不同。广西师专比较自由，没有那么多的清规戒律，没有固定的教材，也没有严苛的考试。教师们敢于打破常规，开创新思路，结合学生与实际的需要授课。总之，此时的广西师专教授们非常积极授课，学生学习的氛围非常浓厚。

（二）留学生在陈此生任教务长时所做的贡献

广西师专在杨东莼任校长期间，提倡集体主义、自由研究，无论是课程开设还是教学方法，都是以马列主义思想为主导。但是，杨东莼进步的办学思想为新桂系当局所不能容忍。1934 年，革命人士朱笃一被礼送出广西，杨东莼因此辞去校长职务，他聘请来的教师大多也先后被解聘。1935 年夏，民主人士陈此生经再度出任教育厅厅长的李任仁推荐担任广西师专教务主任。对于曾留学日本的他来说，这可是大展宏图、千载难逢的机会。如果把留学生比作千里马，要发挥千里马的作用，则更需要有伯乐的慧眼识珠，方不至于埋没了他们的杰出才能，为广西的教育事业添砖加瓦。何况此时内忧外患、民生艰巨、动荡不安的环境，更能触动这些有志之士的报国情怀。有了李任仁这个伯乐的推荐，陈此生当仁不让走马上任，在所担当的岗位上大展身手，效仿杨校长的做法继续招纳一批进步学者到广西师专任教，其中有陈望道、邓初民、马哲民、施复亮、熊得山、胡伊默、沈西苓等。如表 6-4 所示，留学生中有杜敬斋、胡伊默、郭任吾曾留学苏联，其余都到日本深造过。在信仰方面，陈望道、施复亮都信仰马克思主义，陈还是第一个翻译《共产党宣言》全译本的人。他注重为人师表，为人正直，教授修辞学和历代文选课程，平易近人，深得学生的尊敬和爱戴。讲课的方式也别具一格，所用的教材是自己编写的，发给学生每人一本，这样就能很好地培养学生独立思考的能力，调动学生自主学习的积极性。此外，陈教授还鼓励支持学生成立文学研究会，积极推动广西话剧的兴起和发展。1936年2月，著名戏剧家、留学日本的沈西苓到师专任教。一时间广西师专人才济济，各种活动层出不穷。成立了以陈望道为团长的广西师专剧团，出演了多种戏剧。其中由沈西苓主导的话剧《钦差大臣》，除教授主演主要角色外，学生也积极参加演出活动。

日本与中国一衣带水，文化相似，位置紧邻，通过积极学习西方先进科学技术而走上发展资本主义的道路，成为世界强国，自20世纪末像磁铁一样吸引着无数中国人前往留学。一批有才能和理想的留学生学成归国后，纷纷到广西师专传授知识，提高了学校的教学质量。广西师专前后共招收6个班，连同乡村师范部招收的4个班，总共400多名学生①，为中国革命和广西教育事业输送了一批基础扎实、具有实干精神的人才。

1936年6月后，广西师专并入省立广西大学，改为广西大学文法学院，由江苏江阴人朱佛定（留学法国、瑞士，获法国巴黎大学法学硕士及日内瓦大学法学博士学位）担任院长。

表6-4　留学生在广西省立师范专科学校任职、任教的简况

姓名	籍贯	留学经历	任职情况
杨东莼	湖南醴陵	留学日本	校长（1932.9—1934.5）
郭任吾	广西临桂	留学莫斯科中山大学	校长（1934.10—1936.6）
陈此生	广西贵县	留学日本	教务主任（1935—1936）
陈望道	浙江义乌	留学日本	任中国文学文科主任、主讲修辞学与文法学课程
杜敬斋	湖南醴陵	先后赴法勤工俭学、莫斯科东方大学学习	主讲政治经济学
胡伊默	湖北黄冈	赴莫斯科中山大学学习	教授
邓初民	湖北石首	留学日本东京法政大学	教授
廖苾光	广东梅县	留学日本	任文学概论和日语课程教师

① 钟文典.20世纪30年代的广西［M］.桂林：广西师范大学出版社，1993：787.

续表

姓名	籍贯	留学经历	任职情况
马哲民	湖北黄岗	留学日本早稻田大学	教授
沈起予	四川巴县	留学日本东京帝国大学，学习文学	主讲文学概论课程
沈西苓	浙江德清	留学日本学习艺术	主讲戏剧理论课程
熊得山	湖北江陵	留学日本明治大学	教授

资料来源：《广西民国人物》《广西通志·教育志》《广西大学校史》《广西教育史》等。

三、留学生与广西省立医学院

为改变旧桂系时期广西医疗卫生落后的面貌，培养专门高级医学人才，发展卫生保健事业，新桂系当局决定创办一所高等医学院校。1934 年 9 月广西成立省政府卫生委员会，指派广西省政府委员兼民政厅厅长雷殷（留学日本）、原北平大学医学院耳鼻喉科教授戈绍龙（留日医学博士）、广西教育厅厅长雷沛鸿（美国哈佛大学硕士）为委员，负责筹办医学院。1934 年 11 月，广西省立医学院在南宁市创建，著名医学家戈绍龙被聘任为首任院长。

广西省立医学院的创办，雷沛鸿功不可没。作为广西教育厅厅长，他对广西的医疗事业的发展尽力尽责。1934 年在他第三次出任广西教育厅厅长期间，积极呈请省政府批准在南宁创办医学院。面对当时社会上对医学不重视，以及一无院址、二无医科教学人才、三无仪器设备、四无充足的经费作为保障的状况，唯有请拨旧省府房屋暂做医学院和附属医院院舍，建议政府给予医学院学生免学费、杂费，同时给学生发放制服。最终克服了创办学校的重重困难。学院成立后规模初具，为了使医学院发展得更好、更快，雷沛鸿协助当局聘请一批省内外医学界专家、医学人才，尤其是一些具有留学背景的精英办学办医，充当教学科研的中坚力量。如表 6-5 为留学生在广西省立医学院任职、任教的情况。这样，一方面广西省立医学院人才济济，为推进卫生事业的发展提供了可靠的人才保证；另一方面，留学生们积极与国外的同行进行学术交流，引进国外的先进技术与设备，进行医学科研，从而提高了广西医学技术水平和科研能力。

广西省立医学院是解放前广西唯一一所培养医师的高等医学院。该院培养了一批高级医学人才，他们在医学界担任要职，积极钻研，为发展广西现代医学做出了巨大贡献，民国年间比较著名的有周展骥、林郁华、陈祯琳、梁徐等。

表6-5 留学生在广西省立医学院任职、任教的简况（1934—1937）

姓名	籍贯	学历	任职、任教情况
戈绍龙	江苏东台	日本九州帝国大学医学博士	院长（1934—1936）、耳鼻喉科主任
孟宪荩	山东单县	日本九州帝国大学医学博士	院长（1936—1937）、外科主任（1936）
汪士成	江西上饶	德国医学博士	院长（1937—1939）、外科主任（1937）
魏怡春	福建福清	日本长崎医科大学医学学士	内科主任（1934）
魏斯华、梅雅	德籍		内科医师
沈毅		留学日本	教授、眼科主任
张榕	浙江平阳	日本千叶医科大学学士	教授、妇产科主任
张乃华	陕西户县	德国慕尼黑大学医学博士	教授
李祖蔚	福建蒲田	日本千叶医科大学医学博士	教授、外科主任（1934）
叶培	广西融水	德国汉堡大学医学博士	教授、儿科主任
孙荫坤	江苏无锡	德国耶那大学医学博士	内科主任（1937）
孔锡锟	广东五华	德国医学博士	教授、寄生虫学教师
彭光钦	重庆长寿	美国约翰斯·霍普金斯大学生物学博士	教授
王顾宁	安徽安庆	比利时鲁文大学医学博士	教授、解剖学科主任

资料来源：《广西民国人物》《广西通志·教育志》《广西医科大学校志》《广西省立医学院一览》等。

综上所述，自1925年新桂系集团执掌广西政权后，锐意革新，非常重视高等教育事业，相继创办了省立广西大学、广西省立师范专科学校、广西省立医学院等高等院校，使广西教育在教育宗旨、教育体制、教学规模等方面都发生了明显的变化。进一步推动了高等教育由传统向现代的转型，加速了广西高等教育现代化的进程。以马君武、杨东莼、陈此生、雷沛鸿、戈绍龙等为代表的一批具有留学经历的精英积极投身高等教育的发展历程中。他们不辞辛劳，筚路蓝缕，创造出辉煌的业绩，在民国广西教育史上谱写了重要的篇章。

第四节　留学生群体与新桂系时期的戏剧、美术运动

一、留学生与广西抗日话剧运动的兴起

新桂系重新主持广西政事后，重视发展文化艺术事业，制订发展文化措施，提倡话剧运动。1931年九一八事变爆发后，广西当局对宣传抗日救亡的群众性戏剧活动给予一定的支持，常常举办不同规模的话剧比赛；与此同时，各中小学校和一些社会团体、机关也纷纷成立业余话剧团或组织演出话剧。其中较著名的有陈望道、沈西苓领导的师专剧团、万籁天成立的国防剧社和韦永成等主持的国防艺术社。

（一）陈望道、沈西苓与广西师专剧团

1935年，新桂系民主派代表人物李任仁第二次出任广西教育厅厅长，任命老同盟会会员、思想进步的陈此生（广西贵县人，曾留学日本）担任广西省立师范专科学校的教务主任。他聘请一批进步学者来广西师专任教，如陈望道、邓初民、马哲民、杨潮、夏征农、祝秀侠等。陈望道、沈西苓等到广西师专任教后，把话剧的种子播撒在桂林这片相对来说较偏远闭塞的土地，使桂林有了真正的话剧。①

陈望道，浙江义乌人，1915至1919年赴日本留学，获法学学士学位。他倡导新思想，热衷于新文化运动，积极宣传马克思主义，后成为中国当代语言学家和教育家、现代修辞学的奠基人。1935年应陈此生之邀到桂林任教，担任广西师专中国文学系文科主任，主讲修辞学与文法学课程。1935年冬天他提议并在陈此生的支持下成立广西师专剧团并亲自担任团长，组成陈望道、夏征农、杨潮教授3人小组，领导广西师专剧团的活动。20世纪30年代的广西话剧，就源于广西师专的话剧演出活动。1936年1月，广西师专剧团进行第一次话剧公

---

① 林志仪. 忆广西师专剧团的话剧公演［M］//桂林文史资料：第20辑. 桂林：漓江出版社，1992：119

演，演出了两台独幕剧：一是日本小说家、戏剧家菊次宽的经典代表作《父归》（由留学日本的话剧作家、戏曲作家田汉翻译剧本）；二是"中国现代戏剧之父"、著名戏剧家欧阳予倩的讽刺喜剧《屏风后》。第一次公演后，卓越的电影、戏剧导演沈西苓（浙江德清人，留学日本学习艺术）来到广西师专任教，在中文系教授戏剧理论课程。广西师专剧团决定排两出大戏，沈西苓和陈望道、祝秀侠一道担任广西师专剧团导演团成员。他倾力指导，以高度的工作热情和实干精神开始筹备第二次话剧公演。据载，沈西苓不仅肩负导演的职责，还负责整个舞台的布景和灯光，甚至服装、道具的设计他一丝不苟地经办。①

1936 年 4 月，剧团第二次公演，成功演出了沈西苓导演的俄国讽刺作家果戈里的代表作《钦差大臣》以及苏联作家铁吉克的作品《怒吼吧，中国!》。其中多幕讽刺剧《钦差大臣》的演出是一次非常精彩的师生联合创作。剧中市长角色由邓初民教授扮演，教务长陈此生夫人、美术家盛此君（广西贵县人，留学日本学习绘画）负责服装设计和制作。《怒吼吧，中国!》是一台政治宣传剧，剧本由沈西苓翻译，演的是 1927 年英国炮舰"金冲号"舰长在四川万县制造一起惨案，激起码头工人展开一场轰轰烈烈的反帝斗争。该剧的公演极大地掀起了桂林民众"救亡图存"的爱国热情。

在桂林话剧运动中，广西师专剧团对话剧起了启蒙作用。陈望道、沈西苓等在广西师专的导演活动，为推进广西的现代艺术发展做出了贡献。

（二）万籁天等与国防剧社及国防艺术社

1936 年 9 月，驻南宁的国民革命军第四集团军总政训处少将处长潘宜之（湖北广济人，曾留学英国）聘请著名戏剧家万籁天（湖北武昌人，留学东京日本大学），在南宁设立了广西首家专业话剧团体——国防剧社（后改名为国防艺术社），为广西话剧运动正规化奠定了基础。由万籁天任社长并执导排演话剧，首场演出的话剧为曾留学日本的剧作家田汉名作《回春之曲》，轰动了南宁，使南宁成为 20 世纪 30 年代前期全省话剧运动的中心。同年 11 月，剧社随省军政机关迁往桂林，并于 1937 年扩充改组国防艺术社所属戏剧部：约 30 人，下设 3个演出队，改隶于第五路军总司令部政治部。②

先后任国防艺术社社长的有韦永成（广西永福人，留学莫斯科中山大学和柏林政治大学）、程思远（广西宾阳人，留学意大利，获罗马大学政治经济学博

---

① 谢婷婷. 一段鲜为人知的话剧情缘——沈西苓在省立广西师范专科学校 [J]. 抗战文化研究，2010（1）：233-237.
② 广西壮族自治区地方志编纂委员会. 广西通志·文化志 [M]. 南宁：广西人民出版社，1999：238.

士学位)、李文钊(广西临桂人,留学莫斯科中山大学),戏剧界名人焦菊隐(天津人,获巴黎大学文科博士学位)担任过副社长。国防艺术社吸纳一批从各地来桂的进步文化人为社员,积极从事抗日救亡的艺术宣传活动,推动话剧运动迅速兴起和进一步发展。

二、马君武、欧阳予倩等与桂剧改革

马君武,广西恭城人,我国留学德国的第一位工学博士,是旧民主革命政治家、著名的教育家、科学家,同时也是桂剧改革的倡导者、组织者和实践者,堪称桂剧改革的有功之臣之一。

1937 年,鉴于当时社会舆论对桂剧脱离时代、演出不健康剧目状况的不满及各界对改良桂剧的期望,时任省政府顾问的马君武与一些社会知名人士在桂林组建了广西戏剧改进会,着手对桂剧进行改革。广西戏剧改进会名义上是民间的学术及事业机构,实际上是个半官方机构,其宗旨是改进桂剧,促进其发展,"以为施行政教之助"①。马君武任戏剧改进会会长,副会长有白鹏飞、陈剑逸,会员包括洪深(江苏武进人,留学美国,在俄亥俄州立大学、哈佛大学专修文学与戏剧)、焦菊隐(留学法国巴黎大学)、居正(湖北广济人,留学日本大学)等人。他们大多是当时"有较高地位的教育家、绅士兼学者"或戏剧界知名人士。1939 年 11 月,应马君武之邀,我国现代话剧运动的奠基者之一、留学日本的湖南浏阳人欧阳予倩接任会长职务。戏剧改进会主要进行了以下三项工作。

其一,改进表演艺术,培养桂剧人才。桂剧班的演员几乎都不识字,因而学戏的难度很大。马君武认识到这一点,便把演员们组织起来,以增强改革的自觉性,发挥演员的能动性。经过补习,演员们都能看唱本、读报纸,素质有了提高。②

其二,以南华戏院的桂剧班为班底,成立了实力雄厚的桂剧实验剧团。"要从事改革,不仅要在理论上做必要的探讨,更需要在艺术实践上做一些必要的探索,广西戏剧改进会向会员及社会上热心人士募捐集股,得桂钞 3000 余元,接办了南华戏院的桂剧班,由金小梅出面任后台经理。"③

---

① 广西壮族自治区地方志编纂委员会. 广西通志·文化志 [M]. 南宁:广西人民出版社,1999.

② 魏华龄. 桂林抗战文化史 [M]. 桂林:漓江出版社,2011:257.

③ 顾乐真. 广西戏剧史论稿 [M]. 北京:中国戏剧出版社,2002:148.

其三，1942年2月成立了附属于广西戏剧改进会的广西戏剧学校（桂剧班），欧阳予倩任校长，这是广西第一所新型的专门培养戏曲人才的学校。

由马君武、欧阳予倩、焦菊隐等倡导实施的桂剧改革，无论是从理论到实践，从剧目的内容到形式，还是从艺人队伍的培养到观众欣赏习惯的改变，都进行了严肃而又谨慎的全面改造，并开创了桂剧表现现代生活的先河。① 此时期开展的桂剧改革可谓新桂系时期桂剧发展最浓墨重彩的一笔，对今后桂剧发展影响重大。

三、徐悲鸿与广西的美术运动

徐悲鸿是我国现代在国内外享有盛名的兼采中西艺术之长的绘画大师、美术教育家。1895年，徐悲鸿生于江苏宜兴，9岁随父习画，17岁任宜兴女子师范、彭城中学及思齐女子学校图画教员。1914年考取复旦大学就读，1917年赴日本研究西画，回国后在北京师范学院艺术系工作。1918年再次留学海外，赴法国巴黎师从著名画家达仰专习素描、油画。继而入朱利安艺术学院及巴黎国立美术学校，潜心苦学美术8年。1927年回国后在高等院校从事教学工作，先后任中央大学艺术系教授、上海南国艺术学院美术系主任和北平大学艺术学院院长等职。在热心投身于抗日救亡文化运动的同时，徐悲鸿还积极开展美术教育和绘画创作。

从20世纪30年代中期起到抗日战争期间，徐悲鸿曾先后6次到桂林，其中以1936年至1938年旅居桂林、阳朔时间较长。在此期间，他以极大的爱国热情和杰出的艺术才华，描绘桂林神奇秀美的山水和旖旎风光，投身于桂林抗战文化城的各种美术救亡活动。他的艺术实践和对广西艺术教育所倾注的心血，对广西的艺术事业产生了深远的影响，也对桂林文化城的发展起了很大的作用。徐悲鸿不愧是我国美术界的"一代宗师"，也是近代广西美术运动的改革者和开拓者。

（一）举办各种美术展览活动，推动广西美术事业的发展

20世纪30年代，新桂系全面崛起后，在致力于政治、经济、军事建设的同时，积极推进文化教育的兴办与革新。广西当局和广西美术界决定举行广西省第一届美术展览会，向当时任教于南京中央大学艺术系的徐悲鸿教授发出邀请，希望他至广西办画展。1936年初夏，徐悲鸿从南京来到广西，受到新桂系领导

① 广西壮族自治区地方志编纂委员会.广西通志·文化志［M］.南宁：广西人民出版社，1999：148.

人李宗仁等的热情接待。徐悲鸿为美术展览会做了大量的筹备工作，成立筹委会、编审会，亲自担任筹委、评委、编委委员，多方征集书画、雕塑和篆刻作品，同时带来本人的作品来参展。经过 5 个多月的筹备，1936 年 7 月 5 日，广西省第一届美术展览会开幕。徐先生在开幕的讲话中赞扬了广西各民族致力于文化运动的精神，并表示愿意牺牲一切，尽力帮助推动这个有重大意义的运动。①

美术展览展出地点分设在广西省教育会、省博物馆、图书馆和南宁女中。展出书画计 5000 余件，另有文物、照片、刺绣各数十件。其中以徐画和所珍藏珍品为主，兼有其他名家作品，含齐白石、张大千、汪亚尘、张书祈、高剑父、张若凡、陈之佛、张光宇以及黄宾鸿、马万里、王济远等著名画家的佳作。②

此次美展展期前后为 3 周，可谓规模宏大，盛况空前，打破了昔日广西美术界师承旧法、艺术空气沉寂的局面，为广西美术的发展带来了新的契机，使广西的美术工作进入一个新的历史进程。

作为画家和美术教育家，徐悲鸿全心全意地投入以抗日救亡为主要目的的广西美术运动中。1937 年 2 月，徐悲鸿与其得意门生张安治等人筹办了桂林书画金石展览；接着又主办了全国儿童画得奖作品展览。9 月，他参加了为广西各界抗敌后援会募捐的书画展。在徐悲鸿等艺术家的推动下，广西的美术事业得到了较大发展。1938 年 1 月，国防艺术社和广西美术会联合举办广西全省美术展览，展出作品有油画、漫画、版画、摄影、书法等近 1000 件。③ 此后，各种美术类的展览一直持续，体现了广西美术事业良好的发展前景。

（二）提倡发展美术教育和改革教学，为广西培养了一批艺术骨干师资

1936 年夏，徐悲鸿被聘为广西省政府顾问和广西美术会名誉会长。他积极提倡"美术教育要为振兴广西美术服务"④，并以此开展广泛的宣传活动。徐先生曾在李宗仁亲自陪同下视察南宁初中的图画课教学，并在该校举行草地会，对全南宁的哲学师生和美术界人士做了提倡美术教育及教学改革的讲话。⑤ 他独到的艺术思想和美术教育改革的倡议深受广西文化教育部门和美术界的欢迎，从而得以在广西推广实施。

---

① 卢汉宗. 徐悲鸿与广西［J］. 广西文史资料，1989（第 27 辑）：187.

② 廖富苏. 徐悲鸿与李宗仁［J］. 文史春秋，1997（3）：79.

③ 钟文典. 20 世纪 30 年代的广西［M］. 桂林：广西师范大学出版社，1993：839.

④ 卢汉宗. 徐悲鸿与广西［J］. 广西文史资料，1989（第 27 辑）：186.

⑤ 卢汉宗. 徐悲鸿与广西［J］. 广西文史资料，1989（第 27 辑）：186.

　　为了培育美术人才，推进广西的美术事业跨上新台阶，徐悲鸿趁广西当局将省会迁至桂林之际，向新桂系集团的李宗仁、白崇禧、黄旭初三位首领提出筹建桂林美术学院的建议，很快得到他们的支持，并拨出经费让徐悲鸿操办。徐悲鸿于抗战前夕来到桂林，并邀请了一批有才华的画家，在独秀峰下筹办桂林美术学院，以使他们在广西有从事美术创作的天地，致力于开拓广西美术教育，培养地方美术人才。在美院的筹备工作基本结束时，由于抗战局势渐紧，学院无法正常招生和开学，桂林美术学院未能办成。但由于徐悲鸿先生和时任广西省教育厅督学满谦子的积极倡导及对广西当局的影响，于 1938 年春在独秀峰下开办了广西第一所艺术教育园地——广西省会国民基础学校艺术师资训练班，调训桂林各小学艺术教师，学员 80 余人，半年结业。之后又举办了一期全省中等美术教师暑期讲习班。① 广西艺术师资训练班（简称"艺师班"）开设美术、音乐等课程，主要任务是培养中小学艺术师资。著名音乐教育家满谦子，音乐教育家、作曲家、指挥家吴伯超（比利时音乐学院毕业，原上海音专教授）、马卫之（省立广西大学校长马君武教授之子，曾在德国学习音乐）先后任过班主任。徐悲鸿还聘请一些知名美术家、音乐家任教。如在美术课程任教的有著名美术理论家、漫画家丰子恺（曾留学日本学习油画），徐先生的杰出弟子张安治和徐德华（著名画家、美术教育家）、书画艺术家黄养辉，以及陆其清（徐的助理，美术理论家）、傅思达（广东兴宁籍知名画家）、汪丽芳（留美，原南京中央大学教授）、中国漫画和生活速写的奠基人叶浅予、画家黄新波、篆刻家林半觉等。徐悲鸿热心授课，引导大家欣赏他带来的大量艺术珍品，给学员讲美术理论，带着学员画人体、练素描。② 在进行课堂教学的同时，十分注重写生训练。徐悲鸿和他的同事们还组织学员兵分几路，到郊区、阳朔和全州等地进行野外写生训练，使学员们得到实践的锻炼，提高了绘画水平。③ 这对培养学员的艺术敏感性及艺术技巧起到举足轻重的作用。

　　广西艺术师资训练班是老一代艺术家为广西播下的一颗充满生命力的艺术种子，也是抗战时期美术活动和救亡运动一个重要阵地。它开创了近代广西艺术教育的先河，为广西培养了一批艺术骨干力量。艺师班一直坚持到抗战胜利（1946 年艺师班与私立榕门美术专科学校合并，改为广西省立美术专科学校）。

---

① 李晨辉. 广西艺术师资训练班美术活动对当代的借鉴意义 [J]. 美术教育，2013（11）：94.

② 徐杰民. 徐悲鸿在桂林 [M].//晚晴文存·广西文史研究馆馆员文选 [M]. 南宁：广西人民出版社，2002：724.

③ 何开粹. 徐悲鸿在桂林：下 [J]. 中共桂林市委党校学报，2004（3）：54.

在抗日战争艰苦困难的年代里，连续招收 4 届 200 多名学生。师生共同努力，几年间就为广西培养了不少美术和音乐人才，为广西美术界培养了新生力量，使广西的美术教育和普及工作迈上了新的台阶。从艺师班毕业的许多学员，后来继续学习深造，终于成才。其中佼佼者有当时桂林汉民中学的年轻女教师梁灿樱（曾任美国迈阿密中国美院院长，1985 年曾经获得意大利奥斯卡金像奖）、卢巨川（曾担任英国新闻处画家、香港岭海艺专校长）、帅立学（香港彩粉笔画家，曾多次举行个人画展）、潘英杰（曾任台湾台北市艺术学院院长）等。①

第五节　留学生群体与新桂系时期的医疗卫生建设

民国初期，军阀混战，广西卫生事业无所建树。旧桂系时期广西经济发展仍然缓慢，人民体质羸弱，疾病流行。全省竟没有一家政府开办的医院，人们普遍医药卫生知识匮乏，一旦患病，要么乱投草药，要么求神问卜，以致死亡率较高。20 世纪 30 年代以李宗仁、白崇禧、黄旭初为首的新桂系实行新政后，广西当局高度重视医疗卫生事业。1934 年 4 月，广西省政府颁布的《广西建设纲领》第五条明确规定："推进卫生行政，发展人民保健事业。"② 开始着手有计划地进行医疗卫生建设，如加大医疗卫生方面的经费投入，积极引进与培养人才，聘请一批省内外留学医学人才办学办医等。在新桂系治桂时期，戈绍龙、雷殷、雷沛鸿、李祖蔚、孟宪荩、叶培、张镕、苏德隆、汪士成、叶馥荪等 20 余位具有留学背景的精英在广西医疗卫生建设的过程中起着重要的作用，为近代广西医疗卫生事业的长足发展奠定了坚实的基础，他们所做出的杰出贡献主要体现在以下几方面。

一、极力筹办高等医学院校，推进广西医学教育的发展

20 世纪 30 年代，广西省当局认为"建设广西，复兴中国"必先健民强国，促进医药卫生事业发展，于是开始有计划有步骤地开展卫生行政工作。1932 年冬，时任北平大学医学院耳鼻喉科主任戈绍龙医学博士应广西省政府的邀请几次来桂，负责卫生设施计划，筹办高等医学院校。1933 年 5 月，广西省政府召开行政会议，通过创办省内医药专门学校的决议。9 月，省政府委员会召开会

---

①　何开粹. 徐悲鸿在桂林：下 [J]. 中共桂林市委党校学报，2004（3）：55.
②　广西建设纲领 [M]. 中国历史档案馆，全宗号一，卷 1559，目录 1（1）.

议，决定设立广西省政府卫生委员会，为广西卫生设计、行政的最高机关。内设总务股、医政股、保健股。当局指派雷殷（广西邕宁人，毕业于日本法政大学，时任广西省政府委员兼民政厅厅长）、雷沛鸿（广西邕宁人，留学英美，获美国哈佛大学博士学位，时任广西省政府委员兼教育厅厅长）、戈绍龙为卫生委员会委员。经该会对全省医师进行审查，发现合格的医生仅有 80 余人。当时广西人口共 1290 多万，平均约 15 万人之中才有 1 名医生。[①] 由此，创办医学院，培养医药卫生人才，势在必行。

广西当局指令卫生委员会负责筹办医学院。1934 年 7 月，省政府任戈绍龙为院长，负责筹备广西省立医学院，并增聘张榕（浙江平阳人，日本千叶医科大学毕业）、李祖蔚（福建莆田人，留日医学博士）、孟宪荩（山东单县人，日本九州帝国大学毕业）等教授协助进行。他们开展了选定校址（借南宁凌铁村广西军医院新院院舍为院址）、拟定组织大纲、新生入学考试、筹设附属医院等一系列工作，1934 年 11 月 21 日广西省立医学院宣告成立。学制为 6 年，主要目的是培养医学人才，是广西第一所专门培养医师的高等医学教育机构，开设有医科本科、专科及助产护士班专业。

教育厅厅长雷沛鸿利用自己的声望，协助政府从外地聘请教授。除戈绍龙博士外，还聘请了外科专家李祖蔚博士任附属医院院长，整形外科专家孟宪荩博士任外科主任教授，内科专家陈子元博士任内科副主任教授，留日的沈毅先生任眼科副主任教授、陈秉直先生任化学科主任教授、唐志铗先生任物理科副主任教授，还有德籍梅雅博士夫妇等。[②] 全部教师、医师中大多为聘请来的外省籍人士，一时间医学专家在雷沛鸿艰苦奋斗的办学精神感召下云集南宁。

二、担当广西卫生界的骨干力量，为提高的广西医疗卫生水平尽力尽责

20 世纪 30 年代广西医疗卫生事业的发展与留学生群体息息相关。新桂系实施开明的人才政策，对留学生委以重任，留学医学人才成为广西卫生行政、医学等各级部门的骨干力量。他们大多数担任医学院院长、各科室主任、教授、卫生所所长等。如民国时期省立医学院 9 位历任院长中有 8 位皆为具有留学背景的医学精英，如表 6-6 所示。

---

① 广西医科大学校志办公室. 广西医科大学校志 [M]. 南宁：广西人民出版社，2004：1.

② 陈业强. 雷沛鸿的素质教育观 [J]. 广西右江民族师专学报，1999（4）：89.

表6-6 民国时期广西省立医学院历任行政领导人情况

院长	籍贯	任职时间	留学经历
戈绍龙	江苏东台	1934.7—1936.8	留学日本九州帝国大学，获医学博士学位
孟宪荩	山东单县	1936.8—1937.3	留学日本九州帝国大学，获医学博士学位
汪士成	江西上饶	1937.3—1939.11	留学德国，获医学博士学位
雷沛鸿	广西邕宁	1939.11—1940.5	留学英美，获哈佛大学硕士学位
李祖蔚	福建蒲田	1941.6—1943.7	留学日本，获医学博士学位
叶培	广西融水	1943.7—1945.9 1946.1—1948.8	留学德国汉堡大学，获医学博士学位
张榕（代）	浙江平阳	1945.9—1946.1	留学日本千叶医科大学
孙荫坤	江苏无锡	1948.8—1949.11	留学德国，获医学博士学位

资料来源：《广西民国人物》《广西通志·教育志》《广西省立医学院一览》等。

此外，在广西卫生界任职任教的还有创建了梧州省立医学院并担任梧州红十字会医院院长的李达潮（留学德国），在梧州建立植物研究所并任所长的陈焕镛（毕业于美国哈佛大学森林学系），抗战期间任广西医疗防疫队队长的苏德隆（留学美国约翰斯·霍普金斯大学，获得公共卫生硕士学位，后在英国牛津大学病理研究所毕业，获哲学博士学位），广西省立医学院教授孔锡琨（德国佛莱堡大学阿肖夫氏病理研究所研究生毕业，获医学博士学位）、叶馥荪（在美国哈佛大学医学院进修）、鲍鉴清（留学德国柏林大学，获日本东京帝国大学博士学位）等。

"行新政、用新人"，新桂系非常重视吸纳各方面的专家参与建设，为留学归国者提供了大显身手的广阔平台。留学归国医学人才在医学界居其位，谋其政，对广西卫生事业的发展贡献良多。他们利用先进知识，积极引进新设备，运用新技术，大大提高了广西医疗水平。如在外科方面，1934 年 5 月在李祖蔚、孟宪荩博士的主持下，首例广西阑尾炎切除术成功，为广西医学一大突破；儿科方面，叶培曾兼任广西医学院附院儿科主任，主要负责医治脑膜炎、痢疾、伤寒、白喉和百日咳等病儿的工作；眼科方面，1934 年，广西医学院聘用留学日本的沈毅在附属医院开展白内障、青光眼等手术，培养了徐延安、黄兴铭、杨希谋、唐继道等广西首批眼科专业人才；在防疫、卫生宣传等方面，1935年广西田阳县"羊毛痧"疫情严重，死亡人数与日俱增，时任广西医学院院长、省卫生委员会主任戈绍龙派人携带仪器、药品前往抢救。经检验，诊断为瘴气，即恶性疟疾，对症下药很快扑灭了疫情。①

同年，戈绍龙组织附属医院为南宁市市民免费接种牛痘，以防天花传染。1936年戈绍龙任院长期间，增设南宁卫生事务所（张榕兼任所长），印发《伤寒和霍乱病预防须知》，并在市区内外进行宣传，在疾病预防与宣传方面发挥了十分重要的作用。

三、致力于医学、医药领域的研究，成为医学科研的带头人

新桂系时期留学医学人才在广西卫生事业现代化的进程中起到了不可低估的作用，特别是体现在医学科研发方面。卫生界的留学生用西方先进的医学理论武装头脑，广译西书，将西方科学的医学知识传入广西，搭建起中西医学交流的桥梁，丰富了医学理论，开阔了人们的眼界。如戈绍龙博士对萎缩性鼻炎的诊疗和病理有较深的研究，著有《高级神经活动论文集》，还有《大脑两半球机能讲义》《苏联心理科学三十年》《组织疗法理论与应用》等译著，是我国首位巴甫洛夫学说的翻译者和介绍人。

留学医学精英们致力于医学、医药领域的研究并取得了许多科研成果，出版了许多科学论著。如医学教育家、流行病学专家苏德隆在难民身上观察虱子的分布及其生活规律，创造有效的折叠式干热灭虱器来消灭虱子。他观察人群中伤寒和天花的流行规律，发表《天花的流行病学分析》等论文。孟宪荩撰写了《关于膝关节半月板性弹响膝临床及组织学的研究》等论文，主编了《骨科诊疗手册》，对省骨科学和医学教育事业做出了重要贡献。另外一些留学生在医药研究方面起到了积极的作用，取得重大成果。如1935年广西植物研究所成立后，陈焕镛任所长，主持开展植物调查采集工作，将中草药压制成腊叶标本和生药标本。该标本收藏于广州中国科学院华南植物研究所，部分收藏于北京中国科学院植物研究所。② 1942年省立医学院彭光钦（美国斯坦福大学毕业）等发起成立药品自制委员会，进行苦楝树茎皮的化学和药理分析试验，在国内首次用自制的驱虫素糖浆治疗蛔虫病。他们的科研内容丰富，水平领先，十分符

---

① 王钊宇. 岭南文化百科全书［M］. 北京：中国大百科全书出版社，2006：543.

② 广西壮族自治区地方志编纂委员会. 广西通志·医药志［M］. 南宁：广西人民出版社，1999：384.

合当时广西对医疗卫生的需求，取得的许多成果应用，大大促进了广西医疗卫生事业的发展。

四、积极开展医学学术交流活动，促进广西卫生文化事业的发展

广西的社会卫生文化比较活跃，留学生们采用座谈、演讲、报告会、开办卫生展览会、出版医学书刊等各种方式积极进行学术交流，使科学的医学信息、思想、观点得到沟通和交流，为医学科研创造了良好的信息平台，带动和促进了科学研究工作的发展和进步。例如，1942 年 6 月，院长李祖蔚规定学院每周五下午举行学术交流活动，由学院教师和来桂的专家主讲。这给学术交流创造了良好的条件，成为当时医学交流的主阵地，许多著名学者也纷至沓来。如1942 年彭光钦博士在广西医学院做题为《肝内性感外性黄疸病之鉴定法》和《过滤微菌》的公开演讲，留日心理学教授苏芗雨讲述《情绪与医疗之关系》[①]，李祖蔚做题为《医学院一年来工作概况及苦楝树皮提制驱虫剂之发明代山道年》的报告。医学院多次举办公共卫生展览会，相关内容涉及妇婴卫生、疾病预防、卫生教育、营养改良、环境卫生等方面。此外还出版了《广西省立医学院概览》一书和创办《广西医刊》（后改名为《广西医学杂志》，1947 年美国纽约大学函索该杂志），影响广泛。留学生群体作为中西合璧的精英集团，学识领先，科研能力突出，同时又积极进行学术交流，使广西的卫生文化事业跨上了一大台阶。

五、为广西造就了一批医学、医务人才

1925 年以前的广西医疗卫生状况十分落后，大部分地区"横亘百数十里而无医药，真有所谓自生自灭之形式，人民医药知识，诚不足道"[②]。医疗卫生人才极为匮乏，政府没有兴办医学教育院校，也没有开展在职中医的教育工作。[③]至 1949 年年底，广西共有高等医学院校 1 所，中等医药学校 6 所。民国二十三—三十八年 15 年间，共培养西医本科生 135 人，高级药剂专科生 42 人，中级卫生技术人员 1375 人（其中护士、助产士 1218 人），中医 515 人，总计 2067

① 桂林市文化研究中心．桂林文化大事记 1937—1949［M］．桂林：漓江出版社，1987：559.
② 赖彦于．广西一览［M］．南宁：广西印刷厂，1936：15.
③ 黄琦．旧桂系时期的广西医疗卫生［M］//陆荣廷与旧桂系学术研讨会论文集．南宁：广西人民出版社，2008：348.

232

人。① 由此可以看出，新桂系统治广西期间在医疗卫生人才培养方面取得了一定的成绩，改变了旧桂系时期广西卫生事业的落后状态。

广西省立医学院从 1934 年建院至中华人民共和国成立前夕，共招收本科生 628 人，毕业 136 人，另有助产、护士、药剂等班的毕业生 137 人。1949 年有在校本科生 178 人，教师 61 人，附属医院病床 120 张。②

广西省立医学院培养了一批医学人才，他们在医学界担任要职，后来成为广西医学界的精英，其中比较著名的如下。

周展骥，广西隆安人，广西医学院第一届毕业生。1942 年毕业后留校任教，后历任广西医学院内科学主任、院务委员会副主任、附设医士学校教务主任，著有《内科医师手册》。陈祯琳，广西融安人，1940 年毕业于广西医学院医疗系，1949 年留学美国宾夕法尼亚大学医学研究院，获硕士学位。专长放射线诊断，任过广西医学院放射科科长，1947 年成功仿制当时最新的人工气胸器。主要著有《人体消化系统 X 线诊断》和《肝胆胰 X 线诊断学》的专著。林郁华，1942 年毕业留校在内科工作，后到中山医学院进修血液病学专业，再赴苏联莫斯科中央输血及血液研究所学习，获博士学位，从事内科血液病的教学和研究工作。民国三十五年，林郁华创造了广西医疗卫生史上的一个"第一"——首次在广西对血液病患者进行骨髓穿刺术，并用砷类药物治疗慢性细胞性白血病。③ 唐庆尧，广西临桂人，1942 年毕业后留校任助教，从事放射诊断学的教学和科研工作。曾任广西医科大学第一附属医院放射科主任、中华医学会放射学委员等职。梁徐，广西武鸣人，1942 年毕业，曾经留学美国哈佛大学和密歇根大学。他长期从事血红蛋白（Hb）病研究，在实验研究方面，与协作国家单位首次发现在世界范围内新见的 Hb 都安和 Hb 武鸣，在国际上建立了新品种和资料，获卫生部先进科技一等奖。④ 另外他的 β-地中海贫血的异质新型研究，走出国界，丰富了国际上有关文献库的资料。1983 年梁徐被国家人事部授予少数民族地区先进科技个人奖，1984 年被国务院批准为广西第一位博士生导师。

总之，在 20 世纪三四十年代，新桂系开展的医疗卫生建设取得了一定的成

---

① 广西壮族自治区地方志编纂委员会. 广西通志·医疗卫生志［M］. 南宁：广西人民出版社，1999：317.

② 广西壮族自治区地方志编纂委员会. 广西通志·教育志［M］. 南宁：广西人民出版社，1995：558.

③ 广西壮族自治区地方志编纂委员会. 广西通志·医疗卫生志［M］. 南宁：广西人民出版社，1999.

④ 张侃，赵成杰. 中国当代医学家荟萃：第五卷［M］. 长春：吉林科学技术出版社，1991：281-282.

绩，在医疗卫生经费投入和医务人员培训、人才引进重用等方面确实做了不少努力，形成全省医疗卫生网络和防疫系统。① 无论是在学术研究方面还是在技术应用方面皆取得了较大突破。1940 年至 1944 年，广西被国家卫生署暨战时国联防疫委员会评为卫生模范省，获得赞誉。在新桂系时期的医疗卫生事业得到发展的进程中，以雷沛鸿、戈绍龙为首的一批留学归国人才在医学教育、行政、科研、技术等方面发挥了巨大的作用，他们积极献身卫生事业，坚守在抗击疾病、瘟疫的前线，有效地控制住了疫情，尽力尽责地为民排忧解难，保障了广西卫生事业健康发展。

第六节　留学生群体与新桂系时期的图书馆建设

新桂系统治广西时期，在文化建设方面比较重视图书馆事业的发展。20 世纪 30 年代初期，新桂系在《草拟广西省建设计划之意见》中提出："各较大市镇，应专设图书馆，较小地方，可附设于各级学校。省政府应设专门人才，司指导之责。"② 对于县市公共图书馆的设置做了明确规定。1933 年，新桂系在全省行政会议上通过决议，将图书馆事业纳入社会教育部分进行规划，对省立和县市图书馆的发展做了详细规定："省立图书馆，应增置各科图书仪器标本及实验场所，延聘富有学识经验者，负责管理。"③

新桂系同时十分重视聘请学识经验丰富、能力较强的专门人才参与图书馆建设。在新桂系"穷干"和"巧干"精神的熏陶下，涌现黄立生、马君武、杨东莼、戈绍龙等一批具有留学背景及颇有名望的文化人、教育家、实干家，他们以不同方式纷纷致力于发展广西各类图书馆事业，以务实的精神艰苦创业，谱写了广西图书馆建设史上重要的一页。

一、黄立生与广西省立第二图书馆建设

目前广西最大的公共图书馆为广西壮族自治区图书馆，其前身是创建于 1931 年的广西省立第二图书馆，而负责筹建并任馆长至 1949 年的黄立生先生被

---

① 谭肇毅. 新桂系政权研究 [M]. 南宁：广西人民出版社，2011：233.
② 李宗仁，等. 广西之建设 [M]. 桂林：广西建设研究会，1939：125.
③ 孙仁林，龙家骧，叶贻俊，等. 桂政纪实 [M]. 桂林：广西省政府十年建设编纂委员会，1946：292.

誉为广西壮族自治区图书馆的奠基人。黄立生为广西南宁人，1917 年获选送到日本留学，1926 年毕业于日本东京国立高等师范学校。回国后曾任广西省邕宁县立中学校长、邕宁县立师范学校校长、广西省立南宁高中校长、第十五军政治部副主任、中央军事政治学校第一分校教官。在广西省立第二图书馆任馆长职务近 20 年间，黄立生对图书馆建设的重大贡献归纳为以下两大方面。

（一）负责图书馆的筹办工作

1931 年 4 月，时任邕宁县立师范学校校长的黄立生奉命负责筹办广西省立第二图书馆。他刚上任时，面临着既无馆舍和图书，又无人手及经费的境况，可谓"白手起家"。图书馆始建于 1931 年 6 月，暂借邕宁图书馆址及其全部藏书开办。设备异常简陋，仅有 1 间阅览室对外开放。但借用终非良策，黄立生绘图编算，呈请选定馆址建馆舍。获得政府允准，决定在南宁市南门外中山公园内辟地建馆。为克服困难，他想方设法争取到时任广西省政府委员兼教育厅厅长李任仁先生的支持，获得拨款 6 万元的建馆经费。在黄立生馆长和同人们的努力下，1934 年新馆舍最终建成。新建成的广西省立第二图书馆分为两座，前座为专门用于藏书和阅览用的两层楼房，另外设有普通阅览室、书报杂志阅览室、儿童阅览室、研究室和读书室等向广大民众开放，建成的馆舍得到了充分的利用。

（二）为地方文献的建设做了奠基工作

黄立生馆长任职期间，面临着动荡的社会环境。他对祖国的文化遗产进行积极抢救妥善保存，促进了广西图书馆事业的巩固和发展。1931 年广西省立第二图书馆成立之初，汇集省城各机关所存图书，并添置了一些各类新书，计有藏书 13018 册。[①] 1934 年，图书馆获得省政府特拨款 10 万元，用于专门采购各县志书。黄立生即命员工四出搜集，但所得不过半数，其余 40 余种县志不仅省内失存，国内亦无遗本。他又多方函托英、美、法、日使馆，向该国图书馆借抄。后来，所得各县志书奉令调存于桂林图书馆。[②]

至 1935 年，广西省立第二图书馆的藏书增加近 6 倍，达 8 万余册。"现藏图书：中文 47400 册，西文 264 册，杂志 37700 余册，总计 85300 余册。"[③]

作为馆长、第一负责人，黄立生以其兢兢业业、苦干实干的精神为图书馆

---

①　广西壮族自治区地方志编纂委员会. 广西通志·文化志［M］. 南宁：广西人民出版社，1999.

②　麦群忠. 广西图书馆的奠基者——黄立生［J］. 图书馆界，2004（4）：57-58.

③　赖彦于. 广西一览·教育［M］. 南宁：广西印刷厂，1935：46.

建设奉献了自己的力量。

二、留学生与新桂系时期的高校图书馆建设

20 世纪 30 年代，新桂系在创办广西高等教育的同时，对高校图书馆建设比较重视，取得了一定的成就，先后建立了广西大学图书馆、广西省立师范学院图书馆、广西省立医学院图书馆等几所高等院校图书馆。在广西高校图书馆的创办和发展壮大过程中，涌现马君武、杨东莼、戈绍龙、朱彭寿等著名教育家、专家学者。他们甘于奉献，乐于吃苦，积极参与高校图书馆建设，为高校的教学和科研提供了较好的物质基础。

（一）马君武与省立广西大学图书馆建设

在新桂系创办的高等院校中，图书馆建设以省立广西大学最为著名和最有成就。广西历史上第一所大学、广西大学的前身——省立广西大学于 1928 年在梧州建校时即有图书馆舍 1 幢。首任校长、著名学者、教育家马君武从开始就一直非常重视图书馆的建设，他认为："没有充裕的图书馆资料、完善的仪器设备，就办不好理工科大学。"① 他曾亲自为图书馆购买古籍和外文书刊。1929 年春，由马君武亲自选购的第一批图书，从上海运到梧州，其中包括南海康氏藏书 2 万余册，书款 6000 余银圆。② 可以说省立广西大学图书馆是由马君武一手创建起来的。

图书馆规模稍备，旋因粤桂战事，馆务随着校务的停顿而中止。1931 年复校后，又将原有馆址加以扩充，除办公室外，设书库 3 间，参考书阅览室 1 间，普通阅览室 1 间，报刊杂志阅览室 1 间。③ 自当年起，由学校从有限的经费中每年拨款 20000 元用以添购图书。当时馆内藏书中有中外文图书 4938 册，善本古籍 24007 册，中外文杂志 6850 册，中外文报纸 28 种。④ 至 1933 年，附设在学校的图书馆共 76 所当中，广西大学图书馆最大，藏书 33609 册。⑤

（二）杨东莼与广西省立师范专科学校图书馆建设

当今广西师范大学图书馆的前身是 1932 年成立的广西省立师范专科学校图

① 广西大学校史编写组. 广西大学校史 1928-1988［M］. 南宁：广西大学印刷厂，1988：29.

② 广西大学校史编写组. 广西大学校史 1928-1988［M］. 南宁：广西大学印刷厂，1988：8.

③ 韦俊雄. 广西大学校志［M］. 南宁：广西科学技术出版社，1998：598.

④ 韦俊雄. 广西大学校志［M］. 南宁：广西科学技术出版社，1998：600.

⑤ 广西统计局. 广西年鉴：第一回［M］. 1934：729.

书馆。建校之初首任校长是著名教育家、历史学家、早期的马克思主义者杨东莼（湖南醴陵人，曾东渡日本留学，研究唯物论）。他十分重视学校图书馆的建设，尽管学校经费十分紧张，仍从 12 万银圆的开办费中，拨出 2 万余银圆，购入大量社会科学、文学书籍及进步书刊等。[①] 学生们在图书馆可以读到自己喜欢的社会科学入门书，如杨东莼校长的《本国文化史大纲》、著名社会科学家邓初民的《社会发展史纲》、马克思主义教育理论家李浩吾（浙江慈溪人，曾在日本从事社会科学和教育科学的研究及翻译工作）的《新教育大纲》、马克思主义理论家李达（湖南永州人，留学日本）的《社会学大纲》、日本河上肇的《政治经济学》、恩格斯的《家庭、私有制和国家的起源》等中外著作。

杨东莼校长聘任学者、留学生为广西师专图书馆的负责人。被誉为广西博白四大才子之一的梁存真先生任第一届图书馆主任。1935 年任第二届图书馆主任的广西灵川人易滨素，为民国第一批留苏生，于 1926 年赴莫斯科中山大学深造，1929 年学成归国。他在广西师专并入省立广西大学后于 1937 年任省立广西大学图书馆主任。至 20 世纪 30 年代中期，广西省立师范专科学校图书馆藏书达 2 万余册，成为桂林文化城的图书资料中心。1936 年夏，广西省政府通过整理本省高等教育方案，广西师专并入省立广西大学，改组为文法学院，所有图书全部移交省立广西大学图书馆。[②] 这使省立广西大学图书馆的藏书得以进一步充实，为后来改称国立广西大学奠定了良好的基础。

（三）戈绍龙与广西省立医学院图书馆建设

为造就医学人才，以为办理省内卫生事业之用，广西当局于 1934 年创建广西省立医学院，聘请留日博士、原北平大学医学院耳鼻喉科的戈绍龙教授为首任院长。同年建立的广西省立医学院图书馆，藏书仅为 5000 册，且以数学、物理、化学等类为多。院长戈绍龙十分关注图书馆的建设，1935 年春，该院开始向海外订购大批医学图书杂志，数量不下 1000 种。[③] 其后又继续添购，至 1936 年图书馆藏有中文图书 708 册，外文图书 954 册，共计 1662 册，另外订购有中外期刊 170 种。[④]

在短短两年之内，该馆所藏医学图书杂志丰富，颇为可观；广西省立医学

①　何砺峰，等．三十年代的广西师专综述［M］//桂林文史资料：第 20 辑．桂林：漓江出版社，1992：14.

②　李景新．国立广西大学图书馆一览·沿革［M］.1941.

③　广西省立医学院．广西省立医学院一览［M］.1947：44.

④　广西医科大学校志办公室．广西医科大学校志［M］.南宁：广西人民出版社，2004：406.

院图书馆的主任、馆员均由院长聘任。成立之初仅有工作人员 3 名，分担采购、编目、阅览等事务。面对馆藏图书编目比较繁杂的情况，为了加强图书编目管理，提高馆藏图书的使用效率，学校聘请任职于广西省立医学院的细菌学专家兼附属医院检验室主任朱彭寿教授重新设计编目，将馆内图书杂志，悉数按新制陈列、分类、编号。其分类方法为：先大类，次小类，再次则为书次与册次。此种编制，由书可知其号，由号可知其书，简明而外，并可略得其梗概。①

　　以后图书馆增设主任、馆员及书记若干人，运用图书馆学原理和方法从事文书档案管理，从而加强了医学院图书馆的内部管理，彰显该院的特色。

　　总而言之，20 世纪 30 年代是广西图书馆事业发展较快的时期。新桂系进行的各类图书馆建设兴旺一时，为以后图书馆的巩固和发展奠定了坚实的基础，有利于广西文化教育事业的发展和社会的进步。以黄立生为首的一批留学生积极投身于图书馆建设当中，发挥了重要作用。他们的实干、敬业精神尤为可嘉，值得后人发扬光大。

第七节　留学生群体在广西的报业活动

　　20 世纪三四十年代广西新闻事业的发展有目共睹。20 世纪 30 年代初，新桂系执掌广西政权后，提出"建设广西，复兴中国"的口号，实施政治、经济、文化、军事"四大建设"。当局非常注重文化建设，重用留学生办报，安排留学生在报社中担任重要职务。留学生对报业进行改革，包括设备的升级改造、报社的人才建设等方面。这些改革对新桂系巩固政权、宣传鼓舞民众投入抗日救亡运动，以及发展广西近代新闻事业产生了深远的影响。

一、留学生在广西从事报业活动的历史背景

　　由于自然地理原因，广西的社会文化落后，旧桂系军阀统治时期忙于争夺地盘，没有足够重视经济、文化等建设，导致当时广西的报业不发达，只有几种官方报纸，主要是在政府部门里传播。新桂系上台后，感到广西的报业远远落后于江浙沪等地区，新桂系领导人白崇禧等在下基层考察时，遇到的情况让他们发觉到宣传的重要性。白崇禧的机要秘书谢和赓（1942 年留学于美国）在回忆白崇禧时说："当他每次演讲后，询问听众，除了高级官员事先阅读油印或

---

① 广西省立医学院．广西省立医学院一览［M］．1947：45.

少数铅印的小册子，对询问对答如流外，其余绝大多数的听众都是答非所问，茫然不知他所讲话的具体内容。他把这归因于广西报刊缺乏宣传，不善于组织人员写文章，写社论，各单位、各学校不会利用壁报进行宣传造成的。"① 为了不再步陆荣廷的后尘，鉴于当时的经济、文化发展水平，报纸是最直接和最好的宣传方式。在新桂系领导层高度重视下，"这时候广西的报业发展开始迅猛发展，在广西发行的报纸由原来的十几种一下子发展到四十来种，并且到抗战胜利前夕一度发展到一百多种。这其中大多数都是官办报纸"②。在报业建设中，新桂系领导人发现新闻从业人员很少，并且水平参差不齐，大多数都是从军转业或者只有小学文化水平；深感要发展报业，人才必不可少，必须善于挖掘人才尤其要注意重用留学生来发展报业。李宗仁委任亲信韦永成出任《南宁民国日报》社社长，后又任命干儿子黎蒙任《广西日报》社社长等。叮嘱他们要充实报纸内容，提高报纸的质量，扩大报刊的发行量。在报社中任职的留学生如韦永成、莫乃群、黄楚、俞颂华等为广西报业的发展倾注了大量心血，为民国广西新闻事业的发展做出了一定的贡献。

在 20 世纪 30 年代的桂林处在相对开放的社会环境下，文化气氛浓厚，社会团体活动非常多。正是看到桂林相对宽松的环境，由国共合作创办的《救亡日报》在周恩来的指示下，于 1939 年从广州搬迁至桂林复刊。在桂林时期的《救亡日报》主要是由共产党领导开展工作，始终遵循着宣传团结、共同抗日、民主与进步的宗旨。《救亡日报》的报务人员中具有留学经历的有郭沫若、夏衍、林林等。他们艰苦创业，完善经营，革新版面，使该报成为宣传抗日民族统一战线政策的舆论前哨阵地。

二、留学生在广西从事的主要报业活动

以韦永成、黄楚、黎蒙、莫乃群、俞颂华、夏衍、林林为代表的留学生在报社中担任重要职务，参与报社建设，充当宣传阵地的笔杆子。宣传政府的方针政策，对广西的建设工作起到了宣传鼓舞作用，同时推动了抗日救亡运动的发展。

（一）担任报社的重要职务

20 世纪 30 年代官方派遣的留学生归国后大多在新桂系政府中担任军政、党

---

① 广西政协文史资料委员会. 桂系报业史［M］. 南宁：广西日报新闻史编辑室，1998：96.
② 广西壮族自治区地方志编纂委员会. 广西通志·报业志［M］. 南宁：广西人民出版社，2007：117.

务等职务，后被派到报社机构中任职。在这样的工作经历中，他们从西方学到的知识就可以很好地应用于实际生活工作中。官居要职，可以使他们更有用武之地。留学生在国外留学期间大多就读于当地名校，并学有所成。所学的专业包括教育学、经济学、哲学、政法、医学等。他们在报社担任社长、主任等要职，是报社的主要负责人。

黄华表，广西岑溪人，1922 年被选派到美国学习，先后就读于华盛顿大学、加利福尼亚大学，主攻教育学。1928—1929 年任广西省教育厅厅长，曾任南宁《民国日报》社社长与总编辑。

黄同仇，广西平乐人，公费留学英国伦敦大学经济学院经济学专业、爱丁堡大学哲学专业。曾任国民革命军第四集团军政治部主任，后任南宁《民国日报》社社长。

韦永成，广西永福人，1926 年由广西省军政机关派送到莫斯科中山大学政治系学习，1930 年回国后任中国国民党广西省党部委员兼书记长、第四集团军政治部秘书、南宁《民国日报》社社长（1931—1933）。1934 年被派到德国柏林政治大学学习，1936 年回国，任广西绥靖公署政治部副主任、《广西日报》社社长（1937—1939）。

尹治，广西永福人，公费到日本早稻田大学学习，回国后任广西省党部委员，1933 年赴任《南宁民国日报社》社长。

潘宜之，湖北广济人，受资助赴英国伦敦大学和牛津大学留学，1934 年起先后任广西第五路军政治处主任、广西中国国民党革命同志会宣传委员会主任、政训处处长，1935 年任南宁《民国日报》社社长。

黄楚，广西梧州人，1926 年被广西省军政机关派往俄国莫斯科中山大学学习，1937—1944 年任《南宁民国日报》社社长兼发行人。

黄朴心，广西贺州人，先后被派往法国巴黎大学、德国富来堡大学、苏联莫斯科东方大学学习，1943—1949 年任广西教育厅厅长，1945 年任《广西日报》社社长。

黎蒙，广西兴业人，1929 年被保送到法国巴黎大学留学，回国后任李宗仁的高级顾问，先后创办《珠江日报》与《新生晚报》，1943 年任《广西日报》社社长。

石兆棠，广西柳江人，就读于日本东京帝国大学哲学专业，后任《广西日报》社社长。

陈劭先，江西清江人，留学日本早稻田大学，1944 年任《广西日报》社（昭平版）社务委员会主任。

欧阳予倩，湖南浏阳人，自费到日本明治大学商科与早稻田大学文科学习，1944 年加入《广西日报》社（昭平版）任社务委员会副主任。

郭任吾，广西临桂人，1926 年被派到苏联莫斯科中山大学，回国后曾任广西省立师范学校校长，1934 年任《桂林日报》社社长。

郭沫若，四川乐山人，1914 年考取公费到日本九州帝国大学学医，1937 年开始任《救亡日报》社社长兼发行人。

从以上我们可以了解到留学生在报社大都属于上层领导人员。留学归国之初，很多人并不是一开始就是从事新闻媒体工作的，而是先在新桂系政府中任职一段时间，然后才进入报社。如韦永成（李宗仁的大弟李宗义的妻弟），曾担任两家重要报社《南宁民国日报社》、广西日报社社长的他，少年得志，先后在苏联、德国学习，归国后先后任国民党广西省党部书记、第四集团军总政训处副处长等职，而后受命任职于报社。潘宜之，1932 年赴英国留学，归国后先后任广西第五路军总政训处少将处长、广西中国国民党革命同志会宣传委员会主任、政训处处长等职务，并兼任南宁民国日报社社长（1935 年）。黎蒙，作为李宗仁的干儿子，留学法国归来后，在李宗仁的身边服务多年，担任李宗仁的高级顾问，常年追随在其左右。耳濡目染之下，对高层领导的旨意理解得更加透彻，从而成为李宗仁的心腹、喉舌。1943 年李宗仁委任其担任《广西日报》社社长。

（二）参与报社的建设工作

1.《南宁民国日报》

《南宁民国日报》是 1921 年由国民党广西省党部和省政府创办的机关报，1922 年 5 月停刊，1925 年 9 月重新创办。报名由新桂系领导人李宗仁题写，报社社长人选由国民党广西省党部委任，实行社长负责制，社长对报社拥有绝对权加黄华表、黄同仇、韦永成、尹治、潘宜之、黄楚等留学生都先后担任过社长，对报社建设不断完善，使《南宁民国日报》社成为 20 世纪 30 年代广西最完善的报纸。

韦永成 1931—1933 年担任《南宁民国日报》社社长。在担任社长期间在国民党广西省党部及军队担任要职（任第五战区政训处主任），他常利用职务之便，对报社进行扶持，在报社人员缺乏的时候，从军队拨款给报社增聘通讯员 20 人，扩充报社从业人员，分配到全国各地去采集新闻，以增强新闻的多样性与广泛性，扩大报社的影响力。随着服务人员的增多和报社部门的完善，《南宁民国日报》社开始具备了现代报社的雏形。

黄楚 1937—1944 年在担任《南宁民国日报》社社长期间，积极与各界人士合作探讨办报特色。在 1938 年 5 月 8 日的报道中第二版有《黄主任设宴接待欧阳予倩先生》一文（黄主任即黄楚），他希望欧阳予倩能在《南宁民国日报》上多投稿、多发表文章，为报纸多提建议。在报社版面建设方面，由于当时正值抗日战争时期，报社经费紧张，黄楚进行从简发行，取消了社论栏目，代之转发国民党《中央日报》的文章；同时对副刊进行改革，由原来主要刊发抒发感情的文章转发娱乐内容为主。黄楚对报社的改革，使报社渡过难关。

官派留学生掌管下的《南宁民国日报》在宣传方面有其特色，如注重宣传针对性，这主要体现在报社宣传始终贯穿着新桂系的方针政策。同时把握时政要点，如从联汪讨蒋到联蒋讨汪，从民族大义出发联合抗战等。刊登的文章观点明确，针对性强，这些也是留学生在报业建设方面取得的成绩。

2.《广西日报》

《广西日报》是国民党新桂系 1937 年在桂林创刊的机关报。先后担任社长、具有留学经历的有韦永成、黎蒙、黄朴心、石兆棠等；担任总编辑、编辑、具有留学经历的有俞颂华、莫乃群、艾青等。《广西日报》社第一任社长由时任第五路军军训处处长韦永成兼任。韦永成在兼任社长（1937—1939）期间，对报社的建设主要体现在改善报社的办报条件和人事安排调整方面。韦永成在军队中担任要职，掌控调动资源、资金的大权。他利用在部队任职之便对报社设备进行改进，如从军队银行处调拨银子采购引进设备。当时纸张经常不够用，他就通过关系从香港、广东等处购买，同时添购发电设备、重建报社大楼等。这些建设使《广西日报》社在成立之初就走上与其他报社不同的发展路径，成为当时广西发行量最高的报纸，日发行量在万份以上。在人事安排方面，韦永成积极为报社引进人才，如用莫宝坚接替韦容生任总编辑，调来莫乃群负责社论撰稿，聘请艾青为专门负责副刊和国际新闻的编辑。他在人事上的安排有利于充实报纸的内容，提高文章质量，对报社的持续发展起着重要作用。

总之，韦永成为《广西日报》的发展奠定了物质基础，为该报日后发展成广西第一大报做出了不可磨灭的贡献。

3.《救亡日报》

《救亡日报》创刊于 1937 年，报务人员主要以共产党进步人士为主，担任社长兼发行人的为郭沫若先生，总编辑为夏衍先生（留学日本）。当时国民党控制着多数报纸的发行权，而《救亡日报》正是在国民党的监控下不断成长壮大的。该报于 1939 年 1 月初搬迁至桂林，人员也随之跟来。

郭沫若与夏衍在任职期间，对《救亡日报》进行了版面改革。在桂林时期，由于刚搬迁过来，报社开支困难，夏衍作为报社负责人，面临的压力可想而知。

他深知唯有改革才能让报社继续办下去。他从版面革新开始，由原来的四六开改为八开，广开言路，积极欢迎各界投稿。夏衍要求刊登出的文章要有深度意义，或者易受读者喜欢。由于报道题材广泛，内容丰富，报纸的发行量也跟着增长，由原来的日发行3000份增长到日发行10000份左右。

夏衍在工作上一丝不苟，亲自排版、撰稿，把报纸办得有生有色，同时笼络一批在社会上有影响力的文人为报社服务。发表的文章细致严谨、风趣幽默、通俗易懂，让读者感受到《救亡日报》是一份严谨而轻松的、内容丰富的报纸。

（三）担当宣传阵地的笔杆子

除一部分留学生在报社中担任社长、主任等职务外，还有一部分留学生在报社中任总编辑、总主笔、编辑、撰述等职务，担当了宣传阵地的笔杆子。他们经常刊登名人的文章，海归留学生也时常在报刊上发表文章，也对时事舆论进行点评，宣传政府的方针，为政府的政策宣传呐喊助威。表6-7为留学生在报社中担任重要报务人员的简况。

表6-7　报社中担任重要报务人员的留学生简况

姓名	籍贯	留学国家、学校、专业	主要工作
黄华表	广西岑溪	美国华盛顿大学，教育学	《南宁民国日报》总编辑
将培英	广西灌阳	日本东京文理科大学	《南宁民国日报》总编辑
谢苍生	广西玉林	苏联莫斯科中山大学	为《南宁民国日报》撰稿
区渭文	广西贵港	苏联莫斯科中山大学	《南宁民国日报》编辑
张威遐	广西临桂	苏联莫斯科中山大学	为《南宁民国日报》撰稿
俞颂华	江苏太仓	日本东京法政大学	《广西日报》总主笔
艾青	浙江金华	法国巴黎大学	《广西日报》副刊编辑
莫乃群	广西藤县	日本东京法政大学，哲学	《广西日报》评论部总主笔
李四光	湖北黄冈	日本大阪高等工业学校，英国伯明翰大学，地质学	《广西日报》撰述
胡愈之	浙江绍兴	法国巴黎大学，国际法学	《广西日报》撰述
周伯棣	浙江余姚	日本大阪商科大学，银行学	《广西日报》撰述

姓名	籍贯	留学国家、学校、专业	主要工作
夏衍	浙江余杭	日本明治专门学校，电工技术	《救亡日报》总编辑
林林	福建诏安	日本早稻田大学，中央大学	《救亡日报》编辑
焦菊隐	天津	法国巴黎大学，文科	为《救亡日报》撰稿
林焕平	广东新宁	在日本左联东京支盟做研究工作	《救亡日报》撰述
李桦	广东番禺	日本京川端美术学校	《救亡日报》撰述
黄药眠	广东梅州	在苏联青年共产国际东方部做研究工作	《救亡日报》撰述

资料来源：《广西民国人物》《八桂报史文存》《桂系报业史》等。

由表 6-7 可见，留学生大多留学于日本、苏联、美国、法国等较发达国家，所学的专业有文科、理科，包含哲学、法学、机械、地质学等专业，他们在报务活动中扮演着无可替代的角色。

在宣传方面，报纸有一个特点，那就是为本利益集团服务，军政派系报刊也不例外。在 20 世纪 30 年代，《南宁民国日报》刊登的理论文章大多出自由政府选派到苏联留学归国的"理论专家"谢苍生、区谓文、张威遏等人之手，以宣传新桂系政策为主。这有利于推进新桂系制定的各项政策的贯彻和实施。

俞颂华于 1942 年开始任《广西日报》总主笔。他一方面在内部充实编辑人员；另一方面在外部积极争取进步文化人的支持。他在工作中一直践行着自己的新闻理想。"在《广西日报》工作期间，俞颂华事必躬亲。有时社论稿拖延到深夜未送到，他就拿起电话频频催促交稿。除周末外，每晚都值班处理版面，审阅文章，然后撰写成社论或短评，直到复印出来后才去休息。报纸上的短评，少则只有几十字，多则有一二百字。视情况而定，有时候一日两篇，都是配合当天的要闻进行评述，文字清新，说理明确，对读者起指导作用，但与新桂系的思想主张背道而驰。"① 俞颂华坚持着自己的写作风格，发表的社论往往与众不同，使读者能感受到其观点的魅力。

---

① 张鸿慰.清贫显志节——俞颂华在广西的办报活动［J］.新闻大学，1997（4）：16.

莫乃群于 1943 年开始任《广西日报》总主笔,评论部的社论、报道、新诗、散文等文章都在经其手后才能发表。1944 年桂林沦陷后,莫乃群带头到昭平。在困难重重的条件下,他积极向企业拉赞助筹款重新办起《广西日报》(昭平版),并担任主笔,在宣传上把握大局及方针政策,深受民众欢迎。

夏衍在担任《救亡日报》总编辑时,始终围绕着抗日民族统一战线的方针来进行宣传报道。他经常以社评、散文等形式发表文章。如 1939 年 3 月 2 日第四版《一切服从于抗战》的社论指出:"国内的一切矛盾都应该服从于抗战,以抗战为主,当前中国的矛盾是中国与帝国主义侵略者的矛盾,该团结起来共同抵抗侵略者。"① 并配以漫画,揭发国民党破坏统一战线的企图。夏衍对报社的工作亲力亲为,写了不少剧作在报上发表。《救亡日报》的编辑林林是一位著名的剧作家,他在副刊上发表了许多文章。当时在副刊上发表文章的大都是聘用撰稿人,并且是有一定的知名度,其中就有一些留学归来的文艺界人士(如矛盾、田汉、艾青、欧阳予倩、焦菊隐等),在当时很受读者的欢迎。

三、留学生在广西从事报业活动的历史影响

20 世纪三四十年代留学生在广西从事报业活动,对新桂系巩固政权、宣传鼓舞民众抗战、发展近代广西新闻事业产生了深远的影响。同时,使桂林的文化教育也得到迅猛发展,在桂林发行的报纸和桂林的各类学校建设也由此引起了全国的注意。

(一) 对新桂系政权建设的影响

新桂系集团十分重视抓舆论工具,用舆论宣传来为本集团服务。当时,先后担任广西官方报纸的领导人多是官方派遣的留学生,他们在留学经历中受到国外办报思想的影响。如韦永成先后被派到莫斯科中山大学、德国柏林政治大学深造,受到斯大林主政时期的苏联、希特勒时期的德国两个国家政党报纸的影响,对报纸舆论工作非常重视。他在报社工作中效仿苏联的特点,控制舆论导向,宣传政府的政治主张,工作中始终贯彻"明确的宣传方向,实现文化政治的方针政策,以传达政府的方针,为政府的方针政策进行宣传鼓舞"②。

任职于新桂系报业的官派留学生大多严格服从于新桂系领导层,积极宣传新桂系的"四大建设"和"三自三寓"政策。20 世纪 30 年代以王公度为首的留俄派控制的报纸,注意宣传新桂系的政治主张、领导人的政治活动,不断加

---

① 吴颁平. 救亡日报的风雨岁月 [M]. 北京: 新华出版社,1987: 226.

② 广西政协文史资料委员会. 桂系报业史 [M]. 南宁: 广西日报新闻史编辑室,1998: 76.

强对新闻舆论的宣传工作。如《南宁民国日报》报道的内容就以新桂系的新闻活动为主，在宣传中牢牢地把握着政治方向大局。新桂系领导层曾对其掌控下的报务人员说："要加强教育宣传活动，兴办学校，发展教育，扫除文盲等都需要报纸的宣传作用。"①

新桂系旨在通过报纸宣传来巩固自己的政权，同时对报纸的宣传导向进行了明确的定性。那就是服从政府，在宣传中要紧紧围绕政府的主题与政策，为政府服务，还要求报纸紧跟时代主题。官派留学生在报业活动中为新桂系服务，这有助于新桂系政权的巩固。

（二）对抗日战争的影响

在当时的历史条件下，留学生负责的新闻报社做了大量抗日战争的宣传报道，对抗日前线情况通过社论、漫画、诗歌等形式加以报道，以唤起民众对抗战的支持，激励人民投入抵抗日本帝国主义侵略的抗日救亡运动中。

官方办的《南宁民国日报》与《广西日报》在报道抗日新闻时都强调国军的作用，如在 1944 年 9 月 15 日出版的《广西日报》第三版对日本的暴行进行了揭露。《麦帅统制日本步步加紧，命令同盟社停止工作，日各报揭露日阀暴行》中指出日本发动战争在日本国内得不到民心，日本民众已厌恶军国政府。在第三版中用了大版面的篇幅来描述国民党军队在抗战中的情况。《胡宗南部队渡过黄河》一文对胡宗南大加赞赏，对其在抗战中的贡献进行了大量的列举。以共产党进步人士郭沫若、夏衍为骨干的《救亡日报》与国民党官方报纸有不同点。国民党官方报纸报道的多是国民党方面的新闻，几乎很少报道共产党方面的情况，把抗战的一切成果都归为己有。"《救亡日报》更加注重对抗日民族统一战线的宣传，如在报道《再论北方的胜利》中就说，胜利取决于千千万万民众。"② 对统一战线报道观点明确，对促进中华民族抗日救亡运动起到了极大的宣传鼓舞作用。

（三）对近代广西新闻事业的影响

近代广西新闻事业的形成、发展与当时留学生从事报业活动相关联，留学生参与报业活动对近代广西新闻业的发展有着重要的影响。这个时期《南宁民国日报》社的机构和人员分工，比过去更进一步，已形成了现代报业的体制和一定规模。报社常设有"社长、发行人、总编辑或编辑主任，编辑部设主笔、

---

① 许觉民. 忆桂林《救亡日报》的人和事［J］. 中国文学，1991（2）：13.
② 广西壮族自治区地方志编纂委员会. 广西通志·报业志［M］. 南宁：广西人民出版社，2007：89.

编辑、记者、采访主任、资料主任、校对等职"①。

同时,条件较好的报社均有自己的印刷厂。当时《广西日报》社还在省外聘用特派记者、特约通信员,建立起通信网、发行网,这些机构与职位一直沿用至今。

20世纪三四十年代广西新闻事业的发展也引起国内同行的注意,国内多家报社纷纷落户广西,如《扫荡报》《中山日报》《大公报》《力报》等它们举办报社活动,设置学术周刊,成立记者会,并加强同行之间的交流。留学生在报业中的活动增强了广西报纸的影响力,推动了广西新闻业向现代化新闻业的发展。

总之,新桂系在统治广西期间,实施"行新政、用新人"的开明人才政策,为留学生提供了展示才华的舞台。留学生在工作中发挥专长、锐意进取,在报社建设中起了主导作用,促进了新桂系政权的巩固,激励了民众的抗战热情,奠定了近代广西新闻事业的基础。

---

① 广西壮族自治区地方志编纂委员会. 广西通志·报业志 [M]. 南宁:广西人民出版社,2007:103.

第七章

留学生群体与新桂系广西自治的军事建设

第一节　留学生群体与新桂系的军事建设理论

　　20 世纪 20 年代末、30 年代初，在蒋桂大战和中原大战中惨败于蒋介石的新桂系，退居广西自保。初期，新桂系在军事上面临严峻挑战：首先，蒋介石的军事威胁节节逼近，蒋介石命令湘、粤、滇军分别从广西的东、北、西三面入侵广西。粤军余汉谋部打进广西腹地后，阻断了柳州与南宁之间的交通，广西交通大动脉瘫痪。滇军卢汉部从西南侵犯南宁，黄旭初被困在南宁城内，不得动弹。其次为新桂系的领导层内部出现分裂。在蒋介石威逼和新桂系困境重压之下，1931 年，新桂系重要将领黄绍竑投靠南京国民政府，军中高级将领杨腾辉也有随时倒戈的迹象。最后，连年的军阀混战，使人民生活负担沉重、苦不堪言。加之地方乡绅经常肆意欺压百姓，导致人民揭竿而起的事件频发。在中国共产党领导下，建立了左、右江革命根据地，创建了红七军和红八军。正当新桂系处于内外交困和四面楚歌之际，"胡汉民事件"的意外顺利解决，给处于内忧外患的新桂系以契机。随着粤军举兵反蒋，两广关系得以缓和，滇军也离开了广西，新桂系走出了暂时的困境。之后，以李、白为首的新桂系领导层闭门思考，对战争失败进行了总结。他们认为重要教训为"常为人目之为地方性军事势力"。为了巩固和增加与蒋介石抗衡的实力，新桂系政权在 20 世纪 30 年代进行了颇具规模、影响深远的建设，其中核心是军事建设；政治建设、经济建设和文化建设都打上了军事化的印迹。黄旭初认为："军事建设，乃广西最初之中心工作。其主旨，盖以育成自卫力量及其他各部门建设工作之动力。""先侧重自卫，由自卫而自治，而自给，所以自卫乃广西建设之重心。"①

从新桂系进行的军事建设实践考察中发现，无论是对军事建设的理论探索，还是在民团建设、军政军训和空军建设的实践中，一些留学生起到了至关重要的作用。这些留学生在国外不仅接受了政治思想和文化的教育，还学习了现代战争技术。归国后，不只是充当新型职业——军佐，还表现出浓厚的政治参与意识和突出的军事才能。国家落后催生了留学运动；留学生归国后投身于军事建设实践中。军事建设的进步带动了广西 20 世纪 30 年代的自治，国联远东调查团团长李顿这样评述广西的军事建设："若是归国其他各省也有像广西把民众这样的组织与训练，那又何致有九一八的事变呢！"② 留学生群体与广西自治相互依存，呈现一种良性互动关系。《广西建设纲领》中提出了"自卫、自治、自给之三自政策""厉行寓兵于团，寓将于学""以最大努力，从事军事建设"，这些政策设计凝聚了留学生群体的智慧，融入留学生群体的艰辛付出。

一、刘士毅提出三寓政策

20 世纪 30 年代，新桂系的自治建设是以寓兵于团、寓将于学、寓征于募的三寓政策的实施为着力点和突破口展开的。这一时期的军事建设理论核心就是三寓政策。对此，重点要提及留学生刘士毅的贡献。

刘士毅（1891—1982），江西人。先后就读于南康府中等学堂、江西高等实业学堂农林科，转入保定速成军校，在炮兵科学习。毕业之后，在江西新军中担任过排长和连长职务。民国初年，积极参与辛亥革命和二次革命，两次赴日本留学，先后在日本法政学校和东京士官军事学校学习。20 世纪 20 年代，刘士毅在赣军、五省联军、国民革命军等军队中任职。1927 年，任中央陆军军官学校教育长和军事委员会军政厅军事教育处处长。1928 年，以独立第七师师长的身份对红军进行围剿，所部损失惨重。1929 年 10 月，担任江西省政府委员。1930 年，因积极筹划南方几省的倒蒋计划暴露，被迫三渡日本，在日本帝国大学学习。1931 年，受白崇禧力邀，在广西军事政治学校担任副校长，兼任教育长，进行广西军事建设的理论研究，深受白崇禧青睐。抗战爆发后，1937 年担任国民第三十一军军长；1938 年任军训部次长。刘士毅在抗日战争中展现了一定的军事才能。1940 年，被授予中将军衔。1946 年，任国防部次长。1948 年，

---

① 孙仁林，龙家骧，叶贻俊，等. 桂政纪实：军事篇［M］. 桂林：广西省政府十年建设编纂委员会，1946：8.

② 白先勇. 建设广西模范省：白崇禧的"新斯巴达"［N］. 温故，2010-08-27.

为国民大会代表和主席团主席成员，1949 年，被授予上将军衔。1950 年，在台湾"总统府"担任参军长，军阶为陆军二级上将。1952 年担任台湾"总统府国策顾问"。主要学术著作有《中国军事教育概况》《国防要义》和《日本军队教育概况》等。

在 20 世纪 30 年代的广西自治中，新桂系深知广西缺乏建设人才，尤其是专业性技术人才和管理人才，因此开始广泛网罗天下人才。刘士毅来到广西后，从担任南宁军事政治学校副校长（白崇禧任校长）起，就开始了全面辅佐白崇禧的工作。1931—1937 年任副校长期间，共办了 4 期军事训练，训练出军事学员约 20000 人。白崇禧赞其"经纶满腹，文武兼备"。刘士毅以后的政治、军事生涯都没有离开白崇禧。在白崇禧担任国民党国防部部长期间，刘士毅一直充当白的副手和谋士。他与林蔚、秦德纯一道担任了国防部次长。刘士毅在广西建设期间，利用士官军校办法去培训广西的军事干部，还从对我国古代兵役制度的研究中，提出了寓兵于团、寓将于学、寓征于募的三寓政策，被新桂系视为"奇珍"之策，在广西省各地广泛推广。三寓政策经数次系统理论论证和实践检验，成为李、白二人在广西自治中的创新性政策。三寓政策是实现自卫目标的根本保障，也是新桂系一项重要的战略思想。刘士毅提出三寓政策绝非凭空臆测，和他的思想认识及执政风格有一定的逻辑关联。他的军事思想较为集中地体现在他所编撰的言行录《任夫五稔言选》中。

刘士毅有着强烈的"武化"思想。他据战国、秦、古希腊的历史，认为"其灭亡都是亡于文化低劣的野蛮人"。中国历史上的汉、晋、唐、宋、明等朝代在文化史上都有显赫的地位，有不少著名的文学家、美术家、哲学家。但是，处于文化优势地位的人武化退步，经常受制于蛮夷。因此，一个国家、一个民族要独立和有地位，国民必先有尚武的精神。要养成尚武的精神，不但成年人要受到训练，儿童教育也应如此，包括学校教育、家庭生活。依此，军训不但行于成年人，还要注意儿童；不但行于学校，还应将家庭、社会纳进来。刘士毅崇尚"武化"精神，提倡"武化"精神与军队、社会、家庭乃至成年人、青年人、少年、儿童之成长有机结合。在担任南宁军事政治学校副校长兼教育长期间，他努力倡导"武化"精神，为后来新桂系提出系统化的三寓政策提供了必要的实践支撑。他在南宁军事政治学校第五期毕业典礼上演讲了《我的宇宙观与人生观》，认为日本人在中国横行霸道，残杀百姓，我们只能骂他们残暴，诉诸国联主持公道，这种局面最根本的原因在于我们民族的松懈和懒惰。有些人说广西文化落后，但这并不是可耻的事情。中国受日本之侵害，并不是文化的落后，只是懒惰的民族被勤劳的民族所征服。因此，他主张全民族、全方位备战与抗战。将来的战争，无论是男女老幼、战斗员与非战斗员都应该成为战士，全体民众都应该做好战斗的准备。战争就是国家之间国力与国力的"赌赛"。将来的战争，以武力承担主要责任的同时，还要进行经济、政略、交通、思想、宣传等与战争相关领域的全方面争夺。有了"武化"精神，有了勤劳民族和强大的国力，就战无不胜。这些思想与他所提炼的寓兵于团、寓将于学、寓募于征三寓政策是不谋而合的。

刘士毅提出的三寓政策能契合新桂系军事改革的愿望，更为重要的原因在于，三寓政策迎合了新桂系领导层"全面战"的思想。李宗仁在《我的主张——焦土抗战论》一文中提出"全面战"思想，包括：反对局部抗战，主张全线抗战；反对单靠军队抗战，主张全民抗战；反对单纯军事抗战，主张政治、经济、文化、军事相结合的总体抗战；反对一党一派的抗战，主张联合各抗日党派、各抗日友军和一切抗日民众力量的举国抗战。① 白崇禧认为现代战争无论男女老少、文武之群、人马之资，所有与战争相关的资源，甚至是信息和权威，都应最大限度整合起来，在战争前方阵地或后方阵地发挥各自最大之价值。现代战争不光要靠军队、靠武力，而是把整个国家、民族都要动员参与的战争。刘士毅提出的三寓政策，经由白崇禧的言论及著述后，形成了系统性的三寓政策，下文将详细予以阐述。

二、白崇禧与三寓政策

白崇禧在军师刘士毅的思想基础上，不断发展和完善了三寓政策。三寓政策成为广西自治中重要的制度创新，也是白崇禧具有代表性的核心战略思想。白崇禧在讲话和著作中是这样阐述三寓政策的：三寓政策的内涵就是寓兵于团、寓将于学、寓征于募。三寓政策是实现三自政策的军事基础条件。

寓兵于团。在我国古代都有传统做法，夏、商、周以后，寓兵于民，历史上出现过井田制（寓兵于农）、内政以正军令（寓兵于政）。新桂系实行的寓兵于团，团即民团，以 10 户为甲，10 甲为村，10 村为乡。甲有甲长村有村长，统率壮丁 100 余人；乡有乡长兼大队长，统率壮丁千余人；区有区长，统率乡。这种建制与管子提倡的内政以正军令具有一定的相似性。对于民团的训练方法，和古时候根据四季进行劳作有一定联系。民团春夏之时训练城区民众，冬天训练农民。现在社会中，人民是国家的主人，如何把人民有效聚集起来做公共事务，过去没有可循办法。广西省政府经过研究认为，把民众召集起来，必须有

---

① 郡慕先. 李宗仁军事思想论纲 [J]. 军事历史，1993（5）：15.

个组织，这个组织就是民团。广西历来有民团组织的传统，民团通过组织训练，可以实现军事上自卫、政治上自治、经济上自给的目标。广西民团组织不仅仅是军事组织，整个广西工作建设要以民团建设去推进。它也是民众组织，民团训练的内容以军事训练占 3/10，政治、经济、文化训练占 7/10，而且注重培养了一大批如村街长等基层管理人才，民团可以自身的独特方式和力量去推动广西建设。

寓将于学。广西有人口 1280 万，有 24000 个村（街），村下。有队。广西农村大概有 240 万壮丁，可以为战争提供充足的兵源。这些壮丁需要通过将校来统率，1500 人一个连队，每个连队需要将校 80 人。以此编制，240 万壮丁可以培养出 8 万将校。大战一旦爆发，这 8 万人将成为战争的精英。与军校相比，民团对将才的需求远远超过了军校。以南宁的军校为例，军校只有 1200 名学生，3 年毕业，3 年才能造就出 1200 个将校，而民团一年造就的将校是军校花费 25 年才能完成的。寓将于学可以锻炼青年的身体与精神，防止学生懒散，又可以培养大量的预备将校人才。在寓将于学口号之下，实行军事训练和军队管理。小学有童军训练，初中有青年军训练，高中第一期实行军事训练。广西有24000 个村，24000 个村长，区乡长不下 3000 人，需要教员 48000 人，这种训练方式就可以使广西训练出八九万人。

寓征于募。就是征兵寓于募兵。当时的中国有征兵制与募兵制：征兵制是招义务兵；募兵制是佣兵，需要用金钱进行招募。征兵制存在着按期退伍、技术不精、有怕死之徒的弊端；募兵制存在素质不好、所需军饷太多的弊端。广西实施的寓征于募就是综合了征兵制与募兵制的长处，例如，甲、乙、丙 3 个村，每个村有 20~25 岁的壮丁各 50 人，将抽取 1/10 去当兵。对应征者，优先采取自愿挑选的办法，有剩余或不足额时再以抽签方式决定。这样招募去的兵不但素质好，而且勇敢不当逃兵。通过寓征于募的方式，广西省的壮丁一面训练，一面入伍，征兵还是比较容易的，广西举办过两次大规模的寓征于募征兵活动。

三寓政策属于自卫的范畴，其中征兵的难度极大，也最难实现。国家民族是否存在就在于征兵的情况。过去的征兵制度不能应付国际战争，在北伐战争中由于征兵制度缺陷，延误战机，最终失败。通过广西式的寓征于募制度，可以破解征兵的难题，打破了传统的"好仔不当兵"的观念，开启了由宋以来改革兵制的新纪元。

第二节　留学生群体与新桂系的民团建设

一、刘斐主持广西民团学校培训工作

刘斐（1898—1983），湖南醴陵县人。白崇禧在醴陵进行护法战争期间，刘斐的岳父郑翼经精通中医，经常给白崇禧部队治疗。后来郑翼经将女婿刘斐推荐给白崇禧，自此之后，刘斐与新桂系结下了不解之缘。由于刘斐读过高小，书法和文章样样精通，被安排在白崇禧连担任专职秘书。1921年，刘斐先后担任桂军排长、讨贼联军总司令参谋、第三路指挥部参谋长等职务。其间，他充分施展了在军事谋略和攻城拔寨上的才能，逐步赢得了白崇禧的赏识，在北伐战争期间作为北伐军总司令部上校主任和作战参谋积极协助了白崇禧。1927年，在新桂系政权支持下，刘斐前往日本留学。他在日军第一师团学习战斗教练、野营演习等军事技能。后来，被日本陆军步兵专门学校录取，学习现代战争的作战理论。归国之后，1930—1934年，刘斐在国民党陆军大学学习。经过3年留学生涯和4年国内学习之后，刘斐重返新桂系投奔白崇禧。当时，广西正在进行如火如荼的建设运动，刘斐被白崇禧委以重任，担任国民党第四集团军高级参谋，同时又担任广西民团干部学校教育长，积极协助白崇禧展开民团工作，对广西民团培训和管理做出了积极贡献。其间，他作为李、白的特使到广东、湖南等省游说和策动陈济棠、何键等人的倒蒋活动。1937年，刘斐调离新桂系，作为国民党军委会第一作战组组长，在对日作战中进行大量的作战计划制订和作战协调等工作。1940年，被授予陆军中将军衔。1945年，在白崇禧担任国防部部长期间，刘斐任国防部参谋次长。蒋介石全面发动内战之后，刘斐同毛泽东为首的共产党人交往期间，心向人民正义事业，积极选择新道路，参与策划了北平和平解放。在广州，他力劝李宗仁、白崇禧起义反蒋，拥护共产党统治。在香港，他作为总召集人发动国民党高级将领、军政要员策划起义事宜。1949年8月，刘斐和国民党44位高级要员发表了《我们对于现阶段中国革命的认识与主张》，公开宣布脱离国民党，拥护人民解放事业。1949年9月，刘斐参加中国人民政治协商会议。中华人民共和国成立后，先后在军事委员会、国防委员会等部门任职。曾担任过水利部部长、体育运动委员会主任和文教委员会副主任等职务。1983年4月8日，刘斐病逝于北京。

1934年，刘斐来到广西后，被任命为广西民团干部学校教育长。在服务新

桂系期间，刘斐在理论、实践上积极协助白崇禧，致力于广西民团建设。

提倡军事社会化。他认为现代战争参与人员之众多、范围之大、影响之深远，是历史上任何时期都没有的。战争要求社会中每个人都参与其中，每个人都要具备一定的战争知识和技能，这就需要进行军事训练的社会化。要保障社会人的生存就要赋予他们生存的能力，军事社会化是最好的办法。普及军训作用在于战时有取之不尽、用之不竭的军事人力。经过军事训练的人，精神、意志和战争技巧在战时能发挥更为突出的作用，这可以印证中国古话"以不教民战，是谓弃"。20 世纪 30 年代，广西实施的寓兵于团与刘斐的军事社会化思想不谋而合。

刘斐非常重视青年对国家、对战争的价值。他认为国家正在进行全面建设、加快完成国家现代化建设的时期，青年人处在一个光荣的时代，他们必须承担起光荣的历史使命。刘斐建议青年做到：要注意国本，就是要学习、牢记国家历史，承袭道统文化，从近代困难的历史中树立国防思维；要拥护宪政的地位，宪法作为根本大法地位不容置疑，只有坚持和拥护宪政才能区分人民和政府的权利、义务，使得政府成为称职的模范；要积极参与国家军事建设。刘斐对青年在国家建设和军事建设中地位的独到认识，有利于推进广西的寓将于学。

刘斐在担任广西民团干部学校教育长期间，系统推进了广西民团的各项建设任务。其一，大量训练了民团力量。以广西民团干部学校为依托，构建了各层级的民团学校；广西的高等、中等和初等学校都构建了民团学校领导下的民团军事训练体系，全面推进了"广西武装化"。其二，规范民团训练的模式。广西民团学校规定每天早上起床参加训练，训练的内容有军事训练和政治训导。学生既要懂得军事知识和技能，又要有武道精神。刘斐经常邀请李、白二人到学校进行振奋民众、效忠国家、复兴新桂系的演讲。其三，参与广西的公共造产、社会福利等事业的建设。20 世纪 30 年代中期，广西民团干部学校每年派出几十名学员到各地指导和参与公共造产、社会福利等事业建设，在城市进行了交通和无线电通信事业建设，在农村进行"仓储"和"公耕"的建设。广西民团干部学校成为具有军事、政治和经济职能的教育机关。

二、对广西民团的认识

广西民团是在特定的历史条件下应运而生的，它区别于单纯的武装军事组织，是集聚政治、经济和军事职能的基层民众组织，在广西建设中发挥了特殊作用。结合刘斐对民团的认识，可以从以下几方面对广西民团进行评价。

（一）广西民团与军事建设

其一，广西民团推进了广西军事社会化建设。民团组织也是群众组织，以军队纪律约束民众，所有壮丁都属于后备队，团兵受到军事化管理；其二，广西民团稳定了广大农村的社会秩序。民团内部有严密的民团控制系统，虽有不良分子，但也没有机会胡作非为。外来的新人，所到之处，会引起村人的关注和监视，也无法为非作歹。外面的盗匪难以立足，每天各乡村都派民团兵进行哨岗值班，即使得逞，也难以通过村庄网络性哨卡的监视。广西历来是多匪之区，在 20 世纪 30 年代以前，广西是匪村处处。经过民团建设后，广西出现了"夜不闭户、商旅野宿"的现象。与其他省份相比，广西的治安是最好的。其三，民团建设为广西抗战提供了厚实的兵源。在抗战头两年，广西当局迅速征调了 50 余万人奔赴抗战疆场。广西运用民团政策改革了军制，对内绥靖地方、对外巩固国防，成绩显著。

（二）广西民团与政治建设

广西民团首先是军事组织，也发挥着政治组织的功能。从组织架构看，民团组织和行政、政治组织相互渗透。区民团指挥官兼任区行政监督，县长兼任民团司令，区长兼任民团后备队联队长，乡镇长兼大队长，村街长兼后备队队长，普通民众也在以民团为单位进行日常管理和军事训练中成长。具体来讲，广西民团对政治建设的作用为：其一，组织训练民众。近代中国饱受外来势力的欺凌，民众一团散沙，是乌合之众。民团建设把壮丁动员聚集起来，施以军事和政治训练，使民众从无组织到有组织，从无知到有知识。其二，强化了县以下的地方治理。中国行政组织结构历来有上重下轻的特点，中央政府、省政府、县政府构成了传统稳定的三级行政组织，而乡村基层组织作为建设和社会自治角色历来是徒有虚名。广西通过民团组织的体制，可以把乡村组织密切联系起来，把广大民众组织起来，政府对地方加强了控制，也有利于地方的治理。其三，大大提高了行政效率。以前政府的政策、命令都是通过中央、省、县政权层级传递的。县也只是程序性照例传达到村，乡村长由于没有受到正规的训练，好的事情张贴布告，不好的事情连布告都不张贴。普通民众缺乏必要的训练，很多连字都不认识，政府政令与他们似乎毫无瓜葛。通过民团培训后，乡镇街长受过训练，他们会以军队精神治理地方事务，养成服从的行政特质，传达和贯彻命令相对便利通畅。其四，促进了地方自治。自治是广西三大政策之一，地方自治是实现民主政治的基础。民团通过组织训练民众，构成了地方自治基础。过去地方没有组织，无训练，根本谈不上地方自治。现在民众有了组织和训练，民团力量可以办理地方的事情，可以大大推进查户口、设立学校、修筑铁路、造田垦荒、肃清匪徒、训练和储备自治人才等地方事务的治理。

（三）广西民团与经济建设

广西经济建设是以实现自给为目标的建设。广西是以农业经济为主的社会，工商业经济发展相对落后。广西民团开展了大量促进农业生产的活动，如实行公耕、设立农村仓库、造公有林、挖公共池塘。实行公耕指在村长统一指挥和监督之下，利用每年秋冬天空余的时间和劳动力在空余土地上耕种。收获所得除了正常耕种所需费用外，留归公有储存在公共仓库之中，如何使用需经过村民大会决定。造公有林、挖公共池塘都是以民团为基础来运作的。广西民团对广西经济建设做出了巨大的贡献。1931 年，入超为 1700 万；1935 年，入超降到了 560 万；1937 年，出入实现了平衡。此种局面主要是通过民团力量去促进和发展生产的结果。

广西民团影响广西建设是全方面的。它是广西一切建设的起点和基础，甚至对广西文化也产生了深刻的影响。20 世纪 30 年代以前，广西是文化非常落后的地区，全省 1300 万人口中不识字率达到了 80%以上。通过民团建设，开设了民团学校，实施军事训练和政治训练，开展识字运动。到了 1940 年，广西基本扫除了文盲。民团建设还塑造了文明、健康向上的社会文化，在广西境内，樵夫牧子村妇老妪都懂爱国，积极抗战。

当然，从本质上看，广西民团是强化封建统治的工具，在操作层面也存在着执行性的困境。新桂系利用民团把社会民众置于管理与控制网络之中，民众被迫接受军事训练，为新桂系军阀利益充当炮灰，而绝非李、白二人所吹嘘的那样，民团是实现和树立民主政治之基础。在具体实施过程中，"桂省民团初因组织未妥善，章程未妥善，人民叩阍无路、饮恨从共治"①。一些军官利用权势鱼肉乡里、横行霸道的事情时有发生，人民反抗情绪与日俱增。民团训练出来的兵源水平和素质参差不齐，新桂系想通过民团构建"精锐"的正规部队也只是昙花一现。"就本集团来讲，每年逃亡的要占 1/4，年年都是如此。这种情形还是就平时来说的，若到战时，逃亡就更多了。"②

三、军事斗争中的刘斐

20 世纪 30 年代，刘斐作为国民党中的坚定抗日派不仅极力辅佐白崇禧，积

---

① 郑建庐. 桂游一月记［M］. 北京：中华书局，1935：5.
② 白崇禧. 广西的军事建设［M］//广西全民周刊社编. 白崇禧言论集（3）［M］. 1941.

极推进广西民团建设，还在复杂的军事斗争中为维护新桂系利益和积极抗战发挥了重要的作用。

在两广事变中，刘斐作为新桂系特使开展了与蒋介石的斗争活动。1936 年 6 月，两广事变爆发。面对复杂形势，8 月 23 日，刘斐代表新桂系带去李、白二人的 5 条意见：第一，解放救国言论与救国运动；第二，撤南下之兵北上抗日；第三，从速决定抗日救国计划及实施时期；第四，李宗仁仍为广西绥靖主任，黄绍竑仍回浙江任省政府主席；第五，第一条实施，第二条开始，李即宣布就职。① 当日，刘斐返回南宁向李、白二人传达了蒋介石原则上接受无条件的意见。8 月 24 日，李宗仁、白崇禧力邀李济深、黄旭初、邱昌渭、刘斐等人筹商，刘斐等人力主成立抗日联合政府。刘斐在两广事变中充当新桂系代言人，积极与蒋介石进行斡旋，最终，蒋介石与地方势力代表——李、白为首的新桂系、陈济棠为首的粤系达成了政治妥协，两广事变和平解决，结束了两广与蒋介石政权的长期对峙，有利于抗日民族统一战线形成与发展。

在抗战期间，刘斐作为国民党军委会第一部作战组组长，进行大量的作战计划制订和作战协调等工作，制订的对日作战方针鼓舞人心。刘斐认为对日作战方针应调整为："针对敌人企图使战争局部化的阴谋，尽可能使战争全面化；针对敌人速战速决的战略方针，尽可能利用我国地大物博、人口众多等有利条件，实行持久消耗战略。"② 针对国民党内部片面抗战和消极抗战的思想，刘斐积极予以批驳，认为日本虽然强大，但也不是不可战胜，八路军的百团大战就是有力事实。在台儿庄战役中，刘斐协助李宗仁指挥作战，取得了歼敌 2 万的台儿庄大捷，大大鼓舞了中国军民抗战信心。1938 年，刘斐在长沙和衡阳作战中，与周恩来相识，共同商讨对日作战计划。他赞同周恩来的积极抗战思想和建立全民族统一战线的主张。通过与一批共产党人的接触，刘斐受益匪浅，他认识和认同了共产党，为他后来脱离国民党，支持人民解放事业和积极参与社会主义建设埋下伏笔。后来，刘斐在谈及与周恩来这段交往经历时认为，"衡山一席话，胜读十年书"。

---

① 程思远.我所知道的白崇禧 [J].学术论坛，1985（4）：58.
② 黎丰.和平将军——记刘斐 [J].湖南党史，1998（1）：48.

第三节　留学生群体与新桂系的军训措施

一、刘士毅培养新桂系军政骨干

如前所述，在几经人生沉浮、三渡日本后，20 世纪 30 年代初，刘士毅得到新桂系数次诚邀，来到广西。刘士毅担任南宁军事政治学校副校长，兼学校教育长，主持学校工作。白崇禧任校长，刘士毅全面辅佐白崇禧。1931—1937 年，刘士毅共办了 4 期（第五期—第八期），训练出军事学员约 2 万人。其中第六期的很多学生以前几名优异的成绩考取了中央陆军大学。刘士毅经常召集中级军官、团旅干部、少将军官等高级军事干部接受系统性的高等军事教育，他亲自做讲座，大大提高了他们的军事理论水平和作战技能。

二、卓有成效的军训机制

刘士毅在管理南宁军事政治学校时，主导设计了学校军训机制，亲自参与学校的具体管理，形成了一套卓有成效的军训机制。

严格的军事管理。学校军训期间，男女都要接受严格的军事管理，纪律森严，学员的起卧、洗漱等日常生活有严格时间规定。学员的着装、教室布置、书桌摆放有统一样式，绝不允许别出心裁。

严格的军事训练。学员在南宁军事政治学校进行军训时，必须接受系统严格的军事训练，方能毕业和被举荐晋升。从训练的学科看，教官在教室课堂上讲授古代兵书，教室之外要进行步兵操典、野外勤务和实用军务礼仪的培训；从训练的术科看（在操场实地进行训练称为术科），训练期间配备了班教练和排教练，重点训练学员的"卫锋"和"卧射"，学员兴趣比较大又有成效。特别事项的训练，重点进行野外训练和紧急集合。野外训练注重实战模拟，分作敌我两队，两队都有指挥官，还有哨兵、前卫、后卫、侧卫、通信兵和联络兵，两队针锋相对进行实战。紧急集合注重"紧急"把握：在白天，紧急号令发出后，在 3 分钟之内，学员要着装整齐到规定地方集合；如果在晚上，学员要在规定时间内把着装弄好、备好干粮、带上水壶到规定地方集合。

刘士毅在广西训练了一大批陆军军政干部，还训练了小部分空军，兴办了一些兵工厂，这引发了国民党内部担忧。有人认为广西会拥兵自重，主张对广西用兵。1936年，国民党中央在湘粤桂边境线上陈布重兵，威胁到新桂系政权。蒋介石派居正、程潜、朱培德与新桂系首领李宗仁、白崇禧在广州会晤，局面才得以控制。抗战全面爆发后，刘士毅出任33军军长，从广西水路出发，经过广州，转粤汉路北上抗日。33军大部分干部是南宁军事政治学校培训的学员，他们作战能力强，政治素质好，成为部队的主力军。该军在一个多月的时间内，就从粤汉路、平汉路经由陇海路到达战争重地——徐州，迅速投入抗战。

刘士毅在广西期间，有极强的抗战之心。1935年之后，中日关系恶化，日本千方百计进行分化中国的活动，凡是与国民党中央不和的省份，日本都派人去游说反对国民党中央政府。白崇禧为维护新桂系集团利益，因刘士毅在日本留学过，就试探性派出以刘士毅为首的两广专员出使日本。路过南京时，刘士毅谒见何敬之。国民党中央政府也派出了武官萧其宣、上尉军官胡君一同前往日本。在日本，日本军部为了引起他们相互猜忌，分别单独接见，制造国民党中央和两广之间的矛盾。刘士毅通过外交途径予以抗议，并且严厉驳斥日方把他们称作"满洲国军官"，因此日本恭亲王向代表团道歉。刘士毅归国路过南京时，如实将在日本实际情况报告了南京中央政府。

第四节　留学生群体与新桂系的空军建设

广西空军建设始于20世纪20年代，早期的新桂系空军主要是通过军阀战争，收编航空机构、飞机和人员后，组建了一些小规模的空军。1927年年初，白崇禧占领了浙西后，接收孙传芳的航空部队，组建了东路北伐军航空司令部，刘沛泉担任司令员，这是新桂系组建空军的起点。1927年11月，新桂系占领武汉，收编了唐生智的航空部门，组建了第四集团军航空处，杨鹤霄担任航空队队长，张维担任航空队处长，空军建设逐步发展起来了。后来由于新桂系在蒋桂战争中战败，新桂系的全部空军被蒋介石收编。这一时期的新桂系并不能控制空军，空军建设缺乏牢固基础和系统建设的机制。1930年新桂系在中原大战中战败退居广西后，独立进行了具有一定系统性、卓有成效的空军建设，成为广西20世纪30年代建设的新亮点。

新桂系退居广西后，进行了战败的战略和战术总结，认识到蒋介石的空军部队在侦察、作战、追踪等方面占据了绝对优势，是新桂系战败的重要原因。新桂系决定以广西已有的人力、财力和技术条件，创办独立的空军体系，以换取战争中的主动权。1931年夏，新桂系组建了广西民用航空筹备委员会，标志着新桂系空军建设进入发展和创新的阶段。新桂系的空军建设从无到有、从有到强，逐步建立了完整的空军体系。其中，以林伟成为代表的留学生积极参与了新桂系的空军建设，成为新桂系空军建设的中坚力量，他们在空军理论研究、空军训练教育和航空知识的普及等方面发挥了先锋作用。

一、林伟成提出"空军独立论"

（一）"空军独立论"

"空军独立论"最早是由意大利军官朱利奥·杜黑提出的，他在《制空权及其获得》（1909 年）一文中和其创刊的《制空权与未来战争》（1921 年）杂志中论述了空军致胜理论，认为："飞机，要作为一种极其有效的新型进攻性兵器来看待，应该尽力发展飞行队，组建成一支独立的空军；空军要成为军队的主力和重心，国家的防御交给陆军海军去承担而空军则专门担任攻击，用空军就可以攻击敌国。"[①]

近代杰出的军事学家蒋方震是中国研究"空军独立论"的先驱者。他认为，现代战争为组建强大空军，需充分发挥空军深远外线的打击能力，完成陆军、海军所无法完成的战略任务与战役、战斗任务。他认为空军应在与陆军、海军联动基础之上，充分保障其独立作战；关于空军的指挥系统，他认为空军应与陆军、海军共同配置成一个军事统帅机构，在统一指挥下开展作战；关于空军的编制，他认为空军一般应分为 9~15 架组成的队，若干队合为一大队，大队之上还要有规模更大的空军旅、师、军，统于空军主管机构。[②] 关于空军的布置与编成，空军要构建与轰炸机、战斗机、侦察机和高炮相关联的立体体系。

孙中山先生是"空军独立论"理论践行的先驱者。1921 年，孙中山在《国防计划》中提出空军与陆军、海军都是国防的重要组成部分。1922 年，孙中山组建北伐飞机队，用以帮助北伐战争。1924 年，孙中山将航空局改编成 3 个飞机队。在空军体制的建设中，孙中山始终坚持空军由统帅部统一指挥的领导体制。这种体制可以保证空军的战斗力，与世界上其他国家将空军隶属于海军或陆军不同，孙中山建立的空军一开始就给予独立地位。孙中山十分重视空军人才建设工作。1915 年，他在日本创办了中华革命党航空学校，聘请斯密斯（美

---

① 姚杏民．"闪电战"时代与蒋百里的预见和运用［J］．军事历史研究，1994（4）：167.

② 姚杏民．"闪电战"时代与蒋百里的预见和运用［J］．军事历史研究，1994（4）：167.

国人）为学校顾问，聘请日本人立花了观、尾崎行辉为学校教官，留日学生和旅日华侨纷纷报名参加培训。其间，他选拔了杨仙逸、陈庆云等20名人员赴美进行飞行技术的学习。1920年，在美国创办了图强飞机公司，培训飞行员，林伟成就是其中杰出的代表。1924年，孙中山在广东创办了广东航校。后来，冯如、杨仙逸、林伟成等人成为国民政府航空的技术骨干。

（二）林伟成生平简介

林伟成（1902—1947），祖籍为广东博罗。1920年，爱国华侨、中国革命空军之父——杨仙逸在孙中山倡导下在美国檀香山创建了图强飞机公司。许多留美青年知识分子纷纷加入进行学习和训练，在美国留学攻读医学的林伟成弃学从军，在图强飞机公司学习飞行技术。归国后，1923—1924年，担任中山航空队第二飞机队队长、航空学校校长。1925年，担任航空局军事处处长。1926年，航空局改编为航空处，林伟成任国民革命军航空处处长。后来，在广西省建设厅厅长、广东老乡黄荣华的推荐下，白崇禧几次去函邀请，林伟成到广西，开始了他与新桂系的航空建设事业。1931年年初，他担任广西民航局局长。10月，广西航空局改编为第四集团军总司令部航空处，林伟成任处长，负责广西航空建设的决策。1934年，成立了隶属航空处的广西航空学校，林伟成任副校长，全面主持学校管理工作。1936年，林伟成调离新桂系，任国民革命军空军第二路军副指挥官和国民政府航空委员会参事。抗日战争爆发后，他先后担任航空委员会训练处处长、航空委员会训练副监兼教育处处长、航空委员会参谋处处长、航空委员会参事等职务，负责空间作战的指挥和协调工作。1945年6月，林伟成晋升空军少将。1946年6月，任空军总司令部咨议室首席咨议官。1947年11月28日，林由杭州空军学校乘吉普车去潜山打猎，因车祸去世。①

（三）林伟成的"空军独立论"

林伟成在美国留学期间，弃医从军，开展军事理论的研究，熟读朱利奥·杜黑的"空军独立论"，借鉴蒋方震的理论观点，在孙中山的空军建设实践之中，继承和发展了"空军独立论"，创造性地提出了系统的观点，其核心内容如下。

"空军独立论"的意义。从世界一些著名战役来看，空军是决定战争胜利的正比量空军居于劣势者，战争莫不居于必败。空军与陆海军相比具有相对的作战优势，空军能够长途袭击敌人后方，断绝敌人的补给，对边缘的要塞打击更

---

① 尤小明. 广西民国人物 ［M］. 南宁：广西人民出版社，2008：28.

是陆海军鞭长莫及的。世界各国莫不把空军视为作战的独立部分。空军在现代战争中具有绝对控制的力量，定义空军的独立地位为大势所趋。

空军必须纯独立。空军纯独立不只是空军部队独立、指挥系统独立，人事和补给等要素系统也应独立。结合当前国内和国际形势，空军独立更应体现在如下方面：自行决定空战方式；发挥空军应有战斗力；达成绝对防空能力；支援友军而不受友军之控制；运用空军专用战具；空军具有陆战兵员的特质，可占领地域。

应有充分的空用资源来保障。空军的军费投入应占国家的军费一半，具体数目应超过陆海军投入的军费总和；战争期间，空军应有自筹资源的特权；地方政府和民众要缴纳防空赋税，以支持空军发展；开设与空军相关的工厂。

空军之战力。空军攻击力＝机数+搭载炸弹量+（人员×枪火）。空军的机数配备应等同于国有机械化车辆总和。在当今空军战力提升的构建中，飞机武器携带量时刻在其容量的 1/2 以上。在一场战争中，空军发射弹量应为陆海军 4 小时发射弹量的总和。在非战时期，飞机可以为文化交流和产业发展充当运输。在空军人员配备中，人员总数应为飞机总量的 3 倍（平时）、10 倍（战时）。

空军储备。要建立起独立的空军体系，离不开平时与地方政府、民政部门的协调。具体协调方式包括统制空军有关资源、完成与空军相关的工厂和工业、发展强大民航与相关产业、开拓和完成航站网和气象组的建设、统制地方与空军相关的行政事务。

独立空军的领导体制。独立空军实行统一指挥、集中统制的领导体制。在战时，空军在一个最高指挥官统制下决定作战事项，独立行使处置事务的权力，同时，空军不要受到友军的掣肘。

独立空军的任务。根据国防需要，决定空军的比量。根据作战任务需要，改变和改良兵器，适应作战目的，独立确定航速和航向的半径，独立发展，不受陆海军条件的掣肘；根据邻国兵力、空用资源、领域资源、气候地理、交通运输等条件配备适合的空军兵力，兵力太少无法完成国家的独立，兵力太多容易陷入穷兵黩武和好战主义的泥潭。

林伟成主要将"空军独立论"的观点上升到"空军主义之国策"。数次战争实践证明都是以"空军始之、空军终了"，空军特殊独立的作战地位不言而喻。呼吁从国家制订政策层面重视建设空军，提出"立国必建空军"。同时，国家要建设强大的空军力量，应解决好"人兴物为"的问题。

二、林伟成推进新桂系航空事业发展的举措

(一) 林伟成发展新桂系航空事业的措施

重视聘请航空建设的人才。由于林伟成在美国华尼学校留学过,在广州国民政府担任过航空处处长时,他积极去广东和美国游说,动员航空人才来新桂系工作。包括司徒蔼、宁明阶、吴汝銮、陈有琇、曾泽棠、邓志超、郑梓湘、陈锡鸿、李一飞、甄道成、冯星航、刘炯光等 20 余人来到广西工作。另外,航空机械工程师方面,聘有张文组、百白乾、黎国培、朱荣章等以及曾在广州、香港工作过的机械工人和由广东航校吸收的机械员士兵,充当飞机队机械员和修配飞机工人。与此同时,林伟成通过第四集团军驻粤办事处主任王逊志、副主任阚宗骅和香港英国远东航空公司接洽,向英国聘请航空教官和购买英国飞机及设备。林伟成除请香港、英国航空公司经理哈维替李宗仁、白崇禧购买飞机外,还以高薪聘请一些英国预备役空军军官来柳州负责指导和教育飞行机械学生。有白朗 (英国预备役空军少校,教授航空飞行理论、空军战术等)、马逊 (英籍预备役空军上尉,教授侦察战术等)、士的芬 (**英籍航空机械工程师**)、哈顿 (加拿大籍航空机械教官) 等数人。李宗仁、白崇禧为办理空军,不惜高薪优待,礼为上宾。①

多方购买飞机和机械设备。新桂系为了组建一支独立的具有较强战斗力的航空机队,利用多种渠道融资,大力从国外购买飞机和机械设备。在林伟成的努力下,广西民航局向香港英国远东航空公司购买了一批英国飞机。这是一批将近报废的飞机,买来供训练之用,由第四集团军总部驻粤办事处办理订约交款,航空处在柳州收货;包括"亚维安"式练习机、"吉的"式中级练习机、"亚拉式"侦察机、"窝拔地"式轻轰炸机、"风速式"旅行机。除了购买飞机外,新桂系还购买了大量器材,例如飞机上使用的机关枪及子弹和炸弹,照相器材 (地面及空中使用)、无线电器材 (地上及空中使用)、听音机、探明灯、飞行衣帽和保险伞等。② 还大量购买飞机所需汽油。新桂系利用第四集团军在广州办事处向美国、英国石油公司如著名的亚细亚、美孚和德士古等大型石油公司订购石油,用船从香港水路运往柳州。

积极组建航空管理机构——航空处。1932 年,新桂系当局为了发展航空事

---

① 广西政协文史资料委员会. 新桂系纪实: 上册 [M]. 南宁: 广西人民出版社, 1990: 272.

② 时平. 新桂系空军发展史略 [J]. 军事历史研究, 1993 (6): 118-120.

业，将原来的广西航空局改编成广西航空处，隶属于第四集团军总司令部。航空处的人员以原来航空局为基础，林伟成担任航空处处长。航空处为了适应形势需要，开设了几个培训班，包括航空战术班、空中摄影班、轰炸射击训练班、保险伞折叠训练班、机械士兵训练班。1933 年，新桂系为发展空军，把广西省建设厅设在柳州的机械厂改隶航空处，黎国培（林伟成妻舅）任厂长，朱荣章任设计科科长。厂内设飞机装配部、发动机修理部、汽车修理部、铁工部、设计室、器材室等。面向国内和海外华侨聘请技术人员、招收学徒。全厂人员有二三百名。是年冬，工厂自行设计制造了单翼教练机"新广西"号，成功地仿造了英国"亚威它"式初级教练机。英国人试飞成功后表示满意。工厂在此基础上，加紧制造飞机，共完成了几十架飞机的制造工作。广西航空处的建立，标志着新桂系空军在广西扎了根。

（二）林伟成与广西航空教育事业

积极参与广西航空学校（柳州）的创建。1934 年，航空处改编成两大机构，其中教务科、学生队和一些行政工作人员组成广西航空学校。航空处迁柳州后，因航空事业建设需要开辟新机场，当时在整个广西，当数柳州帽盒山机场最大，广西航空学校也随之进驻柳州，学校就在机场南端。学校的第一任校长为廖磊，林伟成为副校长主持学校的工作，留美学生廖济深为学校的教育长。廖磊离开广西航空学校后，林伟成担任校长，冯希璜担任副校长。为了培养航空人才，在柳州河南 3 公里处的张公岭侧开辟飞机场，在机场东北侧建立航空学校，航校建立有校部办公楼、教室、学生宿舍、器材库、探明灯队、高射机枪连、警卫连、外籍教官招待所等设施。一般在职人员散居市区内，立鱼峰麓有教官公寓及提供临时宿食和娱乐用的柳州乐群社。[①] 林伟成对广西航空教育事业的贡献主要是在任职广西航空学校时，具体包括如下。

注重理论培训。他强调发展航空事业，一定要注重理论学习与飞行训练相结合。飞行员每天下午都要安排 3 节课。航校机械班当年主要课程及教学概况大体如下：第一，航空发动机学课程。因教官梁庆铨辞职回粤，课程由加拿大籍机械师士的芬顾问讲授，由航校编译室翻译官黄桓（英国伦敦大学毕业）口译。他的英文根底扎实，口齿清楚，学生听起来也能接受。但他对机械外行，一些难译的机械专有名词、术语只能讲原文。士的芬多用绘图，或将部件携到课堂，有时将飞机说明书拿来参考。这样的教学具体生动，能引起学生的兴趣。第二，飞机工程学课程。由工程师朱荣章教学。他学识渊博，但从小生长在英

---

① 黔南州政协文史资料研究委员会．黔南文史资料选辑［M］．1992（第 9 辑）：212-213.

国，又在美国上学和工作，没有中文底子，只能用英文编讲义。由编辑主任陈安吉（早年清华大学毕业后留学法国）等人翻译成中文。译者对机械外行，词不达意是常事，好在朱能结合实际，深入浅出地详细讲解，使学生受益匪浅。朱荣章一面教学，一面担任航校飞机修造厂的技术总负责的工程师。① 另外还开设了其他课程，如飞行理论、机械学、机械各机件、用料及作用、装配学、无线电学、航行学、英语、收发报、机械拆卸装配实习、军械实习、气象学、政治课，高级阶段有驱逐战术、空中射击学、空中侦察、轰炸学，最后还加学日语，但时间不长。

训练过硬的军事技术。1935 年 12 月初开始高级训练，全班同学分为驱逐、侦察、轰炸 3 科。分在驱逐科的有黄莺、梁志航、周廷雄、周纯、周善、赖崇达、吴穆、李康之、黄名翔、韦鼎峙、莫大彦、江秀辉 12 人；分在侦察科的有黄更、蒋盛祐、唐信光、李之干、庞健、何觉民 6 人，分在轰炸科的有冯丕雄、海戴清、曾庆权、汤铭、张锟、周盛科 6 人；驱逐科是由在日本学习回来的吕天龙、朱嘉勋、何信、李应勋 4 人做指导。先做各个方位攻击的练习，然后用照相机做照相射击，最后才做实弹射击练习。因为子弹缺乏，无论是空对空或是空对地，每人只得练实弹射击 3 次，每次 30 发子弹。由于空枪演习次数较多，操作比较熟练，实弹射击时命中率相当高，空对地命中率最高达到 92%，空对空达到 72%。侦察科训练科目有目视侦察、照相侦察和协助炮兵射击目标的指导（弹道观察）。因没有无线电通信，所以用通信袋来做空对地、地对空的通信。这种通信方式很落后，也不堪使用，只是练习而已。轰炸科的训练科目有俯冲投弹和水平投弹，还有前座枪和后座枪的射击，也都是亚扶劳机训练，每人实弹射击 3 次，每次 30 发子弹。至于投弹，那是用修理厂翻沙的瓦质弹壳，内装石灰。由于炸弹外形很不标准，再加瞄准器的构造不很科学，精度较差，因此训练投弹结果成绩不理想。高级训练经过 5 个月的时间，由于训练器短缺，设备不全，在驱逐、侦察、轰炸 3 科中以驱逐科的成绩尚可。② 1936 年 4 月底，第二期学生在校受训期满。

加强体育锻炼。飞行学员平时的课程和飞行的时间排得很紧，压力是非常重的，但也注重体育运动。具有健康的身体是人一生的本钱，对飞行员的要求相应来说是非常严格的。强健的身体素质是飞行员的必备条件。飞行员每天早

---

① 广西政协文史资料委员会 . 广西文史资料选辑：广西航空史料专辑：第 35 辑 [M] . 1992：206.

② 广西政协文史资料委员会 . 广西文史资料选辑：广西航空史料专辑：第 35 辑 [M] . 1992：36-37.

上不少于半小时的跑步，每周的体育课，既有单杠、双杆、跳马等体操，还有篮、排、足球训练。当时广西航校的篮、足、排球队在广西算是顶尖的。学校在柳江南岸边建造了一个游泳池，每年4月至9月游泳季节，每天下午提前在4点用餐，4点30分用专车送学生到游泳池游泳。由于飞行队员注重身体锻炼，所以体质非常好，在学习期间没有人住过医院，没有人请过病假，确保了学习任务的顺利进行。

（三）林伟成对广西航空事业的贡献

林伟成在新桂系航空建设时期，尽心尽力，全身心地投入航空事业工作中。林伟成曾经作为广西航空司令访问香港，他阐述了新桂系空军发展的情况，据理充澄清了一些问题。他介绍新桂系航空队实际只有一个编队，飞机总共60架，航空人才最大的障碍来自物资欠缺。同时他指出新桂系网罗19路军航空人才的说法纯属子虚乌有。林伟成作为新桂系航空事业建设的标志性人物，通过努力，使得新桂系航空从基础薄弱、依靠外国的技术，到的独立自主、自力更生，一步步地充实航空实力。到民国二十一年年底，柳州机场群建设完成，校舍亦建筑竣工，第一期学生28由南宁迁到柳州，加强飞行和学科的教育。校长林伟成上校为充实师资及设备，在广西当局的全力支持下，聘请了飞机和学科教官，增购了各式飞机及通信器材。教官十分严格，学员学习情绪很高，兢兢业业，不敢有丝毫的松懈。尤其对飞行技术的学习，更是务求精进。同学们相继单独飞行，学习各种飞行特技。[①] 广西航校从第一期毕业生和广东代培的飞行毕业生中选拔出两批（第一批4人，第二期8人），送往日本专门学习空中战斗等技术。冬季，航空处奉命取消，航空机构扩大，加强广西航空学校建设，由林伟成、冯璜担任正副校长。航校组织日臻完善，训练逐步走上正规。飞行生被分成3个组，接受侦察、轰炸、驱逐训练。

1937年抗战爆发，全航校学生要求学习更多的飞行战斗技术，杀敌报国。当时《广西航空学校校刊》这样评论："航空人才为争取抗日战争的胜利做出了非常大的贡献，我国空防，尚在极幼稚的时期，空军的数量与质量还远远落后于西方列强，经过航校的开办和空军的成立，经过飞行员的努力和官兵爱国情绪之热烈，在发动抗日诸役中，已开始发挥其巨大之威力和作用。此种进步，虽尚未能满足所有人的要求，但循此努力迈进，当不难蔚为抗日救国之最坚劲

---

① 广西政协文史资料委员会. 广西文史资料选辑：广西航空史料专辑：第 35 辑 [M] .1992：22-23.

力量。"① 还有部分航空人才在解放战争中加入中国共产党，为社会主义现代化建设做出了积极贡献，如陆光球、吕天龙、易空、唐信光等。

民国时期，中国的航空工业在 20 年的时间里，处在试制或小批量生产的状态，没有独立自主的航空工业体系，基础极为薄弱，只能购买国外报废或陈旧的飞机，即使自己造出来的飞机质量也不是很好。从前面的论述中我们也了解到广西航空业是怎样的一种处境，不过即使那样也做出了功不可没的成绩，在中国历史尤其军事史上留下了一段辉煌。

三、广西空军中留学生群体的贡献

李、白、黄领导下的广西建设有所谓"4 年农村计划、5 年军工计划"。新桂系经过励精图治、整军经武，广西军事包括航空建设颇有成效。除了林伟成以外，还有大批留学生在新桂系空军建设中留下了光辉足迹，为广西军事建设做出了重要的贡献。

（一）广西航空学校中的留学生

广西航空学校成立后，为了进一步招揽航空技术人才，广西省建设厅厅长黄荣华同时聘请了留学生林伟成和陈卓林来学校进行教育与行政管理的工作。陈卓林和林伟成之间有隔阂，后来离开了广西，但广西航空学校的初期建设与陈卓林的积极奔走和努力工作是分不开的；广西航空学校的发展也和留学生冯璜密不可分。

冯璜（1900—1994），祖籍为广西容县。1928 年，冯璜在日本千叶县陆军步兵学校留学，辅修空军等航空知识。1930 年，冯璜学成归国后，担任过第四集团军警卫团团长，兼第四集团军总司令部特别监察委员。1933 年，冯璜开始在广西航空学校工作，担任过航空学校副校长。1936 年，冯璜担任航空学校校长，他是学校管理效果最好的一任校长，培养出的优秀航空人才数最多，许多人在抗战中屡获战功。1937 年，为了整合抗战资源和力量，广西航空学校和中央航空学校合并。广西航空学校在桂办学期间，共培养了 90 多名桂籍飞行员，在当时全国空军中，广西产生培养了一支颇具规模、影响力较强的空军部队，著名的"广西空军四烈士"就是广西空军培养的结果。90 多名桂籍飞行员后来加入隶属国民党中央空军的第三大队、第七中队和第 8 中队，他们参与了波澜壮阔的对日空战。

---

① 广西航空学校编. 广西航空学校校刊 [M]．1936：9.

广西航空学校的各类教官中许多人具有留学背景。以 1934 年、1935 年广西航空学校的培训班为例,具有留学背景的教官包括教官曾达池、朱嘉勋和刘炯光(留日)、唐健如(留英)、王体明(留苏);空中轰炸班具有留学背景的教官包括飞行曾达池、温启钧(留日)、空中摄影教官封家瑞(留日)、机械教官张文组(留法)和无线电教官王体明(留苏);轰炸射击班的留学生教官有飞行教官朱嘉勋、张伯寿和唐健如;空中摄影班的留学生教官有飞行教官刘炯光、机械教官张文组和无线电教官王体明;无线电班的留学生教官有机械教官蒙鹏魂和张文组、无线电教官王体明;保险伞班的留学生教官有张文组。①

在航空理论教学中也活跃着一批留学生教师,他们有丰富的航空理论知识,为航空人才培养、航空理论传播做出了探索性贡献。

表 7-1 广西航空学校第二期课程名称、教官的教育背景情况表

课程名称	授课教官的姓名	教官的教育背景	备注
飞行理论	刘炯光	留日	
机械学	张文组	留法	
无线电学	王体明	留苏	
机械拆卸装配实习	蒙鹏魂	留日	
驱逐战术	吕天龙	留日	
空中射击学	朱嘉勋	留日	

资料来源:冯璜:《广西航空学校概况》,载广西政协文史资料委员会:《广西文史资料选辑:广西航空史料专辑》(第 35 辑),1992 年,第 11、13 页。

(二)飞机机械研制中的留学生

20 世纪 30 年代是新桂系航空事业发展的重要时期,一些留学生将在国外学到的飞机制造技术用于设计研制飞机的实验,以适用新桂系建设的需要。虽然在研发过程中困难重重,未能大批量生产飞机,但他们对飞机的研制成就为新桂系航空事业建设做出了杰出贡献,其中优秀代表人物为黎国培和朱荣章。

黎国培与新桂系的飞机研制。1932—1933 年,黎国培担任广西航校飞机修理厂厂长、朱荣章任总工程师,许多留学生在广西航校飞机修理厂仿造设计、

---

① 冯璜. 广西航空学校概况 [M]//广西政协文史资料委员会. 广西文史资料选辑:广西航空史料专辑(第 35 辑),1992:11,13.

制造了初级、中级和高级教练机 15 架，仿造英国爱弗罗的卡苗迪特式、阿维安式、626 式大小飞机共 30 多架。[①]

朱荣章与新桂系的飞机研制。朱荣章，广东省开平人，在美国费城和芝加哥学习飞机工程设计。他在美国费城时能自行设计飞机，深得业界好评。1929 年毕业后，朱荣章在孙中山"航空救国"的思想感召下，回国从事飞机的设计和制造等工作。1935 年，朱荣章与新桂系选派留英学生李德生、韦超、罗锦春、马健民、谢超等一同进入广西航校飞机修理厂，进行飞机研发工作。1937 年夏，朱荣章组成以他为首的新机试制组，着手研制轻便双翼单座战斗机。经一年多反复试验改进，在 1938 年夏成功制造了一架驱逐机，命名为"朱荣章号"。朱荣章在进行研发过程中身体力行、潜心专研、亲自研制图纸，按照图纸精细加工。为了节省时间，他经常在实验室一言不发一呆就是数小时。全厂员工在朱荣章的感染下，通力合作，先后研制出了教练机、滑翔机。飞机研制成功之后，在广西航校校庆纪念日试飞。由航校飞机教导队第一队副队长、留日学生陆光球亲自驾驶。"朱荣章号"双翼战斗机的成功研制标志着广西空军制造飞机进入了一个新纪元。[②]

（三）抗战空军中的新桂系留学生

广西在抗日战争中做出了巨大的贡献。在空军作战中，新桂系的空军子弟尤其是一大批留学生群体深受李、白二人的激励，他们有着坚强的意志，抱着大无畏的精神和报国的信念，谱写了可歌可泣的诗章。其中，最具有代表性的人物为广西空军四烈士——何信、莫休、李膺勋和梁志航，其中何信、莫休、李膺勋为留学生。

何信（1913 — 1938），广西桂林人。1932 年进入广西航空学校学习，在学校留学生教育政策的支持下，到日本和苏联留学，后来在广西航空学校任职。1938 年年初，随着广西航空学校和中央航空学校合并，何信奔赴抗日战场，作为国民党中央空军第八队上尉副队长参与了鲁南会战，屡获战功而嘉奖。1938 年 3 月，在山东临城、枣庄上空与 24 架敌机开展搏战，将敌首机击落。激战中，由于寡不敌众，在胸部负伤危难之际，何信毅然驾机撞向敌机同归于尽，牺牲时年仅 25 岁。事后，国民党授予其"空军烈士"称号。1986 年，广西壮族自治区民政厅追认其为"革命烈士"。

莫休（1912—1938），广西桂林阳朔人。1932 年考入广西航空学校，是广西

---

① 冯华超. 杰出的飞机设计师朱荣章［J］. 航空史研究，1995（2）：27.
② 王建明. 留学生与近代中国军事航空研究［D］. 天津：南开大学，2012.

航空学校第一期飞行学生。在学校留学生教育政策的支持下，莫休到日本明野陆军飞行学校留学，后来任职于广西航空学校，任学校少尉飞行员。1937 年，莫休被任命为广西飞机教导队中尉分队长、第五路军飞机第二中队分队长。1938 年年初，广西航空学校和中央航空学校合并后，莫休奔赴抗日战场，在陕西西安、湖北襄阳、河南信阳等地担任过防空作战任务。1938 年，在鲁南会战中，在成功扫射滕县、临城等后于返航途中，在归德县空中与日本 27 架飞机相遇，他纵横驰骋、奋勇杀敌，击落了 7 架敌机，他的飞机被敌机击中跳伞，遭敌机扫射壮烈牺牲。国民政府下令给予其家人优恤，其忠骸运抵桂林后，广西当局在桂林体育场公祭 3 天。至今其墓碑上印有时任中央航空委员会主任周至柔的墓志铭。

李膺勋（1910—1938），广西陆川人。1932 年，李膺勋考入广西航空学校，是广西航空学校第一期飞行学生。在学校留学生教育政策支持下，到日本明野陆军飞行学校留学，后来任广西航空学校，战斗机教员。1936 年，任广西空军部队分队长。广西航空学校和中央航空学校合并后，李膺勋奔赴抗日战场，参加了台儿庄战役。1938 年，在鲁南战役中，在归德县上空遭遇日本 24 架敌机。为了掩护大队机群脱离危险，李膺勋奋勇杀敌，击落了 4 架敌机，不幸被击中，勋以身殉国。民国政府追认李膺勋为中尉。1987 年，广西壮族自治区民政厅追认其为"抗日烈士"。

国民党的《全面战周刊》这样评述广西空军四烈士："他们是中国以四万万五千人不可屈服之伟大精神的整个力量去击败敌人，这种精神必能是获得最后胜利的保障与开端，因此，四烈士的殉国不是突然的，他们为国牺牲的代价必将说明'以柔克刚'和'精神战胜物质'，这是实现抗战最后胜利的保障。"

四、广西防空的情况

广西全面的防空建设始于 1931 年。留学生和新桂系当局积极致力于空军人才的培训、防空设备的研制、防空基层组织的构建，探索出了独具广西特色的防空体系。

防空情报。情报对防空十分重要，构建起周密、高效的情报体系是防空建设的第一要务。情报建设需要建设线路、畅通通信，花费巨大，而且不能一蹴而就。新桂系政权为了提高效率，有力地进行防空，通过民团组织初步完成了此项任务。1933 年，广西各乡有乡村电话线，各县有县电话线，各民团有区电话线，省有长途电话线，广西各层级政府和基层组织构建起了相当畅通的通信体系。后来，广西防空建设充分利用原有的民用通信线路，没有架设新信线路，增加了电报和无线电，构建起完整的防空情报网。新桂系的防空情报系统建设有效利用了民团组织，实现通信畅通，信息直达监视哨部队，而且不费钱财，事功可期。

积极防空。新桂系组建的航空战斗编队，以驱逐机队为主，主要承担防空使命，配置了高射炮队、高射机关枪队、照测队。为了更加积极地进行防空，新桂系奖励民众参与编练高射炮队，加强了民团学生对空射击与行动的训练。数十年间，广西的积极防空已有相当成效。除都市及要地有飞机、高射枪炮、照测部队，乡村有民团学生部队，使得敌机的袭击难以得逞。

消极防空。广西各县市均成立了防卫团，防卫团成员由民团童子军、军训之学生、妇女团体、民间医师、官民消防、各种技术人员等组成。防卫团主要的工作包括：消防方面的工作，奖励民众购买灭火器，储备干沙水池。市政方面，增修马路，开通公园，疏散建筑物，管制建筑物的建筑材料，以符合防空原则。避难方面，民众就近在家门口附近挖掘防空洞，以便应急避难。利用城市内外各种天然岩洞作为公共避难场所，计算岩洞的容积，按照人口数目划分区域，指定线路，民众可在镇街长率领下前往避难。广西岩洞众多，广西当局对许多天然岩洞加以修整，岩洞里有良好的通风、照明、滤毒等设施，岩洞发挥的避难作用不亚于用重金修建的地下室。

广西防空体系建设，"所谓得天独厚者"，能应对复杂的防空任务。1933年12月19日以来，敌人数次空袭，防空机械部队与民众都能从容应对。警报发出后，防空飞行队、射击部队有充裕时间准备，迅速予以回击。1932年1月8日，敌机侵扰南宁、柳州，被射击部队击伤数架，另有2架被俘，5架坠落在大海深山之中，广西航空部队毫无损失。这是新桂系防空体系的成功，广西虽是经济穷省，但其防空体系还是相当成熟和有效的。

第五节　新桂系军事建设的特征分析

随着新桂系的崛起，广西进行了以民团建设为依托的全面覆盖和重点突出的军事建设。1930年，新桂系组建了广西民团，为扩大影响，在困难条件下，创建了广西空军。新桂系还积极发动民众参战，组建了广西学生军。广西空军在淞沪会战、台儿庄战役、徐州会战、武汉保卫战和桂南会战中，战功卓著。

一、民团建设

新桂系军事建设是以民团为主要依托和平台的，民团建设是新桂系军事建设中最重要的内容。从《广西民团组织暂行条例》（1930 年）到《广西省民团规程》（1938 年），新民团建设在整个广西全面开展起来。广西省共有 12 个民团区，每个民团区都设立了战略指挥营。在县，有民团司令部，县长担任司令；在村街，有民团后备队；在乡镇，有民团后备大队；在区，有民团后备队联队。民团组织的架构与行政组织系统有紧密关联，这两种机制的契合有利于统一指挥、统一管理，形成强有力的社会网络控制体系。广西民团建设还有一个重要特征就是将团兵雇佣制变为义务制，新桂系境内的男性凡在 18~45 岁范围之内的，都有被征为团兵的义务，参加民团组织的相关训练。

民团建设成为广西当时社会发展的强大动力，它推动了广西政治、经济、文化和军事的全面发展，引发了当时社会各界关注与好评。1935 年，朝鲜人李斗山在广西梧州考察就这样描述："广西的街道布满了穿着灰色、黑色军服的军人，除了少部分老、幼、妇之外，这些军人穿着军装，着军帽，在城市大街乡村村道中涌动着、训练着，构成了广西独特之风景。"国人也有这样的评述："人们在广西旅行，早晨到处可听到喊口号及军事操演，进入了广西等于进入了一所大兵营。"

二、武化教育

广西各界都支持民团训练，接受武化教育。钟文典在回忆新桂系 20 世纪 30 年代民团训练时说到，当时广西蒙山县正昌隆、怡兴隆两大著名的杂货店的店员，都涌跃参加民团训练，后来，杂货店只好采取店员轮流抽调去民团训练的办法。民团在训练时，民众的参与度和积极性相当之高。前往观看的民众里三层外三层国民党要员孙科这样评价广西民团："当时，在全国其他地区，被征的壮丁是被用绳子捆住成串押送的。而广西的壮丁征用，都是自主排纵队前行，实在是了不得啊。"戴季陶曾经赞叹："从全国抗战情况看，广西所提供的人力、智力和物力，构成了抗日的主心骨。"

三、寓兵于团

民团建设为新桂系部队提供了充足的兵源，1934 年，一考察团来到广西武鸣县考察时就被广西民团的阵势所震撼："霎时间五六百全副武装的青年壮丁集合在讲演台前面操场上，迅速森严，比之正式军队，有过之而无不及"，民团在治安联防、稽查毒品、维护社会秩序等方面有积极作用，胡霖君认为"千里夜行不见匪"，胡适赞叹"广西连官兵共有两万人，可能是真能裁兵的了。但全省无盗匪，人民真能享治安的幸福"。民团还进行了道路桥梁建设、植树造林、修建公立学校等公共造产运动。从管理效益看，民团找到了一种用较少投入而训练出众多兵源的路子。广西是经济穷省，平时只有两个正规军，从1930年开始民团建设到1943年，广西共训练了2147918名壮丁，占当时广西壮丁的比例约为87%，和当时广西不过1200万人口对比，这个比例也是相当高的。抗日战争全面爆发后，广西迅速组建了5个军奔赴抗日正面战场，这足以显示民团建设的非凡价值。

四、寓将于学

新桂系在军事建设中厉行学生与公务员军训措施，这种方法为新桂系培养了众多的军事干部和将才。1931年，主政新桂系的李、白、黄3人时值40岁、39岁、38岁，他们领导下的广西建设事业也深深打上了知识青年的情怀。为了争取民族自由，赶上世界列强青年军训水平，储蓄更多的青年干部，新桂系实施了寓将于学的建设策略。从1931年开始，军事训练就全面覆盖了整个教育体系，广西的大学、师范院校、高中、初中甚至女校都有军事训练，训练内容以军事精神、军事知识、军事技能、军事纪律等方面为主。新桂系还建成了专门培训干部的广西民团干部学校，学校招生非常严格，比较注重学历，但也有一些照顾机制，有很多穷人家孩子被录。干部学校的学生体格出类拔萃，有朝气、爱国，他们掌握了系统的现代军事理论和军事技能，是桂军重要的代表，桂军因他们闻名海内外。黄旭初曾经这样评价："现在国内学校最值得人们注意的，一个是广西民团干部学校，另外一个为共产党的陕北公学。"广西民团干部学校培训出来的学生，迅速被分配到广西基层各地担任管理干部。

五、三位一体

三位一体主要是指新桂系在建设中，构建起将政治、经济和文化一同为军事服务的组织体系。广西有很多少数民族聚集的边远地区，乡村社会的制度特征明显，基层政府的影响十分有限，政府政令最多只能贯彻到县一级行政组织中，在广大乡村社会，乡绅和父老、土司等非正式权威组织事实上承担起乡村领导和管理职责，这种分割于政权外的权力机制成为新桂系进行有特别作为、有重大突破的广西建设事业的障碍。为了改变此种情况，新桂系对广西基层组织进行了大规模的改革，1934 年，经过调整后，广西有 99 县、201 区、2399 乡镇和 24897 村街，同时采取了改变户籍管理的方法，实现了"村无遗户，户无漏丁"，广西境内的居民都在新桂系户籍管理中，进入政府设置的管理轨道，1200 万民众都被纳入新桂系当局的控制之中。"三位一体"作为新型的自治体系和管理模式，它的成功实施大大节省了公共开支，丰富了基层政权自治体系，增强了民众参与公共事务管理的能力，能从根本上保障新桂系政权对基层进行政治、经济、文化和军事的控制和协调，进而增强新桂系的执政能力。

第八章

新桂系广西自治中留学生群体经世济民的思想源流

新桂系广西自治中留学生群体思想形塑过程不同于西方的原发性过程，而突出表现为在原有中国传统文化影响下又向西方文明学习和模仿的继发性过程。留学生群体作为中西文化融合的纽带在广西自治中发挥着重要的作用，是活跃、改造中国社会的新兴力量，是推动 20 世纪 30 年代广西全面建设不可忽视的力量。下面我们对新桂系广西自治中留学生群体经世济民的思想源流进行考察。

第一节　中国传统士大夫精神熏陶

中国传统士大夫始终将内圣外王作为人生最高奋斗目标，而做官是实现其目标的最佳途径，只有做官才能修身齐家，也才能治国平天下，做官的实现主要依靠读书。但自清末民初之后，随着科举制的废除，"学而优则仕"逐步没落，士大夫仕途几多坎坷。另外一方面，西方的民主政治思想不断输入，到西方国家留学，学习从政、改造社会的知识就成为众多开明人士和学者的追求。闻一多就曾极力认为有能力和有兴趣的从政知识分子要努力步入政坛，要去掉知识分子头上的"管理研究员"和"管理教授"等诸多头衔的束缚，带着更多诚意和自信参与政治运作活动。

一、传统士大夫精神与留学生

（一）固化的文人品质

中国早期的留学生教育是在洋务运动催生之下诞生的，早期留学生虽具有现代知识分子的初生形态，但他们仍不是独立的力量，其留学教育管理、就业管理乃至价值观念形塑带有明显的政府导向性，难以成为独立力量，形成独立的人格，固化的文人品质尽显。1894 年，留美幼童吴仰说："在不同的生活境遇中，我们会体会到同样的道理——信心、忍耐和服从。"① 即使到了 20 世纪 30

---

① 高宗鲁．中国留美幼童书信集［M］．台北：传记文学出版社，1986：12．

年代，留美学生容商谦仍然认为奋斗、忍耐和受难作为中华民族的传统，留学生们必须继承之并为国全力以赴。因此，在留学生思想中，传统文人品质、忠君报国的传统文化基因仍然十分顽强地生存着，并且发挥着日益重要的作用。

他们有着传统的"庙堂"意识和"学而优则仕"的传统观念。胡适先生在留美期间，比较崇尚自由、民主的政治主张，当他归国之后，他发现中国知识分子没有主流的政治主张和规范的学术价值主张，为此提出了中国知识分子在未来数年内应专注于思想领域的传统和西化思潮梳理与吸收，主张"二十年不谈政治，二十年不干政治"。但是，没过几年，在政治诱逼下，胡适开办了《努力周报》，并认为好人政府就是最好政府。后来，胡适积极参政，从"不议政治"到"民国大使"，直至参加总统竞选，说明了知识分子极具传统的"庙堂"进取精神和"学而优则仕"的道德。据 1916 年留美归国学生职业统计表明：在 340 人中，从政者 110 人，而且 90%以上的从政留学生在中央一级行政、司法和立法部门工作。① 到了民国时期，国民政府组织了 3 次大规模的留学人员参政议政活动，比较著名的人士包括来自北京大学的胡适、蒋梦麟，来自清华大学的吴竞超、蒲薛凤，来自南开大学的何廉，来自中央大学的马星野。在学人外交家中，留美学者更加突出，除胡适外，著名的还有张纯明（南开政治学教授）、徐淑希（燕京大学政治学教授）、陈之迈（清华大学政治学教授）、吴经熊（东吴大学法学教授）等。② 从广西看，参与广西建设的著名桂籍留学人士包括马晓军、廖磊、马君武、夏威、张金、俞作柏、韦云淞、雷殷等，外省留学人士包括刘士毅、刘斐、林伟成、邱昌渭、黄季陆、黄荣华、汪士成、王仍之等。这些留学生作为知识精英在积极传播中西方知识和文明的同时，又积极踏入从政之道。

留学生群体有着传统的人文情怀。留学生群体经历过西方教育之后，对西方国家文明和社会发展相当了解，但是，当他们归国后，现实的残酷与留学生群体的内心期望有着巨大差距，他们难以实现理想，面对的是军阀混战、政局黑暗和社会动荡的局面，这使得一些留学生在既有的传统的人文情怀下找不到出路，过着纸醉金迷的生活，有些甚至走向了极端。

（二）传统的"中学""旧学"的知识结构

清末，在教育救国思潮影响下，留学生大量选择师范类和教育类学科。到

---

① 王奇生. 中国留学生的历史轨迹（1972—1949）[M]. 武汉：湖北教育出版社，1992：208-209.

② 李喜，等. 近代中国的留美教育 [M]. 天津：天津古籍出版社，2000：381.

了民国初期，随着"一战"爆发和国内日趋激烈的军阀混战，留学生又热衷于法政类、军事类学科。尽管在科举制影响日趋殆尽情形之下，留学生仍然将留学视为博取功名的最佳途径，政府和社会需求仍是留学的价值导向。他们留学有着明显的特征：留学的学科为普通学科而不是专业性很强的学科，留学教育多为一些政府或团体指派的速成教育，较少有系统性、规范化的留学教育。就留日学生看，大部分留学生赴日时刚出私塾书院之门，西学功底很差或根本没有，不少人连日文字母都未曾学过，也不得不先学习普通科或接受速成教育。"比年以来，臣等详查在日本游学人数虽已逾万，而习速成者居百分之六十，习普通者居百分之三十，中途退学辗转无成者居百分之六五，入高等及高等专门者居百分之三四，入大学者仅百分之一而已。"① 这些留学生专于心怀改造社会的社会科学学习和研究之中，较少学习专业性较强的学科，因而，这些留学生群体易于产生著名的政治家和军事家，较少有著名的科学家，即使有些起初怀着科技梦的留学生，在现实面前，也相继转为社会学科的学习。

（三）士大夫固有的清高与偏见

中国传统士大夫始终将成为圣贤作为人生奋斗的目标，这种人生奋斗目标与儒家倡导的"内圣外王"是一脉相承的，圣王之治为古代社会治理的理想，也是士大夫内在精神信仰，又一定程度表现了他们固有的清高与偏见。对于士大夫来说，要通过自觉修为达到内圣。由于传统教育有浓厚的"学为圣贤"的主旨，长期受到传统教育的留学生既有着士大夫对圣贤人格的心理认同，同时带有留学生群体所处时代特征的政治价值和个人价值的倾向。从20世纪早期的留学生群体看，留学生在长期悲凉和孤独的留学生涯中，他们崇拜的资产阶级理论并没有给他们直接带来精神慰藉，而他们又始终内含着士大夫的清高与偏见，留学生将自己视为"英雄""救世主""先知先觉者"，在面对时代危机之际，留学生固有士大夫的文化母体就构成了他们特有的精神气质。

（四）政治的生活化和学习化

无论是古代士大夫阶层还是现代留学生群体，都面临着一个立场归宿问题。在"知识分子支配"的传统体制中，士大夫与等级官僚之间紧密关联着，士大夫兼为学者和政治官僚，知识话语权与官僚统治权相互维系着。即使到了科举制被废除后，士大夫的学者资质与官僚资质并没有完全割离。到了中国近代社会，随着知识阶层取代士大夫阶层，知识阶层表明立场仍是一个不可回避的问

---

① 张秀坤. 传统与现代性的消长——论中国近代留学生的现代性特质 [D]. 石家庄：河北师范大学，2003.

题，留学生群体作为知识阶层的代表者，他们在价值观和行为方式本质上流露着社会责任感和政治进取情感。在辛亥革命时期，以孙中山为代表的众多留学生就打着"打倒清朝"的政治口号进行了革命活动，到了 1919 年，爆发的五四运动就是知识分子阶层打着"排斥日货""拒绝签订凡尔赛条约"和"罢免和惩罚亲日官僚"等口号而波及全国的进步性政治运动。从 20 世纪 30 年代新桂系建设看，一大批广西省内外留学生在"建设广西，复兴中国"等政治诉求下全方位参与了广西建设，广西赢得"模范省"的美誉，其功不可没。

二、广西自治中留学生群体的士大夫精神特质分析

（一）敢于担当责任的文人品质

在广西自治中，广大留学群体在"建设广西，复兴中国"的蓝图中积极投入顶层制度设计和基层互动与管理之中，他们作为新阶层，善于接受和传播新思想，以淳朴的工作作风、刚烈的性格和舍生取义的气概，谱写了留学生参与建设新广西的新景象。留学生李宗义认为现代知识分子包括留学生群体应当有爱国爱民之热情，去为此付出努力，需要有"仁"，爱国家爱人民，有实现富国强民的知识"辨别力"和百折不挠的"毅力"。程思远怀着爱国之心，数次冒着生命威胁去往意大利考察，在广西自治中发挥了举足轻重的作用。陆一远认为 20 世纪的中华民族危机四伏，要唤醒民众，领导革命，一个真正革命的青年应当是一个敢于直面威胁的三民主义信徒。

（二）积极参政的价值取向

在广西自治中，广大留学群体积极参与政府政策制定和执行中。从政策制定看，邱昌渭作为新桂系最先聘请的留学生制定《广西建设纲领》，后来"广西六君子"和留俄派完善了《广西建设纲领》这一公共政策；从政府序列看，李、白、黄等领导集团中长期活跃着以邱昌渭、王公度、程思远等为代表的留学生群体，他们参与决策、担任省级政府要员和承担政策咨询。

（三）固有的知识分子人格缺陷

留学生群体作为知识分子阶层，也保留着知识分子固有的人格缺陷，导致他们在广西自治中陷入举步维艰的困境，严重的引发杀身之祸，甚至走向了人民的反面。邱昌渭在主持制定《广西建设纲领》时候，就自诩留美政治博士，能制订出"完美方案"，后来被新桂系否定，被"广西六君子"取代。以王公度为首的留俄派在广西自治中一时无比荣耀，被视为新桂系座上宾，但是他们不时"干着侦察、暗探、密报的勾当"，最后被新桂系无情镇压或杀害。有些留

学生将红军污蔑成"匪",将人民群众运动丑化为"暴乱",一些留学生还积极参与了镇压左右江革命根据地的反动活动,完全走向人民的反面。

第二节 欧美自由主义和社会主义思潮的启迪

留学运动是不同文化交流与融合的产物,是不同层次文明传播的重要渠道。从能量守恒定律看,文化传播遵循着从文化高地向文化洼地传播的定律,发达文化和不发达文化出现文化沟通后,就会产生相对的能量逆差,前者多为文化输出,后者则是文化输入,人类社会发展多样性决定着这种逆差将是长期和普遍存在的。近现代的中国文化难以与西方文化、苏联文化相争鸣,文化逆差性决定着广大留学生充当着主观、客观上吸收西方文化的"天使"。留学生群体中,有公费的、自费的、传教士资助、"庚款"派出、勤工俭学等各类留学生。考究好这些留学生的思想来源,就能更好地理解留学生群体学习西方文明、寻求救国救民的足迹,也可以全面反映当时中国人走向世界的思想认识。

一、欧美自由主义

(一)英国现代政治文化与留学生

英国是 19 世纪、20 世纪强大的帝国,它有示范性的现代政治文化渊源供留学生去深究与学习。第一,英国有较为健全的市场经济体系。自由主义的市场经济体系在英国有着悠久的传统,亚当·斯密在《国富论》中就确认了"自由放任"的市场原则,第一次有效界定了市场与政府的关系。第二,具有政治典范的英国《大宪章》。《大宪章》全面体现着宪政至上、社会优先、分权主义等原则,这就使得英国在国家政治治理平台中又充分展现出政治经济互动机制。第三,英国人传统的贵族感、雍容大度的文化气质。这三方面就使得英国建立起了现代意义上的市场经济、宪政体制、节制文化。[①] 留英学生对英国政治文化理念的传播、转化和本土化探索等文化儒化过程,对近现代中国的政治文化产生了深刻而持久影响。其一,积极影响到了中国建国的重大政治问题。中华人民共和国成立前的建国政治理念大部分是由留学生引介的,从严复开始,到罗隆基、储安平,介绍了大量英国政治理念,这些政治理念基本上与英国主流的

---

① 任剑涛.建国之惑:留学精英与现代政治的误解 [M].北京:中国政法大学出版社,2012:47-50.

自由主义是一致的，即使是现代中国人对民主政体的认识也与当时留学生对英国宪政民主思想的介绍有一定联系。其二，中国人的政治理念与留英学生对英国"密尔逆转"以来各种政治理念的传播相传承。英国学者霍布斯的"新自由主义"、拉斯基的"新社会主义"、吉登斯的"第三条道路"在近现代中国政治思潮中占有一定生存空间，因为中国未曾经历过彻底的资本主义，温情脉脉的农业社会未曾消失殆尽，试图从漫长的资本主义社会中寻求基于公平的分配秩序尤为紧迫。其三，国人对英国务实重行的政治态度心怀敬意。正如储安平所述："政府官员就职或成立一个机关，不一定有隆重的仪式；人民对于一个官吏或一个机关的期望是他实际的工作而非他动人的辞令或辉煌的典礼。政府各部门总尽量地在沉默中埋头苦干工作，而其工作亦能按照步骤实事求是。在一般社会及人民的日常生活中，英国人也都实实在在。"①

留学生对英国政治制度和文化的传播，并不能直接推断出英国可成为中国政治选择的典范，中英国情差异性决定英国的政治模式是无法复制的，其实整个西方自由主义模式和社会主义模式在中国都难以复制和模仿。原因在于：英国是通过自生自发而形成市场经济体系和宪政秩序，中国不具备英国一样自生自发的条件，近现代中国始终处于高危的内忧外患中，应付国家危难和实现传统帝国向现代民族国家转型始终是国家首要任务；英国本身经历了复杂的政治形态变迁，自由主义英国—"第三条道路"英国—保守主义英国，中国政治模式尚未经历过这样一段长时期过程，近现代中国政治长期处在压缩性困境之中，无法模拟和经历与英国一样的政治形态变迁；留学生群体对英国政治模式较多停留在观念形态传播上，较少关注行动形态的实践。

（二）法国现代政治思想与留学生

法兰西是一个富有激情、浪漫和睿智的民族，它诞生了极具现代意义的政治理念——自由、平等和博爱。"法国自革命时代，既根据自由、平等、博爱三大主义，以为道德教育之中心点，至于今且日益扩张其势力之范围。"② 这些政治理念曾极大吸引了近现代中国青年，中国青年留法学生十分崇拜法兰西的民主、自由，甚至他们对法兰西政治文化和民主理念的兴趣远超过对法国教育和艺术领域的关注。"法国人是真平等、真自由。何以真平等咧？蒙达尼是一个县，县署即是公园，什么人都可以随时进去，守卫的也没有。我们有个教员就

---

① 张新颖. 储安平文集［M］. 上海：东方出版中心，1998：453-454.

② 陈学恂. 中国近现代教育史资料汇编·留学教育［M］. 上海：上海教育出版社，2007：460-461.

是副县长兼副校长，出门总是一顶脚踏车，送信都没有奴仆，双料博士的校长也是如此。"① 法国是一个较为开放的资本主义国家。相比英国，英国是一个相对绅士的国家，它有着鲜明的社会阶层格调；相比德国，德国科学技术先进、教育水平发达，德国人较为严谨，人与人距离感较远；相比美国，美国早在1897 年就制订了排华法案，中国人在美国难以立足。而法国是一个有意愿向其他国家和社会各阶层开放的国家，去法国学习就成为中国许多青年人的理想。据统计，截至1918 年，中国去往法国勤工俭学或从事劳务的人数达到10 万，为欧美国家之最。中国留学生受到了法国各种社会思潮和政治思想的影响，这些时髦思潮对欲寻求平等发展道路的留学生来说，无疑提供了广阔的思想驰骋空间。留法学生中产生了大批著名的政治家和领袖，还有一些成为著名的科学家，包括参与广西建设的地质学奠基者丁文江、杰出的地质学家李四光。

工团主义。工团主义是"一种从法国工会运动的实践中发展起来的理论学说，主张工人阶级反对资本主义的斗争，应当由工会或其他专门的工人阶级组织，通过直接行动来进行，例如罢工，而不应通过政治的或国家的活动来进行"②。对20 世纪的中国留学生而言，工团主义是最易于接受的思潮，中国留学生教育活动中有俭学会、勤工俭学会等组织实施管理，这些组织结构状态是松散和自由的，它与工团主义思想有一定内在关系，因为工团主义既拒绝政府的管理，又拒绝接受马克思主义思想，它主张通过自主行动而实现政治诉求。留学生李石曾、吴稚晖归国后就积极倡导法国工团主义思想，工团主义成为后来大批去法国留学者的理论支柱。

无政府主义。无政府主义是欧洲特别是法国社会的重要社会思潮，以浦鲁东为代表，认为无政府主义就是要剔除权力的影响，剔除党派的管理，人民是绝对和超凡自由的。后来，浦鲁东思想经过巴枯宁、克鲁泡特金等人的继承与发展，极大影响了留法的中国学生。从留法学者看，李石曾、吴稚晖、褚民谊等人被视为无政府主义思想的先驱者，他们极力主张博爱、民主，推崇进化论和教育救国，认为政府是万恶源头，政府管理应当予以舍弃，因此，他们主张反对设置与政府相关的各种制度与设施，包括残酷的法律、军队警察、收取过多赋税、严格控制，实现"无尊卑之辨，无贵贱之殊，无贫富之分，无强弱之别，无知愚之论，无亲疏，无恩仇，无利害，营营而作，熙熙而息，团团而居，

---

① 大公报（长沙）[N]．1920-10-13.
② 郭华榕．法国政治思想史 [M]．北京：人民出版社，2010：585.

款款以游，是非大同世界"①。区声伯为无政府主义思潮的第二代留法代表者，他继承与发展了无政府主义代表人物刘师复的思想，认为无政府主义就是用公意取代法律制定，公意由公众决定，以事实为依据，能够解决无限万事、法律有限的困境，如果以自由、自立、自主的原则行万事，无政府主义的实现并不困难，实现人类社会的康庄大道指日可待。

（三）美国的科学、民主思潮与留学生

19 世纪末 20 世纪初，美国逐步成为科技发达、国力强盛的民主国家，也成为中国学习的模范，由此掀起了留美教育热潮。早在 1881 年，清政府就派出由容闳带领的 120 名幼童开始了留美教育活动，但此后很长时期内，留美教育规模不大，到 1895 年前，留美学生规模始终维持在几十人，远逊于欧洲留学教育。甲午中日战争后，民族危亡加深，清政府和一些有识之士急于寻求救亡良策，发展对外的留学生教育成为重要渠道，留学运动掀起高潮，留美教育也呈现出快速发展势头，1908 年，留美人数达到了 300 人。20 世纪初的几十年中，大批留学生成为中美文化交流的桥梁，他们也成为活跃、改造中国社会的新兴力量。"美国人（原来英国的移民）经历了几个世纪的移民统治之后，经过革命建立了共和国。他们容易取得成功，因为他们热爱自由，并具有以法律为依据的权利与自由的观念。美国人的思想在欧洲、拉丁美洲广为流传，近年来又传播到亚洲。"② 美国的民主思想和科学精神极大影响了留学生价值观，1915 年，中国兴起了以科学民主为主要内容的新文化运动就是留学生批判封建专制，宣扬西方民主科学的结果。

科学是富国强兵的标准。留学生考究欧洲和美国历史发现，国家发展根本在于科学，中国之所以贫穷落后处处挨打也在于科学技术不发达。"美国之所以雄飞海上，皆由于物质文明之发达与否以致之耳。"③ 科学技术发达必助国家富国强兵，科学技术落后必使国家弱小挨打。留学生所倡导的科学是广义上的科学，一方面包括社会科学、自然科学等知识，另一方面包括治理国家中各种科学的政治法律制度。这对改变中国传统社会将西方科学视为"空谈理性""奇技淫巧"等错误观念，推进以科学改造一切，以科学富国强兵起到深刻的社会进步意义。

---

① 张枬，王忍之 . 辛亥革命前十年间时论选集［M］. 北京：生活 · 读书 · 新知三联书店，1977：159.

② 顾维钧 . 顾维钧回忆录：第 1 册［M］. 北京：中华书局，1985：92.

③ 留美学生会 . 留美学生季报［J］. 1914（1）：8.

科学的研究方法。在研究方法上，留美学生认为要从哲学、社会学、心理学、医学、管理学以及自然科学等角度进行全方面的内涵式研究。科学的研究方法是获取、检验真理的有效途径，这样才能实现化解愚昧、解放思想。科学研究方法是针对 20 世纪初中国社会存在着严重的迷信思想和复古主义而提出的，当时中国社会上所展现出的研究方法"皆存于形式而失其实际""重于章句而忽于真义"，使得社会文化和风气"日即衰落"。留美学者胡明复、赵元任、杨铨、叶贡山等对科学方法都提出了真知灼见，他们认为科学研究如同社会治理一般，要认真研究、审慎审视，利用科学力量推进社会进步和发展人类文明。胡明复还认为社会和国家管理如同自然现象一般，何不用科学方法去探讨和解决之。

观察与推崇美国民主政治。很多年轻留美学生对美国政治生活十分感兴趣，顾维钧认为他留美既要学习科学文化知识，还要知晓美国国家运转实践和人们生活状况。广大留学生深入学习政治实践，了解美国宪法、竞选议员和总统，他们还兴办了《月报》《季报》和《留美学生报》，用以介绍美国民主制度和美国议员、总统选举情况，发文探讨了美国选举制度和美国国民心理活动，深化国人对美国民主制度的认识。有些留学生还亲自参与美国政治选举活动，顾维钧作为政治选举积极分子在哥伦比亚大学组织和参与了模拟政治选举。"我被指定在模拟共和党大会上发言，并提名当时的众议院议长坎农为候选人。坎农是有名的国会沙皇。这是一项有趣的经历，使我能深入了解美国的政治制度及总统和副总统是怎样在这个制度下被提名的。模拟大会给我留下了深刻的印象，因为各个代表都为他们的候选人或他们所支持的总统候选人获得选票而做出巨大的努力。"① 当时留美学生组织社团相应自发模拟了美国议会民主活动。如公开竞争、辩论演说、民主选举，他们在力所能及的范围内组党结社、公开辩论，倡导资产阶级议会式的民主精神。这在中国虽难以行得通，但在民国初年的特定年代里，还是反映了中国人的进步要求。②

反思中国社会和传统思想文化。留美学生抨击军阀独裁与战乱，揭露中国官场社会的黑暗，呼吁实施民主政治，表现了留美学生的民主进取精神和责任担当意识。"民国成立，于今七年，期间三复共和，四易总统，国中庶政之不举，民生之憔悴，无异于前清，而地方之受刀兵之祸，人民之遭离乱劫夺，乃

① 顾维钧. 顾维钧回忆录：第 1 册［M］. 北京：中华书局，1985：44-45.
② 李喜所. 近代留学生与中外文化［M］. 天津：天津教育出版社，2006：278.

有甚于前清。"① 留美学生还注重对传统文化的反思,他们从中美对比角度认为中国传统道德观、价值观、哲学观和社会习俗等要进行适时改变,进行思想和文化更新,将儒家文化进行了历史和现实的时空分析,论证了儒家文化优势与劣势,从西方自然科学知识、进化论等角度批判了儒家性善思想。

留美学生对科学民主思潮的推崇在中国产生了积极影响,1915 年,在中国兴起的新文化运动无疑是留美学生思潮的结晶。在新文化运动中,留美学生认为中国传统思想、文化观都需要更新,如儒学问题、礼教问题、女子解放问题、贞操问题等,他们开展了有关儒学的大讨论,对西方国家民主主义思潮进行了大量论战与传播,积极倡导科学与民主,倡导新文学、新道德。留美学生成为中美文化碰撞和交流的积极推动元素,使得中国新文化运动在美国获得广泛共鸣与助威,这是留美学生崇尚科学民主思想与中国实际问题相结合的典范。

(四)资产阶级民主学说与留日学生

1894 年,中日甲午战争以清政府失败告终,促使国人认识到此时的中国已全面落后。先前日本是中国的"学生",日本的文化、民族习惯和政治制度深深打上了汉文化印记,但明治维新后,日本用了不到 30 年时间就成为世界性的强国,并实现了从古典帝国向现代民主国家转型。因此,大批中国人蜂拥日本留学,他们试图通过学习和发现日本崛起的秘密,实现国家富国强兵的发展目标。留日学生学习日本资产阶级民主学说成为他们重要的任务,他们大力宣传资产阶级民主学说,鼓吹资产阶级的天赋人权,自由、平等、博爱等观念,探索资产阶级的国家学说理论。

留日学生多为小资产阶级的知识分子,对西方国家流行的"个性解放""天赋人权""自由""博爱"等民主思想十分痴迷,他们认为人类如自由、社会平等、天赋人权能实现,人类博爱社会就会自然出现,国可强,家可立。留日学生对西方民主思想的认识是基于群体、国家、民族角度展开的,因为西方民主思想是将群体和民族纳入利益轨道的。"现在我们住的这个国,是个地域,不是个国。因为什么?因为我们一辈子尝不到人的滋味。"②

留日学生对资产阶级国家学说的崇拜。他们从西方的进化论、社会契约论,东方的民本主义思想等角度探讨资产阶级国家学说。留日学生认识到封建皇权的罪恶性,封建皇权披着"神造"的外衣,使得国家制度和家庭系统持久不可变更,为极大的大逆不道,国家是有机个体集合互动下群体活动的产物,"尽括

---

① 留美学生会 [J]. 留美学生季报. 1918 (4):15.

② 同盟会陕西分会(东京)[J]. 夏声. 1909 (7).

宇内之人组为一体耳"①。有些认为国家就是为民众谋利益的工具，政府首脑是为人民办事的头目。有的留日学生还对新型的资产阶级国家寄予美好的蓝图设想：政府必由全国国民所组织，而以全国国民为政府之实体；政府必为全国国民之机关，而以全国公共事务为政府之职掌；政府必以全国国民为范围，而以专谋全社会幸福为目的。② 留日学生对资产阶级国家学说理论的认识尽管很多处于感性的、零碎的阶段，但是在近现代中国，它不失为一种前瞻性的思想认识。

对中国封建伦理道德，留日学生普遍极力鞭挞和否定，他们认为中国传统封建伦理道德违反天地人权和人性。"夫人生活于天地之间，自有天然之权利，父母不可夺，鬼神不得窃而攘之。"③ 要根除中国传统封建伦理道德的弊端，一方面，从法律设计角度入手，制定出以平等、权利为精髓的法律体系，实现君臣平等、父子平等、夫妇平等、男女平等；另一方面，推进以权利为精髓的思想教育，实现人人有权的观念和为人权实现付出艰辛斗争的行为。"可以救吾民之质格，打破礼法之教育，无他，吾只依权利思想。夫权利思想，即爱重人我权利之谓。我不侵害人之权利，人亦不侵害我之权利，设有侵害我者，防御之，恢复之，不容少须假借，不准退委辑让，是权利思想之大旨也。"④

二、社会主义思潮

留学生除了受到西方资产阶级自由主义的思想影响外，有的还信仰马克思主义，学习社会主义思潮是近现代中国人学习、引进西方文化又一大趋势。社会主义思潮是欧美文化宝库中的璀璨部分，它精心吸取了资本主义哲学、政治经济学、人类学和社会学等理论精华，又广泛立足于人类社会实践活动，它为人类社会发展勾画出美好蓝图，赢得了世界各国进步人士的信奉。近现代中国留学生学习和传播社会主义思潮主要是通过 3 个渠道实现的：俄国、日本和留法学生勤工俭学。

（一）俄国的社会主义思潮

苏联模式开辟了人类社会前所未有的新道路，这引发了中国广大留学生无限的精神向往和实践诉求。孙中山作为国民党领袖从精神上就为俄国十月革命的臣服者，孙中山在得到鲍罗廷帮助接受了社会主义思潮后，进行了国民党组

---

① 云南留日同乡会（东京）[J]．云南．1907（13）．
② 江苏留日学生会（东京）[J]．江苏．1904（13）．
③ 直隶（河北）留日学生会（东京）[J]．直说．1903（2）．
④ 直隶（河北）留日学生会（东京）[J]．直说．1903（2）．

织的改造，共产党员可以个人身份加入国民党，民族、民权、民生的"旧三民主义"，联俄、联共、扶助农工的"新三民主义"就反映了以孙中山为代表的国民党人深切利用社会主义思潮去进行中国革命与建国的强烈愿望。莫斯科中山大学的开设是中国留学史上的重要事件，苏联以此为平台高规格地推进中国留学生教育和传播社会主义思潮，校长由当时苏联实权人物托落茨基学生拉狄克担任，学校事务受到斯大林和托落茨基高度重视。因为国共两党合作破裂，莫斯科中山大学改名为中国劳动者共产主义大学，学校在教学过程中主要开设了与社会主义思想相关的列宁主义、政治经济学和联共党史等课程。留俄学生大力宣扬马克思主义和社会主义，社会主义思潮在古老的中国占据了空前优势，他们传播的社会主义思潮主要内容包括马克思主义的唯物史观、马克思主义的阶级斗争学说和马克思主义的剩余价值学说。苏联的社会主义思潮给予处在焦虑中的中国留学生以强大精神慰藉与实践历练，对中国国家建构产生了巨大的效仿价值，影响深远。

（二）日本的社会主义思潮

虽然社会主义思潮最初诞生在欧洲，但中国传播社会主义思潮最多的留学生群体是留日学生，留日学生朱执信、马君武、宋教仁和江亢虎就是在十月革命前接受了社会主义思潮的突出代表者，留日学生李大钊、陈独秀、李汉俊、周恩来、蔡和森、陈望道则是十月革命后传播马克思主义并形成共产主义信仰的突出代表，有留日经历的国民党人士胡汉民、戴季陶也对社会主义思潮传播做出了积极贡献。他们传播社会主义思潮主要立足于：

民主主义的社会主义思潮。留日学生将孙中山倡导的民生主义视为社会主义，社会主义核心既要预防社会变革，又要实现节制大资本和消灭贫富不均，这种民生主义的社会主义在古代社会就出现过，如"三代井田""王莽新制""王安石变法""太平天国公仓主义"。

国家社会主义思潮。留日学生指出国家社会主义的实施办法为："邮政也，土地也，电线也，铁道也，银行也，轮船也，烟草也，糖酒也，凡一切关于公益之权利，皆宜归入国家所有。"① 同时他们宣扬："吾人之社会主义则不然，曰土地国有，曰大资本国有，土地国有，则国家为唯一之地主，而以地代之收入，即同时得为大资本家，因而举一切自然独占之事物而经营之。其余之生产事业，则不为私人靳也。"② 从本质上分析，这是中小资产阶级用以反对大资产

① 中国同盟会［N］. 民报.1906（4）.
② 中国同盟会［N］. 民报.1907（12）.

阶级政治独裁和经济垄断的借口，是一种资产阶级改良主义思想。

均贫富的社会主义思潮。留日学生认为社会主义就应当是人人平等、财产归公和实现财富适均，实现渐进的社会经济主义。尽管这种观点对社会主义的描述不尽准确，但它对社会主义还是采取了开明态度，强调社会上人人应以此为武器与有产阶级展开抗争。

基督教的社会主义。持这种观点的人比较少。《二十世纪之支那》杂志就记录了社会主义就是平等博爱，即社会主义就是宗教。后来《民报》详细介绍了基督教社会主义思想，基督教社会主义是一种以全民利益为着眼点的神乎其神的思想，不同阶层都十分欢迎。文章论述了马克思、欧文和圣西门都是有产阶层，但他们都成为基督教的社会主义奠基者，认为社会主义是"以调和各个人利益与社会全体之利益目的，盖欲使社会与个人之调和。而其遂此之方法，则一种之协力法，协力法在扶助社会之人民"[①]。

马克思的社会主义思潮。最早接受马克思社会主义思想的是《浙江潮》，它将社会主义概括为国家公有制和按劳分配制。后来，介绍马克思社会主义思潮的刊物越来越多，1905 年之后，马克思主义在留日学生群体中的传播日益壮大，景梅九认为"里头最有研究价值的，是马克思的《资本论》"[②]，很多人认为社会主义是社会的运动，实现阶级斗争为根本的阶级斗争理论，是科学社会主义。"凡社会主义之运动，其于手段诚为阶级斗争，而其目的则社会全体之幸福也。"[③] 留日学生群体对传播马克思主义是积极的，对中国思想争鸣与解放的贡献是有目共睹的，但是他们基本停留在理论研究和传播层面，部分还带有比较明显的改良主义和小资产阶级立场，没有真正触及社会主义的本质，更没有付诸于实践探索。

（三）法国的社会主义思潮

法国作为社会主义故乡，社会主义思潮在中国的传播主要是通过留法勤工俭学进行的，留法勤工俭学群体通过对欧洲社会背景和文化的体察，深感社会主义理论之伟大，能从根本价值观去思考和认识世界。在他们中间逐步形成了大批马克思主义者。留法勤工俭学群体对社会主义思潮的探索集中于两大问题：其一，对社会不平等根源的探索。他们通过熟读达尔文、托尔斯泰、马克思和恩格斯等人的各种理论，一致认为经济上不均是一切社会不公的根源，政治压

---

① 中国同盟会 ［N］. 民报. 1906（7）.

② 景梅九. 罪案 ［M］. 京津印书局，1924：75.

③ 中国同盟会 ［N］. 民报. 1906（4）.

迫是社会不平等的绳索，即原始社会—文明公平社会—经济不均—权力竞争—阶级对立—社会革命—新的文明和新的不平等。① 另外，留法学生还将社会不公原因部分归结为文化教育落后，少数人只劳动而无教育机会和权利，使得社会阶层分化越来越明显，最终导致全面的社会不公。其二，试图探求构建平等的新型社会。他们提出 3 条可行路径：打破原有不平等的国际旧秩序，建立互助的国际新秩序；公平分配财富，打破阶级差距悬殊；加强文化沟通和交流，将西方文明积极引入中国。客观地分析，留法学生探究的实现新型社会路径选择多为一种改良式道路，是一种温和式和以教育为工具的革新，但即使在当时中国社会中，改良式道路也是很难行得通的。此后，很多留法学生就提出要向苏俄革命道路学习，提出消灭一切剥削阶级，组建无产阶级政党，打破旧的国家机器，建立一个代表无产阶级和广大劳动人民最大利益的新社会。1921 年，留法勤工俭学在几次政治斗争之后，信奉完整意义上马克思主义的人数逐步壮大。在周恩来领导下，大批留法学生无比崇拜社会主义理论，他们在德国、俄国与法国之间来回出版刊物和翻译著作，努力学习和向国内传播社会主义思想，被誉为"赤光一曙，世界变色"。在欧美社会主义思潮向中国传播过程中，留法学生发挥了中流砥柱的作用。

三、欧美自由主义和社会主义思潮与广西自治中的留学生群体

民主主义。第一次世界大战后，民主思想成为世界潮流，留学生群体在广西自治中，积极宣扬西方民主主义，反对封建专制和保守思想，企图通过民主政治实现国强民富的梦想。广西乡村建设代表人物雷殷就积极宣扬三民主义，认为"非实施三民主义，则无所谓推行地方自治"。留学生黄季陆提出在对日抗战中，要着手进行建国工作准备，建立一个光明灿烂自由独立的国家，就算是留俄派，也打着民主主义旗号组建了三民主义革命同志会开展建设新广西工作。

民族主义。民族主义具有特别惊人的认同感，它以民族感情为纽带、以民族认同为归宿，构建起具有主观意象的民主共同体。留学生群体在广西自治中努力追求民族主义是他们重要的价值取向。作为民主进步人士的留学生代表李文钊留俄归国后在桂林工作期间，积极联合了文艺界进步人士艾青等组建桂林文艺界联谊会，积极宣扬中华民族抗战必胜、日本大和民族必败的思想，全方面动员民族抗战，在此影响下，桂林作为文化城的戏剧、音乐会、画展、电影放映和报刊等各种艺术空前繁荣。"广西六君子"代表人物万仲文在论述中国外

---

① 李喜所. 近代留学生与中外文化［M］. 天津：天津教育出版社，2006：361.

交政策选择时，就主张采取民族主义的视角和立场："汉人政治势力日渐抬头，汉族文化更取得指导地位，攘夷主义便支配了整个社会。"

政府本位主义。政府始终是人类社会发展和文明进步的重要保障，而作为知识精英，留学生群体要想进入上流社会，他们认同和支持政府便是最好的选择，这在广西自治中表现得更为明显。《广西建设纲领》的顺利制定，与其说是邱昌渭、"广西六君子"、留俄派等留学生群体的智慧展现，不如说是新桂系政权励精图治、广纳天下英才的结果。在广西 20 世纪 30 年代的自治中，以李、白、黄为代表的新桂系政权聚集了邱昌渭、雷殷、程思远、王公度、黄荣华、凌鸿勋、马君武、刘斐等政治、经济、军事留学精英，他们直接参与了政府决策执行工作，协助新桂系政权设计了地方自治制度，塑造了广西现代发展理念，推动了新桂系对外交流，提升了新桂系政权地位。他们不仅紧紧依附于新桂系政权，还拥护国民党政府，刘斐在两广事变充当新桂系代言人，积极与蒋介石进行斡旋，最终，蒋介石与地方势力代表——李、白的新桂系，陈济棠的粤系达成了政治妥协，两广事变和平解决，结束了两广与蒋介石政权长期的对峙，有利于抗日民族统一战线形成与发展。留学生群体崇尚政府本位主义思想，他们较好地融合了西方自由主义思潮中的民主自由思想和社会主义思潮中的管理主义思想。

第三节　中国乡村建设思想的影响

一、民国初期乡村建设思想

从清末开始，学术界就出现了一系列解决中国农村问题的新思想和新理论，在清政府改革派支持下也有不少地方开展了乡村自治建设实践，到了民国初期，乡村自治和乡村教育是这一时期乡村建设思想的核心。

从乡村自治思想看，近代中国社会，随着封建王朝的急剧衰微，地方保甲制度快速废弛，地方政权对社会的控制相对松弛，亟须寻求一种新理论去适应前所未有的变化，实施新型乡村治理。因此，乡村自治思想是近代乡村自治实践的产物，也是自治思想重要的一极。"1915 年河北定县翟城村的米鉴三、米迪刚、米阶平父子在定县知事孙发绪的直接推动下，以日本模范町村为原型，在翟城村建立自治组织，开展'模范村'的改造工作，乡村自治由此揭开了帷幕。"① 这为民国最早的乡村自治实践。1929 年，梁漱溟将翟城村因自治成效冠以"模范村"的誉名，由此奠定了翟城村在中国乡村自治上的历史地位。民国早期的乡村自治主要着眼于农村事业建设，乡村绅士和地方军阀是乡村自治的领导力量，乡村自治实践的适用范围有限，但是具有一定现代意义的乡村自治思想，对未来中国乡村建设无疑提供了最佳理论指导价值。1927 年，阎锡山在山西开展了声势浩大的乡村自治建设，他提出了乡村自治应立足乡村实际，改革乡村行政管理制度，重新编村等诸多主张，随着乡村建设在山西取得成效，逐步改变了山西农村的混乱局面，构建起了健全的基层社会管理体制。此时，理论界也积极回应和关注乡村自治实践中的问题，并形成了"村治派"和"中华派"等学术团体，通过《村治月刊》《中华报》宣扬乡村自治思想，出现了《中华民国建国方略》（米迪刚）、《中国民族之精神今后之出路》（王鸿一）、《村治之理论与实施》、《村治与三民主义》（茹春蒲、王惺吾）等一批宣扬乡村自治思想的文章，"有识之士莫不取乡村自治为全民政治之基本建设而加以深切之注意与详细之究讨"，并以之为"民族自救运动惟一无二之正当出路"②。从乡村教育思想看，面对日益严重的农村危机凸显和西方教育思想渗入农村，中国知识分子试图关注农村教育事业，实现农村发展的现代化建设，乡村建设思想转为乡村教育思潮。《申报》、《大公报》、《东方杂志》和《教育杂志》、《新教育》等媒体大量报道和宣传乡村教育实践，理论家黄炎培、晏阳初、傅葆琛和陶行知等大量进行了理论探析，形成乡村教育系统性的思想。这些理论家广泛参与乡村教育思想的呼吁与宣传，改变了先前由乡绅和军阀主导乡村建设话语权的格局，使得乡村建设思潮成为时代普遍性的潮流，并且形成了更高层次上理论与实践的互动，乡村教育系统性的思想成为 20 世纪三四十年代中国乡村建设运动的指导思想。

二、20 世纪 30 年代乡村建设思想

20 世纪 30 年代，乡村建设思潮流派纷繁众多，乡村建设思想的整体理论体系已经形成并成熟，包括以晏阳初为代表的平教会理论、以梁漱溟为代表的乡村建设派理论、以陶行知为代表的晓庄派理论、以黄炎培为代表的职教派理论、以高阳和俞庆棠为代表的江苏省立教育学院派理论等，这些理论派别各成体系，

---

① 王欣瑞. 现代视野下的民国乡村建设思想研究 [D]. 西北大学博士论文, 2007: 26.
② 王惺吾. 村治之危机与生机 [J]. 村治月刊, 1930 (12): 1-5.

又能相互融合，最终形成具有整合性的乡村建设思想。1933—1935 年，这些学派召开了 3 次中国乡村工作研讨会，研讨会的最大成效在于实现了乡村建设思想和流派的整合。

1933 年，中国乡村工作研讨会在山东邹平召开，与会者达成了如下共识：中国乡村建设需立足中国国情，不能简单效仿西方模式；乡村建设工作需整体推进，以整个社会为发展对象；乡村建设不能急于求成，应逐步而顺应为之。

1934 年，中国乡村工作研讨会在定县召开。对于税收问题，会议认为税收应秉持取之于民用之于民的准则，改革赋税制度，让农民减轻赋税负担；对于地方自治问题，与会者主张积极发展乡村教育力量，培育政教合一的力量和组织，构建由贫民为主导参与的组织合作社，以组织为基本单位实施自治；对于乡村建设人才问题，与会者认为要积极推进乡村自治的"直接人才"和"间接人才"的培养，"我们应当明白乡村建设运动是国家唯一的出路，我们就应当有一种新人格——创造的能力、牺牲的精神、坚决的信仰，以谋得我们民族的出路。"①

1935 年，中国乡村工作研讨会在无锡召开。会议重心是如何解决乡村建设中的经济问题，相关性研讨问题包括如何提倡土货以裕民生，乡村工作如何以民生为中心，如何扩大公路效用、使农民能充分利用，如何提倡公民服务，如何促成治黄治江浚湖，如何提倡地方性小规模灌溉放淤及抽水工程、化水患为水利。②

（一）陶行知的乡村教育思想

在中国乡村建设思想中，陶行知的乡村教育思想具有里程碑意义，他提出的生活教育理论最初是以乡村教育形式出现的，又是中国进行乡村生活教育实践的指导思想。陶行知乡村教育思想具体包括：

生活即教育。陶行知认为："生活教育是生活所原有、生活所自营、生活所必需的教育。教育的根本意义是生活之变化。生活无时不变，即生活无时不含有教育的意义。既然生活教育是人类社会原来就有的，那么生活便是教育，过什么生活便是受什么教育。"③ 生活即教育思想主张学校教育、书本理论教育等都应立足于生活，立足于实践。陶行知还将生活中的农民置于较高地位，认为时常要有颗为农民服务的心，时刻想念他们痛苦与幸福，和广大农民心脉相通

---

① 章元善，许仕廉. 乡村建设实验：第二集 ［M］. 上海：上海中华书局，1935：41.
② 王欣瑞. 现代视野下的民国乡村建设思想研究 ［D］. 西北大学博士论文，2007：29.
③ 陶行知. 中国乡村教育运动之一斑 ［M］//陶行知全集（二）. 长沙：湖南教育出版社，1985：34-35.

成一体。

社会即教育。陶行知认为传统教育如同"大鸟笼"，学校与社会隔离，学校内部教育资源运转阻滞，而社会即教育能打破封闭的教育办学格局，将鸟笼中的小鸟放飞，将学校教育置于整个社会发展的大环境之中。"在社会的伟大学校里人人可以做我们的先生，人人可以做我们的学生，随手抓来都是活书，都是学问，都是本领。""教育的材料、教育的方法、教育的工具、教育的环境，都可以大大地增加，学生、先生可以多起来。"①

教学做合一。陶行知认为教育要遵循教学合一、教做合一，学习要根据事情的需要，学习指导行动。陶行知在肯定教、学、做三者不可分割的同时，特别突出了"做"的意义。在他看来，"做"不仅是教学的中心，也是生活的中心。从这个意义上来说，"教学做合一"既是教育法，又是生活法。很显然，其核心是主张理论与生活实践相统一，学校教育与社会实践相结合。②

（二）晏阳初的乡村教育思想

晏阳初的乡村教育思想深受杜威实用主义的影响，它也积极回应了当时社会上盛行的平民教育和民主教育思潮。1929 年开始，晏阳初在河北定县成功开创了乡村改造的乡村教育模式，以"除文盲、做新民"为宗旨，以"民为邦本，本固邦宁"为核心，以文艺、生计、卫生、公民四大教育为手段，以学校、社会、家庭"三位一体"连环进行和整体推行为特征，以提高大多数农民的知识力、生产力、强健力与团结力，造就一代"新民"，从根本上铲除"愚、穷、弱、私"四大劣根为奋斗目标，从而再造一个新的国家、新的民族。③ 晏阳初的乡村教育思想包括：

民族再造的使命。晏阳初认为乡村建设使命在于民族再造，因为中国关键问题是民族涣散、民族堕落和民族衰败，如果民族发展问题没有得到解决，其他问题都难以解决，也是徒劳无功的。而乡村建设要积极回应民族再造问题，乡村建设可以培育新生命、抗击民族衰老，乡村建设可以培育民族新人格、挽救民族堕落，乡村建设可以培育新型组织力量、遏制民族涣散。乡村建设的重要性体现在它能夯实中国经济发展的基础，农业、农村和农民发展状况是国家生存的根本，乡村建设又是中国政治发展的基础，只要发展好了农村，才能维持国家的长治久安。乡村又是中国人的基础，在人民、土地和主权要素中，人

---

① 方与严.陶行知教育论文选辑［M］.上海：上海生活书店，1948：1-2.
② 王欣瑞.现代视野下的民国乡村建设思想研究［D］.西北大学博士论文，2007：56.
③ 王欣瑞.现代视野下的民国乡村建设思想研究［D］.西北大学博士论文，2007：60.

民的要素最为重要，人民大多数固守在农村，"民为邦本，本固邦宁"。

四大教育是乡村建设核心内容。四大教育是指乡村建设应着眼于文艺教育、生计教育、卫生教育与公民教育。文艺教育主要包括文字教育和艺术教育。文字教育能极大激发农民阅读兴趣，使农民能认识千余字，并能懂得千余字所代表的含义。艺术教育能使农民受到音乐、戏剧、图画等教育，将农村生活与艺术相结合，实现所谓的教育戏剧化和戏剧教育化。生计教育主要目的是增长农民生计上的技能，农民能享受由生产带来的收益。主要内容是：在农业生产方面，注重选种、园艺、畜牧等各部分工作，同时应用农业科学，提高生产力，使农民在农事方面能接受最低限度的农业科学；在农村经济方面，利用合作方式教育农民，组织各种合作社、自助社等，使农民在破产的农村经济状况下，能得到相当的补救方法；在农村工艺方面，除改良农民手工业外，大力提倡其他副业，以充裕农民的经济生产能力。① 为了实现农民的强身健体，晏阳初认为要实施强种教育——卫生教育，要积极创设具有农村特色的医疗卫生制度，优化农村医疗卫生资源配置，实现最低限度保障农民健康；要加强对农民的卫生健康教育，使广大农民有良好的卫生习惯。公民教育主要是为了弥补私立教育公益性不足的缺陷，要推进家庭教育，使家庭成员树立社会公德和良好公共利益观念，必要时要通过伟大人物的励志故事激励农民的民族意识。

循序渐进的乡村建设步骤。1934年，晏阳初在《农村运动的革命》一文中详细论述了中国农村建设步骤，包括循序渐进的三大步骤。第一步为研究步骤。遵循杜威适用主义，晏阳初认为农村建设要深入民间认识问题，研究问题，当然这种研究与实验步骤绝非轻易就能实现，它需苛刻的人才、事业、经济、时间和社会条件，才能去适合农村实情。第二步为训练人才。乡村建设要实现再造民族，需要依靠训练有素的乡村建设人才。有关训练的主体问题，晏阳初认为是乡村建设的先进人才，他们时常深入民间、躬亲田舍、吃土尝粪，阅历无数，他们有能力和责任去训练人才，将他们的生活经历和生命体验教给农民，表演出教育即生命和教育即生活的乐章。有关训练的内容问题，晏阳初认为要训练学术研究与实验，训练技术推广，经过训练的人才应具有应世手腕、专门知识和创造力的人格特质。第三步为表证推广。主要将在实践中的成功模式推广到广阔领域和空间，表证推广离不开像职教社、平教会和山东乡村建设研究院等自治组织的理论支持，更需要地方政府锲而不舍的努力。"我们工作的原则

① 晏阳初.中华平民教育促进会定县工作大概 [M] //晏阳初全集（一）.天津：天津教育出版社，2013：248.

是只从事研究与实验，设立实验学校、表演学校，将研究结果，贡献给地方当局，让他们去推广。"①

政教合一的乡村建设归宿。晏阳初认为政教合一主要是指办社会教育的机关，借政府力量施行它的社会教育；而政府则借社会教育推行它的政令。② 晏阳初认为乡村建设主要归宿为政教合一，乡村建设要与县政改革配套进行。他还认为平教会发展经历了文字教育阶段、农村建设阶段和县政改革阶段，如不进行县政改革，地方政府仍然在剥削农民，农村合作组织发展停滞，农民受益有限。政治须学术化，学术要实验化。如单单研究，做几本研究报告，则不需要政治的力量。倘要把研究的结果施行于民间，使之成为民间生活的改造，民间生活整个的一套要素，则非借政治的力量不可。③

（三）梁漱溟的乡村建设思想

梁漱溟因在山东邹平成功领导了乡村建设实验，被誉为"20世纪30年代农村改革的全国性发言人"，邹平的乡村建设被视为中国乡村建设典型的三大模式之一。梁漱溟对乡村建设思想也有重要的贡献，他撰写了《乡村建设文集》、《乡村建设理论》、《乡村建设大意》和《中国民族自救运动之最后觉悟》等文章，阐明了他的乡村建设思想，主要包括以下几方面。

创造新文化、救活旧农村的乡村建设价值。梁漱溟认为近代中国百年是在主动与被动中西化，主动与被动接受及应对西方挑战，西方挑战构成了乡村建设的重要原因；同时，学习西方文化又导致了乡村破坏，不得不进行中华文化转变，创造新文化，适应新型的乡村建设需要。中国文化如同枯焦老树，在西洋文化全面冲击之下，已经失败，要想实现"老根发新芽"，就必须换一个新文化，这种文化绝不是简单移植西方文化，而是对中国固有文化的创新。要想实现创造新文化、救活旧农村的目标关键在于创设一个新社会组织，这种新社会组织需是理性的组织，是实现以伦理情谊为本原、以人心向上为目的的组织，还应是从乡村入手的组织，这种新组织能讲中国人的老道理，又能兼容西洋人的长处。如果能实现以中国固有精神为主又吸取了西洋人长处的新型组织去推进乡村建设，就会实现创造新文化、救活旧农村的具有价值的乡村建设。

农民自觉是乡村建设关键所在。农民自觉是指农民要改变传统的糊里糊涂过日子的习惯，要承担起自己的责任。农民自觉是乡村建设的第一要点，因为

---

① 晏阳初.乡村运动成功的基本条件［M］//晏阳初全集（一）.天津：天津教育出版社，2013：306.
② 梁漱溟.乡村建设理论［M］//梁漱溟全集（二）.济南：山东人民出版社，2010：479.
③ 王欣瑞.现代视野下的民国乡村建设思想研究［D］.西北大学博士论文，2007：78.

只有农民自觉才能实现乡村自救，乡村公共事务才能得以解决。农民自觉关键依托在于对农民进行教育，通过教育使农民变得有生机和活力，他们能吸收外面养分、干天下之事。而进行农民教育关键又在于解决乡村精神破产的问题，让农村的乡下人活起来。时下中国农村普遍存在着"精神破产"，原因在于中国社会和传统文化急剧变革所引发的固有价值观念和道德准则丧失，又加之频繁的天灾人祸，使得农村社会消沉，乡下人死板有气无力，精神破产，如不能有效纠正农村社会的精神破产，天下将危矣。对于如何解决乡村的精神破产问题，梁漱溟认为首要的是无限激发农民的内在智慧，恢复他们合理的已有观念，让他们看到人生的光明，又要进行所谓的"精神陶炼"，使得乡下人有合理的修养方法和人生态度，客观面对人生问题和领悟民族精神。

重建乡村乡学的新型社会组织。梁漱溟认为乡村乡学的新型社会组织具有培养和提升组织能力，实现团体生活和乡村内外世界互通的意义。乡村乡学的新型社会组织是政教合一的组织，不是简单的教育机关，是全乡和全村范围内所有人口、教育，辅导村民进行各种生产活动，以及指导村民如何生活的一种新型的乡村组织。这个组织由学众、学长、学董和教员4类人员构成：学众为农村社会的农民，他们是乡村建设的主体力量；学长为民众群情所归、齿德并茂，是由县政府聘用的特殊人员，作为师长具体负责全面教育规划，并不具体负责教育和管理的具体事项；学董是乡村有眼光和能力的人员，他们负责乡村具体教育事务的协调工作；教员是乡村建设的运动者，旨在提高农村教育水平、社会工作水平。

（四）卢作孚的乡村建设思想

卢作孚作为爱国实业家、教育家、社会活动家，深受毛泽东赞誉，毛主席将卢作孚称为"发展我国民族工业不能忘记的4位实业界人士之一"。在乡村建设实践和理论探索上，他因在重庆北碚进行了乡村改造运动，形成了独树一帜的"实业—乡村现代化"的北碚模式，成为乡村建设著名的实践家和理论家，其乡村建设思想有：

乡村现代化理论。卢作孚认为中国农村经历了中西文化共同冲击后，乡村体系全面被破坏，乡村需要创新文化。要建设城市文明，乡村经济建设、乡村文化建设绝不能熟视无睹，否则城市建设进程将受到不发达乡村社会的阻碍。中国政治权力中心普遍在城市，导致具有优势的政治、经济、文化等资源集中在城市，乡村发展资源极度匮乏。他提出乡村建设要实现"都市化"和"城市化"的目标，中国乡村建设不只进行乡村救济、乡村教育，而更在于实现乡村现代化，乡村现代化包括现代化的生产方式和生活方式。他还以"大处着眼，小处着手"的原则对乡村建设中教育、经济、交通、治安、卫生等事业在北碚地区的实践进行了详尽的规划。

建设现代集团生活。现代集团生活是一种追求现代化的社会组织，它包括 3 种核心要素：集团成员之间的相互依赖关系、集团之间的竞争规则和维持集团运转的道德条件。关于在乡村建设之中，如何构建起现代集团生活，卢作孚认为，首先是塑造一种公众的理想，用共同理想代替个体理想，团结成员更好地实现目标；其次是打破传统的集团生活，继承和发扬好传统文化与传统心理，如果传统道德成为一种正激励力量，就可以降低建设现代集团生活的阻力；再次是尽可能推进现代集团生活，无论在何时、何地和何种环境中都要努力实现；最后是加强对村民的训练，训练好人的思维和行动秩序。

民国时期的学者能够从乡村建设与国家政治、民族大义上进行认识，认识到乡村建设是实现国富民强的根本，乡村建设缘于农村社会破坏、农村精神体系瓦解，而西方文化尚未获得预期的收益，中国农村还是"愚、穷、弱、私"的落后状况，要改变这种情况就要进行以平民教育为核心的乡村建设。但是也应看到，此时乡村建设思想尚未能全面反映出中国国情的本质，学者们更不会理性认识到中国农村落后的根本原因在于封建主义、帝国主义和官僚资本主义的剥削和压迫，乡村建设思想所倡导的具有显著性的渐进主义改良的乡村建设道路实际收效甚微，20 世纪三四十年代中国农村全面落后仍然是不争的事实。但是，作为一种新型的探索性治理理论，乡村建设思想反映出了近现代知识分子具有改造社会的责任心、复兴民族的使命感和追求人生价值的伟大精神力量。时至今日，民国时期的乡村建设思想对中国农村实现治理现代化仍有特殊的借鉴意义。

三、留学生群体与广西自治中的乡村建设思想

乡村建设与三自政策的关系。以邱昌渭、雷殷为代表的留学生群体认为：三自政策即自治、自卫、自给与乡村建设有紧密关系。他们认为三自政策的立足点在于基层建设尤其是乡村建设，假如乡村建设不能有效推进，国家之发展将失去可靠的基础保障，所谓的主义与政策也只是空想而已。从自卫角度看，基层民众是国家军队兵源的主渠道，只有基层自卫能力不断增强，才能维护好一县一省的长治久安，乃至一国的长治久安；从自治角度看，如果能做好诸如清户口、设立学校、办机关和警务等基层公共事务，便会夯实自治的条件；从自给角度看，若乡村能实现自给自足，则区域性和全国性的经济自给和社会发展则毫无问题。由上述内容可看出，新桂系建设广西的思路是先建设好基层，

使基层达到"三自"，进而使县、省达到"三自"，最终实现三民主义的目标。正是基于以上的认识新桂系对乡村问题十分重视。[①]

新桂系的乡村建设内容。以邱昌渭、"广西六君子"和留俄派为代表的留学生群体在新桂系政权领导下制定了被誉为"广西的宪法"的《广西建设纲领》，纲领将广西乡村建设的内容分为四方面：从政治建设看，要健全政府基层组织，培养人民自治、自给能力，积极发展人民健康与保障事业，消灭阶级剥削；从经济建设看，革新旧式农业生产，整理农村土地和发展农村经济，规范农村合作事业，设立农民银行；从文化建设看，提高民族意识，消灭阶级斗争，创造先进的民族文化，根据政治、经济、军事之需要，确定教育方针，改良教育制度，使贫苦青年均有享受高等教育之机会，国民基础教育一律免费；从军事建设看，实施寓兵于团、寓将于学和寓征于募，全面实现国家义务兵役建设的目标。

新桂系乡村建设的思想来源。新桂系领导层思想较为开放，他们善于接受新事物和新思想，深知广西自治要紧紧依托一批有政治素养和管理经验的人才，因此，新桂系推行了一系列礼贤下士政策，一批具有留学背景的知识分子应邀到广西工作，许多人被委以重任，如邱昌渭、熊湘龙、千家驹等。新桂系在进行乡村建设过程中，对外吸收了不同模式和流派的优势，乡村建设领导人物、留学生代表晏阳初和陈筑山也对广西乡村建设做出了突出贡献。广西曾经派出了几批人才赴晏阳初乡村建设实践基地进行学习，晏阳初和陈筑山数次应新桂系的邀请赴广西进行业务和理论指导，黄旭初就曾经去电表示对晏阳初的感激之情："邕宁承教获益良多，此间做事，正照先生等意见进行。"[②] 广西乡村建设思想与乡村建设运动的主要代表人物之一彭禹廷的主张有相通之处，彭禹廷在宛西自治运动提出了三自主义，即自卫主义、自治主义、自富主义，在乡村建设实践运动中进行了增强地方自治自卫、改革社会、推倒官治、发展经济和根治穷乱等地方事务的治理。1932 年，《彭禹廷讲演集》就详细记录了三自主义的思想。1935 年，白崇禧阐述的三自政策中就重点借鉴了"三自主义"的思想。李宗仁在回忆录中讲述广西重点学习了宛西自治运动中乡村建设的经验，他对彭禹廷的早逝深表哀悼，又对宛西自治运动取得的伟大成效大加赞扬。当然，广西乡村建设思想绝非照搬照抄，它更具先进性、特色性和创新性，广西自治中的三寓政策、新民团制度等是三自主义理论所没有涉及的，而"行新政、用新人"、"三位一体"制度等更是广西地方自治中的创新性政策设计。

---

① 黄旭初 . 县政建设与基层建设 [M] . 民团周刊社，1941：254-256.

② 杨乃良 . 民国时期新桂系村治研究 [J] . 广西社会科学，2003 (6) .

第九章

留学生参与下的新桂系广西自治的现实反思

第一节　留学生群体参与下的新桂系广西自治的现实反思

留学生群体参与的以乡村自治建设为核心的 20 世纪 30 年代新桂系广西自治运动取得了举世瞩目的成就，虽然年代久远，距今已逾 90 年的历史了，但回过头来看，其中许多做法，对当今我国以村民自治为主要内容的乡村基层治理制度建设仍具有重要的启示意义。

一、新桂系广西自治为村民自治提供了丰富的自治传统资源

广西的村民自治是我们讨论问题的最好起点。村民自治是目前中国农村基层民主制度。而广西是这一制度的策源地。1980 年春，广西壮族自治区宜州市（今河池市宜州区）屏南乡合寨村的蒙宝亮、蒙光新、韦焕能等农民针对人民公社制度解体后村庄治理涣散、村公共事务无人负责、村治安状况恶化等情况自发地组织起来，通过村民大会等形式进行民主选举，成立了村民委员会作为农民基层治理组织，然后制订村规民约，实现了以"四个民主"（民主选举、民主决策、民主管理、民主监督）和"三个自我"（自我管理、自我教育、自我服务）为主要内容的村民自治，从而拉开了我国基层治理体制变革的序幕。[①] 作为农民，他们自然不会想到，他们的这一自发行为开创了中国村民自治制度建设的先河，而且村民委员会被定义为群众性自治组织载入 1982 年宪法第 111 条。2010 年时任中共中央政治局常委、全国人大常委会委员长吴邦国为合寨村民委员会题写了"中国第一个村民委员会"，这标志着广西合寨村作为村民委员会的发祥地，作为中国村民自治第一村的历史地位得到了官方的正式确认。

---

① 杨丹娜，李有旺．推动村民自治实践完善村民自治机制 [J]．现代乡镇，2008（12）：13-14.

中国村民自治能由广西起步，其原因当然是多方面的，涉及地理环境、民族性格、自治传统等多重因素。这里我们仅从自治传统角度来进行考察。关于这一点，有学者从更深的背景进行考察，认为广西壮族历来就有民主自治的传统，流行于壮族乡村社会的"都老制"就是自古传下来的壮族村民自我管理的制度。这一制度主要是有一个由"都老"和其他"乡头"组成的机构，行使对村民的组织领导和管理等职责。诸如召开长老会议、村民议事会等，以讨论和处理村中重大事务。因其以"都老"为核心，故名"都老制"。"都老"在一些地方也称"乡佬""村佬""大老"等。它由村民民主选举产生，或因威望和处事公平得到村民拥戴自然形成①，这一民主自治制度在我们追朔自治传统时是当然应该注意到的。但应当指出的是，"都老制"毕竟只是壮族历史上存在的自我管理制度，其对广西的影响很难说能涵盖到各个民族，也许我们更应注意的是20世纪30年代新桂系广西自治实践，因为这一由官方推动的乡村自治运动涉及广西的各个层面，政治、经济、文化、军事等各个领域无所不及，对后来的广西自治文化的养成、广西自治实践的推行都打上了深刻的烙印。这是"都老制"等单一民族自治传统模式所难以企及的。

如前所述，20世纪30年代新桂系广西自治在乡村建设上强力推行了一系列措施。包括乡村自治组织的设立、乡村管理人才的培养、村街民大会制度的建立、乡村公产的筹办、乡村人口的统计、乡村清洁卫生运动的开展、乡村公共设施的修建、乡村风俗习惯的改良等方面对农民的"强化训导"，尤其是由雷沛鸿所倡导的在乡村广泛实施的国民基础教育，这些都在一定程度上使农民普遍受到民权方面的训练，培养了其民主自治的传统意识。木有本而枝茂，水有源而流长。当这一传统意识作为一种隐性存留的文化意识传承下来，我们就不难理解，合寨村成为中国村民自治第一村，广西作为中国村民自治的发祥地，这一伟大创举与广西民众基于20世纪30年代自治受到的民权训练的历史积淀及广西自治的村街民大会制度的影响之间的逻辑联系。

值得注意的是，对新桂系广西自治的考察如果只局限于其对广西村民自治的区域影响是远远不够的，其所蕴含的丰富的自治传统资源应该走出地域局限，为更多地方乃至于中国村民自治实践提供养料。村民自治作为乡村基层群众自治制度至今已走过了40多个春秋，过程曲折而复杂。徐勇认为，村民自治的价值需要通过有效的实现形式体现出来。从合寨村建立第一个村民委员会为基础的自发的村民自治，主要贡献是农民做到"三个自我"，即"自我管理、自我教

---

① 陈洁莲. 民主壮族 [M]. 南宁：广西人民出版社，2009：8.

育、自我服务"。第二阶段是以行政村为基础的村民自治。以 1998 年全国人大常委会修订通过了《中华人民共和国村民委员会组织法》为标志,以法律形式规定村民委员会所在的"村"为建制村(行政村)而非自然村。这一阶段主要贡献是村民自治增加了"四个民主",即"民主选举、民主决策、民主管理、民主监督"的内容。第三阶段是进入新世纪以来,在建制村(行政村)之下的内生外动的村民自治。这一阶段的主要贡献是克服第二阶段行政村下村民自治难以有效实现的弊端,各地积极探索村民自治的有效实现形式①。处于第三阶段的我国村民自治发展需要的"内生外动",实际上是中共十七大报告提出的实现政府行政管理与基层群众自治有效衔接和良性互动的问题。2014 年中共中央 1 号文件提出"探索不同情况下村民自治的有效实现形式",作为对这一命题的回应,就是要构建多层次类型的村民自治实现形式体系,而其中必然要涉及自上而下的国家治理和自下而上的社会参与问题,在现代国家体系下,两者都无法孤立地发挥作用,只有农村内部农民主体性力量激发的"内生"与地方政府积极干预的"外动"高效融合,村民自治才能真正落地运转,显示出广阔的发展空间。

新桂系推行的广西乡村运动,其最大特点是行政权力主导下的乡村治理,政府权力全方位地介入和渗透农村社会。而在这一过程中也注意激发民众参与的积极性,其成功经验正在于此,而其教训则在于权力介入与民众参与之间缺乏深度有效的融合,导致发展后劲不足,很多政策措施流于形式,无法真正推行。因此,可以说广西自治还没有真正找到乡村自治的有效实现形式。我国目前的村民自治是在新时代背景下的乡村自治方式,自然是不可能与新桂系村治做简单的类比,但它们在形式和内容上的某些相似性又使我们不应忽略对广西村民自治传统资源的充分利用,其许多做法都是值得借鉴的。

二、"行天下事,用天下人"的人才政策的启示

新桂系广西村治能取得较好成绩,离不开其以"行天下事,用天下人"为核心的人才政策的施行。新桂系首领李宗仁、白崇禧、黄绍竑、黄旭初虽出身行伍,但颇谙用才之道。白崇禧曾这样说:"试从古今中外历史上去考据,不管某个地域某个朝代,它所行的政治,无论是君主立宪,抑或民主共和,总离不了如俗语所说'一朝君子,一朝臣'的意味。在中国历史上讲,舜因有贤臣五

---

① 徐勇,赵德健. 找回自治:对村民自治有效实现形式的探索 [J]. 华中师范大学学报(人文社会科学版),2014(4).

人辅佐，所以天下大治；武王有乱臣十人辅佐，所以帝业成功。又如汉高祖之成帝业，则因为有三杰；光武之能够中兴，也因为有二十八将。可见一个朝代既有一个朝代的天子跟着还要有辅佐他的能臣，然后他的政权，才能树立而巩固的。"① 而 1930 年蒋桂战争失败后新桂系退守广西欲重整旗鼓，提出"建设广西，复兴中国"的口号，其庞大的建设广西规划涉及政治、经济、文化、军事等方面的内容，需要倚重各方面的人才才可能完成，而战后的广西当时各类人才奇缺，新桂系要完成其伟业只能在全国范围内招兵买马，引进各种人才。可以说，新桂系建设广西的人才政策也是当时其治桂战略的需要。需要指出的是李宗仁 1925 年经营玉林时就颇为重视人才，黄绍竑和黄旭初就是当时被他吸引过来的军事和行政管理人才。

新桂系在人才的使用上最大的特点是能做到不拘一格地任用。对本省高级人才，"举贤不避亲"，军事方面任命广西籍的李品仙、叶琪、廖磊分别为桂军第七军、第八军和第十五军军长；教育行政管理方面先后任用李宗仁的临桂县老乡黄钟岳、李任仁及广西邕宁人、毕业于哈佛大学的雷沛鸿为教育厅厅长。政治组织建设方面，桂林籍的王公度是当时李宗仁、白崇禧认可的各方面骨干分子组成的中国国民党革命同志会的重要人物，兼任第四集团军政训处处长、广西省政府委员、省党部常委、省党政研究所训育主任、南宁军校训育主任等要职，被认为是新桂系李、白、黄之后的第四号人物。对于省外人才，新桂系能打破乡党观念，极力借重。如前已述及的大量外省高级知识分子包括留学生不畏广西待遇清苦，投奔而来，加入建设广西行列。留学生邱昌渭、黄季陆、黄荣华、徐悲鸿、李四光、汪士成、王仍之、林伟成等都为广西自治建设做出了很大贡献，另外，新桂系还聘请了日本人和英国人为空军教官，可算是在全球招贤纳士了。

新桂系在人才使用上还有一个突出点就是"行新政、用新人"。新桂系首领认为建设广西是一项新事业，必须使用新人，新人重点是具有开拓创新和实干精神的青年人。对思想陈旧、能力低下、政绩平庸的则坚决撤换。1934 年 8 月广西一下子就免掉了 20 多个县的县长职务，换上一批有冲劲、责任心强、受到较好教育的年轻人，这些人也因年轻被重用而更加奋发向上，更加玩命地工作，很快就成长为建设广西的重要人才。②

---

① 张学继，徐凯峰. 白崇禧大传［M］. 杭州：浙江大学出版社，2012：247.

② 黎瑛. 权力的重构与控制——近代广西社会控制机制研究［M］. 北京：民族出版社，2011：266.

对待人才，新桂系首领用人不疑，鼓励其放手大胆工作。同时，用实际行动体现对人才的尊重，做到"感情留人"。李宗仁曾指示凡社会名流、文人学者等到桂都要热情款待。对来桂工作和服务的专门技术人才，都尽其所能给予应有的名誉、地位、待遇、理解和支持等，这些人才也为广西建设做出了极大的贡献。

新桂系广西自治时期的人才政策对当今村民自治具有怎样的借鉴意义呢？最大的启示在于村民自治的良好运行需要各方面人才的支撑。如前所述，村民自治发展至今已经历 3 个阶段，所涉及的内容无论是"三个自我"还是"四个民主"，或者是探索村民自治的有效实现形式，都离不开相应的人才支撑。从目前看，对人才的要求会更高更迫切。这一时期的村民自治的任务是既要涵盖"三个自我""四个民主"，又要因地制宜地探索"内生外动"的村民自治的有效实现方式。"内生"即作为村民自治主体的村民要激发出巨大的能量，要实现"三个自我"和积极参与"四个民主"；"外动"即政府力量的推动。从"内生"方面来看作为自治主体的农民需要具有自治精神和实践能力，也就是需要成为具备现代政治知识的人才。但遗憾的是，如果我们留意一下目前村庄的人员构成状况，就会发现所谓的"空心化"现象，即大量农村人口尤其是青壮年劳动力不断外流，使村庄由人口空心化逐渐扩展为人口、土地、产业和基础设施整体的空心化，于是村民自治的主体就只剩下留守老人和留守儿童了。因此，如何消除村庄空心化，大力培养新时代农民是其中一个重要内容，否则村民自治就失去了其重要的主体力量。从"外动"方面来说，要特别关注大学生村官这一群体。对村庄共同体来说，大学生村官是一种外在力量，某种程度上是政府和村庄进行联系的桥梁，但这一群体在实践中面临着许多困境。有学者总结为几个"瓶颈"。其一，取向瓶颈。大学生村官计划政策取向应该是引领到学生面向农村就业创业，为促进农村社会发展和加强基层政权建设提供人才保障。但目前的大学生村官计划多为短期行为，难以从根本上解决农村人才缺乏问题，大学生村官也缺乏积极介入村庄治理的内在动力；其二，职业瓶颈。大学生村官的 3 年合同期往往会使他们对职业预期产生悲观情绪：3 年后到哪里去？其三，流动瓶颈。大学生村官的退出机制和向上流动机制的不顺畅，对大学生村官群体的合理流动和长期稳定都造成不利的影响。其四，结构瓶颈。大学生村官在能力结构、知识结构、性别结构等方面的欠缺使其难以更好地发挥作用。其五，权力瓶颈。即村干部对大学生村官的抵触、排斥使其难以真正作为村委会成员参与村务管理和决策。其六，保障瓶颈。大学生村官普遍认为其工资收入与预期落差大，这往往会导致他们难以用积极心态开展工作。① 解决大学生村官面临的以上困境，需要国家政策的更好安排，也只有这样，他们才有可能真正成长为新农村建设需要的人才，成为真正意义上的村官或农民致富的带头人。也才符合国家推行大学生村官计划的初衷和要求。

总结起来，如果我们以新桂系广西村治的人才政策为参照，目前的村民自治发展要解决以下几个问题。第一，注意农民主体性意识的激发问题，农村的空心化只会使村民自治走向困境，如何吸引更多农民尤其是青壮年农民回乡创业，重建乡村文化，这是村民自治焕发青春活力的根本所在。第二，大学生村官对新农村建设的推动作用如何才能得到更好的体现，需要国家方方面面的政策设计和充分落实，大学生村官要真正成长为农村需要的人才，需要村庄社会和地方政府的共同培育。第三，在探索村民自治的有效实现形式的村民自治发展新阶段，如何使地方政府介入和村庄民众参与之间不产生排斥现象，实现有效衔接和良性互动？这需要考量政府的智慧，也需要激发民众的智慧，这一结合的过程实际上也是人才培养的过程。

三、"三位一体"制的借鉴意义

新桂系广西自治在乡村行政组织建设方面的最大手笔是从 1934 年起推行"三位一体"制，这一体制我们在前面已多次谈到。② 这一体制的初衷，应该说是为解决当时新桂系干部、经费的缺乏。因为作为行政机关的公所、作为军事组织的民团及作为教育机构的学校如果按常规分治，各司其职，当时贫穷落后的广西是无法做到的，但我们对这一体制的考察如果只停留在这一点上是远远不够的，还应注意到其统一事权为后来的抗战做准备及政治、军事、文化"三位一体"的系统整合联动功能。

从实施效果来看，"三位一体"制最大的作用是提高了乡村基层的行政效能。实际上，新桂系在 20 世纪 30 年代广西建设中大力开展了一系列行政改革。包括省政府合署办公、县政府裁局设科运动及乡村"三位一体"制，其目的都是强化政府行政能力，提高行政效率。"三位一体"制下的广西基层干部往往一身兼数职，其工作强度是常人难以承受的。这一体制的推行一方面使国家权力

---

① 夏朝丰. 大学生村官实践对基层政权建设的影响路径分析研究——以浙江宁波调查为例 [M] //载徐勇主编. 中国农村研究（2010 年卷·上）. 北京：中国社会科学出版社，2010：195.

② 李宗仁，等. 广西之建设 [M]. 广西建设研究会，1939：234.

触角延伸到县以下的乡村社会，改变了"王权不下于县"的传统权力结构；另一方面把民团和学校纳入行政权力网络之中，使民团不再是单纯的军事组织，学校也不只是简单的教育机构，从而使新桂系实现了对乡村社会的严密控制。有学者认为广西农村与其他地区相比，被 3 条自上而下的绳索紧紧地捆住。① 这样的严密控制也改变了乡村社会的散漫传统，使"政府一个命令下来，便迅速地达到了民众的本身，民众便马上实行起来了"②。

　　新桂系推行"三位一体"制并使之能有效地发挥作用，当然是由于当时广西的社会状况能满足这样的体制要求，是新桂系首领立足广西实际的制度创新。这一体制为今天的村民自治提供怎样的启示，它具有怎样的现实意义，是我们需要进一步思考的。我们认为有几点是值得注意借鉴的。其一，村民自治制度创新。村民自治至今的 30 多年历程，其发展就是一个不断创新体制的过程。合寨村农民首创村民委员会对农村基层进行管理是基层管理体制的创新，从以自然村为基础到以建制村（行政村）为基础，这是村民委员会制度变迁的又一次创新，而如今所强调的探索不同情况下的村民自治有效实现形式，更是要强调创新精神，村民自治要真正能够落地运转，关键是要立足于实际需要。哪种实现形式是现实有效的，那么它就是合理的，而不必总拘泥于学界一直在争论的是以自然村还是以建制村（行政村）为基础的问题，在这方面，各地都在不断探索，也创造了许多富有特色的村民自治模式。如作为村民自治发源地的广西河池市宜州区基层党组织在新农村建设中以"美丽乡村·清洁广西"活动开展为契机，在建制村以下的屯（自然村）建立理事会，组织农民积极参与乡村清洁活动，并把理事会组织的自治内容扩展到更广泛的领域，如道路修建等，从而创造了"党领民办，群众自治"的村民自治模式，广西其他地方也有类似的做法。其二，村民自治的制度安排要着眼于行政效率的提高。衡量村民自治制度是否运转良好，村民自治组织的精干和高效是重要的指标。新桂系"三位一体"制使公所、民团、学校 3 种权力集中于一人之手，虽难免专断之嫌，但权力集中化确实能提高办事效率，使当时广西政府和社会充满了前所未有的活力，给人留下深刻印象并获得广泛赞誉。村民自治组织建设能否精干和高效，当然同样需要立足实际做好安排。在目前农村村民委员会、村党支部两种权力组织并存的情况下，如何协调好其关系，是村委会主任和村党支部书记由一人"双

---

①　张鸣.乡村社会权利和文化结构的变迁（1903—1953）［M］.西安：陕西人民出版社，2008：120.

②　邱昌渭.广西县政［M］.桂林文化供应社，1941：232.

肩挑"还是分别由不同的人来担任?"两委"人选该如何产生?诸如此类的问题的解决很难有统一的答案,需要考虑实际情况加以定夺。当然如果我们参照新桂系广西自治经验,在目前的国家治理体系下,必要的权力集中也许是行政效率提高的重要组织保证。

四、新桂系乡村自治的民主问题反思

新桂系广西自治建立了民主制度吗?在其运行中具有民主的要素吗?这常常是研究中具有争议性的问题。新桂系乡村自治的重要特征是形成自上而下的集权型的治理结构,其民主成分是很稀薄的。它建立有村街民大会这样的民意机构,但迟至1936年12月18日广西省政府才公布《广西各县村街民大会规则》,开始在乡村推行村街民大会制度,实际上这一制度真正开始实行是在1938年。时人曾这样评价村街民大会:"真正的民主,实是要广大的民众,都能直接行使民权,而广大民众行使民权,必须由村街民大会树起,所以村街民大会,是最基本的民主组织。"① 从村街民大会的组织运作来看,这未免是夸大其词了。从形式来看,村街民大会是具有民主要素的,它有完整的会议程序、会议规则,讨论内容为本村街范围内应办的事项。但事实上村街民大会的实际效果与设立的预期效果相差很大,民众对参会由开始时的热情到逐步冷漠,就是参会也多枯坐不语,只有村街长在唱独角戏,完全起不到民意机构的实际价值。难怪当时就有人概叹:"这样的村街民大会,纵然举行,但事实上早为民众的消极冷淡态度而根本粉碎无余了。"②

村街民大会的民主表象提醒我们,自治与民主不总是统一的,在自治的构架下,特别是在国家行政权力主导下的乡村自治构架下,如何推进民主建设,确实是一个值得认真思考的问题。张鸣批评广西的村街民大会没有任何民主的影子,会议往往只是成为村街长宣读政府法令和训诫民众的机会和场所。民主政治所涵盖的选举、复决、罢免、创制等权利在这里找不到踪迹,村民在会上只是提一些无关痛痒的议案,根本无法选举村街长③,究其原因,根本就在于"桂系只是接受他们自己理解的自治概念:没有权利的参与"④。

总之,村民自治是我国改革开放以来形成的富有时代性的基层民主制度设

① 负涵.我见到的村街民大会[J].广西民政,1947(4):21.
② 亢真化.基层建设中的"人"的问题[J].基层建设,1940(3):9.
③ 张鸣.乡村社会权力和文化结构的变迁(1903—1953)[M].西安:陕西人民出版社,2008:124.
④ 戴安娜.拉里.中国政坛上的桂系[M].南京:江苏教育出版社,2010:210.

计，包括了村民代表大会和村民大会、村民委员会和村民小组会议、村规民约和村民自治章程、村民民主治理、村务公开等诸多系统性要素，这一民主制度设计的核心内容由民主选举、民主决策、民主管理以及民主监督组成，这四个民主随着实践发展而得到了不断推进。2014 年，中央 1 号文件着重提出了要"探索不同情况下村民自治的有效实现形式"，为我国基层民主制度的拓展和完善指明了新方向，这四个民主标准也成为村民自治质量实现程度的重要衡量维度，由此也凸显出新桂系在广西自治中的民主制度设计的短板缺陷，那就是民主是自治的题中应有之义，没有民主的自治，是没有生命力的，任何变相民主实质上是专制统治。我国的村民自治制度，只有以民主为导向，不断加强建设，更丰富其形式和内容，才能在实践中显示出勃勃生机和无穷生命力。

第二节　留学生群体在 20 世纪 30 年代广西自治中的贡献

20 世纪 30 年代新桂系广西自治尽管有这样那样的不足，但它毕竟是一场由地方实力派在当时内忧外患的中国背景、贫穷落后的广西背景下开展的以乡村建设为核心的地方自治运动。这场轰轰烈烈的村治运动能取得令世人瞩目的成绩，与留学生群体在其中的贡献是分不开的。下面我们将从政治、经济、文化、军事四方面对此进行概括。当然，这一概括是基于以上各章具体考察留学生群体与这四方面的关联性后的总结性分析。值得注意的是，如上所述，由于许多留学生在多个领域都发挥作用，而且各领域相互交叉、相得益彰，因此我们在论述留学生群体的贡献时也会出现一些人的作用和贡献的"跨界"现象，应该说这是一种历史真相。

一、留学生群体对广西自治的政治建设的贡献

从以上分析我们可以得出结论，在新桂系广西自治的政治建设中留学生的作用是很突出的。邱昌渭、雷殷、程思远、潘宜之、盘珠祁、万仲文等留学生一直活跃于新桂系政坛，他们纵横捭阖，左右逢源，成为新桂系首领的重要智囊人物。主要体现在下面几点。

（一）协助新桂系首领确立广西自治中的战略决策

如前所述，《广西建设纲领》是新桂系最重要的施政方案，与三自政策一起构成新桂系的治桂方略。可以说，在当时军阀割据的中国，没有哪一个军阀集

团或地方实力派能像新桂系那样有一套系统的理论为指导来进行控制和治理，因为环顾当时整个中国难以找到第二个军阀集团或地方实力派能像新桂系那样招贤纳士，吸引大批人才尤其是归国留学生进入各级政府工作，成为广西推行新政的中流砥柱。《广西建设纲领》的制定离不开留学生邱昌渭、万仲文和留俄派的积极谋划，这一纲领是新桂系首领重新底定广西局势后经过两年时间治乱，政权初步稳定之后全面推行"建设广西"战略的纲领。

当时省政府主席黄旭初根据李宗仁的指令组织人员制定《广西建设纲领》，实际上是对1932年颁布的《广西省施政方针及进行计划》的不完善进行修正。因为这个计划很多方面没有涉及，同时还需要根据广西实际情况进行修改，补充完整。李宗仁认为邱昌渭是留美的政治学博士、经济学硕士，具有深厚的政治、经济专业知识积累，可以将国外的一些东西吸收过来，是参加纲领制定的最佳人选，于是邱昌渭在省主席黄旭初领导下，负责《广西建设纲领》草案的制订工作。他在制订纲领草案的过程中，首先充分理解"三巨头"的战略意图，发挥自己的专业所学，同时认真听取参加制订人员的意见和广泛吸纳各方人士的建议和见解。当时广西有一大批从欧美等国留学回来的博士、硕士，不少人都担当重责，邱召集他们多次召开会议进行商讨，听取他们的意见，有时还派人上门征询各种建议，特别是注意把他们从国外吸收过来的一些好东西结合广西实际纳入纲领之中。尤其是常常和甘介侯讨论，请他提意见。甘当时是国民政府驻两广特派员，常驻南宁。

邱根据新桂系当局提供的施政要点，参照西方政治学理论和河北定县平民教育促进会实验自治县的经验和做法，写出了《广西建设纲领》草案。草案出来后，李、白马上组织讨论，讨论人员包括应邀从上海到南宁的"广西六君子"、号称"革新派"的留俄生王公度及其他多位留俄生如谢苍生（军校政治部副主任）、张威遏、李一尘、曾希颖、闭有清（军校政治教官）、高理文（桂林师专讲师）等。

邱毕竟是政治学博士，而且1927年从美国回国后主要在高校任教，到广西也是初来乍到，因此提出来的纲领草案应该说学术性较强些，但断不至于如万仲文后来回忆所说的"理论庸俗、形式呆板、内容陈旧、文字不通"①。草案在讨论中还是引起较大的争议，特别是以王公度为代表的留俄派意见比较尖锐，应邀而来的"广西六君子"也有不同意见，经过反复修改，结合广西实际，最后终于定稿并于1934年3月27日广西党政军联席会议上讨论通过后公布。这是

---

① 万仲文文集：下 [M]．北京：华夏出版社，2009：86.

新桂系的第一个《广西建设纲领》，这一纲领后来又经过进一步修订，修订稿于1935 年 8 月 10 日广西党政军联席会议讨论通过并再次公布实施。应该说这是第二个《广西建设纲领》，也是一般人所知道的 20 世纪 30 年代流行于广西党政军等各界的广西建设的指导性施政纲领。

这里值得讨论的是，《广西建设纲领》从草案到讨论到最后定稿，留美的邱昌渭草拟了初稿，参与讨论的有以王公度为代表的留俄派，以万仲文为代表的留日派和其他一些留欧派人员，可以说，没有他们这些留学生的智囊作用，这一纲领是难以顺利完成的。

（二）推动新桂系的政治制度设计

"行新政"是新桂系政治建设的根本内容，对于"新政"，白崇禧有诸多论述。"新政"就是"新的政治主张或制度"，所谓新的政治主张或制度，是要合于时代的需要，尤其要合于广大民众的要求。"只有真正地合于时代的要求，以及确实能够负起时代使命的政治主张或制度，才是我们所说的新政。"① 至于新政所涉及的具体内容，自然包括政治、经济、文化、军事四方面各项政策和措施，而就政治建设方面看，则包括自上而下的一系列改革政策措施，包括党政军联席会议制度、省级行政机构改革、县政建设、基层政治建设及创制民意机关等。

对于这些政策措施，我们一般很少会去思考留学生能起到怎样的作用，如何发挥作用，以下我们以党政军联席会议和县政建设为例试做分析。

关于党政军联席会议，正式成为一种制度是在 1934 年 3 月。其职能是加强内部团结、统一党政军意志，参会人员相对固定，主要是第四集团军总司令、副总司令、总参谋长、省政府委员、省党部执监委员，高等法院院长等，当年设常务委员 3 人，秘书 1 人，黄同仇、黄旭初、王公度 3 人为常务委员，每两星期集会一次，会议通常由李宗仁或白崇禧主持。抗战以前全省党、政、军、文等重大事务和重要人事任免均由党政军联席会议讨论决定。我们仅以 1934 年为例分析其中的留学生因素。常务委员中的三人均为留学生，黄同仇是留英生，黄旭初是留日生，王公度为留俄生，当时的省政府主席为黄旭初，委员为黄旭初、雷殷、黄蓟、李任仁、黄荣华、黄钟岳、王公度、梁朝玑、伍廷飏、雷沛鸿、苏希洵。雷殷是民政厅厅长，黄钟岳是财政厅厅长，雷沛鸿是教育厅厅长。雷殷、黄蓟、黄荣华、雷沛鸿、苏希洵也都是留学生，也就是说，当时省政府委员 11 人中有 7 人具有留学背景，我们可以从总体上推算，当时党政军联席会

---

① 白崇禧先生最近言论集 [M]. 创进月刊社，1936：12.

议中有一批人是留学生。由于事关全省的重大事务都要经过党政军联席会议讨论决定，如何保证决策的民主化和科学化就尤为重要。李宗仁或白崇禧主持会议最突出的特点是允许各种意见的充分发表，如前述的《广西建设纲领》在邱昌渭提出初稿后，在 1934 年的党政军联席会议上就经过激烈的争论，尤其是以王公度为首的留俄派提出了尖锐的批评意见，我们不能否认其中可能有门户之见，但新桂系首领高明之处也在于能把在不同地域留学的人聚在一起为己所用，在不同观点的交锋中保证各项决策更具有科学性。

县政建设是广西治理最富有独创性的方面。它包括县行政区划的改革、乡村基层组织建设、县人事行政变革等。

县行政区划改革涉及县行政区域调整和县行政组织建设两方面。在县行政区域调整方面，新桂系是颇费了一番功夫的。经过多次调整后，至 1934 年冬，全省划分为 99 个县，其中根据县规模大小、人口多少以及经济社会发展情况，又细分为一、二、三、四、五 5 个等级。随后又将各等级分为甲、乙两级。[①] 在县行政组织建设方面，新桂系大力进行革新。20 世纪 30 年代新桂系重新统一广西后，县行政组织改革着眼于县政管理和运行机制的改革，核心内容是"裁局设科"和"合署办公"。新桂系认为这样的改革主要是为了消除过去县级行政的诸多弊端，强化县长集权，解决机构重叠、系统紊乱、职责不清的问题。这一机构设置办法以后虽有所调整，但基本精神还是不变的。

在乡村基层组织建设方面，新桂系首先着眼于编制县以下的基层组织，因为从民国成立到新桂系重新统一广西前，广西省以下的乡村政权组织单位杂乱无章，1929 年国民政府曾颁布《县组织法》，规定县以下行政区划为区、乡镇、闾邻，并分别设置区公所所长、乡镇公所所长、闾长，作为乡村基层政权组织。[②] 但广西并没有完全照此规定实施，而是在县以下设置区、乡（镇）、村（街）。几经变化调整，到 1934 年，广西全省基本完成了甲、村街、乡镇的行政编组工作。全省 99 个县，共 2399 个乡镇，24897 个村街，247425 个甲。[③] 当然，广西的乡村组织是以"三位一体"制度作为基础的。

---

① 广西省统计局 . 广西年鉴（第三回，上册）.1944：224.
② 刘振东，焦如桥编 . 县政资源汇编：上 [M].中央政治学校研究部发行，1939：206-215.
③ 孙仁林，龙家骧，叶贻俊，等 . 桂政纪实：第二编，《政治建设》[M]，广西省政府十年建设编纂委员会，1946：82；关于乡镇、村街数，有不同说法，李宗仁认为有 2312 个乡镇，24068 个村（街），见李宗仁，等 . 广西之建设 [M]. 广西建设研究会，1939：84.

县人事变革是新桂系县政建设的重要一环。新桂系以"行新政、用新人"政策为核心，在人事行政制度方面做了诸多变革，完成了人事行政由传统人治管理向现代人事法治的全新转变。最突出的是形成了一套较稳定的人才选拔任用机制，并使之处于一系列规章制度的保障之下。在 20 世纪 30 年代新桂系的县人事制度建设中，十分重视县长及以下各级干部的培训工作，把它作为新人产生的重要途径。

新桂系对受训的基层干部寄予厚望。认为经过系统训练后，应达到"具有政治的手腕、科学的头脑、农夫的身手"，成为一个战士、一个出众的导师，一个政治工作者。① 且不论受训人员能否真正达到这个要求，但广西的长期的训练工作确实培养了大批干部。到 1938 年，各种训练机构共训练学员 23938 人，90% 以上的乡镇村街长受过训练。这些"新人"成为乡村基层"三位一体"制组织的主体，推行新政的骨干。②

新桂系县政建设一直活跃着留学生的身影，当然，县政建设部门繁多，我们不可能把每个部门留学生的贡献都做量化考察，只以程思远、邱昌渭、盘珠祁、潘宜之为例就大体能够一窥究竟。

程思远先后作为李宗仁、白崇禧秘书，说明他是深得新桂系首领信任的。尤其是他一直是李、白直接控制的秘密政治组织中国国民党革命同志会的核心成员，会员名册和宣誓效忠的誓词等都统一归他保管。③ 程思远作为李、白的亲信，一直以秘书的名义参与各项组织工作，陪同李、白会见各方人士、保存文件、组织会议、做记录等，可以说新桂系县政建设的各项政策的制定和推行，他都是亲身经历者。

如前所述，邱昌渭 1933 年进入新桂系后一直得到重用，在政治制度建设和干部训练方面都发挥了很大作用。虽然李、白在邱昌渭到来之前就已经着手进行行政制度变革和干部训练，但广西县政的改造是邱昌渭到来之后 1933 年真正开始实施的，之前更多的是做了一定的准备工作。邱一直得到李、白的充分赏识和信任在于其才和德。从才方面来说，白崇禧称其"对政治学有深入的研究，好学不倦，著作甚丰"④，理论素养深厚，作为留学生受到政治学理论的系统训

---

① 梁上燕. 广西的基层干部 [M]. 民团周刊社，1938：6.

② 谭肇毅. 新桂系政权研究 [M]. 南宁：广西人民出版社，2011：21.

③ 程思远. 谈新桂系秘密政治组织 [M] //广西政协文史资料研究委员会. 广西历史资料选辑（第七辑），1978：138.

④ 白崇禧口述，贾廷诗、陈三井等记录，郭廷以校阅. 白崇禧口述自传（下册）[M]. 北京：中国大百科全书出版社，2013：380.

练，回国后曾先后任东北大学、北京大学、清华大学、中山大学等高校教授，著有《议会制度》等著作。其所掌握的理论知识盖非一般留学生所能相比的。从德的方面来说，新桂系首领同样给以很高评价，说他"从政后是个有守有为的人"，"为人刚正不阿，实事求是，而且一丝不苟，十分清廉"①。他对新桂系是很忠诚的，而新桂系的政治舞台恰好给他施展才华以用武之地，他经过多个岗位的锻炼，在各个岗位上都能充分展露才能。白崇禧在回顾时说他"当民政厅厅长时，根据'建设广西复兴中国'之政治纲领，强化基层政治，努力实行'三位一体'"，"选拔人才一律采取考送方式，考取者要受过训再看成绩，好的签呈主席任用，杜绝八行书私荐"②。正因为其正直，常遭人攻击，但都得到李、白的极力护持。邱对广西自治的贡献，不仅体现在他对各项政策措施的制定和推行中的作用，还体现在他勤于从理论上对各项政策措施进行检讨反思，以促使人们对问题有更深入的认识。如1933年在广西举办地方自治研究会时，邱以民政厅厅长之名为到会的全省96个县临时参议会议长讲演地方自治后，把演讲内容整理付梓，给公务员供"将以为经常参考之用，且以广备全省大多数民众，并促进国人对于自治之认识"③。而"自中央颁布县各级组织纲要后，著者就抱着一个念头，想把广西的县政，著成一书，一则借此把广西十年来县政的经过，做一番检讨的功夫；二则想把广西过去县政的改革，随着新县制的实施，向全国研究县政的同志们做一个公开的介绍"④。也就是基于这样的考虑在广西县政推行8年后，邱著述《广西县政》进行总结反思，也进一步宣传了广西县制。

可以说，从1933年进入新桂系到1943年任职于国民政府，这10年间"所有一切新政计划与设施，或亲自主持，或从旁赞助"⑤，广西自治从起步到成为全国闻名的"模范省"，邱功不可没。

雷殷也深得新桂系首领白崇禧、黄旭初的赏识。在白崇禧的印象中，当了7年民政厅厅长的雷殷最大的作为是在县政建设的各方面。包括乡村基层组织建设、公务员考选等方面的扎实工作，尤其是通过创建民团制度形成的"政教卫

①　白崇禧口述，贾廷诗、陈三井等记录，郭廷以校阅. 白崇禧口述自传（下册）［M］. 北京：中国大百科全书出版社，2013：380.
②　白崇禧口述，贾廷诗、陈三井等记录，郭廷以校阅. 白崇禧口述自传（下册）［M］. 北京：中国大百科全书出版社，2013：380.
③　邱昌渭. 地方自治［M］. 广西省政府编译委员会印行，1940：1.
④　邱昌渭. 广西县政［M］. 桂林：桂林文化供应社，1940：3.
⑤　邱昌渭. 广西县政［M］. 桂林：桂林文化供应社，1940：4.

合一"的"三位一体"制。白崇禧认为这些做法是他所拟，但真正彻底落实执行的是雷殷，雷殷以其热情、负责、勤劳，经常骑马或步行（不坐轿子），到各县市巡视探索民隐，检查各项政策执行情况，同时注意公务员考选，严格考选制度，现有县市长均经过其亲自考核任用，赏罚分明。对广西的做法，蒋介石认为很值得推广，并在抗战后把雷殷召到重庆中央训练团受训，并委任为国民政府行政院内政部常务次长，兼行政院县政计划委员会副主任委员，负责主讲地方自治。雷殷结合在广西的实践经验，详细解释了广西县政体制，对将广西自治经验推广到全国发挥了重要作用。①

潘宜之作为白崇禧保定军校时的同班好友，是白崇禧的高级幕僚，也是秘密组织中国国民党革命同志会的重要成员，在新桂系集团中，长期负责行政工作，深得集团首领尤其是白崇禧的信任，这在新桂系人物的回忆文章中都有提及，如万仲文在回忆白崇禧时就说到潘宜之很得到白崇禧的重用。② 其在新桂系的政治活动大体上以留学英国为界分前、后两个阶段：1932 年前和 1934 年后。1932 年赴英留学前，潘作为新桂系的高级幕僚，参与了各项自治政策措施的推行。1934 年回国后，马上被任命为第四集团军政训处少将处长，负责"三位一体"制的推行。1937 年 6 月被派为广西省县政视察团团长，到各县督查推行县政情况。

总之，在当时广西自治的各项政治建设政策措施的推行中，遍布于各机构的留学生确实起了很大的作用，这种作用一方面是由于新桂系首领"建设广西，复兴中国"的需要，在当时的各个地方实力派中，像新桂系那样广泛搜罗人才尤其是留学生并不多见；另一方面是大批留学生个人自我发展的需要。因此，从一定程度上我们可以说，当时大批留学生投奔广西是新桂系首领与留学生互动的结果，这种互动当然是以新桂系首领为主导。李宗仁、白崇禧、黄旭初所营造的广西政治新面貌为罗致人才提供了十分良好的环境，而这样的环境当时从中央到其他地方都是很难找到的。于是，一批满腹经纶的留学生，在新桂系的政治舞台上终于找到了报效国家的平台，纵横捭阖，游走其中。

二、留学生群体对广西自治的经济建设的贡献

经济建设是新桂系广西自治全部建设的中心。在《广西建设纲领》中，经

---

① 白崇禧口述，贾廷诗、陈三井等记录，郭廷以校阅. 白崇禧口述自传：下册［M］. 北京：中国大百科全书出版社，2013：374.

② 万仲文文集：下［M］. 北京：华夏出版社，2009：112.

济建设纲领达 12 条之多，是四大建设中最多的。

新桂系广西经济建设涵盖面很广，包括经济建设方针和政策的制定，以及农业、工矿业、交通运输业、对外贸易及财政金融等所采取的措施及成效，应该说留学生群体在其中的各方面都发挥了很大作用。

（一）推动各项经济建设政策方针和规划的制定和落实

新桂系统治时期广西经济建设中具有总领意义的政策是三自政策中的自给政策。自给政策的目标是实现广西的经济自给，并最终实现民生主义。在此认识基础上，经济建设的总体规划从 1932 年的《广西省施政方针及进行计划》，1934 年的《广西建设纲领》（草案），到 1935 年对草案进行修订后产生的《广西建设纲领》，直到 1941 年颁布施行的《广西建设计划大纲》，不断得到明晰和具体化。

关于经济上的自给政策，新桂系首领可以说是不遗余力地推行。李宗仁、白宗禧、黄旭初在多个重要场合都进行了系统充分的阐释。当时很多学者也撰文鼓动，其中不乏留学生。总的来说，大部分学者正面肯定居多，难能可贵的是一些理性分析的声音。如留美生金国宝，1934 年任广西省政府经济顾问，撰写了《广西经济建设初步工作意见书》，其中指出："近人颇多提倡各省自给自足之说。充类至尽，甚至有主张各县自给自足者，此实与国民经济之原则相背，故本文虽以减少入超为主旨，而与桂省天时地利不相宜之产业，不主张勉强建设，只须省各自发挥其特长，虽不自给自足无伤也。"[1] 广西自给政策能较有成效地推行，应该说与当时众多学者的大力推动也是分不开的，这在后来成立的广西建设研究会这一智囊组织中得到很好的体现。

至于广西经济建设的总体规划，论者一般往往会注意《广西建设纲领》上的规定，而忽视 1932 年的《广西省施政方针及进行计划》和 1941 年的《广西建设计划大纲》，实际上三者是一脉相承内在统一的。根据 1931 年全省行政会议决定制定的广西省施政方针及进行计划，是广西省有建设计划颁行的开端，在广西建设史上具有很突出的地位，而这次行政会议也是广西建设历史上的一次重大会议。未来 10 年"广西建设的永久路向与整个大政方针皆在此会议作明确之初步决定"[2]，作为广西建设方案的《广西省施政方针及进行计划》，分施政方针和进行计划两部分，其中经济建设的重点是恢复生产，以求自给自足，

---

① 金国宝. 广西经济建设初步工作意见书 [J]. 复兴月刊，1934（12）：44.

② 孙仁林，龙家骧，叶贻俊，等. 桂政纪实（总）[M]. 广西省政府十年建设编纂委员会，1946：35.

从其实施情况看，对广西经济的恢复和发展带来积极的影响，为《广西建设纲领》制定奠定了很好的基础。[①]

前面述及的《广西建设纲领》是对广西建设的全面规划，是广西建设的第一部完整纲领，纲领强调："经济建设之指导原则为民生主义，即由发展国家资本，节制私人资本与力求生产社会化之途径，以达到民生主义之理想。循此途径，根据本省之特殊环境，现阶段经济建设之特征，在于抵制帝国主义经济侵略，救济农村，发展生产，改良劳苦民众之生活，防止私人操纵独占之弊端，向自给之目标前进。"[②] 其关于经济建设的 12 个条文，总的来说都是为实现民生主义，达到广西经济自给的目的。由此，广西的经济建设有计划地全面发展起来。

1941 年颁布的《广西建设计划大纲》是《广西建设大纲》的进一步系统化，其最大特点是在抗战条件下把经济建设放在首要任务，分为省经济建设、县（市）经济建设和基层经济建设。计划很详尽，措施具体明确，尽管由于抗战及战后内战因素，计划未能得到很好的执行，但可以说这一计划大纲是广西建设最为完整系统的计划大纲。

在以上 3 部广西建设规划纲领的制定和推行过程中，留学生所起的作用可能尚难以很精确地评估，但通过一些数据是能够反映出来的。

留学生在《广西建设大纲》的制定和推行中的作用我们前已述及。《广西省施政方针及进行计划》和《广西建设计划大纲》制定和推行期间，当时作为重要制定者和决策者的广西省政府委员中有相当比例的留学生，包括黄蓟、黄荣华、雷殷、王公度、苏希洵、雷沛鸿、邱昌渭、吕竞存等。《广西建设计划大纲》还咨请省临时参议会第五次大会审查修正通过，而临时参议会成员中许多人具有留学背景，包括白鹏飞、蒋培英、蒋继伊、廖竞天、李运华、施正甫、杜肃等，副议长陈树勋也曾到日本考察学习过。留学生的影响由此也可见一斑。另外，《广西建设计划大纲》在制定和推行中还注意吸纳广西建设研究会专家们的意见，其中经济部的研究专家多为留学生，如马君武、黄蓟、吕竞存、陈劭先、廖竞天、黄维、龙家骧、李四光、吴半农、陈豹隐、张更、王恒升等。

（二）积极组织、兴办实业，投身于广西经济建设实践中

新桂系为"强兵富省"，于 1933 年 3 月设立工商局，负责工业建设事务，并制订了较为完整的工业发展规划开展工业建设活动。到 1935 年共有公营工厂

---

① 宾长初. 论新桂系的经济建设方针及管理机构 [J]. 民国档案，2008 (3): 77-83.

② 广西建设纲领概论 [M]. 广西民团干部学校，1936: 3-4.

11 家、民营工厂 54 家。抗战爆发后，沦陷区工厂纷纷内迁，广西工业发展极为繁荣，当时广西的公营工厂和企业公司的发展盛况我们在第五章已进行论述。在公营工厂和企业公司发展中，留学生都发挥了很大作用。由于在地处边陲的广西创办企业，人才非常缺乏，新桂系特别注重充分发挥现有人才的作用和引进外省人才。如马君武担任广西硫酸厂厂长，广西机械厂主任黎国培、广西酒精厂主任张季熙等人都是具有国外学习经历的外省人，得到新桂系的重用。在广西企业公司的发展中留学生也扮演了很重要的角色。公司常务董事、总经理赵可任是苏联留学生，公司董事李运华是留美博士，廖竞天是留日生，总秘书室主任凌海澜是留日生，工矿部主任陆启先曾留学美国，他们的作用举足轻重。尤其是赵可任，1930 年从苏联留学回国后得黄旭初邀请到广西，1936 年出任广西经济委员会专门委员，后调任广西省银行农村经济部主任，1937 年 1 月农村经济部改组为广西农业银行后改任副行长，1937 年 9 月调广西出入口贸易处经理，1939 年任职于第四战区经委会桂林办事处，之后调经委会曲江物资收购处任经理直到 1941 年调任广西企业公司总经理。[①] 赵可任任职广西企业公司期间，由于其经济学专业背景和以往经济工作的实际经验，工作起来得心应手。公司董事长陈雄对业务不熟，因此，赵可任在公司运作上起了很大作用。公司的各项规章制度包括《广西企业公司章程》《广西企业公司董事会组织规程》《广西企业公司总办事处组织规程》《广西企业公司董事会办事细则》《广西企业公司总办事处办事细则》《广西企业公司职员任用规程》《广西企业公司职员服务规程》《广西企业公司职员待遇规程》《广西企业公司采销规程》《广西企业公司业务视察规程》《广西企业公司查账规程》《广西企业公司派员赴省外实习规程》《广西企业公司各厂场处实习员实习规程》《广西企业公司各地营业处组织通则》《广西企业公司建置委员会规程》《广西企业公司招收练习生练习规程》、《广西企业公司各营业处业务会计处理办法》等都在其指导下制定推行。他任职期间邀请上海企业家刘鸿生、王志莘来广西投资，合办广西火柴公司，他兼总经理。其间邀请上海的南洋企业公司来广西投资，在龙州办农场、梧州设糖厂，之后又在梧州、广州各设立南洋企业公司分公司经营贸易，赵可任赴广州主持业务。

另外，一些留学生亲自创办实业，如藤县留学生苏树绚、江中栓、石应曾在濛江圩创设铎泽蚕业社、安徽籍沈宣甲 1928 年从巴黎矿业大学毕业后回国，任广西科技顾问，并在桂林创办沈宣甲无烟煤气机厂，他们在一定程度上推动

---

① 陆毅娟. 赵可任传［M］//政协龙州县委员会史料组编. 龙州文史资料（第 7 辑），92.

了广西工业的发展。

（三）推进广西农业经济的发展

广西的农林产业，依粗略估计，在民国 27 年前农林生产平均值五六万万元，约占生产总额 95% 以上。依民国 27 年统计：全省 2597638 户中，农户占2279218 户，即占 87% 以上。[①]　基于这样的现实，新桂系把农林建设视为经济建设的根本，采取一系列措施推进发展。留学生在其中的作用大体上可以从两方面看。

其一，对农业行政机构建立和健全的促进作用。新桂系在统一广西后，1926 年就开始筹设农事管理机构。1927 年伍廷飏任广西建设厅长后即在柳州设立广西实业院，由邓植仪任院长。1929 年实业院改组为广西农务局，伍廷飏任局长，邓植仪、邹秉文任副局长，含农艺、园艺、林垦等 10 个部。1930 年 8 月取消农务局。1931 年广西政局初定后便又恢复广西农务局。1932 年 5 月成立广西农林局，专门负责管理全省的农林行政和技术设施。1938 年 2 月成立了省政府农业管理处，是全省最高农业行政管理机关。

据统计，广西农业行政管理机构，从 1935 年的广西省政府农林局的只有 20人发展到 1945 年 12 月的编制员额达 116 人。其规模不断扩大，所承担的任务也更多。[②]　在管理机构的人员构成中，陈大宁等具有留学背景的人员占有一定的比例。陈大宁留学于日本早稻田大学农业部，于 1935 年 6 月开始担任省政府农林局局长。1942 年 6 月至 1945 年 12 月又担任省政府农林管理处处长，在其治下的广西农业最高行政管理机构发挥了积极的领导作用。

其二，以农林技术机构为平台，开展农林生产试验和推广。新桂系在设立农林管理行政机构的同时还设立了省农事试验场、农田水利货款委员会等农林技术机构，留学生们以这些机构为平台，积极开展农林试验和推广工作。

近代留学生中致力于农林技术机构建立的，当首推盘珠祁。1915 年他从美国农科留学回国后就痛感广西农业的日见衰败，并向当局力陈兴办广西农业试验场并附设农业学堂。1917 年当局采纳其意拟定在南宁西乡塘设办，并委任他为筹备主任，因军阀混战，一直到 1920 年才成立南宁广西农林试验场并由盘珠祁掌之。同时筹设省、道、县 3 级林场和苗圃。1921 年马君武任广西省省长时更进一步扩大充实农业设施，但后来由于省局混乱，全部农林事业陷于停顿达

---

① 孙仁林，龙家骧，叶贻俊，等. 桂政纪实 [M]. 广西省政府十年建设编纂委员会，1946：9.

② 广西壮族自治区地方志编纂委员会. 广西通志·政府志 [M]. 南宁：广西人民出版社，1998：133.

数年之久。直到 1926 年新桂系统一广西，盘珠祁就任建设厅厅长，才又恢复南宁广西农林试验场业务，并改名为南宁农林试验场，陈大宁任场长，同时在柳州羊角山设办柳州农林试验场，杨土钊任场长。①

至于后来被称为"农都"的柳州沙塘的农事试验体系建设，是农业试验的一面旗帜，一批留学生追随马保之在那里开展农业试验工作，他们在广西农业经济建设中的作用我们在前面已做了较详细的深入的剖析，这里就不再赘言了。

（四）经济发展理论研究成果斐然

新桂系罗致了大批具有经济理论专长的专家学者对广西经济进行研究和把脉。1937 年成立的广西建设研究会在其组织大纲中规定该研究会的任务包括："其一曰，搜罗并整理与建设研究有关的各种资料，以备研究员参考；其二曰，对广西建设之一般理论及各种具体方案，以个别方式与集体方式做有系统的研究以贡献于当局，备其参考；其三曰，答复当局之咨询三项；其四曰，刊布各种问题研究之结果及广西建设实绩。"这一任务规定也大体反映了专家学者对广西建设进行研究的内容和作用，即对广西建设包括经济的成就和问题进行总结，为当局决策提供理论参考和咨询服务。应该说不仅广西建设研究会所聘请的研究员以《建设研究》等刊物为平台，为广西当局献计献策，其他不同领域的专家包括莅桂考察的很多学人都很乐于对广西建设提出建设性意见。1937 年，广西建设研究会成立时分政治部、经济部和文化部，第一批就聘请近 200 名研究员，经济部就有 60 多人，其中很多人是留学生，包括陈豹隐、龙家骧、陶孟和、吴半农等人。当然，研究会之外的很多能对广西建设建言者，包括政权体制内的人，有很多人也是具有留学背景的。

留学生们对广西经济建设问题的关注和探讨是多方面的，择其要至少涉及下述者。

其一，阐述广西经济建设的主要内容。金国宝毕业于美国哥伦比亚大学，1934 年任广西省政府经济顾问。同年他在对广西进行一个多月的考察后拟出《广西经济建设初步工作意见书》呈送省政府，他从农林水利及农业金融、工业及矿业、商业、交通、金融、财政六方面阐述了广西经济建设的基本内容、优势和劣势②。陈豹隐毕业于日本东京帝国大学，先后任北京大学教授等职。1937 参加湘鄂粤桂观光团到广西考察时应邀在广西省政府发表题为《湘鄂粤桂观光团对于广西的观察及希望》的演讲。他认为广西经济建设成绩，一是就交通来

<hr>

① 潘桂仙．近代广西农事试验的兴办及其成效 [J]．理论月刊，2010（9）：170-173．
② 金国宝．广西经济建设初步工作意见书 [J]．银行周报，1934（26）．

说虽然尚无铁路，从根本上还是落后，但广西交通机关和交通网还是有很大进步的。二是就农村经济来说，广西的民团政策对农业发展是有意义的，因此广西"农村没有破产或者说农村尚能维持原状"。但广西经济方面也存在诸多问题尚未解决，一是农村生产增进问题；二是农工业平衡发展问题，他认为已出现了所谓的"剪刀"问题，这是需要设法解决的；三是金融及商业高度的统制的问题，他认为广西经济方面已有很多的统制，但仍不够，还必须对金融和商业施行高度的统制，而广西是民族革命的发源地，人民与政府关系融洽，这是有利于实行统制的；四是培养高级人才问题。他强调以上四方面问题的解决必须有相当的高级技术人才的培养。① 黄荣华是哥伦比亚大学毕业，20 世纪 30 年代任职广西建设厅厅长，白崇禧说他"对广西建设方面贡献很大"。1932 年他在规划广西今后建设时列举出了广西建设涉及交通、农林、水利、矿业、工业五大方面，而交通又涵盖公路、航政、邮电、航空四方面。② 一年后在总结建设情况时从交通、农林水利、工业、矿业、市政五方面进行阐述③，认为广西建设既取得了较好成绩亦存在很多问题。

其二，剖析了广西经济建设的中心问题。金国宝以为，广西的经济建设应以农业为中心来带动其他产业的发展。他在《广西经济建设初步工作意见书》中的最后结论是："广西之经济建设应以农业为中心，改善其技术，供给以资金、造林、治水、除虫、防灾，以增加其收获；改善交通方法，以利其运输；设立工厂，以容纳其副产品；创办运销公司，以利其销售；修改税则，以轻其负担利其推销；且普及合作组织，以巩固农村基础；利用金融政策，以发展农工商业；厉行紧缩，提高效能，以达合理化之目的；利用财政政策，控制对外贸易，以树统制经济之先声。而治本之道，仍在蓄水、防水及灌溉诸端。庶几土质可以改良，生产可以增加，此一劳永逸之计也。"④ 1936 年广东大学的丁颖教授（日本东京帝国大学农艺部毕业）在和学生谈及参加广西农业讨论会的观感时认为广西建设以农业为重点是对的，但他同时提出应该反思：广西努力于农林事业已有很长时间，但成效不显著，原因何在？他认为大概一是当局对农林工业操之过急，二是由于负责农村工作人员厘不清头绪，忙于应付，致使效率低下。因此他认为当务之急就是希望农林工作实际负责者要集中个人力量，

① 陈豹隐. 湘鄂粤桂观光团对于广西的观察及希望——陈豹隐先生在省府大礼堂党政军联合纪念周演讲 [J]. 西大农讯, 1937（4）：16-24.
② 黄荣华. 今后广西建设 [J]. 广西建设厅编印. 广西建设特刊, 1933（1）.
③ 黄荣华. 本省一年来之建设 [J]. 广西建设厅编印. 广西建设特刊, 1933（3）.
④ 金国宝. 广西经济建设初步工作意见书 [J]. 银行周报, 1934（26）.

各尽所能，分工合作好，同时要做好农业科技推广工作，还需要培养具有科学知识的农民。①

1935年9月龙家骧（时任广西省经济委员会专门委员，法国里昂大学法学博士）与桂竞秋（时任广西省经济委员会专门委员，后任安徽财政厅厅长）、贺世缙（时任专门委员兼审计处处长）受省经济委员会推举拟就广西经济建设方案。方案提出广西经济建设的中心问题是投资问题，以此促进生产。而投资问题涉及人力、土地、资本三者，前两者广西具备，最缺乏的是资本，所以投资问题实际上分为两方面，其一是资本来源问题，其二是资本出路问题。第一问题依广西当时情况难以找到外界投资或借用外资，主要是通过本身努力创造资本。如何创造？唯有节约消费，其办法是通货膨胀、统制金融、管理贸易、紧缩财政。后一个问题也是把资本投到哪些行业的问题。方案认为，不能笼统认为发展工业、商业或农业，而应该立足现实，依是否合于赢利的目的来决定，要优先考虑兴办的工业是否符合成本最少、销路最广、获利最快、竞争者最少这样的条件。为此，方案认为，立足于当时广西的产业特点只能优先发展农林矿业，然后才能振兴工业推进广西的工业化建设。②

其三，关于广西省的基层经济建设问题。广西省的建设自1941年起进入了一个新阶段，就是以经济建设为中心任务。而经济建设里又尤为重视基层经济建设，把基层经济建设视为民生主义经济建设的基础工作。当年先后颁布的《广西省基层经济建设纲要》和《广西建设计划大纲》都对基层建设问题做了纲要性的规定。当时的留学生又如何从理论上来阐述广西的基层经济建设呢？

邱昌渭从基层政治视角来谈论基层经济建设。他认为经济建设的前途一定要用政治的力量来策动。广西从1933年开始就有计划地号召造林和种桐，但这两件事结果却很令人失望，其主要原因就是政治策动力量不够。广西的基层经济建设要推动公共造产计划和运动，要发展乡镇合作社、村街合作社，在中国来说是很大的创举。而这些众人之事需由众人来做，再用政府的力量来管才能行之有效。那么如何用政治力量来策动基层经济建设的成功呢？他认为要从几方面来着手：一是加强自身的力量，也就是基层乡镇村街的政治力量必须加强；二是要健全民众组织，包括农会、工会等民众团体和长老会、妇女会之类的一般民众组织；三是实施民众的管理，要加强对公众思想上、生活风尚上、时间上的管理；四是加强动员工作，做好精神动员和劳力动员两方面的工作；五是

---

① 丁颖. 广西农业讨论会之观感 [J]. 农声, 1936 (194-195) (合), 227-229.
② 龙家骧. 广西经济建设之重要阶段 [J]. 建设研究, 1941 (2)：23-38.

扩大合作的运动。①

苏希洵在 20 世纪 30 年代先后任广西省政府秘书厅厅长、教育厅厅长等职,他在法国留学 7 年并获得巴黎大学社会学博士学位。他从基层教育方面来阐述基层经济建设问题,认为经济枯竭的内在原因在于如蒋介石 1935 年发表的国民经济建设运动的纲领所指出的,即人力与资源、生产与消费、生产部门与各部门之间的相互脱节。而要使人力与资源相互联系、生产与消费相互协调以及生产与财务部门之间相互调整,必须从社会底层入手,并且首先要唤起广西公众的自觉,方能在积极的方面发动人民努力参加生产劳动工作,在消极方面改变人民顽固守旧的观念,以消除一切有形无形的障碍。因此应该认定基层教育是推进基层经济一个必不可少的动力。要推进基层经济建设,目前要注意基层教育的改造,一是要使教育本身彻底生产劳动化,改变传统教育脱离实际、脱离生产劳动的状况;二是要使教育与整个国民经济建设工作密切配合,在经济建设方面教育的计划必须配合整个国民经济建设的计划,并以教育为先导,从而解除社会上一切愚昧、迷信、保守、缺乏劳动习惯及漠视经济等足以妨碍生产建设的心理因素。一方面使专门人才有贡献能力于经济建设的机会,另一方面使广大的群众尽量发挥其劳动力以参加经济建设工作;三是教育的生产化要从基层做起,基层国民教育应从制度上、内容上、方针上把本身健全起来,使教育的每一个措施,都能切合基层经济建设工作,尤其是与公共造产工作、乡镇村街合作事业发展的需要联系起来。②

龙家骧则从理论和实际两方面对《广西省基层经济建设纲要》做了更深入的剖析。

首先从理论方面必须认识乡村地方自治经费的筹措,民生主义经济基础的实现为什么要从基层的乡村经济建设入手呢?因为按照建设大纲的规定,地方自治的单位是县,而民生主义的经济是以整个国家经济为范围的。他认为理解这一点必须从四方面考虑:一是中国社会是以乡村为基础的,不能离开乡村空谈建设;二是中国的经济是建立在农业化的基础上的,从原有的农业基础来发展中国的经济,较工业建设来得容易,因此就不能不重视乡村经济的建设;三是在实践的环境下,基层的乡村经济建设更显重要;四是地方自治的单位是县,乡村却是县的基础细胞,没有充分发达的乡村自治及乡村经济发展,所谓的县自治也只能是一句空话。

---

① 邱昌渭. 广西基础政治与基层经济建设 [J]. 建社研究,1941 (4):1-4.
② 苏希洵. 广西基层教育与基层经济建设之联系问题 [J]. 建设研究,1941 (3):1-5.

其次，他从实际方面来分析基层经济建设问题。主要涉及关于实行基层经济建设的机构问题和关于公共造产的资金来源问题。

关于实行基层经济建设的机构问题，按纲要的规定，基层经济建设以乡镇为主体，村街协助乡镇实行公共造产，乡镇的建设计划应遵照市、县政府的意旨拟订，并须受县政府的指导。至于乡镇经济建设的实施机构，应分设计和执行两方面看。在设计方面，第一步由副乡镇长召集副村街长会议，拟订各种预算及公共造产计划；第二步，将计划送乡镇民代表会决议。在执行方面，除公共造产部分，由乡镇合作社负责外，其他的均由副乡镇长负责。而在合作社没有成立之前，公共造产事项仍暂由副乡镇村街长负责。龙家骧由此指出 3 个问题：其一，县政府（甚至省、区政府）是否需要一种机构来专门负责办理审核、指示和督导工作？其二，合作社组织如何改变才能负担起公共造产的责任？其三，乡镇长副之下是否专门需要辅佐机构？

他认为针对第一个问题需要设置基层经济建设委员会，以县长为主任委员，聘请财务建设科科长、合作指导主任、县立中学（或国民中学、或其他训练主任）校长、中心学校校长及地方上热心公正的人为委员，并可斟酌县财政状况委用若干办事员、雇员。该委员会的主要工作除审核各乡镇建设计划外，各委员还要随时轮流下乡镇视察督导，最后对乡镇建设的考核也是由委员会负责。针对第二个问题，必须使合作社的性质有所改变。传统的合作社只是一种私经济组织，一种私法人，私人自由集资经营，经营所得私人分配，入退社自由。而现在要建立的是能负起公共造产和筹措地方自治经费职责的合作社，其性质和办理办法就不能不加以改变了。其性质应由私法人变为公法人，变为一种公经济性质的组织。因此，第一，要强迫村街民全体加入合作社为社员，同时强迫各村街合作社都加入乡镇联合合作社，加入之后不能随意退出；第二，为达到分配公平、利益均沾，避免乡村豪绅对合作社的把持，必须规定每一社员的股本是相等的，无钱贫民可用劳动力折合股本，如此一来则合作社的出发点是一种私经济组织，但结果上就会变成一种公经济组织了。针对第三个问题，可考虑在乡镇公所中设置基层经济建设实施（或促进）委员会，以乡镇长为当然委员，各副村街长、中心学校校长、基础学校校长、乡村中热心于公共事业的绅士为委员，除办理乡镇财政、清查乡镇公产外，特别着重公共造产的计划与执行。

关于公共造产的资金来源问题。主要涉及两方面，一是由金融机构贷给，二是临时向民众征集。关于第一方面，应重点考虑各县各乡镇自己设立一个金融机构，以为公共造产之用。而在县乡金融机构成立前公共造产所需资金则只能希望省银行的支持了。关于第二方面，则更为可靠。这涉及怎样向人民征集人力、物力以作为公共造产的资本。按纲要规定，所有征集都需采用能力负担原则，而关于能力负担原则具体如何操作，他认为征用的测量标准就财力来说以个人的一般所得（收入）为测量其能力最好的标准，而就人力来说，则按适龄人丁为标准。①

实际上，关于留学生对广西经济发展的认识和理论研究，以上三方面只是列举式地提出，远不能概括留学生群体在其中的贡献，更无法勾画出人数众多的留学生个体的独特认识和贡献，但我们仅从这三方面也大体可以窥见留学生群体对广西建设的认识和研究之一斑了。

三、留学生群体对广西自治的文化建设的贡献

20 世纪 30 年代新桂系广西自治实践云集了大批留学生，他们分布于各个领域，而其中最为集中的当数文化界。当然，一般所称的文化界涵盖面很广，我们在第六章只是从学校教育、戏剧美术运动、医疗卫生建设、图书馆建设和报业活动等方面的考察留学生的作用，这里我们做最后的总结。

留学生集中于文化建设领域是有主客观因素的。从客观来说，这一领域算是"高大上"行业遍布，对高层次人才有需求，而且这一领域工作比较稳定、自由，有的还比较闲适。从主观来说，留学生富有学养，对择业要求较高，对文化部门有天然的好感，自由、高端的文化职业对他们是颇具吸引力的，再加上 20 世纪 30 年代国内就业市场萎缩，大量知识分子失业，并殃及留学生群体，能有一份体面而稳定的工作也是归国留学生的迫切需要。这样的主客观要素互动使大量留学生拥入文化建设领域，对新桂系广西自治的文化建设做出了巨大的贡献。

（一）推动教育救国思潮在广西的进一步发展

近代广西文化教育落后闭塞，各种社会思潮的冲击较为迟缓。教育救国思想在广西的萌发也较发达地区滞后。有学者认为，教育救国主张在广西的出现，与康有为莅桂讲学活动有极大关系。

康梁在维新变法活动中痛感唯有教育才能从根本上拯救中国。"欲任天下之事，开中国之新世界，莫亟于教育。"②为宣传其维新变法思想和教育救国主张，他们四处奔波讲学，当时的广西实力派人物如唐景崧、岑春煊、蔡希邠等

①　龙家骧. 关于基础经济建设的几个问题［J］. 建设研究，1941（5）：14-18.
②　梁启超. 南海康先生传［M］. 饮冰室合集·文集之六. 北京：中华书局，1989.

深受其影响，与其多有来往，并协助康有为在桂林创办圣学会、《广仁报》、广仁学堂。通过这些活动平台，康有为介绍了西方文化，推动广西新学兴起，对广西文化教育领域形成极大的震撼，同时也为广西培育了一批有志于教育救国的知识分子，他们在广西各地创办报刊、废除旧学、兴办新学，使广西形成浓郁的教育救国理论氛围。

新桂系统一广西后提出"建设广西，复兴中国"的建设纲领，他们大量招兵买马，涌现出一批热心于办教育的知识分子，特别是其中的留学生群体，包括马君武、雷沛鸿、邱昌渭等人，他们深怀教育救国的理想情怀，在与新桂系首领的互动中深受重用。他们试图利用广西自治的广阔舞台，实现他们从西方接受的现代教育理念。也正因为他们，教育救国思想才能在此前基础上在广西得到纵深发展。

整个 20 世纪 30 年代，教育界的留学生群体，对教育救国理念和实践的推行可以说是不遗余力的。以马君武为例，他作为广西第一个留学生，在 1924 年完全转入学界后就一直倡导教育救国，成为当时著名的教育救国论者，他 3 次主掌广西大学，致力于把广西大学办成国内的著名大学。在他亲自撰写的广西大学校歌中，其办学思想得到很充分的体现。"保卫中华，发达广西，是我们立校本意。为国牺牲，为民工作，是我们求学的目的。努力，努力！大家一齐努力！求得知识，练好身体，更遵守严格纪律。努力，努力！大家一齐努力！对内团结，对外抵抗，为祖国奋斗到底。"[①] 抗战时期，他强调学生要保家卫国，要学会拿书，拿锄头和拿枪。也就是西大学生要具有科学的智慧、战斗的本领、生产的技能。他结合当时的中国实际提出的教育理念和实践，是非常富有现实意义的，而他的教育救国思想也通过其办学实践得到了充分的展示。

雷沛鸿作为中国现代史上著名的教育改革家，曾 5 次主掌广西教育行政。其实早在他留学欧美时就一直致力于把教育事业作为建设国家、振兴民族的重要支柱，并为此一目标做出不懈的努力，确定了教育作为自己的终身职业，而主掌行政则为其思想的实践提供了充分的舞台。他把教育发展同民族生存高度结合起来，他的教育思想的核心是"教育大众化"，强调教育只有摆脱旧式的只属于少数人的状况，才能成为整个民族的教育。从他的整个教育思想体系的切入点看，他把国民基础教育视为解决国家和民族重大问题的根本所在。所谓国民基础教育就是以生产教育为骨干，以爱国教育为灵魂，培养具有爱国心和劳

---

① 马君武．国立广西大学校歌［M］//李高南，黄牡丽，编，熊柱，注．马君武教育文集．南宁：广西美术出版社，2008.

动技能的实践性、应用型人才。依雷沛鸿的说法，国民基础教育是每个中国人都应该享有的权利，不管贫富贵贱、男女老少、民族成分，都应该接受必需的教育。他的教育思想富有特色，在当时贫穷落后的广西具有深刻的影响，在全国而言也是独树一帜的。如他本人所言："自从国民基础教育发动以后，学问空气变浓，全省嶽然风响。桂林如是，平乐如是，柳州如是，梧州如是，南宁、百色、天保、龙州各区亦如是。大城如是，穷乡僻壤亦如是。汉人所在地如是，苗人、瑶人所在地等亦如是！这是一种惊天动地的事业，破天荒的事业，空前未有之事业！"①

总之，正是依靠留学生群体的艰苦努力和无私奉献，教育救国思想能在广西得到很大的发展和多方面的实践，广西成为全国瞩目的模范省，教育起了很大作用。

（二）襄助新桂系确立了现代国民教育体系

新桂系的国民教育体系涵盖面非常广，包含初等教育、中等教育、高等教育等多种教育形式，而每种教育形式背后都活跃着留学生们的身影。

1. 留学生群体对国民基础教育的贡献

初等教育即国民基础教育。首先要明确的是，为更好地实践国民基础教育活动，留学生群体极力推动教育立法。新桂系颁布了一系列的教育立法，雷沛鸿亲自主持草拟的就有《广西普及国民基础教育五年计划大纲》《广西普及国民基础教育研究院开办计划》《广西省成人教育实施方案》《广西省成人教育推行委员会组织大纲》《广西省成人教育师资训练班办法大纲》等，体现了依法进行教育管理的特色。

以雷沛鸿为首的留学生教育群体当然很清楚要"建设广西，复兴中国"从根本上来说必须致力于发展教育，而以当时广西状况，发展教育最基础的也是最现实的做法就是推行国民基础教育运动，这一运动的目的在于提升广西民众的整体素质，这就使得这场运动颇具特色。普及教育的对象不只是儿童，还包括成人。这一制度设计既体现了西方现代教育理念，也蕴含了中国传统教育理念，某种程度上来说，也是学贯中西的留学生群体教育理想的一次实践，雷沛鸿自然是其中的杰出代表。作为其教育思想核心的"教育大众化"是西方先进教育理念和中国优秀的传统教育文化有机结合的产物。他着眼于大众化教育，把失学成人教育与学童教育相并重，形成了成人教育与儿童教育、社会教育与学校教育合流的理想的教育框架。为此，他不遗余力地诉诸实践，采取了许多

---

① 韦善美，马清和. 雷沛鸿文集（续编）[M]. 南宁：广西教育出版社，1993：402.

具体的措施，包括成立广西普及国民基础教育研究院、颁布一系列教育法规、实行"三位一体"领导体制、实施特种部族教育、开办国民基础学校成人班、普及成人教育等。

从这些措施的推行情况来看，雷沛鸿的教育蓝图是宏大的，既有学术理论研究，也有教育实务举措，既注重官方力量办学，也注意民间力量配合，把失学成人教育与学童教育结合起来，极富有创新意义。最难能可贵的是，把对少数民族的所谓"特种部族教育"作为一个特别问题单列出来加以解决，这是很有创造性的。作为留学生，雷沛鸿深受西方教育研究风气的影响，认为缺乏学术研究的深厚基础，是难言教育革新和社会改造的，他这样想也这样做，并为此整合了大量的社会资源。他成立的广西普及国民基础教育研究院由广西省教育厅直接领导。在偏僻落后的广西竟然诞生了近代中国第一个省级教育研究机构，也是中国较早的正规的教育科研机构，这不能不令人感叹不已。为保证研究机构的正常运转，他亲任研究院院长，并以开放包容作为办院理念，由此吸引了当时全国各地的重要教育流派包括平民教育派、乡村建设派、生活教育派、中华职教社等流派中的教育名流投身其中，积极开展教育研究和教育实验，为广西国民基础教育的发展做出了积极的贡献。我们应注意到的一点是，在研究院这一智库中，厕身其中的很多研究人员是具有留学背景的，黄齐生、林砺儒、童润之、董渭川等是其中的代表。应该说，从机构创办，到研究院行政事务理论研究和教育实验的具体开展，留学生的身影都活跃其中，发挥了中坚力量的作用。

雷沛鸿作为广西省教育厅厅长推行国民基础教育运动，应该说他把官员和教育家的双重身份角色都扮演得非常成功。作为官员，他深受新桂系首领的赏识和重用，并深谙为官之道，建立了良好的政坛人脉关系。作为教育家，他既受国学熏陶，颇具中国传统文人风骨，又有近8年沐浴欧风美雨的留学经历，积聚了丰厚的西学养料，熟谙为学之道，也因此才能以极大的人格魅力延请大批教育专家襄助其实践教育理想。在他主导推动下新桂系政权颁布的一系列教育立法，与他留学欧美系统学习了西方法律知识，由此养成依法治学的价值取向是具有关联性的。这同时反映了他的法治思维。很难想象，没有在西学背景下形成的法治思维，没有新桂系首领的充分信任，他能依靠一系列的教育法规来推行他的普及国民基础教育运动。

雷沛鸿先生提出的国民基础教育理论和实施方法，不仅富有振兴中华、改造社会的号召力和革新精神，同时也具备实践的可能性。特别是他提出以爱国教育和生产教育作为普及国民基础教育的中心任务，在当时国民党统治区要求抗日救国条件下，不失为动员、组织和训练群众救亡的一种力量和办法，是具有一定的政治基础和社会基础的。这是一位在 20 世纪 30 年代的非马克思主义教育家所能达到的高度。同时雷沛鸿先生对广西之教育改造是全面的系统的，从小学到大学自有其完整的体系，既考虑到旧教育之改造，又放眼于世界文化发展趋势。他的教育理论和教育思想完全是新型的，既是民族文化之优秀传统的继承，又是具有时代性和定向性之新文化的创造。雷沛鸿先生是一位伟大的教育家，他的思想，他的理论，造就了当时广西的教育发展事业，逐步改变了当时广西教育落后的局面，使得国民基础教育在当时的广西得到了普及，改变了落后的传统观念，为广西教育事业领域注入了新的活力，也同时为后来广西教育事业的快速发展奠定了基础。

潘宜之对国民基础教育亦有充分的认识。他认为文化建设之进展是政治建设的重要条件。政治建设的核心在于政治制度建设。我们要树立的是三民主义的政治制度，而这种制度的根本原则是主权在民，因此需要大多数国民具备管理政治的认识和能力。围绕这一政治制度，我们要发挥的政治精神包括四方面：一是要发挥廉洁的精神，二是要发挥法治的精神，三是要发挥救亡的精神，四是要发挥有为的精神。这四方面政治精神的发挥需要多数国民广泛的政治参与，充分发挥作为公民对国家应尽的责任，与政府形成协力合作关系，但目前成年国民多数尚为文盲，缺乏国家观念和民族意识，这些缺陷之改进，只有赖于国民基础教育之推进才有可能。①

在潘宜之看来，国民基础教育是国民最低限度的教育，而不是专门的教育或高等教育。曾留学欧洲的潘宜之，是深具权利意识的，他认为广西的国民基础教育的意义在于将广西每一个民众所应有的受教育权利还给他们，使他们获得保卫国家、服务社会的基本能力。他还进一步强调，广西国民基础教育要朝着几方面去努力：一是提醒民众认识民族危机，二是唤起民众挽救国家大难，三是使民众了解政府施政方针，四是使民众参加建设事业，五是训练民众尽应尽的义务和享受应享受的权利，六是使民众明了军阀、官僚、土豪劣绅等罪恶而能随时随地利用集团的力量去制裁或铲除之。②

从广西国民基础教育的组织管理体制来看，它与新桂系 20 世纪 30 年代广西乡村自治基层政权构架的民团、学校与公所"三位一体"制是一致的。在这一体制下，教育机关和基础政权机关是高度合一的，所谓的"一人三长"，即乡

---

① 潘宜之. 政治建设与国民基础教育［J］. 国民基础教育丛讯，1935 年创刊号，34-35.
② 潘宜之. 困难时期的国民基础教育［J］. 国民基础教育丛讯，1936（14）.

（镇）村（街）长兼任国民基础学校校长和民团后备队队长，"一所三用"即国民基础学校既是儿童和成人教育中心，又是地方政权、民团训练中心，就是其具体体现。在这里作为教育机构的学校居于中间地位，它作为中介把基层政权和民团军事训练联结起来。它实际上承担了3种功能，即推行教育、政治教化和军事训练。当时新桂系"三位一体"的基层政治构架，代表行政权力的公所是占统治地位的，国民基础教育运动是依靠行政权力来直接推行的，并且国民基础教育要充分承担好政治教化功能，也就是当时广西省主席黄旭初所说的国民基础教育要教育人成为一个国民，要进行爱国教育、生产教育，要教育人认识和推行广西政令，参与广西的四大建设。[1] 雷沛鸿对这一点也是认识得十分清楚的，认为目前的国民基础教育的重要功能就是把广西乃至全国民众组织起来，以为中华民族建立广大深厚的基层，使中国4万万人各有力量，各有用处。[2]

2. 留学生群体对特种部族教育的贡献

新桂系的特种部族教育很值得特别讨论。尽管从属性来说它属于新桂系国民基础教育范畴，但因其特殊性，我们把它单独作为一个问题来认识。它不仅在当时的中国是富有创造性的，就是到了今天仍具有很大的借鉴价值。"特种部族教育"一词是新桂系当局于1934年首创的，因为当局痛感"本省苗瑶民族知识之低落，实省内文化之一大缺陷"[3]，故需要特别的教育。由于壮族大多已汉化，因此新桂系指称的特种部族一般是指壮族以外的各个少数民族的通称，特种部族教育就是在少数民族聚居的地区普及基础教育。这些少数民族多居于深山老林，多为文盲，几无教育可言。由于广西壮族外的少数民族群体以苗族、瑶族为主，故特种部族教育在口头上亦称为苗瑶教育，但要注意并非只是针对苗、瑶族的教育，而是针对所有少数民族的教育。新桂系统一广西后，把对少数民族的教育即特种部族教育视为稳定边疆、治理广西的重要内容。1928年制定的《广西省今后教育改进计划大纲》就强调苗瑶教育当早日筹设。广西省教育厅根据这一计划大纲很快就拟订出"苗瑶教育计划"，以实施对苗、瑶等少数民族的启蒙教育，1929年通过的《广西省党部四全代表大会化瑶决议案》，开始了"化瑶教育"行动，后虽因中原大战等时局原因该行动计划无法坚持下来，但推行特种部族教育已被确定为新桂系的教育战略。尤其是1932年冬到1933年春桂北几县——全州、灌阳、兴安、龙胜、义宁、灵川等爆发大范围的瑶民起

---

[1]　黄旭初. 国民基础教育与广西建设［M］. 广西省政府编译委员会，1940：2-4.
[2]　雷宾南. 广西国民基础教育运动的时代使命［J］. 中华教育界，1937（8）.
[3]　广西省统计局. 广西年鉴（第二回）［M］，1935：38.

义，促使新桂系感到"统一瑶汉是本省最要急办的一件事"①，必须做好特种部族教育的不断推行工作。于是从 1934 年起，新桂系不遗余力大办之，从 1931 年到 1939 年，仅交由广西省政府的有关特种部族教育的法案就有 12 件以上，这些法规通过细化特种部族教育的各个环节、步骤，使特种部族教育每方面都是有法可依的，落到实处。新桂系在设计特种部族教育的内容时，十分注意少数民族的特点，使这一教育和一般的国民文化教育有一定的差别，使特种部族教育达到"政教合一""文武合一""建教合一"的教育效果。

新桂系对特种部族教育的重视从根本上来说是其治理广西的需要。与以往统治者不同的是，新桂系不是试图通过愚民政策控制边疆民族，而是把少数民族的发展纳入其"建设广西，复兴中国"的治理目标，与《广西建设纲领》的文化建设纲领的要求也是一致的。文化建设纲领规定"提高民族意识，消弭阶级斗争，创造前进的民族文化"，"改良教育制度，使贫苦青年均有享受高等教育之机会"，"国民基础教育一律免费，并限期强迫普及"。纲领是原则和抽象的，但新桂系发展特种部族教育的行动是具体和细致的。以发展教育为切入点，通过少数民族经济社会发展来逐步消除民族矛盾和冲突，达到民族间的相互理解和宽容。在发展特种部族教育过程中，新桂系鼓励民族文化的创造、发展和传承。

新桂系发展特种部族教育的背后推手是知识分子，而从国外留学回来的知识分子是其中的中坚力量，包括雷沛鸿、邱昌渭等著名代表。

雷沛鸿作为广西国民基础教育运动的总设计师和实际主持者，始终把特种部族教育作为这一运动的重要内容，在以他为首的知识分子的倡导和实际参与下，广西省政府在民国 22 年 4 月即公布《广西省特种教育实施方案》，这一方案共 11 条，可以说是广西省政府在少数民族地区推行国民基础教育的第一个重要文件，对特种部族教育的内容和实施办法做了较充分的规定，是广西推行特种部族教育的纲领性文件，使特种部族教育活动建立在依法推行的基础之上。1934 年成立的广西特种教育委员会，作为专门负责调查广西少数民族生存状态及教育概况，指导少数民族推行国民基础教育的专门机构，雷沛鸿亲自担任机构的主任委员，在他的领导下，广西特种教育委员会开展了卓有成效的工作。

对特种部族教育，雷沛鸿既有宏观思考，亦有微观关怀。他认为对特种部族教育不能孤立地去看，必须放到整个广西社会建设需要所有民众参与的高度来认识。由此他强调："一个社会的建设，不是少数人做得到的，必须动员广大

---

① 民国日报（南宁）[N] . 1934-08-08.

的民众来参加。这些民众要有知识，才知道国家的危机，才明了自己对于国家应有的责任，才具备参加建设工作的技能，建设方易成功。"① 广西作为多民族聚居之地，除汉族外，尚有十几个少数民族，分布于广西 60 多个县，共有 30 多万人，几乎遍布整个广西。这些民族由于长期处于民族压迫和民族歧视的状态下，文化教育极端落后，只有"普及教育，推进文化，以启其愚"② 才能改变这一状态，广西的建设才能真正得到落实，才是个完整的广西建设，而不是把广大的少数民族区域和人口完全加以边缘化，那样的广西建设是跛足的。

雷沛鸿不仅在宏观上对特种部族教育有充分的清醒认识，而且在微观上十分关注特种部族教育的成效。他认为要从师资队伍建设方面来下功夫，为此，在他的策划下，1935 年成立了广西省立特种教育师资训练所，以为少数民族地区培养特殊教育的师资力量。他非常关心这些地方的师资情况，并常与其他地方的普通教师情况做比较。他对当时教师的待遇很是关心，因为他觉得这是提高教育质量的重要措施，他曾忧心忡忡地说："在二十四五年度时（1935 年、1936 年）教师月薪平均数，村街基础校为毫币 7 元，中心基础校为毫币 13 元，是时物价较低，尚能维持。"③ 但一旦物价上涨，这点薪酬就使教师们捉襟见肘了。他多次呼吁要提高特种部族教育教师的薪资水平以吸引更多教师能加入特种部族教育队伍。当然鉴于当时新桂系的财力，他的这一主张很难落到实处，但可以看出他对特种部族教育是付出很多心血的，也取得了较大成效。

邱昌渭也很重视特种部族教育。民国 25 年 6 月—28 年 7 月，他接替雷沛鸿担任教育厅厅长，把由雷沛鸿开创的国民基础教育运动进一步推向深入，强调要继续做好特种部族教育，以此作为考察国民基础教育成效的一个指标。当然，他对国民基础教育的评价是有其独特观点的，他认为要跳出教育来评价教育，而不能局限于教育本身来进行评价。他在教育厅厅长任内，针对特种部族教育的特点，提出要采取灵活的方式进行教学，教学评价不能拘泥于以往的办法，要根据社会各项建设的需要和变化来评价其实际效果。邱昌渭同雷沛鸿一样很重视特种部族教育的师资队伍问题。由于特种部族教育教师的特殊性，其付出的劳动要比一般的学校教师更高，因此其薪酬待遇也应更高些，他主政时曾规定，特种毕业学生回原籍工作，"其薪给不得少于 12 元"④，这一薪给虽不高，但至少可以表明政府对特种部族教育的重视。

---

① 韦善美，马清和. 雷沛鸿文集：下 ［M］. 南宁：广西教育出版社，1990：285.

② 广西建设初编 ［M］. 南宁大城印书馆，1935：2.

③ 韦善美，马清和. 雷沛鸿文集：下 ［M］. 南宁：广西教育出版社，1990：260.

④ 刘介. 广西特种教育 ［M］. 广西省政府编译委员会，1940：31.

按邱昌渭的说法，"我们要看国民基础教育的功效应该从各部门建设成绩的上面去找寻，在教育本身上看，是看不见什么东西的。教育的力量，都运用去协助政治与经济各项建设了，以致教育的本身，看不出进步的征象"①。这一说法对于评判特种部族教育也同样是有效的。由于特种部族区域的落后，如果单纯去看教育本身的进步，可能很难评判，但如果跳出教育去看，则可看到许多的变化。

其一，特种部族教育加强了民族平等意识。由于以整个民族为对象，没有贫富、种族、地域局限，广西三四十万人口的特种部族破天荒地接受了国民基础教育，特族通过这样的启蒙教育认识到本民族是民族大家庭的一员，与其他民族享有同样的权利和应尽的义务。

其二，使特种部族的抗日救国热情高涨起来。特种部族在很长一段时间是被边缘化的。他们缺乏国家民族观念，想方设法逃避兵役。特种部族教育贯穿着爱国主义教育和军事教育，贯彻了抗日救国的主张，于是才有了在抗战爆发后，"应征兵役之特区，已达十分之八。应征民工者，几遍于全部"的壮观景象。②由此观之其民族国家观念的确立，特种部族教育功莫大焉。

其三，在特种部族地区形成浓厚的学习风气。这是一个巨大的变化，苗、瑶等所谓的特族，原来不知现代教育为何物，在政府推行特种部族教育，体会了教育的好处后，由被动学习转为主动学习，"自动来校的学生，风起云涌"③。苗瑶山寨随处可听到琅琅书声。

以上所说的三方面虽难说是特种部族教育本身的进步，却是由之引发的。实际上，在"三位一体"制下，由特种部族教育引发的特族区域的变化并非仅仅这三方面，但由此也可窥探到其变化的端倪了。

由以上论述亦可看出，雷沛鸿、邱昌渭等留学生之于广西特种部族教育不仅有行政领导、实践指导之功，而且做出了许多的理论阐述，为特种部族教育的推进提供了重要的思想和理论基础。

3. 留学生群体对国民中学教育的贡献

从国民中学教育方面看，雷沛鸿可以说是总设计师。他首先提出国民中学制度，以他为代表的留学生群体在开展教育研究、师资培训与辅导、编订课程标准及编撰教材等方面都做出重大贡献。就教育研究来看，陈鹤琴、陈剑脩、

---

① 邱昌渭. 广西县政 [M]. 桂林文化供应社，1941：167.

② 国民教育指导月刊（广西）[J]. 1941（3）：40.

③ 广西政协文史资料委员会. 广西文史资料（第 14 辑）[M]. 1982：191.

高阳、谢康、丁绪贤、崔载阳、俞颂华等人贡献巨大他们在《教育与民众》《建设研究》《教育通讯研究》《广西教育研究》等刊物发表了相关国民中学教育的一系列论文。其中童润芝的《广西国民中学兼办师范教育之现状与问题》《国民中学制度产生的背景》、杨东莼的《国民中学与地方建设干部学校的联系问题》、苏希洵的《国民中学九十分钟教学之瞻察》等诸多文章，就国民中学的理论与实践、现状与问题、组织与实施、课程与教材、导师与学生、教育方法以及立法等问题做了深入探讨。

就师资培训和辅导工作来说，为解决师资紧缺问题，先后开办了童子军教练员训练班、文史地教学研究班、中等学校数理化教学研究班、国民中学教育研究班，留学生王一蛟、刘同圻、董渭川、朱智贤、林砺儒、谢康、黄现藩、陈邦才等人曾兼任培训班教师。

就课程标准和编撰教材而言，留学生也发挥了重大作用。

课程标准和教材建设是当时国中创办后面临的棘手问题，尤其是后者，教材建设的滞后的不良后果就是课程标准无法顺利地落实，国中创办之初没有自己的独立教材，只能借用普通中学教材而被视为"次等初中"，这是雷沛鸿等国中制度的创立者无法接受的，在教材建设中充分体现了雷沛鸿等广西教育管理者从广西实际出发办教育的务实的教育理念和工作作风，也反映了他们充分利用各种社会资源的协调沟通能力。广西教育不发达，单靠自身力量尚无法完成好课程标准的设计和相应课程教材的编撰工作，必须借助外在优势力量。抗战时期广西作为大后方的历史机遇，正好给借助外力提供了条件。当时很多外省文化单位和机构及文化界人士迁桂避难，广西的教育管理者很会充分利用这一机会，先是委托由无锡迁桂的江苏省立教育学院编订国民中学课程标准和协助编写各种教材，同时又充分利用文化界名人云集桂林的机会，聘请其中的教育大家参加教材的编写工作，具有留学背景的林砺儒、穆木天、马名海、张先辰、欧阳予倩等名家均参与教材的编写。由此可以看到国民中学课程标准和教材建设都与留学生有关联性，主导者是雷沛鸿等留学生，而一批留学生则实际参与了编写工作，这一工作为教学过程的展开打下良好的基础。

4. 留学生群体对新桂系时期高等教育的贡献

从新桂时期的高等教育来看，留学生更是在其中发挥极大的作用，做出了重大贡献。从当时广西高校的布局情况来看，包括省立广西大学、广西省立师范专科学校、广西省立医学院，这样的布局是与当时新桂系"建设广西，复兴中国"的广西自治目标相一致的，当时贫穷积弱的广西能依靠自身努力初步构建一个高等教育体系殊属不易，而更难能可贵的是以穷山恶水的广西自然条件和相较经济发达地区略显窘迫的工资收入却能吸引一批知识分子尤其是留学归国人员投身其中，这是很令人心生敬意的。3 所高校的首任校长——省立广西大学的马君武、广西省立师范专科学校的杨东莼、广西省立医学院的戈绍龙都是学养深厚的海归，他们也能很好地发挥作为学校发展的奠基者的角色作用。从省立广西大学情况来看，11 人组成的省立广西大学筹备委员会竟然有 8 人是具有留学背景的，1934 年的教职员工有 37 人具有留学经历，其中理学院就有 16 人，这些人大都具有真才实学，他们能把在国外学到的先进经验应用到学校工作实践中，使偏僻广西的高校办学不仅能与内地其他高校相媲美，还能与国际接轨。前已述及，留学生到广西工作原因不是单一的，有因失业率增高而迫不得已来桂服务的，但总体来看，绝大多数是为了更好地施展平生所学而来的，同时也被新桂系治下的广西新气象所吸引，他们大都有感于新桂系首领的人格魅力，在各种因素的权衡比较后做出对广西的大学建设富有意义的选择。

（三）在国民教育之外的文化建设诸方面起着中流砥柱的作用

文化是一个非常宽泛的概念。"文化是一种复合体，从它的来源来说，是人类调整适应于环境的产物；从它的性质来说，是社会的遗产业；从它的形式来说，是民族生活的表现；从它的内容来说，是一切人工造物的总和。"① 如上所述，本书只是从学校教育、戏剧美术活动、医疗卫生建设、图书馆建设、报业活动等方面对留学生群体在广西自治的文化建设中的作用进行考察，其实文化建设也不仅仅指这些方面，其范围比我们这里所考察的对象更为宽泛。以上我们已用较多的篇幅考察了留学生群体在国民教育即学校教育方面所发挥的作用，在此之外的文化建设其他领域的贡献我们也进行简单的总结。

我们在第六章已指出，留学生在戏剧美术运动、医疗卫生建设、图书馆建设、报业活动等方面是起到了中流砥柱的引领作用的，我们在这里仅以戏剧、美术为例做总结。

1. 在戏剧运动方面的贡献。在戏剧方面突出表现为话剧运动和桂剧改革。话剧作为外来的一种戏剧形式是西方舶来品，最早可以追溯到 1906 年中国留学生曾孝谷、李叔同等人在东京成立的春柳社，可以认为这是中国的第一个话剧团体。1907 年王钟声（留学德国）等人在上海创办话剧团体春阳社，这标志着中国话剧运动的开端。当然，当时这种以对话为主要手段的舞台剧还不叫话剧，被称为新剧或文明戏，后被称为爱美剧，直到 1928 年留美生洪深创造性地将英文 drama 译为话剧，这一剧种最终在中国定名为话剧。由此看来，话剧能在中

① 广西建设纲领概论［M］. 广西民团干部学校，1936：44.

国扎根得益于一批留学生的引进，他们成立话剧团体，在中国开展丰富多彩的话剧运动，欧阳予倩等人都是其中重要的代表人物。当然，话剧能在中国推广并成为一种重要剧种与中国社会变革的需要也是息息相关的。

新桂系主政广西时从全国范围看话剧表演形式非常活跃，尤其是 1931 年九一八事变爆发后话剧成为宣传抗日救亡的重要艺术形式，主张抗日的新桂系广西当局顺应时势，鼓励话剧表演，提倡话剧运动。在话剧运动中，留学生群体起着引领作用。

新桂系时期广西话剧运动中的重要代表人物如欧阳予倩、陈望道、沈西苓、万籁天、韦永成、程思远、李文钊、焦菊隐等都是留学回国人员，总体来看，他们对新桂系时期话剧运动的贡献体现在以下几方面。

其一，他们是这一时期话剧运动的开创者和领导者。话剧作为非本土传统剧种的西方舶来品，一般国人甚至传统戏剧艺术家是不甚了解的，而在西方包括日本留学的留学生具有地利之便，能有条件接触西方的这一艺术形式，如欧阳予倩在日本留学时就加入了中国最早的话剧团体春柳社。留学生背井离乡走出国门是为了学习西方国家的先进文化，实现救国图强、报效祖国的理想抱负，他们中有志于投身艺术或对艺术怀有兴趣者觉得话剧作为综合性的艺术形式，能通过舞台直接展现社会生活情境，而且话剧与其他剧种相比，最大区别是通过大量的舞台对话来展现剧情，塑造人物和表达主题，演员的姿态、动作对话、独白等表演形式，直接作用于观众的听觉和视觉，使观众能直接观赏到剧中人物的外貌形象，具有身临其境之感，容易融入表演氛围之中。因此，如果把这种艺术形式移植到国内，来展现当时中国社会大量的生活面相，必定能给人耳目一新之感。而话剧也将能成为对国人进行社会教育和引导的重要手段。

与新桂系统治广西时期非常重视发展文化艺术事业的政策相一致，留学生以其独特的优势自然成为这一时期话剧运动的开创者和领导者，他们或全身心投入话剧事业中，或在自己职业之外积极参与话剧运动。总之，广西 20 世纪 30 年代话剧运动能蓬勃发展与留学生群体在其中扮演的重要角色是分不开的。

其二，在他们的积极推动和亲身参与下，广西形成专业话剧团体与业余话剧团体竞相发展的局面。专业话剧团体以著名戏剧家万籁天 1936 年创办的国防剧社（后改名为国防艺术社）为代表，该社是广西首家专业话剧团体，推动了广西话剧运动的正规化发展，可以说，由国防艺术社带动成立的诸多专业话剧团体成为桂系话剧运动的龙头，与之相对的更多的则是业余话剧团。当时广西各中小学和社会团体、机关都纷纷成立业余话剧团或组织话剧演出，最有名的当数陈望道、沈西苓组织成立的广西师专剧团。无论是专业的话剧团体还是业余话剧团体都活跃着留学生的身影,而这两类话剧团体的竞相发展则使广西形成了话剧市场,这也推进了广西艺术文化的发展。

其三,在他们的积极引领下,抗日救亡成为话剧表演的主题。

艺术来源于生活,艺术的生命力在于紧扣社会主题。话剧作为当时较为时兴的艺术形式要抓住观众,引起观众共鸣,就必须紧紧把握住时代的脉搏。新桂系素以抗日态度坚决著称,适应当时抗日图存的社会氛围,引领广西话剧发展潮流的留学生们很自然地把抗日救亡作为最重要的表演主题。以陈望道、沈西苓、盛此君等留学生为代表的广西师专剧团在这一时期进行了两次话剧公演,演出的剧作《父归》《屏风后》《钦差大臣》《怒吼吧,中国!》都表现了当时中国社会抗日救亡的时代主题,而作为专业话剧团体的国防艺术社,几任社长包括万籁天、韦永成、程思远、李文钊、焦菊隐(副社长)都是留学生,由他们组织排演的《回春之曲》等话剧都引起很大的反响,这些剧目也多以抗日为主题。南宁、桂林在 20 世纪 30 年代能先后成为广西话剧运动中心也多得益于其抗日话剧表演。抗日战争期间,桂林成为大后方著名的抗战文化中心,大批文化名人云集。国防艺术社也因此吸纳了一批莅桂的进步的剧作家和表演艺术家,他们组织抗日话剧表演,推动了广西话剧运动进一步发展,也正是在留学生们的积极努力下,新桂系当局对宣传抗日救亡的戏剧活动予以充分的支持,经常举办各种规模的话剧比赛,抗日话剧运动也因此成为广西话剧运动的代名词。

关于桂剧改革,如第六章所述及的,留学生的贡献是很巨大的。马君武、白鹏飞、洪深、焦菊隐、居正、欧阳予倩这些留学生都是当时的社会名流,由他们出面着手对桂剧进行改革,其号召力自然非一般人所能及。他们对桂剧改革的贡献应该说是全方位的,至少有几点是值得注意的。

其一,紧扣时代背景来提出桂剧改革问题。九一八事变后抗日图存是时代大势。然而当时桂剧仍存在着脱离时代、剧目庸俗、表演拙劣等问题,许多有识之士对桂剧现状和前途深感忧虑。他们认为必须在国防戏剧的导向下,对桂剧进行改革,使桂剧能适应当时抗战的现实需要,为此,才有了 1937 年年底,时任广西省政府顾问马君武与白鹏飞等社会知名人士组建的广西戏剧改进会,由马君武任会长,着手对桂剧从内容到形式的改良。

其二,在桂剧改良的步骤上,采取以点带面的方式来进行。马君武领导下的改革并非采取盲目的"一刀切"的做法,而是选取剧团的改良试验开始带动整个桂剧界的全面改良。南华戏院桂剧班名角荟萃,马君武觉得如果以此剧班为典型进行改革将具有极大的示范作用。于是,广西戏剧改进会通过向会员及社会人员募捐集股方式,接办了该剧班,并进行了一系列的改革试验,实践证明，这一方法是切实有效的。

其三，对桂剧传统剧目进行全面梳理，在一定程度上实现了传统戏剧的现代转换。马君武领导广西戏剧改进会，对桂剧的 100 多个传统剧目进行挖掘和重新整理，清除其中粗鄙庸俗的内容，使传统剧目焕发出现代气息，适应抗战戏剧运动的需要。

其四，抓紧桂剧人才的培养。先是对南华戏院桂剧班的演员进行文化补习，提高其文化素养，以适应桂剧改革的需要；后来到 1942 年又成立附属于广西戏剧改进会的广西省戏剧改进会附属戏剧学校，由欧阳予倩任校长，学校培养了一批桂剧新人。

2. 在美术运动方面的贡献。新桂系广西自治时期广西美术运动同样是以抗战救亡为主题的，而这又离不开我国美术界一代宗师徐悲鸿的巨大贡献。

徐悲鸿以美术界巨擘之尊投奔贫穷落后的广西，从 20 世纪 30 年代中期起到抗日战争期间就先后 6 次莅桂，可见其对广西感情之深。这当然也得益于新桂系首领求贤若渴，十分爱惜人才。徐悲鸿 1936 年游阳朔，欲定居于碧莲峰下，李宗仁得知后便购一屋相赠，这便是现在位于阳朔县前街的阳朔徐悲鸿故居，徐在桂期间经常在此居住，在这里进行了大量的创作。他在艺术实践和美术教育及改革等诸方面对广西艺术事业的发展影响是十分深远的。正如我们在第六章所阐述的，他对广西美术运动的贡献主要体现在两方面：一是其突出的美术实践活动，二是其美术教育活动。而这两方面的贡献是基于其杰出的艺术才华所形成的独特人格魅力和巨大的感召力。我们可以综合起来略为展开来认识其美术贡献。

第一，以宽广的艺术视野和严谨的治画态度成为当时广西美术界的引领者。作为极富盛名的绘画大师，徐悲鸿的绘画是兼采中西艺术之长的。他少小即习中国画，后又走出国门，到日本、法国学习研究西画。尤其是在法国师从书画名家潜心苦学达 8 年之久，丰富的阅历使他艺术视野极为开阔。由于中国画和西洋画都有深厚的根基，他因此能自如地把两者高度融合，形成了具有"徐氏风格"的绘画流派，为中国传统绘画开辟了一条新的道路，即以素描为基础的中国画的改革发展方向，在中国画中融入西方技法。他在绘画实践中认真严肃，其绘画既严格精确，又生动潇洒，被美术界誉为最严谨的艺术家。基于这些特质，他虽然在桂时日不多，却能领袖群伦，成为广西美术界的执牛耳者，其影响力是其他人难以望其项背的。

第二，以美术展览为平台，推动广西美术界的艺术交流活动。徐悲鸿莅桂之前，总体来看，广西美术界大体上师承旧法，绘画方面以传统中国画风格为主，较少涉及西洋绘画的技法和风格。画家之间缺乏充分的相互学习，因此艺术空气沉闷。徐悲鸿在广西期间多次组织举办美术展览会，如 1936 年 7 月的广西省第一届美术展览会，1937 年组织的一系列展览会，包括桂林书画金石展览、全国儿童画得奖作品展览、为广西各界抗敌后援会募捐书画展。之后各种美术展览会坚持不断，通过展览会这一平台，各种书画流派得到了充分的交流，在相互切磋中进行共同的提高。一时之间，广西的书画艺术取得了巨大的进步，广西书画界一派繁荣景象，体现出良好的发展势头。

第三，积极引导美术关注现实主体，把美术活动同抗日救亡紧密结合起来。徐悲鸿不仅是一位杰出的书画家，也是一位伟大的爱国主义者。他虽留学海外，在欧洲很多国家游历多年，积极学习别人的先进文化和技艺，但从来不崇洋媚外，妄自菲薄，其吸收的目的是更好地发展自己。当时的中国抗日救亡是时代主题，徐悲鸿认为美术活动不能脱离现实，艺术家一旦脱离了生活也将行之不远。因此，他引领的广西美术运动始终高举爱国主义大旗。他长期奔走于国内多地，宣传抗日主张。他强调，作为艺术家，手中的画笔就是抗日救亡战斗武器。在他的引导和影响下，美术界的抗日救亡的活动蓬勃发展，为抗日做了大量的宣传工作。如徐悲鸿所画的马，"一洗万古凡马空"，神韵逼真，精神抖擞，豪气勃发，充分体现了中华民族不畏强暴、不屈不挠、勇往直前的精神特质，这一形象极大地激励了国人抗日的信心和勇气，同时也对美术界同行的抗日行动产生极大的示范和引导作用。

第四，为广西的美术教育和人才培养留下了宝贵的经验和财富。徐悲鸿1936 年被聘为广西省政府顾问和广西美术会名誉会长后，可以说就开始不遗余力地为广西的美术教育和人才培养尽职尽责。他具有独到的艺术思想，也看到了传统美术教育的诸多弊端，因此极力主张进行美术教育教学改革，以适应当时抗战救亡的需要及现代美术教育教学的一般规律。他十分强调美术教育的现实功能，就是要为振兴广西美术服务。从他当时对广西美术教育改革的思考来看，他是有具体规划和设想的，主要涉及以下几方面工作。其一，做好广泛的宣传工作。任何改革都要做好思想上、理论上的宣传工作。他经常发表演讲，阐述其美术价值观。由于其影响力巨大，及学贯东西、知识渊博，他的改革倡议往往能引起巨大的共鸣，同时也得到广西文化教育部门和美术界的热烈欢迎，这就为改革的深入推行打下了良好的基础。其二，他提出从初级教育开始就要抓好美术教育教学改革。这应该说是具有前瞻性的考虑。他在李宗仁陪同下视察南宁初中的国画课教学并发表了演讲，就是其重视初级教育阶段美术教育教学改革的一个表现。其三，建立美术院校培养艺术专业人才。徐悲鸿认为这是培育美术人才，推进广西美术事业发展的重要举措。他筹建桂林美术学院的建议得到李、白、黄的积极支持，在当时那样艰苦的条件下仍想方设法拨出专门经费让徐予以操办。徐悲鸿以其强大的影响力罗致了一批才华横溢的画家与之共谋桂林美术学院的筹建事项，尽管由于抗战形势渐紧筹建好的艺院无法正常招生而最终未能办成，但徐悲鸿罗致的一批艺术人才仍大有用武之地。

抗战期间，徐悲鸿一如既往心系广西艺术人才的培养。1938 年 1 月与广西省教育厅督学、著名音乐家满谦子倡导、开办广西省会国民基础学校艺术师资训练班（以下简称"艺训班"），调训当时的省会桂林各小学艺术教师，半年毕业，这个艺训班一直坚持到抗战胜利，在抗战的艰难困苦中连续招收了 4 届200 多名学生。抗战时期，艺术成为宣传抗战和动员民众的重要手段，这个班由于培养了一批高素质的艺术人才而在广西的抗日救亡运动中享有特殊的地位，是广西救亡运动的重要阵地，难能可贵的是当时中国的很多艺术大师都曾在此任教，吴伯超、马卫之、丰子恺、张安治、徐德华、黄养辉、陆其清、傅思达、汪丽芳、叶浅予、黄新波、林半觉等是其中的代表，他们对艺训班也都给予很高的评价。如丰子恺曾说："在这禽兽逼人的时候，桂人不忘人间和平幸福之母的艺术，特为开班训练，这实在是泱泱大国的风度，也是最后胜利之朕兆，假使他们不来聘请我，我也想学毛遂自荐呢。"① 除了艺训班，徐悲鸿还组织开办了广西省中等学校艺术教员暑期讲习班，这个班的培训以徐悲鸿所倡议的统一全省中学美术课程和教学方法的名义进行，因此讲习班在学习内容上带有很大程度的徐悲鸿艺术理念的烙印。如美术组的培训内容偏重于西方式的精确写生，弱化中国传统式的线描和写意等。这应该说与徐悲鸿多年来在广西一直努力推行的写实主义有关。这使讲习班学员得到了西方艺术理念技法等方面的训练，开阔了他们的眼界。

总体来看，20 世纪 30 年代后期广西艺术界的许多活动都是与徐悲鸿相关联的，他在广西的艺术教育改革、艺术人才培养诸方面都做出了巨大贡献。他和广西结缘，对广西人民充满了深厚情谊。后来，他的夫人廖静文在回顾这段历史时说："20 世纪 30 年代，徐悲鸿在无家可归的时刻来到广西，得到广西人的尊重，他在这里住了 3 年多，广西给了他很多照顾。"② 殷殷之情，溢于言表。

总之，以戏剧、美术为代表的广西艺术活动能在 20 世纪 30 年代生发出勃

---

① 丰一吟. 我和爸爸丰子恺［M］. 天津：百花文艺出版社，2008.
② 孙鹏远，李岚. 徐悲鸿夫人廖静文口述历史：与徐悲鸿在广西的日子［N］. 南国早报，2011-04-28.

勃生机，并和抗日救亡活动高度结合起来，与以马君武、欧阳予倩、陈望道、沈西苓、万籁天、徐悲鸿等为代表的留学生群体在其中扮演的引领者角色是有直接关系的。如果更进一步看，不仅这些实务界的留学生对广西艺术活动发挥着重要作用，就是行政主管部门中的留学生也给予了极大的支持。马君武之子、音乐家马卫之在回顾 20 世纪 30 年代的艺术教育时说："那个时期（指 1939 年前后）教育厅厅长是邱昌渭，醉心于音乐，可以说，由于他主持全省的教育行政工作，艺术教育才有那么兴旺的时刻。① 不只是邱昌渭，广西省政府行政当局中其他留学生也同样给予积极的支持，可以这样说，如果没有留学生，20 世纪 30 年代广西艺术活动的发展是难以想象的。

综上所述，20 世纪 30 年代新桂系是十分重视文化建设的，在教育、艺术、医疗卫生、图书馆、报业等方面都着力甚多，并取得令世人瞩目的成就。偏居僻壤、穷苦落后的广西能在文化建设上得到国人甚至国外学人的广泛赞誉，这不能说不令人称奇。这里面当然有各种因素，如新桂系首领雄才大略、广西省当局良好的政策供给、特殊的时代条件等，我们更应注意的是当时广西文化建设的各方面活跃着一批知识分子，尤其要关注其中的留学生群体，他们往往成为执牛耳者！尽管在这一章我们只是从教育、艺术方面概述留学生贡献，但由此我们也大致能感受到留学生群体在广西文化建设上的举足轻重的地位。马君武、雷沛鸿、杨东莼、戈绍龙、邱昌渭等留学生对广西国民基础教育、国民中学教育、高等教育的贡献，徐悲鸿、马君武、欧阳予倩这些留学归国精英对广西戏剧、美术运动的贡献都是十分突出的，在广西文化建设发展史上都是值得浓墨重笔的。当然，如果我们再联系第六章的内容，将更有助于我们较为完整地认识留学生群体在广西自治文化建设中的贡献了。

四、留学生群体对广西自治的军事建设的贡献

20 世纪 30 年代新桂系广西当局开展了轰轰烈烈的自治运动，其内容涵盖政治、经济、文化、军事建设各个领域，其中军事建设是最核心的建设内容。因为蒋桂大战和中原大战后退居广西的新桂系要重整旗鼓，在当时军阀混战的中国站稳脚跟以图发展，最根本的是要推行自卫政策，确立军事建设的中心地位，因此当时新桂系的政治建设、经济建设、文化建设都深深打上了军事化的烙印，所推行的现代化实际上是军事主导下的区域现代化。另外，新桂系首领作为军

---

① 马卫之. 广西艺术师资训练班、广西省立艺术专科学校纪事 [J]. 艺术探索，1997
（3）：17.

事强人，要确立在广西的政治权威者的地位，必须具备强大的社会整合能力，以保证对社会的强力控制，这就使致力于军事建设具有现实性和必要性。正如前已述及的黄旭初所认为的："军事建设，乃广西最初之中心工作。其主旨，盖以育成自卫力量及其他各部门建设工作之动力。""先侧重自卫，由自卫而自治，而自给，所以自卫是广西建成之重心"。①

在广西军事建设的各方面，包括军事建设理论的探索、民团建设、军训、空军建设等军事实践以及军事教育，留学生群体都发挥了很重要的作用。我们在第七章已进行考察，这里我们做概括性总结，最后结束这一章的内容。

留学生群体在20世纪30年代广西自治的军事建设中的贡献可以概括为以下几方面。

（一）在军事理论建设方面，军事留学生努力探索，做出了开创性的贡献

其中具有代表性的是刘士毅对三寓政策的贡献和林伟成对"空军独立论"的贡献。

1. 刘士毅对三寓政策的贡献

三寓政策，即寓兵于团，寓将于学，寓征于募，与三自政策，即自卫、自治、自给一起常称为新桂系"三自三寓政策"。三自政策是广西建设的总目标和总原则，三寓政策是自卫政策的具体化，是实现自卫政策的根本保障，是新桂系重要的军事战略思想。一般认为三寓政策是白崇禧最早提出并加以系统化的论证，最后确立为新桂系的军事原则。实际上，三寓政策是由刘士毅最先提出来的，主要体现在他所著的文章和讲演之中。由他著述，吕孟谨汇编的《任夫五稔言选》收入刘士毅任广西军事政治学校副校长5年中的演讲词35篇，基本上都是关于军事方面的，包括《空袭与防空》《现代军事的趋势》等，这些文章较充分地反映了三寓政策的产生历程。

刘士毅提出三寓政策可以从几方面来看。其一，和他的留学经历有很大关系。他3次留学日本，日本民众的武化精神对其是有深刻影响的，然后再对照中外历史上的许多王朝兴衰，有一个很吊诡的现象，即文化先进的民族"其灭亡都是亡于文化低劣的野蛮人"，或者经常受制于蛮夷，甚至被奴役，这可能是文化发达民族的一个缺陷。由于文化上的优势地位，他们往往自以为是，游懒、萎顿、骄奢、淫逸常常会自然流露，武化不断退步。他认为日本与中国的比较就是最典型的例子，日本人能在中国横行霸道、烧杀掳掠，根子在于日本民族

---

① 孙仁林，龙家骧，叶贻俊，等．桂政纪实（军事编）［M］．广西省政府十年建设编纂委员会，1946：8.

的尚武斗勇,我们民族的松懈和懒惰。因此日本对中国的征服,不是先进文化政治对落后文化政治的征服,而是刚好相反,是落后文化民族对先进文化民族的征服,也是勤劳的民族对懒惰民族的征服。因此,抗日图存的第一步是培育国民的武化精神。其二,如何培育国民的尚武精神,刘士毅认为这是一个全方位的工作。全体国民,不论是成年人还是儿童,都必须进行武化教育,要培养具有血性的国民。尚武精神要贯穿生活的各个领域,学校教育、家庭生活、社会习惯无不充满着尚武精神,因此,军事训练就不只是行之于成年人,也要在少年儿童中推行。学校、家庭、社会统统要纳入军训系统中来。武化思想在他担任南宁军事政治学校副校长期间得到了充分的倡导和实践,为后来白崇禧把三寓政策系统化提供了重要的实践支撑。其三,强调未来的战争是国家之间的全面战。战争就是国家间实力的竞争,除了武力之争外,还涉及经济、政治、交通、思想、宣传等相关领域的全面争夺。中国与日本的战争也是这样,因此必须具有进行全民族、全方位备战和抗战的信心和决心,而全面战的各个领域也都离不开尚武精神,有了"武魂"和勤劳的民族是战无不胜的。应该说,刘士毅的全面战与新桂系首领的"全面战"思想是一脉相承的,李宗仁就具有丰富的"全面战"思想,他著名的抗战主张——"焦土抗战论"力主对日的全面抗战:要全线抗战、总体抗战、举国抗战。白崇禧认为要最大限度整合与战争相关的所有资源,以发挥其最大的价值,战争不只是靠军队、武力,而是整个国家、民族都要动员参战。其四,刘士毅的三寓政策经过白崇禧的系统论述后,成为新桂系重要的军事战略思想。刘士毅提出的三寓政策,很受新桂系领导层的青睐,他作为白崇禧的贴身谋士,也深得白崇禧的倚重。白崇禧在多个讲演和著述中,对刘士毅的三寓政策进行了更深入全面、系统化的阐述。寓兵于团,团即民团,白崇禧从古代的寓兵于民的传统做法中找寻根据,并注意到广西历来就有的民团组织传统,因此可以对旧民团进行重新改造,成为民众组织,由此,新民团就不仅仅是军事组织,也是民众组织。新民团除了军事训练外,还包括政治、经济、文化方面的训练,以民团的力量来推动广西各方面的建设,做到兵民合一。寓将于学,即把未来军事建设需要的大量将校人才寄托于各级学校的教育训练中。为此在整个国民教育的各个层次都要进行军事教育和训练,实行军事化管理。小学生一律受童军训练;初中生一律受青年军事训练;初中结业后,集中军训总队受严格的军事训练半年;高中生最先一个学期也受严格训练,其余各学期,仍有军事学术科;大学或专门学校的学生,大学规定有两年的军事训练,专门学校则规定一年半的军事训练。如此积累下来,如果不考虑童军训练,单从青年军训算起,在初中结业的可受三年半的军事训练,在高中结业的可受六年半的军事训练，在大学或专门学校结业的可受八年半或八年的军事训练。受过这些军事训练的学生，当国家需要时充当中下级军事干部是完全可以的，又何愁缺领兵统帅的将校之才呢！寓征于募，是新桂系施行的征兵制，即征兵寓于募兵。也就是通过寓征于募的方式施行征兵制。征兵制是招义务兵，募兵制是佣兵，需要用金钱招募。白崇禧谈到为什么要通过寓征于募来推行征兵制，理由第一是我国近千年来都是募兵，一旦改行征兵，恐怕行不通，所以用这种办法，先就志愿兵征取，再用抽签的方法来补充；第二是先就志愿兵征取，其应征兵多半是志愿的，必先比较勇敢，可得募兵的长处；第三是应征的多是志愿兵，可以减少逃亡，没有征兵制的短处。通过寓征于募的方法，最终实现国民义务兵役制。当然，执行了两届的寓征于募的征兵方式后新桂系也发现了这种办法的弊端，如买人服役及冒名顶替，这就使当兵是国民义务的这一属性变质了，因此随着征兵的风气既开，从第三届开始，可以实行普通征兵制了。[①]

总之，经过白崇禧的系统论述后，三寓政策更充实丰满了，成为新桂系重要的理论和制度创新，刘士毅作为首创者在广西军事建设中亦占有重要的地位。

2. 林伟成对"空军独立论"的贡献

空军建设是 20 世纪 30 年代广西建设的一大特色和亮点，以当时广西的贫弱，新桂系从军事战略战术上考虑依现有的人力、财力和技术条件创办独立的空军体系，以换取战争的主动权，不能不说这是具有雄才大略之举。在空军建设中，留学生所做的贡献是巨大的，他们在空军理论建设、广西航空学校建设、飞机研制、抗日战争空军战斗等方面都功绩累累。其中最具代表性的人物是林伟成，他不仅有较为丰富的空军建设理论，而且作为新桂系首领极为倚重的空军建设人才，在担任广西民航局局长、广西航空处处长、广西航空学校校长等职务期间，对航空人才的引进与培养、飞机及其机械设备的购置、航空管理机构的改革、航空学校的军事教育与管理等诸方面都投入大量精力，成为广西空军建设的标志性人物，这里我们只是以其"空军独立论"管窥其对广西空军建设的重大贡献。

如前所述，"空军独立论"的理论渊源可以追溯到意大利著名的军事理论家杜黑的空军建设和作战的理论，我国杰出的军事理论家蒋方震可以说是关于中国空军构建思想的最早的提出者，也是中国研究"空军独立论"的先驱者，而

---

① 白崇禧. 三寓政策在广西的检讨 [M] //三自政策的理论与实践——白崇禧言论集之五. 全面战周刊社，1938：82-83.

孙中山先生则被认为是"空军独立论"理论践行的先驱者。林伟成在总结他们的理论和实践经验的基础上，提出了其系统的空军建设理论——"空军独立论"。这一理论对新桂系空军建设实践乃至于对中国空军建设实践都具有极大的推动作用。概括起来，"空军独立论"主要涉及以下几方面的内容。

其一，空军的特殊性使其在现代战争中往往居于核心地位。因此，从法律上确立空军的独立地位是非常必要的。

其二，空军独立必须涵盖各个相关系统的独立。包括空军部队独立、指挥系统独立、人事和补给等要素系统的独立。

其三，空军独立需要注意解决几个重要因素。第一，充裕的空用资源保障。第二，强大的空军战斗力。第三，充分的协调合作。空军独立发展需要地方政府、民政等部门的协调，以达到统制空军有关资源及有关产业的发展。第四，独立的领导体制。独立空军实行统一指挥、集中统制的领导体制。第五，灵活的独立空军的任务。独立空军任务涉及面广，必须根据实际需要调整任务完成方式。

应该说，林伟成的"空军独立论"在新桂系空军建设中得到了较好的实践，并成为其重要的思想理论基础。从林伟成的理论建设走向来看，他试图将"空军独立论"上升到国家政策层面来解读，以为中国空军建设贡献一己之力，推动国家建立起强大的空军力量。仅从空军理论建设来看，他对新桂系广西空军建设的贡献也是无出其右的了。

（二）在军事实践方面，留学生通过民团建设、军事训练等平台发挥了极其重要的作用

1. 刘斐在广西民团建设方面的贡献

我们知道，广西民团首先是军事组织，同时也发挥了政治组织、经济组织、文化组织的功能，这里，我们只考察其作为军事组织留学生在其中的贡献。

民团之为军事组织在广西存在的历史久远，但经过改造的民团即新民团与旧民团不可同日而语。民团之为军事组织，当然最初的动因是新桂系无力供养大批军队，从而被迫采取寓兵于民的办法培植军事力量。许多留学生在广西民团建设中都做出了很大贡献。刘斐、雷殷是其中的典型代表，我们只以刘斐为例考察这一群体的贡献。

刘斐在 1934 年重返广西后就多得白崇禧信任，担任广西民团学校教育长，成为白崇禧推进民团建设的核心人物。他在民团建设方面可以说是不遗余力的。概括起来大体有以下几方面。

其一，以军事社会化作为民团建设的指导思想。他认为现代战争每个人都

不可能置之事外，每个人都需要掌握一定的战争知识和技能，因此必须强调军事社会化，使每个人都受到军事训练。

其二，系统推进民团力量的训练，形成了"广西武装化"的局面。

其三，规范民团训练方式。民团训练既有军事训练也有政治训导，学生在训练中既有军事技能的提高，也有政治素质的提升。

正如我们在第七章所考察的，经过训练后的广西民团对广西军事建设具有特殊的贡献。一是推进了广西军事社会化建设。刘斐等留学生的思想在其中得到了充分的实践。二是广西农村社会秩序得到稳固，民团组织形成的严密的控制系统起到很好的群防群治的作用，这就保证了当时新桂系统治下的广西社会秩序稳定，治安良好，深受时人的广泛赞誉。三是为抗日战争提供了大量优质的兵源。广西民众受到长期的军事训练，能很快完成由平民到战士的转变，这也使得广西兵在抗日战场上不仅数量多，而且具有较强的军事本领。抗战头两年，广西当局能迅速征调50余万人奔赴抗日战场，这不能不说是长期的民团训练之功。

民团建设可以说是新桂系广西军事建设的重要内容。谈到广西的军事建设就会很自然地与民团建设联系在一起，因此对于外界而言，广西民团建设无疑是军事建设的一朵奇葩。广西民团建设能取得那么大成就原因当然是多方面的，但以刘斐等为代表的留学生群体所起的中坚作用是不可忽视的。

2. 刘士毅在军训方面的贡献

新桂系政权以军事强人为主导，军事训练自然是其自治建设的重要内容。当然，广西自治时期的军训平台是多样的，前已述及的民团训练只是其一，军训训练、部队训练等都是重要形式，留学生在其中也有颇多贡献，我们只以刘士毅为例进行考察。

刘士毅可以说是军训方面的专家，其军训才能在其任职于南宁军事政治学校、统帅部队及担任军训部要职时都有体现。

南宁军事政治学校是白崇禧极为重视的进行军事政治训练的专门学校，他亲任校长，受白崇禧数次诚邀后来到广西的留学生刘士毅任副校长兼教育长，主持学校工作。他的训练机制涵盖了丰富的内容。一是严格的军事管理。学员的日常生活完全纳入学校的军事化管理之中，行动上完全整齐划一。二是系统严格的军事训练。训练包括学科和术科两个部分，每部分都规定了丰富的内容，并力图使训练达到最好的效果。

正是基于严格的军事管理和军事训练，刘士毅主持的南宁军事政治学校训练出了一大批军政干部，为广西军事建设及抗日战争做出了重大贡献。

不仅管理军校注意强化军事训练，指挥军队时刘士毅也十分重视军事训练，有一件事可以作为例子说明问题。1937 年抗日战争爆发后，南宁军事政治学校由南京中央军校统一管理，刘士毅结束军校职务，调任 31 军军长，并奉命率军北上徐州，配合李宗仁抗日。由于 31 军是临时征集各地青年新编的，训练时间不及一个月，但 31 军的干部都是南宁军事政治学校学员，刘士毅命令干部在北上这一个月时间，在火车上讲解枪支相关知识，途中一停车即命令部队下车在铁路两旁附近进行作战训练，而且训练力求实用，注重作战必要的技术练习，如自动火器的使用与射击动作等，以便遇敌即能应用上，因此一路到徐州费时一个多月，部队也就受到了一个月的军事训练，一下火车即可投入战斗了。

刘士毅在军训上是颇具才能的，以至于 1939 年白崇禧任国民政府军训部长时推荐刘士毅任军训部次长。在任次长的 8 年时间中，积极协助白崇禧制订方案，开办了步兵、骑兵、炮兵等专业学校。他还在军训部设置军事科学编译处，延聘专门人才翻译各国军事著作，作为军校教材和连长以上军官学习资料，其军训工作深得白崇禧的赞赏。

（三）在军事教育方面，留学生群体做出了积极的贡献

需要注意的是，军事教育和军事训练往往是连在一起，难以截然分开的。广义上的军事训练包含军事教育的内容，军事教育是军事思想、理论和知识的教育，大体上可以归入军事训练的学科训练中。狭义上的军训则仅指实地操作的训练，即术科训练。可以认为在广西自治时期的各种军事训练中，都会包含有军事教育的内容，我们在这里把军事教育单独作为一个问题提出来，只是为了研究的需要及特别强调这一问题的重要性。

"武化"的广西，既然军事建设居于中心地位，其他各项建设都是围绕着它展开，军事教育也很自然地成为题中应有之义。20 世纪 30 年代的广西，军事训练无所不在，相应地，军事教育也就相伴相生了。在民团训练中，在各级各类学校的军事训练及军队的训练中，军事教育是必备的内容。在各方面的军事教育中，留学生尤其是军事留学生的身影都活跃其间。刘士毅、刘斐、林伟成、覃莲芳、海竞强、蓝腾蛟、吕天龙、李新俊、章泽群、何信、张文组等是其中的代表人物。

在上一点我们讨论了军事训练。刘士毅作为军事训练专家，他在民团训练、担任广西军事政治学校领导及统率军队等活动中都很注意进行军事教育。在南宁军事政治学校任职期间，不仅以其丰富的军事理论素养亲自对一般学员进行军事教育，还经常召集学校的高级军事干部进行高等军事教育，并且亲自做讲座，提升了他们的军事理论素养和作战技能。

在新桂系时期的各种军事教育中，航空教育做得有声有色，我们在这里主要以广西航空学校为例，认识留学生在其中的重要贡献。

航空教育主要依托于广西航空学校。航校校长林伟成为航空教育主要组织和领导者，当时参加航空教育的其他留学生包括副校长冯璜，教育长廖济深，教官曾达池、朱嘉勋、刘炯光、唐健如、王体明、温启钧、封家瑞、张文组、张伯寿等都参加了航校的教育工作，他们都曾在海外留学过，航空理论知识丰富，开设的理论课程包括飞机理论、机械学、无线电学、机械的卸装配实习、驱逐战术、空中射击学等都是由他们来承担教学任务，他们为广西航空教育事业做出了许多富有探索性的重要贡献。

综上所述，留学生在广西自治的军事建设的各方面都积极参与，无论是军事理论建设，还是军事实践探索或者是军事教育推行，他们都投入满腔热情，新桂系的军事建设能卓有成效，留学生群体是功不可没的。

附　录

附录1　20世纪30年代广西自治时期的留学生群体简介

类别	姓名	籍贯	毕业院校	留学国别	在广西主要活动
政治群体	陈劭先 1887—1967	江西清江	南京两江师范学堂	日本	抗日战争爆发后任广西建设研究会常务委员、广西绥署顾问等职。曾与胡愈之、杜重远、沈钧儒、邹韬奋等人创办桂林文化供应社并担任社长，该社刊印许多进步书刊，宣传进步文化，是西南文化界重要据点。
	陈寿民 1893~1986	广西横县	日本东京法政大学	日本	武昌起义爆发后，参加广西学生北伐军。1926年回广西，曾先后担任容县、思恩、平南、桂平、邕宁等县县长。
	程思远 1908~2005	广西宾阳	罗马大学	意大利	1930年至1934年，任国民党第四集团军总司令李宗仁秘书。1938年至1942年任国民党军事委员会副参谋总长白崇禧秘书，是新桂系的重要智囊人物。
	郭任吾 1896~1974	广西临桂	广西师范、黄埔军校第四期、红军步校、列宁学院	苏联	1931年回国，由李任仁推荐任广西教育厅科长兼高等教育设计委员。1932年出任国民党省党部候补执行委员。1933年任省立三中校长，次年转任省立师专校长。1936年任蒙山县长、五路军政训处处长。

类别	姓名	籍贯	毕业院校	留学国别	在广西主要活动
政治群体	黄仲菴 1889~1955	广西容县	日本早稻田大学	日本	1923年回国，历任梧州中关统税局局长、梧州禁烟督察局总办、梧州禁烟局局长、梧州海关监督。1937年至1940年任容县参议会议长。中华人民共和国成立以后，当选为梧州市各界人民代表会议代表，梧州市各界人民代表会议代表协商委员会副主席。1952年任梧州市人民政府参事室参事。
	黄季陆 1899~1985	四川叙永	宝应大学、威斯灵大学、俄亥俄州立大学、多伦多大学	日本、北美、苏联	1933年出任广西民团干部学校政治部主任。著有多部著作，如《抗战之展望》《对日外交问题》《研究中山先生的史料与史学》《民主典例与民主宪政》《中华民国史事纪要》《国民党党史》《划时代的民国十三年》等。
	黄同仇 1900~1991	广西平南	民国大学、伦敦大学、爱丁堡大学	英国	曾出任广西大学教授，抗战初期曾组织动员广西民众。
	蒋培英 1898~1967	广西灌阳	东京文理科大学	日本	从日本留学回国后任广西省立第一高级中学校长。1937年任广西大学教务主任、中国国民党广西省党部监察委员等职。1932年后被推选为广西省临时参议会参议员、第四届国民参政会参政员等。1946年当选制宪国民大会广西代表。
	雷殷 1887~1972	广西邕宁	东京法政大学	日本	1909年为桂林地方自治研究所研究员，后到省立桂林政法专门学校任教。清末担任广西咨议局（后改为广西临时参议会）议员。曾任广西文教厅厅长。1918年，任桂林田道道尹，提倡造林、兴水利，禁烟赌，成绩甚著。九一八事变后，雷殷就任广西民政厅厅长。推行乡镇村街民大会制度和"三位一体"制。

续表

类别	姓名	籍贯	毕业院校	留学国别	在广西主要活动
政治群体	李文钊 1899~1969	广西临桂	莫斯科中山大学	苏联	1929 年回国，1932 年担任《创进月刊》主编，1933 年出任第四集团军总政训处宣传科科长。
	李新俊 1905~1998	广东新会	明治大学	日本	1936 年留学回国后，先后在广西担任的主要职务有：广西绥靖公署少将高参，军事委员会桂林办公厅高参，第四集团军总部政治设计委员，抗日救国军新编第二师师长，广西省第十二区行政督察专员兼保安司令，龙州区少将民团指挥官，广西第一区、第四区行政督察专员兼保安司令，广西省政府委员，广西省民政厅厅长。
	李一尘 1903~1986	广西桂平	莫斯科中山大学	苏联	曾任白崇禧秘书部副主任，南宁军校政治教官，梧州公安局局长等职。于 1946 年任制宪国民大会代表，后出任广西省政府委员、省田粮处处长。
	刘士毅 1886~1982	江西都昌	东京士官军事学校	日本	留学回国后应白崇禧之邀，先后于 1931 年至 1940 年出任广西军事政治学校副校长兼教育长、第 31 军军长、军训部次长、中将等职。
	刘斐 1898~1983	湖南醴陵	陆军步兵专门学校、陆军大学	日本	1921 年任桂军排长。1924 年到黄绍竑处任参谋，后改任广西定桂讨贼联军总司令参谋。不久晋升为第三路指挥部参谋长，军事才能颇受白崇禧青睐。1926 年调离广西。1934 年春返回广西，出任第四集团军高级参谋兼广西民团干部学校教育长，协助白崇禧主抓民团骨干培训，此后，担当反蒋活动的说客。
	莫遗贤 1892~1963	广西横县	广西蚕业学校、明治大学	日本	留学回国后，先后担任两粤陆丰、平乐、新兴、儋县、博白、桂林、宾阳县县长，抗战时期担任省政府办公厅秘书，后调任税捐局局长、禁烟局局长等职。1945 年出任省参议员暨粮食部广西田赋粮食管理处副处长。

续表

类别	姓名	籍贯	毕业院校	留学国别	在广西主要活动
政治群体	刘仲容 1902~1980	湖南益阳	莫斯科中山大学	苏联	曾在李宗仁部任参议。1935年参与逼蒋介石抗日活动。次年李宗仁、陈济棠发动两广事变前夕,负责沟通联络张学良、杨虎城。事后返回南宁。曾以李宗仁的代表身份三赴西安。参与西安事变各方交涉,为事变的和平解决做出了努力。1936年年初到访延安,受到毛泽东等的接见。5月回桂林。抗日战争爆发后,以李宗仁派出的常驻代表身份再赴延安,负责与中共联络。1938年任国民政府军委会桂林行营参议,主抓外联,兼任青年学生军团政治副主任。1948年联络各爱国民主人士,进行反蒋斗争。
	彭襄 1897~1985	湖南湘潭	北京大学、里昂中法大学	法国	1937年抗日战争爆发后到广西创办党政干部训练班,负责国际反侵略运动大会广西分会及广西建设研究会政治组工作。1942年后历任省地政局局长、行政院地政署长、桂西行署主任、总统府第一局局长。
	蒙经 1871~1943	广西藤县	明治大学	日本	留学回国后,参与广西咨议局选举并当选为议员,同冷遹等人组织南风报社。1910年升任咨议局分部长。1912年出任国民党广西支部支部长并当选国会众议院议员。1926年任梧州市市长。次年当选广西省党部执行委员兼广西清党委员会主任委员。抗日战争期间,被聘为广西省政府高等顾问兼广西临时参议会参议员。1940年至1942年先后任职第二届国民参政会参政员、藤县修志委员会主任委员。于1943年11月去世。

续表

类别	姓名	籍贯	毕业院校	留学国别	在广西主要活动
政治群体	施正甫 1882~1960	广西宾阳	早稻田大学、广州中法稻美医学院、桂林法政学堂	日本	辛亥武昌起义后，在梧州与广西都督陆荣廷成功会晤，商讨出兵援鄂及与孙中山联谊等事宜。事后到南京向孙中山汇报广西情况。民国成立后，出任粤桂军招抚处处长。后分别担任五县〔宾（阳）、永（淳）、横（县）、上（林）、迁（江）〕清乡督办兼思恩府七属招抚使。1937年当选为省参议会驻会议员。1948年辞官闲居南宁。于1960年8月在南宁去世。
	潘宜之 1893~1945	湖北广济	保定陆军军官学校、伦敦大学、牛津大学	意大利、瑞士、法国、英国	新桂系核心将领，曾参与蒋桂战争，后因新桂系失败退回广西。1934年先后担任广西五路军政治部主任、中国国民党革命同志会和三民主义同志会宣传委员会主任兼民国日报社社长。常作为新桂系和李宗仁、白崇禧的代表，负责联络各方爱国进步人士及中共工作。1936年两广事变爆发，奉命前往香港，邀请淞沪抗战领袖蔡廷锴绕道越南来到广西。此后蒋桂妥协，晋升为陆军中将。1937年6月，曾代表李宗仁、白崇禧与中共、蒋特使斡旋。1937年爆发了"王公度案"，与李品仙、廖磊、夏威等人联合起来反王。抗日战争爆发后，随白崇禧出席最高国防会议。后任第五战区司令长官部秘书长，随桂军开赴徐州前线。
	邱昌渭 1898~1956	湖南芷江	巴玛拿大学、哥伦比亚大学	美国	1931年回国，先后担任桂系的中国国民党革命同志会秘书主任、省政府委员兼教育厅厅长等职务。著有《议会制度》《民权初步新编》《广西县政》等。

续表

类别	姓名	籍贯	毕业院校	留学国别	在广西主要活动
政治群体	苏希洵 1890~1970	广西武鸣	广西公立（法政专门学校）、巴黎大学	法国	1920 年出任梧州海关监督，后任外交部两广特派员。1921 年随下野的岳父陆荣廷退往龙州，后居上海。自 1933 年至 1939 年，担任广西省政府委员、秘书长及广西教育厅厅长。1944 年，复任省政府秘书长。次年，先后担任全国立法委员，西江文理学院（南宁）法律系主任、代理院长等职位。著有《广西基层教育与基层经济建设的联系问题》《本省教育施政方针、现状及其问题》等文章。
	万仲文 1886~1968	广东儋州（今海南儋县）	东京帝国大学	日本	1937 年秋回国，曾任广西省建设研究会编辑室主任，在广西大学担任教授，在中山大学担任教授期间，兼任政治系主任，后到台湾大学担任教授兼政治系主任等。中华人民共和国成立后，重入广西大学担任教授，后调任广西师院教授兼师范部主任及总务长，同时是民革广西区委副主任、桂林市人大常委会副主任等。1988 年 8 月去世。
	谢苍生 1902~1937	广西平南	莫斯科中山大学、莫斯科高等射击学校和步兵学校	苏联	受王公度的邀请于 1930 年回广西，参与广西建设。先后任南宁军校教官、第四集团军总政训处副处长、南宁军校政训处主任等职。1936 年年末，作为广西抗日慰劳团团长赴绥远前线慰劳抗日将士。后因"王公度案"，于 1937 年被李宗仁下令执行死刑。死时年仅 35 岁。

续表

类别	姓名	籍贯	毕业院校	留学国别	在广西主要活动
政治群体	王公度 1889～1937	广西永福	梧州师范学堂、莫斯科中山大学	苏联	桂系核心成员。1930 年成立护党救国革命青年军团秘密组织，担任书记，后任桂系中国国民党革命同志会组织训练委员会首席委员。1931 年后王公度身兼第四集团军总政治训练处处长、广西省政府委员、省党部执委会常务委员、党政研究所训育主任、广西童子军训练处教育长、南宁军校政训处主任等职，显赫一时，1937 年被李宗仁以"阴谋篡权"罪在桂林处死。在职期间提出众多改革措施，开展党政军训练班、发展学生军，培养了诸多军事能人和军事骨干。
	韦永成 1907～1997	广西永福	西北军校、莫斯科中山大学、德国柏林大学	苏联、德国	1928 年至 1934 年先后任广西省党部委员兼书记长、第四集团军政治部秘书、南宁民国日报社社长，后调任绥靖公署政治部副主任、广西日报社长。抗日战争爆发后，出任第五战区政治部主任。
	谢康 1901～2005	广西柳城	广东大学、巴黎大学	法国	曾出任新广西旬报社社长、广西省立第四中学校长、省党务学校教务长。因工作需求调任中国国民党驻法国总支部、驻欧洲国际宣传委员、日内瓦国际联盟秘书兼编译。1939 年回广西，任省政府编辑室主任、教育研究所委员兼秘书，桂林师范学院教授。后调任广东省文理法商学院教务主任。
	张威遐 1906～1980	广西临桂	莫斯科中山大学	苏联	1932 年回广西，任国民党第四集团军司令部参谋、南宁军校教官。1934 年，调任广西中国国民党训练委员会副主任。1936 年被任命为荔浦县县长。1937 引发"王公度案"，受牵连入狱。1938 年春获释，复职后于第五战区政治部工作。1948 年任省民政厅厅长，不久被安排担任安徽省民政厅厅长。1949 年返回桂林任绥署秘书长。同年 11 月，前往香港。

类别	姓名	籍贯	毕业院校	留学国别	在广西主要活动
政治群体	朱佛定 1889~1981	江苏江阴	京都大学堂、巴黎大学、日内瓦大学	法国、瑞士	新桂系核心成员，1936年至1938年任省政府主席兼省立广西大学校长的黄旭初，提倡改革，废副校长制，改设秘书长、增设校本部，以资统筹各学院，并大举招揽人才，任命朱佛定为秘书长兼文法学院院长（校本部）统辖各学院，事实上，朱佛定履行了校长职权。
经济群体	黄荣华 1890~1982	广东开平	哥伦比亚大学	美国	1929年到广西，任建设厅技正。次年升任建设厅厅长。不久调任南宁市工务局局长。于1938年被任命为西南运输处柳州支处处长。1945年出任广西行政院善后救济分署署长。1948年复任省政府委员兼建设厅厅长。在职期间，为广西经济建设做出巨大贡献，使广西在采矿、植桐、电信、筑路等方面取得较大发展。
	金国宝 1894~1963	江苏吴江	复旦公学、哥伦比亚大学	美国	1934年出任广西省政府经济顾问。任职期间，著述颇丰，为广西经济发展出谋献策。著作包括《广西经济建设初步工作意见书》《中国经济问题之研究》《中国币制问题》《高级统计学》《金国宝经济论文集》《工业统计学原理》《统计学大纲》《英国所得税论》等。
	谭义勖 1902~1992	广西兴业	九洲帝国大学	日本	1934年被任命为南宁染织厂经理。

续表

类别	姓名	籍贯	毕业院校	留学国别	在广西主要活动
经济群体	蒋继伊 1882~1952	广西全州	法政大学	日本	1908 年留学归国，与唐尚光合伙筹办广西咨议局，不久升任广西财政司司长，同时创办广西银行。1913 年晋升政务厅厅长。1915 年先后任职粤海道尹、两广财政厅长。1932 年至 1937 年，赋闲在家。其间，曾作为政府特使，负责平息桐木江瑶民事件。1937 年抗日战争全面爆发，又得到新桂系起用，担任湘桂铁路桂柳段工程处副处长，负责 300 余公里湘桂铁路修筑工程。1941 年至 1945 年担任国民参政会参政员。1946 年当选省参议会议长。曾大力主张广西和平解放。1949 年 11 月，被迫撤离桂林，途经香港到台湾，后担任"国策顾问"。1952 年于台北病故。
	时昭涵 1898~1979	湖北枝江	清华大学、麻省理工学院	美国	1931 年至 1935 年协助李四光、马君武等创办广西科学实验馆。1939 年出任广西大学化学系主任。
	蓝梦九 1901~1953	四川蓬安	帝国大学、剑桥大学	日本、英国	1934 年至 1937 年担任广西省土壤调查所所长。1941 年—1944 年担任西北技术专科学校教授。
	李敦化 1897~1985	广东兴宁	东京帝国大学	日本	1928 年到广西，先后任梧州市硫酸厂厂长兼总工程师、两广省办硫酸厂总工程师。
	凌鸿勋 1894~1981	江苏常熟	哥伦比亚大学	美国	1927 年被任命为梧州市市政委员兼工务局局长，同年转任广西大学筹备委员会筹备主任。
	李运华 1900~1971	广西贵县	威斯康星大学、哥伦比亚大学、麻省理工学院	美国	1928 年至 1946 年先后在广西任省建设厅技正兼工业主任，化学实验所所长，广西大学理工学院院长兼任电机工程系主任，广西大学教务长、校长等职务，其间与彭钦教授一同成功研究国产橡胶。1945 年任广西救济分署副署长。

类别	姓名	籍贯	毕业院校	留学国别	在广西主要活动
经济群体	周汝沆 1897~1995	浙江诸暨	东京帝国大学	日本	抗日战争爆发后，回国任广西农事试验场技正兼广西大学农学院教授。1940年调任省农业管理处技正，1944年任广西高级农业学校代理校长。
	陶绍勤 1902~1988	广西玉林	柏林工业大学	德国	1931年回国，先后任广西建设所工程师，矿务局总工程师、局长。1940年至1949年出任梧州各商营矿厂长兼工程师。1950年至1953年就任省技术研究委员会委员、工业厅工矿处处长、探矿队工程师兼省铅锌矿筹备处主任。1953年起先后在广西锰矿勘探队、泗顶铅锌矿404队、三江磷矿463队任工程师。1957年任地质部勘探技术研究所工程师、主任工程师。回国数十载，主抓采矿事业，对中南地区的铅、锌、锡、磷、钨等矿产开采做出巨大贡献。著述颇丰，主要有《广西锡矿发展概况》《国内外坑道掘进技术概述》《国外坑道掘进技术发展概况》等。
	杜肃 1900~1948	广西崇左	帝国大学	日本	1934年留学回广西，任省饷捐局局长。1938年在广西大学担任经济系教授兼主任。1948年自杀身亡。
	阳明烑 1895~1949	广西桂林	哥伦比亚大学	美国	1936年留学回国后，在广西银行担任秘书、副行长。1941年出任省政府统计长。1942年调往西南商业专科学校担任科主任。1945年任省政府委员。1946年兼省财政厅厅长。1949年因车祸去世。著有《广西改用大洋本位问题》等著作。
	马保之 1907~2004	广西桂林	康奈尔大学、剑桥大学	美国、英国	1934年回国后，在广西农业试验场担任场长，后调入广西高级农业职业学校担任校长一职。

类别	姓名	籍贯	毕业院校	留学国别	在广西主要活动
经济群体	李四光 1889~1971	湖北黄冈	东京弘文学院、大阪高等工业学校、伯明翰大学	日本、英国	1937 年随地质研究所到桂林，1938 年秋任桂林科学实验馆馆长。
	廖竞天 1895~1983	广西全县	日本商科大学	日本	1926 年到广西省银行担任协理。1927 年调往广西银行桂林分行任经理。1930 年当选广西参议会议员。1936 年晋升为广西银行总经理兼副董事长。中华人民共和国成立后，出任省人民政府参事兼任广西大学教授。1981 年被聘为广西金融研究会的经济顾问。曾担任过桂林市人民代表、区政协委员等职务。
	龙纯如 1895~1982	广西桂平	上海交通大学、康奈尔大学	美国	1927 年至 1931 年担任广西电话管理局代理局长，1934 年到广西电力厂担任经理。
	龙家骧 1895~1982	广西桂林	里昂大学	法国	曾服务于新桂系，担任广西银行专员，随省政府主席黄旭初出访越南争取外援，寻求外汇。著有《关于基础经济建设的几个问题》等著作。
	吴助之 1897~1981	广东梅县	里昂大学	法国	新桂系重新掌权后，曾担任督办署外交科科长，随时任广西省主席黄旭初出访越南，寻求外援，争取外汇。
	刘云生 1894~1984	湖南长沙	里昂大学	法国	新桂系重新掌权后，其在广西边务学校担任法文教官，不久随时任广西省主席黄旭初出访越南，寻求外援，争取外汇。
	马名海 1889~1978	河北濮阳	威斯康星大学、哥伦比亚大学	美国	1928 年到广西大学担任教授并兼任教务长。1934 年负责省政府气象所的筹建并出任首任主任。
	沈镇南 1902~1951	上海	俄亥俄州立大学、路易斯安那州立大学、柏林大学	美国、德国	1934 年负责广西糖厂的筹建，次年出任糖厂经理。

类别	姓名	籍贯	毕业院校	留学国别	在广西主要活动
经济群体	黄蓟 1883~1939	广西临桂	广西大学、南洋爪哇巴达维亚城（今稚加达）中华学堂教员	南洋	先后在广西任省政府委员，广西银行行长，湘桂铁路管理局监事会监事，财政处处长，禁烟督察局局长，榷运局局长，清理田亩局局长，财政部广西公署特派员，省政府秘书长，广西银行董事长等。1937年，负责筹建湘桂铁路。1939年，因心脏病离世。
	丁文江 1887~1936	江苏泰兴	格拉斯科大学	苏格兰	1913年至1930年，曾到广西进行地质勘查，收集了众多珍贵的地质资料，丰富了地层、古生物研究。其发表了许多著作，如《徐霞客年谱》《徐霞客游览地图》《中国分省新图》等。
	蓝梦九 1901~1953	四川蓬安	帝国大学	日本	1934年至1937年在广西省土壤调查所担任所长。
军事群体	岑德广 1897~1982	广西西林	帝国大学、普林司登研究所	日本、英国	1922年，担任华盛顿会议中国代表团专员随员，随后回广西，先后在梧州任海关监督兼外交部特派交涉员、滇桂联军司令部参议、善后会议代表等。
	岑德麟 1905~1984	广西西林	复旦大学、莫斯科中山大学	苏联	1934年归国，在广西担任航空学校飞行大队长。抗日战争爆发后出任中央航空少将歼击总队长。1946年赴美国。
	陈融 1876~1955	江苏杭州	东京法政大学	日本	1932年任西南政务委员会委员兼秘书长，同年任桂系第四集团军参谋长。
	陈卓林 1897~1984	广东开平	美国航空学校	美国	1936年，两广事变期间，担任空军教导副总队长。1940年，调任驻港办主任。1943年，出任中央航空公司总经理。1949年在香港率部起义。

续表

类别	姓名	籍贯	毕业院校	留学国别	在广西主要活动
军事群体	冯璜 1900~1994	广西容县	日本步兵学校	日本	1932 年任第四集团军总部航空处总务科科长兼学生队队长，1934 年 9 月任广西航空学校副校长。1935 年任 15 军 45 师 128 团团长。1936 年冬任第四集团军教导总队少将总队长。抗战爆发后任 31 军 131 师 391 旅副旅长。1939 年 3 月任广西民团干部学校教育长。
	海竞强 1906~1985	广西桂林	日本成城学校、日本陆军士官学校	日本	早年投身桂系军队，担任交通队队长、副官、连长、少校团附、中校参谋、上校团长。后被选派到陆军军官学校深造。1934 年后出任广西航空学校少校队长。毕业后，被任命为白崇禧侍从参谋、司令部参谋。抗日战争期间，先后在广西担任过学生军大队长、170 师 1019 团团长、桂林行营军委会少将高参、6 师副师长、12 旅少将旅长、46 军 188 师少将师长、46 军副军长等职务。曾参加过徐州会战、桂柳会战、昆仑关会战、武汉会战等大战。
	何信 1913~1938	广西桂林	日本明野飞行学校	日本	留学归国后在母校柳州航校担任助理教职、分队长、教官等职务。
	蓝腾蛟 1898~1984	湖北黄陂	保定陆军学校、日本军事学校	日本	1931 年任国民革命军第四集团军司令部交通处处长，1934 年调任 15 军参谋长。
	林伟成 1902~1947	广东博罗	檀香山图强飞机公司飞行科	美国	1931 年年初，奉命赴广西筹办航空学校，同年冬担任民航局局长，不久更名为第四集团军航空处，局长更处长。1934 年成立分校广西航空，其兼任副校长，同年 9 月晋升为校长。
	陆光球 1895~1981	广西田东	广西航空学校、明野驱逐飞行学校	日本	1937 年抗日战争爆发后，广西空军改编入中央空军，其担任空军第三大队第八中队中队长，参与对日作战。

类别	姓名	籍贯	毕业院校	留学国别	在广西主要活动
军事群体	吕辑人 1913~1998	广西柳城	广东航空学校、美国飞行培训学校	美国	曾先后在广西航空学校担任见习飞行员、中尉飞行员、教育副官,空军第三十四队中尉飞行员,是空军军士学校、空军航校、空军参谋学校第一期学员,教育副官,空军司令部参谋处第一科上尉参谋,空军第二大队少校参谋主任。抗日战争爆发后,因战事需要改编广西空军,划归中央空军统一指挥,转战全国。
	吕天龙 1910~1972	广西陆川	广西航空学校、明野战斗飞行学校	日本	1934年毕业后在广西航空学校担任驱逐队主任教官及飞行队队长。抗日战争爆发后,出任改编后的中央空军第三大队第七中队队长。参与对日作战,先后经历了襄樊空战、汉口空战、台儿庄战役的空战等。
	罗锦春 1906~1986	广西藤县	广西大学、曼彻斯特大学	英国	1936年学成回国,担任广西航空学校教官,后调任空军机械厂任设计科科长。解放前夕,放弃迁徙台湾,转而投身于南宁修械厂。1986年病逝于南宁。
	马晓军 1881~1959	广西容县	保定陆军学校、振武学校、日本陆军学校	日本	1911年到广西担任混成旅参谋。后留学深造,于1915年回国,奉命回广西担任都府中校参谋,组织护国运动。结束后,回乡训练新军。1917年再次组织参加护法运动,先在广西任护国军副司令,后调任田南道警备司令兼警察厅厅长及抚河招抚使等职。1936年任少将,不久担任军事委员会办公厅主任。抗战期间,隐退桂林,筹办广西红十字会分会。

类别	姓名	籍贯	毕业院校	留学国别	在广西主要活动
军事群体	覃连芳 1894~1959	广西柳州	保定陆军军官学校、巴黎盎里若航空修理学校	法国	1921 年在广西担任讲武堂队长。1924 年先后在李宗仁部从事各职。1926 年至 1930 年曾担任第七军交通处处长、国军编遣委员会编组部点验处长、15 军教导 2 师少将团长。1931 年担任 7 军 24 师师长，负责柳州城市建设、扩宽柳侯公园、重修柳侯墓。1936 年授中将衔，1937 年任 31 军 131 师师长，兼任 31 军副军长。
	王仍之 1901~1993	江西瑞昌	巴黎高等机械学校	法国	留学回国后，主要负责中国革命军武器研究制造。于 1930 年担任汉阳兵工厂制枪部主任，后又任金陵兵工厂制枪厂主任，组织仿造自主生产迫击炮。1933 年夏，改任柳州制弹厂厂长，继续攻克迫击炮关键技术。1938 年秋，在担任第四十工厂工务处处长时，赴法国斯涅德兵工厂深造，在 1942 年担任第五十二工厂厂长后，制造了大量手榴弹、破坏剪、炸药包等，支援中国军队的抗战。
	韦超 1912~1940	广西	英国阿母士突朗飞机制造厂、德国滑翔学校	英国、德国	七七事变前回国，先后到桂林、重庆、成都等地表演滑翔，大力提倡滑翔运动，后在重庆表演滑翔时失事身亡。
	曾达池 1896~1982	广西容县	广西航空学校、明野航空学校	日本	抗日战争爆发后，广西航空改编入中央空军后担任空军分队长，后继任大队长，带领团队参与对日空战。
	张佩文 1902~1986	广东永安	北平大学、日本明治大学	日本	1928 年后曾到广西担任禁烟督察局局长、防城县县长。七七事变后，任第四战区长官司令部党政分会政务科科长、少将参议、兵站总监部主任秘书。抗战胜利后，任粤桂闽区敌伪产业处理局专员。后去台湾，于 1954 年补选为第一届"国民大会"代表。

续表

类别	姓名	籍贯	毕业院校	留学国别	在广西主要活动
军事群体	章泽群 1896~1960	广西鹿寨	日本陆军士官学校	日本	1931年回国后,先后在南京、广西军校担任教官。1934年在广西柳州航校担任警卫少校大队长。1937年调任21集团军173师1037团上校团长。1943年调任中央陆军军官学校少将副主任。1945年任138师少将副师长,后升任师长兼三民主义青年团广西分部副主任。1950年自越南起义后回国。1960年去世。
文化群体	陈锡珖 1890~1960	广西郁林	广州军医学堂、日本法政大学	日本	辛亥革命后到广西从事教育事业。1927年以后多次当选广西省党部执监委员。1932年留学深造回来后重回广西筹办晴川中学,主要在于培训治安和"剿匪"。1933年出任六万垦殖区区长。1938年当选为国民参政会第一届广西参政员。抗日战争期间,还担任过国民军事委员会巡察团团员检查军队风纪。民国28年出任广西战地督导团第二团团长。不久调任广西第六区行政督察专员兼保安司令。1935年先后当选为广西省临时参议会议员、副议长及议长。1946年当选制宪国民大会代表。1948年当选第一届立法院委员。
	崔宗栋 1906~1988	河南南阳	伊利诺伊大学	美国	曾在广西大学担任教授,后转任省政府技正兼家畜保育所畜牧主任。
	洪应灶 1914~1976	福建南安	印第安那大学、伦敦大学、纽约大学	美国、英国	曾在广西大学任教。
	黄立生 1895~1984	广西南宁	东京国立高等师范学校	日本	曾任广西邕宁县立中学、师范学校、省立南宁高中等校校长。曾任第十五军政治部副主任、中央军事政治学校分校教官。1931年至1949年出任广西省立第二图书馆馆长。曾当选国大代表、省临时参议会议员。中华人民共和国成立后,1981年任广西文史研究馆馆员。

续表

类别	姓名	籍贯	毕业院校	留学国别	在广西主要活动
文化群体	陈焕镛 1890~1971	广东新会	哈佛大学	美国	1935 年到广西大学担任教授兼任广西经济植物研究所所长。同年，主办《中山专刊》，专注于英文版植物分类学。
	唐惜分 1896~1983	广东思单	纽约大学	美国	留学归国后，主要从事教育事业，曾在广西省教育厅、南宁师范以及教育部等部门任职。
	费鸿年 1900~1993	浙江海宁	东京帝国大学	日本	1933 年回国，在广西大学生物系任主任。次年，再渡日本，到东京帝国大学继续深造，到浅虫临海实验所进行鱼类生理学钻研。
	黄中廑 1900~1991	广西邕宁	清华大学、丹佛大学、威斯康星大学	美国	曾在广西大学担任教授。1939 年到《新军》杂志担任编委。1941 年调任柳州第四战区长官部少将参议。1945 年被任命为省政府委员。1947 年兼任省政府秘书长。1948 年当选为第一届国民大会广西省代表。
	林渭访 1896~1974	浙江临海	北京农业学校、塔林郎林林业大学	德国	留学回国后在广西大学担任教授。
	陶因 1894~1952	安徽舒城	东京帝国大学、法兰克福大学	日本、德国	曾在广西大学任教授。
	马君武 1882~1940	湖北蒲圻	京都帝国大学、柏林工业大学、柏林农科大学	日本、德国	1905 年参加同盟会，与汪精卫一道起草同盟会章程，担任秘书长兼广西支部部长。1921 年调任总统府秘书长、广西省省长。1926 年开始从事教育工作，出任西大校长。其积极主张传播达尔文主义，被称为南社诗人。1932 年当选省政府委员，后出任省政府高等顾问、最高国防参议，与李四光共同创办桂林科学实验馆。
	裴献尊 1899~1970	浙江兰溪	浙江大学、芝加哥普渡大学	美国	留学归国后，到广西大学担任教授，1939 年晋升为广西大学一级教授兼电机系主任。

续表

类别	姓名	籍贯	毕业院校	留学国别	在广西主要活动
文化群体	苏鉴轩 1876~1934	广西容县	美国威斯康星大学	美国	1920年任南宁第三师范学校校长兼广西省工程局局长、总工程师、工程讲习所所长。1928年任广西建设厅柳江公路管理局总工程师兼物品会工程师。1931年任广西大学工学院教授兼土木工程系主任。
	陈寅恪 1890~1969	江西修水	复旦大学、柏林大学、苏黎世大学、巴黎大学、哈佛大学	德国、瑞士、法国、美国	抗日战争爆发后，随清华南迁，1942年曾被聘为广西大学教授。
	邓初民 1889~1981	湖北石首	武汉江汉大学、东京法政大学	日本	在广西大学担任教职。
	费孝通 1910~2005	江苏吴江	东吴大学、燕京大学、清华大学、伦敦大学	英国	1935年到广西大瑶山进行调研考察，主要进行少数民族地区，包括桂省特种部族人种等课题研究。
	何杰 1888~1979	广东番禺	科罗拉多矿业学院、理海大学	美国	曾任广西两广地质调查所所长。广西大学教授兼系主任。
	黄方刚 1901~1944	江苏省川沙	清华学堂、卡尔登大学、哈佛大学	美国	归国后在广西大学担任英文教师。
	黄现璠 1899~1982	广西扶绥	北京师范大学、东京帝国大学	日本	1937年留学归国，先后任南宁高中教师，西大助教、讲师、副教授、教授兼训导馆长、中文系主任、图书馆长，曾担任《国防周报》的编辑委员，后到中山大学、桂林师范学院担任过教授。
	黄叔培 1892~1979	广东揭阳	清华大学、西利亚理工大学	美国	曾在广西大学执教。

类别	姓名	籍贯	毕业院校	留学国别	在广西主要活动
文化群体	黄廷英 1906~1985	广西桂平	东吴大学、伊利诺伊大学、约翰斯·霍普金斯大学	美国	学成归来后，先后到东吴大学、广西大学等校任任教授，在西大期间兼任系主任及总务长。
	廖竞存 1906~1970	广西全州	林肯大学	美国	先后担任中学教员，广西大学、桂林西南商业专科学校、桂林高级中学、广西省立第五中学等校校长。代表作《青年经济学》《大哉孔子》《青年政治读本》《时中与大同》《经济思想史》等。
	雷沛鸿 1888~1967	广西南宁	两广高等实业学堂、哈佛大学	美国	回国后担任广西大学校长，深得新桂系李宗仁赏识，四度被邀担任教育厅厅长。在职期间，注重大众化基础教育，大力推行"教育为公、学术为公、天下为公"的教育理念。1933 年，在全广西推行全民普及教育运动，儿童、成人、学校、社会等各方面合并办理，强化社会改造及教育改造，加强爱国主义和生产技术教育。1935 年后，为完善全民普及教育，先后创办国民中学、西江学院、特种教育训练所。截至 1944 年初步建立了包括初等、中等到高等教育在内的国民教育体系。
	刘宝琛 1893~1974	广东新宁（今台山）	岭南大学附中、清华大学、麻省理工学院硕士	美国	1928 年学成归国，先后在广西担任广西建设厅技正、实业处处长。

续表

类别	姓名	籍贯	毕业院校	留学国别	在广西主要活动
文化群体	盘珠祁 1885~1984	广西容县	威斯康星大学	美国	1915年学成归国，先后在广西任容县中学教师、教育会会长、省政府技正、棉业讲习所所长兼委员。1920年负责筹办农业试验场和学校，后因粤桂战事而放弃。不久调任省政府参议兼农业科科长。1926年担任建设厅厅长，次年冬担任西大筹备委员兼美州特派员，第二年赴欧美考察，考察回国后升任广西大学副校长，其间积极提倡"锄头主义"，注重学生动手、动脑培养。曾担任过代教育厅厅长。九一八事变后，西大成立救国会，当选委员，参与组织各抗日救亡活动。是年秋兼任农学院院长。1936年当选国民政府立法委员。七七事变后，被免去立法委员职务后返回容县老家。
	秦道坚 1897~1986		广西大学、路易斯安那州立大学	美国	就读于广西大学，成绩优异，获得学校金质奖章。毕业后留校任教兼任西大附中化学教师。1940年留学回国后，到广西大学担任教授。
	孙仲逸 1898~1989	安徽寿县	金陵大学、柏林大学、哈勒大学	德国	留学回国后，在中央农业研究所担任技正一职，后到柳州农事试验场担任农艺组主任，不久到广西大学担任农学院院长。中华人民共和国成立后，任广西农学院院长。后当选为广西壮族自治区政协副主席。
	汪奠基 1900~1979	湖北鄂城	北京大学、巴黎大学、里昂大学	法国	1937年，在桂林广西大学担任文史系教授，同时任《今论衡》半月刊主编。
	王觐 1890~1981	湖南浏阳	明治大学	日本	1919年回国，曾在广西大学法商学院担任院长，后当选护校委员兼防护组组长。
	汪振儒 1908~2008	广西桂林	清华大学、厦门大学、康奈尔大学、北卡州迪尤克大学	美国	1937年回国，在广西大学农学院森林系担任教授，兼系主任，同时兼任广西大学植物研究所主任。

续表

类别	姓名	籍贯	毕业院校	留学国别	在广西主要活动
文化群体	谢厚藩 1887～1953	湖南新田	上海中国公学、南洋大学、伯明翰大学	英国	自民国 1928 年开始，谢厚藩弃政从教，献身高等教育事业，先后担任广西大学、桂林师院教授，广西大学物理系主任、理工学院院长。1948 年因参与营救杨荣国教授出狱被解约。
	熊得山 1891～1939	湖北江陵	明治大学	日本	1932 年在广西大学执教。代表作有《中国革命的出路》《中国社会史研究》《社会主义之基础知识》等，并译有《社会思想解说》《唯物史观经济史》等。
	熊襄龙 1895～1977	广西马平	金陵大学、康奈尔大学	美国	于金陵大学肄业后，曾回到广西大学执教，后出国留学，学成归来，再回广西大学担任教员，不久被聘为教授兼省政府农业顾问。1947 年调任建设厅农业处处长。
	徐悲鸿 8915～1953	江苏宜兴	复旦大学、朱利安艺术学院、巴黎国立美术学院、柏林美术学校	日本、法国、德国	1935 年秋，留学学成归来，受聘为广西省政府美术顾问，在桂林独秀峰筹建美术馆，创办广西艺专。
	叶道渊 1891～1969	福建安溪	北京农业专科学校、柏林大学	德国	1923 年受聘于广西省政府担任顾问兼广西大学森林系教授、系主任。对广西林业建设贡献很大。
	余克绪 1901～1990	广西横州	浙江大学、密歇根大学	美国	在广西大学担任教授，后任机械系主任。
	曾昭桓 1901～1993	不详	伊利诺伊大学	美国	归国后在广西大学执教。
	张先辰 1905～1979	广西全州	武昌中山大学、南京中央大学、仙台东北帝国大学	日本	1934 年到广西大学担任总务长。

类别	姓名	籍贯	毕业院校	留学国别	在广西主要活动
文化群体	周汝沅 1897~1995	浙江诸暨	北京农业专门学校、东京帝国大学	日本	七七事变爆发后,毅然选择回国,在广西的农事试验场担任技正同时兼任广西农学院的教授。1940年调任农业管理处任技正。1944年出任广西高级农业学校代理校长。1946年后任英士大学农学院教授兼农学系主任。
	李忠傧 1924~2008	广西全州	广西大学、北京师范大学、东京帝国大学	日本	曾历任广西师院副系主任、几何代数教研室主任等职,曾任广西数学学会副理事长兼科普部部长,后任广西数学学会副理事长及农工民主党广西师院支部主任。
	林砺儒 1899~1977	广东信宜	广东高州学堂、东京高等师范学校	日本	1918年留学归国。先后担任桂林广西教育研究所导师、桂林师范学院教授兼教务长。
	穆木天 1900~1971	吉林伊通	南开中学、东京大学	日本	1921年参加创造社,学成回国后在桂林师范学院执教。
	谭丕谟 1899~1958	湖南祁阳	东京大学	日本	曾在桂林师范学院任教,其著名代表作有《新兴文学概论》《中国文学史纲》《宋元明思想史纲》《文艺思潮之演进》《清代思想史纲》等。
	杨东莼 1900~1979	湖南醴陵	东京大学	日本	1930年回国,曾在广西师范大学担任校长。抗日期间,曾任广西地方建设干部学校教育长。
	杨荣国 1901~1978	湖南长沙	东京高等师范学校	日本	抗战胜利后,在南宁桂林师范学院担任教授。
	华嘉 1915~2003	广东南海	东京大学	日本	曾在桂林《救亡日报》从事记者、副刊编辑工作,发表《叶挺将军访问记》等报告文学及小说、散文等。曾到香港,经历香港被侵略,后返回桂林担任中学教员,其间出版《香港之战》《海的遥望》等文章。

类别	姓名	籍贯	毕业院校	留学国别	在广西主要活动
文化群体	廖苾光 1902~1993	广东梅县	东京帝国大学	日本	1930 年赴日本留学，学成归来，在广西桂林师专执教。
	崔真吾 1902~1937	浙江鄞县	东京高等师范学校	日本	1931 年夏，在广西平乐省立第十中学任教。并与友人在南宁《民国日报》出版《星星周刊》。1933 年，出任桂林省立第三中学教务主任兼英语教员。1934 年，去广西师专乡村师范部任国文教员。1935 年，到南宁省立第四高中任教。1936 年，参加广西南宁文化协会和中国民主抗日救国大同盟。1937 年 8 月 31 日，遭国民党新桂系反动派逮捕，被关押在南宁行辕看守所。9 月 15 日被处决。
	杜敬斋 1894~1982	湖南醴陵	湖南省立第一中学、莫斯科东方大学	苏联	1931 年至 1937 年在北平、桂林等地高等学校任教。1939 年至 1942 年先后任国民革命军预备第二师（师长陈明仁）顾问、陆军军官学校第六分校教官。后在桂林汉民中学、广西师范学院执教。
	马宗融 1890~1949	成都	里昂大学	法国	九一八事变后归国，在广西大学执教。
	施复亮 1899~1970	浙江金华	杭州第一师范学校、东京大学	日本	1927 年脱离共产党。担任广西大学教授。
	王德箴 1912~1998	安徽萧县	北京师范大学、北卡罗来纳大学	美国	曾在广西大学担任教授，后到国民党中央政治大学任教授。
	羊枣 1900~1946	湖北沔阳	东京帝国大学	日本	1934 年任教于广西大学。1935 年秋，到陈望道主持的广西师范专科学校任教。曾任左联宣传干事、秘书长。

类别	姓名	籍贯	毕业院校	留学国别	在广西主要活动
文化群体	张海鳌 1902~1987	广东潮汕	北京中国大学、东京大学	日本	1932年，任广西省教育厅出版科科长。下半年，到广西师专教书。1935年秋，回到广西南宁任《民国日报》编辑，写了许多抨击黑暗现实的杂文，还把日本进步作家的文章译成中文发表。1936年，任广西省教育厅视察员。1937年至1940年底任广西建设干部学校组织股股长，还曾任党的支部书记。
	张铁生 1904~1979	江苏高邮	厦门大学、柏林大学	德国	1938年秋，与郭沫若等至长沙、衡阳，后又至桂林，在胡愈之创办的国际新闻社担任编辑工作，负责编辑《国际新闻通讯》，任《国民公论》杂志编委，坚持抗战，反对投降，并参加筹建桂林文化供应社。
	张志让 1893~1978	江苏武进	加利福尼亚大学、哥伦比亚大学、柏林大学	美国、德国	1937年后，任国民政府军事委员会政治部第三厅宣传科科长、桂林行营政治宣传组组长、广西大学教授等职。
	朱笃一 1985~1947	湖南醴陵	北京大学、莫斯科东方大学	苏联	1932年，任教于广西师专。同年被叛军逮捕，1947年10月，被国民党反动当局秘密杀害于南京郊外。
	祝秀侠 1907~1986	广东番禺	复旦大学、东京帝国大学	日本	历任复旦大学、中山大学、广西大学、桂林师范学院教授。
	戈绍龙 1898~1973	江苏东台	江西医学专科学校、日本九州帝国大学	日本	1934年任广西省立医学院教授、院长兼耳鼻喉科主任。1934年11月21日任广西省立医学院院长，1935年兼广西省立医学院附属医院院长、广西省政府卫生委员会委员。1936年任广西大学医学院院长。
	孟宪荩 1906~1993	山东单县	日本九州帝国大学	日本	广西省立医学院教授。

续表

类别	姓名	籍贯	毕业院校	留学国别	在广西主要活动
文化群体	汪士成 1901～1994	江西上饶	柏林大学	德国	广西医学院院长、军医院院长，他在广西造就不少医学方面的人才，有的被送到德国去留学。广西卫生工作做得很好，每个市、县及大的乡村都设有医院，这都得益于汪士成。
	叶培 1908～2003	广西融水	同济大学、汉堡大学、柏林大学、佛来堡大学、瑞士苏黎世大学	德国、瑞士	1939 年回国。历任上海宝隆医院医师，广西军医院医师，广西省立柳州医院内科兼小儿科主任，广西省立医学院儿科副教授、教授兼附院儿科主任，广西省立医学院院长兼附院院长省立桂林高级护士学校校长，广西省卫生厅副厅长等。
	张镕 1900～1961	浙江平阳	千叶医学专门学校、千叶医科大学	日本	1933 年 8 月回国。曾任广西省立医学院教授，兼南宁卫生事务所主任，广西大学医学院教授，广西军医学校细菌学主任教官，桂林省立医院院长，广西省立医学院教授兼教务主任、代理院长等，为省立医学院的建设与发展做出很大的贡献。
	孔锡鲲 1905～1990	广东五华	佛莱堡大学	德国	广西省立医学院主任、教授。

附录 2　《广西建设纲领》

（中华民国二十四年八月十日广西党政军第二十五次联席会议决议修正通过）

基本认识

（一）总理所创立之三民主义，乃中国革命惟一适当原则，广西党政军同志及全体民众之无上使命，即本此原则以建设广西、复兴中国。

（二）中国现阶段革命运动性质，应为反帝国主义反封建势力的国民革命。

而当前革命之中心任务，为争取民族解放，一切普通民权或发展民生，均必须以民族独立斗争之贯彻为先决条件。本省现阶段建设方针，应为此一中心任务所决定。

（三）为促进本省建设及完成中国革命计，当奉行总理遗教，唤起民众，共同奋斗。对于社会生产直接间接有贡献之民众，须加以组织训练，以充实其参与政治之能力。并须遵照总理"三民主义为人民而设"的遗教，一切建设计划，皆以大多数生产民众之利益为基准。

（四）根据上述意义，本省现阶段建设工作，具有如下的性质：

甲、自卫自治自给之三自政策，应为本省建设之总原则，建设广西、复兴中国的革命目标，即由三自政策之推行以达到之。

乙、为贯彻当前中国革命之中心任务计，应以最大努力从事军事建设，充实民族自卫能力。

丙、为适应现阶段中国革命之性质以达到民权主义计，本省政治建设，一方面愿努力使一切行政设施，皆基于生产民众之意志，具足民主化之精神；一方面厉行保障民权，扶植人民自治能力，造成民主政治之基础。

丁、经济建设指导原则为民生主义。即由发展国家资本、节制私人资本与力求生产社会化之途径，以达到民生主义之理想。循此途径，根据本省之特殊环境，现阶段经济建设之特征，在于抵制帝国主义经济侵略，救济农村，发展生产，改善劳苦民众之生活，防止私人操纵独占之弊害，向自给之目标前进。

戊、文化建设，应根据现阶段政治经济军事之需要而定其方针。

基于以上之认识，厘定本省建设纲领如下：

政治建设

第一条　整饬行政组织，制定本省需要法规，以收因地制宜之效。

第二条　健全政治基层组织，推进建设事业。

第三条　以现行民团制度，组织民众，训练民众，养成人民自卫自治自给能力，以树立真正民主政治之基础。

第四条　发扬公正廉洁之政治风尚，肃清贪官污吏，制裁土豪劣绅，以保障人民生命财产及自由。

第五条　推行卫生行政，发展人民保健事业。

第六条　树立文书制度之基础，提高行政效能。

第七条　实施公务人员训练，以增进其能力。

第八条　厉行预算、会计、审计制度。

经济建设

第九条　施行社会制策，依法保障农工利益，消弭阶级斗争。

第十条　革新旧式农业，振兴与农业相适应之工业，使农工业互相促进，以达到工业化为目的。

第十一条　开拓土产市场，提倡国货，节制奢侈品之输入。

第十二条　运用金融政策，扶植中小工商企业。

第十三条　适应民生需要，公营重要工商企业。

第十四条　在不违反公众利益之原则下，奖励私人投资，开发各种实业。

第十五条　积极开发矿产，并发展交通事业。

第十六条　改善税捐制度，严禁苛捐杂税及一切有碍生产之征收。

第十七条　用累进税率征收所得税、营业税及遗产税。

第十八条　整理土地，奖励垦荒，振兴水利，以发展农村经济。

第十九条　推行合作事业，并设立农民银行，兴办平民借贷所及农村仓库，严禁一切高利贷。

第二十条　整理各县仓储，调剂民食。

文化建设

第二十一条　提高民族意识，消弭阶级斗争，创造前进的民族文化。

第二十二条　奖励科学技术之研究发明。

第二十三条　根据政治经济军事之需要，确定教育方针。

第二十四条　改良教育制度，使贫苦青年均有享受高等教育之机会。

第二十五条　国民基础教育一律免费，并限期强迫普及。

军事建设

第二十六条　厉行寓兵于团、寓将于学政策。

第二十七条　由寓征于募政策，达到国民义务兵役。

（资料来源于广西壮族自治区地方志编纂委员会：《广西通志·政府志》，广西人民出版社，1998 年版，第 471—472 页。）

附录3　《广西建设计划大纲》

（广西省政府委员会第五四一次会议通过，广西省临时参议会第五次会议修正，中华民国三十年八月一日颁布）

宣　言

本省依据国父遗教，制定广西建设纲领，推行三自政策，实施四大建设，行之数载，新政障碍，得以肃清，社会秩序，得以建设。国父手定地方自治开始实行法所到之清户口，立机关，定地价，修道路，垦荒地，设学校之事，亦皆能次第举办，旁及其他。成就唯有差等，基础初已树立。以夙称地瘠民贫之本省，而能于今日抗战建国大业所效力，此皆由于遵奉国父建国之最高指导原则，确定目标，继之以适宜之计划与方法，而按部就班以达成之者也。本省过去建设之所成就，已于桂南光复之后发挥显著之实效，取得光辉之胜利，本省建设之目标，亦自此进入另一新阶段。时移境迁，广西建设纲领已未能适应今日环境之要求，今后对于三民主义之建国理想，应有更切合实际之实现计划，各级建设之中心工作，亦应有分门别类之重新厘定，方能继续前进，计日程功，以期争取抗战胜利，达到建国完成。继广西建设纲领之后，特别颁布广西建设计划大纲，以为今后全省各级建设工作之根据。本省过去建设程序，因环境需要，注重民国之组训，以为一切建设之推动力量，结果，军事建设成就多，而政治经济文化次之。但继此抗战建国之严重时期，增进国力，巩固民生，实对于抗战前途，有决定之意义。而经济问题，已公认为抗战胜利与建国成功之重要因素，经济建设不成功，则其他建设不免受其影响而落于空虚。故本省建设计划大纲，特定经济建设为首要。其次，文化为复兴民族实现三民主义之原动力，一切建设，皆赖其孵育，故文化建设亦为本省今后特别致力之工作。至于政治建设，则为继续以往之实绩，力谋充实，更求进步，加速完成地方自治，以促宪政之开始。军事建设，则为根据已成之基础，发扬光大，以完成警卫与国防之必需。

本广西建设计划大纲分三部分：第一部分总纲，揭示建设之准据、层次（分省、县市、基层三级）和部门（仍分经济、政治、军事、文化四部门），以确定建设的最高指导原则和目标；第二部分列举省、县市和基层各级建设的要项，纲举目张，使各级干部知所努力；第三部分为计划执行与考核之建设实施程序，务期计划缜密，执行切实，考核认真。俾斯三项得紧密配合，稳健进行，以求本建设计划大纲之全部实现。我省各级工作干部及全体同胞，尚其然于局势之变化之后，国步之艰难未已，严厉矫正过去之缺点，继续前此苦干之精神，一致奋发，共同努力，以完成建设广西复兴中国之目标，实所愿望。

第一部分　总纲

第一节　建设准据

第一条　广西为中华民国之一省，广西省政府为谋领导全省官民，共同努力于复兴中国之任务，在整个建国计划体系之内，积极从事本省之建设。

第二条　中华民国建国之最高指导原理，为国父首创之三民主义。依遗教所示，三民主义之建设理想，分为二个阶段逐步完成之。第一阶段为中华民国之建设，以达到民有民治民享为目的，第二阶段为世界和平之建设，以达到大同之治为目的。

第三条　本计划大纲以前条所示第一阶段之建设为限，而当前之使命，尤置重于训政时期地方建设之完成与宪政开始时期应整齐之工作。

第四条　根据国民政府建国大纲均权之原则，凡事有全国一致之性质划归为中央者，本省地方政府于中央政府法令指导之下，努力奉行，加速完成之；其有因地制宜之性质划为地方者，由本省地方政府分担建设之。

第二节　建设层次

第五条　广西建设，总分为省建设，县（市）建设，基层建设三级。

第六条　省建设为工作之主导，县（市）建设为工作之重点，基层建设为工作之基点。

第三节　建设部门

第七条　广西建设，横分为经济建设、政治建设、军事建设、文化建设四部门。

第八条　经济建设之最高指导原则，为民生主义。抵制帝国主义之侵略，消减封建社会之剥削，限制私有财产之发展，建立公有制度之基础，改善劳动状况，改进生产方法，调整分配制度，以完成平均地权、节制资本、生产社会化、分配合理化之第一阶段建设之理想。

第九条　政治建设之最高指导原则，为民权主义，训练四权之行使之能力，启示国民应尽之义务，坚定革命主义之信仰，并确立自治制度，调整自治区域，灌输自治智识，培育自治人才，以完成实施民主政治之必具之基本条件。

第十条　军事建设之最高指导原则，为民族主义。实施国民军事训练与兵役法，使武力民众化，以备平时警卫，战时国防之必需，完成民族自卫之要求。

第十一条　文化建设之最高指导原则为三民主义。改进社会教育，发展学校教育，适应各部门建设之需要，培养人才，运用学校力量，协助建设之进行。使全体国民皆有接受完全教育，参与文化创造之均等机会，以达成在三民主义原则指导之下，发展学术，革新社会意识，造就能适应三民主义国家生活之健全国民之目的。

第二部分　各级建设要项

第四节　省建设要项

第十二条　经济建设

一、推进土地行政，实施土地测量，完成土地陈报，举办地价申报，实行按价征税及自然增值归公。二、公地荒地由人民租用，停止发卖，并规定私人面积之最高额。三、私有荒地逾限不垦者归公。四、私有土地出卖，尽先由公家承受。五、奖励耕地之合作经营。六、重要及大规模企业，由政府及地方团体公营，但得奖励有经营经验之私人参加，并保障其利益，以促进公营企业之成功。七、调查全省之资源，以为工业建设之根据。八、发展机械工业、电气事业及矿产之探查开发，使经济建设逐渐趋向工业化。九、发展粮食及衣用原料生产，并调整与衣食住行有关之工厂，使省内生产渐能自给，趋向于生产社会化。十、确立与经济建设相适应之财政金融政策。十一、建立全省金融网、贸易网、仓库网、交通网，使经济结构组织化，经济建设计划化。十二、建立农业工业试验机构及其指导推广系统，以促进生产之发展。十三、发展农田水利，改进林业行政。十四、普遍合作组织，增高人民生产力与消费力；并使分配合理化，生产社会化。十五、训练经济建设干部，以充实其技术及组织智能。

第十三条　政治建设

一、颁布县地方自治完成标准，限期完成地方自治。二、健全各级民意机关之组织，促进人民行使四权之训练，关于政法教育经济诸方面民众组织中，实施训练，联系进行，以加强民众使用民权之习惯。三、按期举行户口普查，并厉行各级公务统计。四、调整各级行政区域，健全各级行政机构。五、提倡廉洁风尚，肃清贪污土劣。六、厉行干部政策，确立人事制度，以提高行政效率。七、厉行统计会计制度。八、完成各级卫生行政机构，发展医疗保健事业。九、培养卫生医疗专门人才，适应公医制度之需要。

第十四条　军事建设

一、健全并充实国民军事训练之组织及内容，普及国民军事训练。二、健全兵役行政之设施，使组训征调顺利。三、充实国民军事组训所需之武器，并设置必需之武器修理所。四、调整保安机关及保安部队，使负担地方警卫之责，并成为战时兵役之补充机关。五、设置荣誉军人治疗教养机关，以安顿残疾抗战将士。六、充实优待出征军人家属基金。七、组织全省在乡军人，并指导其活动。

第十五条　文化建设

一、完成国民基础教育。二、扩充师范教育，以健全学校师资。三、适应学生数量之需要，调整与增设中等学校，并奖励私人设立。四、改善国民中学制度，使之成为县文化中心。五、修订学校教育改进计划，充实学校设施，促进学生身心健康，改善教学训育方法，实施学生升学职业指导，编印适宜课本，以增强教育效能。六、职业教育，采取建教合一制度，量由事业机关场所举办之。七、订立运用学校力量协助地方建设事业进行办法颁行。八、订立扶助贫苦优良之学生求学办法颁行。九、发展好教育，提高好服务社会能力，培养优良母性，并设计指导改善一般家庭教育。十、成立全省书刊供应流通网，以利文化之传播。十一、改进新闻与广播事业，以辅助政令及社会教育之推行。十二、充实省立图书馆，成立博物馆，艺术馆，以供应自学工具，提高自学风气。十三、适应国防教育，发展国民体育运动，以培养国民强健体格及使用战斗机械习惯。十四、整理并保存本省历史文献，编印年鉴业书，以发展地方文化。十五、改善社会固有文化，对于流行民国之语言、宗教、艺术、礼俗等文化形态，研究其改善办法，指导实施。十六、设置艺术奖金，以提高科学技术之研究发明。

第五节　县（市）建设要项

第十六条　经济建设

一、依据省之指示，举办全县土地测量、地价申报及完成垦荒调查，并扶植自耕农。二、按本省需要和可能，举办农田水利及造林事业。三、按本县需要及可能，举办各种公营事业。四、设置县农场，以接受省农场之指导及推广事项。五、依据省之指示，改进手工业及举办轻工业。六、依据省之指示，推进全县合作事业。七、修筑县道，开水道，并使之与铁路省道及邻县县道联络，以发展交通，便利运输。八、提倡农家副业以充实其生活。九、采取量出为入原则，确立与经济建设相适应之县财政政策。

第十七条　政治建设

一、依据地方自治完成标准，参酌本县情形，限期完成本县地方自治工作。二、调整基层行政区域，以便利行政及自治事业之发展。三、健全执行机构与议事机构。四、普遍训练基层干部，并改进其任用办法。五、依据本省之指示，参酌本县情形，成立卫生院，推进医疗保健事业。六、厉行审计会计制度。七、举办老弱育婴救济事业。

第十八条　军事建设

一、依据法令规定，实施全县国民军事训练。二、置备必需之武器及登记全县公私武器，并施行检查。三、建置必需之兵舍。四、组织全县在乡军人，并指导其活动。

第十九条　文化建设

一、充实或设置县之国民中学，使之成为全县文化之中心。二、设置县之图书馆及书刊流通机构。三、倡导国民体育运动。四、健全收音设备以利政令之传播。五、增修县志并编印年鉴。

第六节　基层建设要素

第二十条　经济建设

一、乡镇村街，均依据规定组织合作社，以负担公共造产之责任及便利私人生产消费。二、利用公共田地或租用田地，设置乡村农场，举办公耕，并接受省县农事场所之指导及推广事项。三、依据法令规定，充实乡镇仓村街仓，改善管理，树立信用。四、按可能及需要，举办农田水利事业。五、切实施行隙地种树及荒山造林。六、提倡家庭工业及副业。七、提倡适合生产水平之消费，以增加国民之健康。八、按年征工修理乡镇街道及整理沟渠。九、装备乡镇电话，并逐渐推及村街。

第二十一条　政治建设

一、依据法令，厉行户籍人事登记。二、清理公产，增加收入，实行岁计会计制度，并使财政完全公开。三、健全乡镇村街公所，按期举办乡镇务会议及村街务会议。四、按期举办村街民会议及乡镇民代表大会，以训练人民行使四权。五、依据法令，成立各种民众组织及民团组织。六、设立村街自治公约。七、依据县之指示，成立乡镇卫生所，设置村街卫生员及置备简易药箱。八、改善居民建筑及增进民族健康。九、禁绝烟赌，取缔游惰。十、设立息讼组织，调解人民纷争。

第二十二条　军事建设

一、依据县之指示，实施本乡镇国民军事训练。二、依据法令规定，组织各种团队，负担地方卫生任务。三、依据法令规定，登记本乡镇公私武器，并施行检查。四、设备集会广场。

第二十三条　文化建设

一、充实中心国民基础学校及国民基础学校，使能尽量收容应受教育之儿童及成人并力求逐渐达到完全免费教育。二、中心学校及基础学校，依据法令，实行社会服务，协助各种建设，使之成为乡镇村街之文化中心。三、公所、学校、合作社、农场等，应随时介绍各处之日常生活用品方式及方法，灌输于本地人员，使之仿效，以改善其生活。四、公所、学校，应购备必需之书报，以供大众阅览。五、就地方节庆庙会社日歌订等原有习俗，改善其内容，举行适当之娱乐集会及舞狮等体育运动。

第三部分　建设实施程序

第七节　计划

第二十四条　本大纲颁布后，省政府、县政府、乡镇公所及各该组织内之部分，均即检讨过去建设之实绩，根据本大纲第二部分之规定，参照人、财、时、地、物各种情形，分别先后缓急拟订各该级各部门实施计划草案，并由主管官厅修正，以成为各该级之整个建设之实施计划。

第二十五条　乡镇建设实施计划，须提经乡镇民代表大会通过，再呈县政府核之。县（市）建设实施计划，须提经县（市）参议会通过，再呈省政府核之。省政府建设实施计划须提经省参议会通过。

第二十六条　本大纲不规定实施完成年限，但各级各部门建设实施计划，必须规定之时日，期定进度，计日程功。

第二十七条　各项计划实施时所需经费，均编入该级机关年度预算内，使计划与预算完全配合。

第二十八条　各级主管部门于各该级整个建设实施计划起草之前及草案完成之后，均需召集有关人员会议详细研讨，以期缜密而免冲突重复之弊。

第八节　执行

第二十九条　已核定之计划，由主管者切实按照执行，非遇意外事故，或者实际情况变动与预定不符合，不得借故停止或轻率修改。

第三十条　计划执行时，如有与实际情况不甚恰合之处，得另订补充调整办法，力求贯彻，但不得违反原定计划之目标。

第三十一条　计划书执行时，负责者须切实努力，上级必认真监督，且须随时检查纠正错误。

第三十二条　需要民众热烈参加之建设工作，各级干部应努力宣传，发为运动，不可仅以命令行之。

第九节　考核

第三十三条　每项计划或整个计划之实施，负责执行者应随时记录，按期检讨其工作之成绩，如实施与预定计划有出入时，应寻求其原因，指出其缺点，以积累自己之经验。

第三十四条　上级接到下级执行计划结果之报告后，应即审定其成绩并据以奖惩，以之激励。

第三十五条　同级各部门执行同类计划时，上级应随时将考核所得之各种优点，缺点宣布通知，合彼此观摩，互相竞进，增加工作效率。

（资料来源于广西省政府委员会民国三十年八月印行，单行未刊本，广西师范大学图书馆藏）

参考文献

一、历史文献

1. 广西省统计局.《广西年鉴》第一（1934 年）、第二（1935 年）、第三（1944 年）回.

2. 孙仁林，龙家骧，叶贻俊等. 桂政纪实（上、中、下 3 册）《广西省政府十年建设编纂委员会，1946.

3. 谢祖莘. 广西地方自治概要. 出版时间、单位不详，广西师范大学图书馆藏书.

4. 龙家骧. 广西经济问题纲要. 1934 年，广西图书馆特藏.

5. 雷殷. 地方自治. 桂林建设书店，1939.

6. 李宗仁等. 广西之建设. 广西建设研究会，1939.

7. 李宗仁. 三民主义在广西. 民团周刊社，1938.

8. 李总司令最近演讲集. 第四集团军总政训处，1935.

9. 李德邻先生论广西建设与复兴中国. 南宁建设书店，1938.

10. 白崇禧. 三自政策在广西的检讨. 广西日报社，1937.

11. 白崇禧. 广西的军事建设. 桂林全面战周刊社，1938.

12. 白副总司令演讲集. 国民革命军第四集团军总司令部政训处，1935.

13. 白崇禧先生最近言论集. 创进月刊社，1936.

14. 白崇禧. 三自政策. 第四集团军总政训处，1935.

15. 行新政用新人（白崇禧言论集之四）. 桂林全面战周刊社，1938.

16. 黄旭初. 中国建设和广西建设. 桂林建设书店，1939.

17. 黄旭初. 县政建设与基层建设. 桂林建设书店，1940.

18. 黄旭初. 改良社会要从健全乡村做起. 广西省政府编译委员会，1940.

19. 黄旭初. 国民基础教育与广西建设. 广西省政府编译委员会，1940.

20. 黄旭初先生讲演集. 南宁民国日报社，1935.

21. 如何推行新政（黄旭初先生言论之三）. 广西省政府编译委员会，1935.

22. 邱昌渭，刘文学. 广西政治建设讲义. 广西民团干部学校，1937.

23. 邱昌渭. 县政须知. 广西省政府民政厅，1934.

24. 邱昌渭. 广西县政. 文化供应社，1940.

25. 雷沛鸿. 六年来之广西国民基础教育. 民团周刊社，1939.

26. 雷沛鸿. 我的自白. 中央日报，1947-11-18.

27. 乡村工作须知. 第四集团军总政训处，1937.

28. 陈柏心. 地方政府总论. 广西建设研究会，1940.

29. 胡适. 南游杂忆. 国民出版社，1935.

30. 李公朴. 广西社会相. 生活书店，1936.

31. 胡政之，[美] 艾迪. 广西印象记，1935.

32. 莅桂中外名人演讲集. 广西省政府编译委员会，1940.

33. 许壁. 广西建设集评. 西南印书局，1935.

34. 冯璜. 广西的民团. 民团周刊社，1940.

35. 薛暮桥. 广西农村经济调查. 广西省立师范专科学校，1934.

36. 十二年来之广西银行. 广西银行总行，1944.

37. 陈春源. 广西留学史. 广西省教育厅，1934.

38. 广西教育概况. 广西省教育厅，1941.

39. 童润之. 广西国民中学教育. 广西省教育厅，1942.

40. 全国专科以上学校要览. 中央教育科学研究所图书馆，1941.

41. 广西大学一览. 广西大学，1939.

42. 许高阳. 十年来之广西民团. 西南导报社，1940.

43. 亢真化. 广西的三位一体制. 民团周刊社，1940.

44. 亢真化. 广西的基层建设. 民团周刊社，1938.

45. 亢真化，梁上燕. 改良风俗的实施. 民团周刊社，1938.

46. 梁上燕. 新政与新人. 民团周刊社，1938.

47. 梁上燕. 广西的基层干部. 民团周刊社，1938.

48. 梁上燕. 民团制度与自治. 民周刊社，1939.

49. 潘景佳. 怎样举行村街民大会. 民团周刊社，1938.

50. 潘景佳. 民团运动与基层建设. 民团周刊社，1938.

51. 苏希洵. 广西教育概况. 广西省教育厅，1940.

52. 赖彦于. 广西一览. 广西印刷厂印，1936.

53. 钱实甫. 地方自治与基层干部. 民团周刊社，1938.

54. 钱实甫．论三自政策与广西建设．南宁建设书店，1938.

55. 刘士毅．广西建设纲领的军事建设．第四集团军总政训处，1936.

56. 千家驹等．广西省经济概况．商务印书馆，1936.

57. 政治建设概论．广西省政府教育厅，1937.

58.《广西各县商业概况》第一册、第二册，广西省政府经济委员会，1932年手抄书，现藏桂林图书馆．

59. 民国二十二年度广西各县概况：1—6 册．广西民政厅，1934.

60. 广西民团条例．广西省政府秘书处，1934.

61. 广西民团条例章则汇编．第四集团军总司令部，1934.

62. 三自政策概论．广西民团干部学校，1937.

63. 三自政策及广西建设纲领．第五路军总政训处，1938.

64. 陈礼江．广西的民团及其评价．中国第二历史档案馆藏档，全宗号三四，案卷号 608.

65. 广西造林计划．中国第二历史档案馆藏档，全宗号四二二，案卷号 155.

66. 广西地方建设干部学校概况．广西壮族自治区档案馆藏档，全宗号 L28，案卷号 22.

67. 三自政策及广西建设纲领．第五路军总政训处，1938.

68. 新广西．第四集团军总政训处，1935.

69. 民国二十年来广西大事记．广西省政府，1938.

70. 广西与中国革命．第四集团军总政训处，1936.

71. 一凡．抗战中广西的动态．上海抗战编辑社，1938.

72. 陈晖．广西交通问题．商务印书馆，1938.

73. 广西建设纲领概论．广西民团干部学校，1936.

74. 姚亮．广西建设史概要．广西地方行政干部训练团，1946.

75. 建设广西复兴中国之途径．广西省政府秘书处，1936.

76. 广西建设计划大纲．广西省政府，1941.

77. 广西省第一次行政会议报告书．广西省政府，1933.

78. 徐义生．广西省县行政关系．商务印书馆，1943.

79. 政治建设概论．广西省政府教育厅，1937.

80. 广西民团条例章则汇编．第四集团军总司令部，1934.

81. 徐晓明．广西之寓将于学政策．广西省政府教育厅编审室，1939.

82. 行政院农村复兴委员会．广西省农村调查．商务印书馆，1935.

83. 广西财政纪要新编．广西省政府财政厅，1938.

84. 刘锡蕃．岭南记蛮．商务印书馆，1934.

85. 张培刚．广西粮食问题．商务印书馆，1938．

86. 广西省基层经济建设纲要．广西省政府，1941．

87. 广西的教育及其经济．中国社会教育社广西考察团，1937．

88. 广西教育概况统计．广西省政府教育厅，1936．

89. 刘介．广西特种教育．广西省政府编译委员会，1940．

90. 广西省改良风俗规则．广西省政府，1933．

91. 梁存珍．广西文化建设．第四集团军干部政治训练班，1936．

92. 文化建设概论．广西省政府教育厅，1937．

93. 国民教育法令汇编．广西省政府教育厅，1943．

94. 广西省现行法规汇编．广西省政府编纂法规委员会，1946．

95. 广西国民基础学校办理通则．广西省政府教育厅，1940．

二、方志资料

1. 广西通志馆编．广西通志初稿．广西通志馆印行，1949．

2. 广西壮族自治区各地、市、县地方志编纂委员会编．《广西新编地方志》约百种，广西人民出版社 1988 年至 1999 年版．

3. 广西志编纂委员会．广西通志．20 世纪 90 年代先后出版的各专门志．

4. 莫炳奎纂．民国邕宁县志．民国 26 年（1937）．

5. 朱昌奎纂．民国宾阳县志．广西档案馆，1961．

6. 刘振西等纂修．民国隆安县志．民国 23 年（1934）．

7. 吴瑜纂修．民国思恩县志．民国 24 年（1935）．

8. 潘宝篆纂．民国罗城县志．民国 24 年（1937）．

9. 黄文观等纂．民国凤山县志．广西博物馆，1957．

10. 谢嗣农纂．民国柳城县志．民国 29 年（1940）．

11. 龙泰任纂．民国融县志．民国 25 年（1936）．

12. 唐本心纂．民国雒容县志．民国 23 年（1934）．

13. 刘策群纂．民国象县志．民国 37 年（1948）．

14. 庞赓辛纂．民国武宣县志．民国 23 年（1934）．

15. 翟富文纂修．民国来宾县志．民国 26 年（1937）．

16. 唐载生、廖藻总纂．民国全县志．民国 24 年（1935）．

17. 骆少鹤等纂．民国恭城县志．民国 26 年（1937）．

18. 张志林等纂．民国平乐县志．民国 29 年（1940）．

19. 黎启勋等纂．民国阳朔县志．民国 32 年（1943）．

20. 梁培煐等纂. 民国贺县志. 民国 23 年 (1934).

21. 王昆山纂. 民国信都县志. 民国 25 年 (1936).

22. 吴寿崧等纂. 民国昭平县志. 民国 23 年 (1934).

23. 郑湘畴纂修. 民国平南县鉴. 民国 29 年 (1940).

24. 梁崇鼎等纂. 民国贵县志. 民国 24 年 (1935).

25. 侠名纂修. 民国恩隆县志. 民国 22 年 (1933).

26. 岑启沃纂. 民国田西县志. 民国 27 年 (1938).

27. 林其禧等纂. 民国凌云县志. 民国 31 年 (1942).

三、史料汇编及报刊

1. 中国第二历史档案馆编. 中华民国史档案资料汇编. 江苏古籍出版社, 1994.

2. 广西政协文史资料委员会编辑出版. 桂系大事记. 1993.

3. 广西政协文史资料委员会编辑出版. 新桂系纪实. 1990.

4. 广西政协文史资料委员会编辑出版. 新桂系纪实续编. 广西人民出版社, 2005.

5. 广西政协文史资料委员会编辑出版. 广西文史资料》1~32 辑 (1961-1991 年).

6. 全国政协文史资料委员会编辑出版. 文史资料选辑. 中国文史出版社, 2009.

7. 广西政协文史资料委员会编辑出版. 广西文史资料选辑》, 1961 年创刊.

8. 桂林市政协文史资料学习委员会编辑出版. 桂林文史资料》1~28 辑, 漓江出版社, 1982—1995.

9. 南宁市政协文史资料委员会编辑出版. 南宁文史资料. 1986 年创刊.

10. 梧州文史资料编辑委员会编辑出版. 梧州文史资料: 1~9 辑, 1982—1985.

11. 玉林市政协文史资料委员会编辑出版. 玉林文史资料: 1~10 辑, 1982—1985.

12. 贵县政协文史资料研究委员会编辑出版. 贵县文史资料: 1~16 辑, 1982—1991.

13. 宾阳县政协文史资料编辑委员会编辑出版. 宾阳文史资料: 1~11 辑, 1985—1991.

14. 宾阳县政协文史资料编辑委员会编辑出版. 龙州文史资料: 1~11 辑,

1982—1991.

15. 广西罗城县政协文史资料委员会编辑出版. 罗城文史资料：1~7 辑，1985—1993.

16. 陈真. 中国近代工业史资料. 三联书店，1961.

17. 李滔. 中华留学教育史录. 高等教育出版社，2005.

18. 王焕琛. 留学教育——中国留学生教育史料. 台湾编译馆，1980.

19. 新桂系史料旧刊. 广西师范大学馆藏.

20. 黄旭初. 八桂忆往录，（香港）春秋杂志. 第 153~213 期连载，1963—1966.

21. 李绍雄. 广西教育史料. 广西史地学社，1946.

22. 韦善美，马清和. 雷沛鸿文集》（上、下册，续编），广西教育出版社，1989，1990，1993.

23. 广西通志馆旧志整理室. 广西方志物产资料选编. 广西人民出版社，1991.

24. 谢东来. 广西历代农业史料. 广西农牧渔业编辑室编印，1986.

25. 严中平，等. 中国近代经济史统计资料选编. 科学出版社，1995.

26. 李彦福，黄启文，等. 广西教育史料. 广西人民出版社，1990.

27. 宋恩荣. 晏阳初全集（第一卷），湖南教育出版社，1989.

28. 潘其旭，王斌，等. 桂林文化城纪事. 漓江出版社，1984.

29. 南宁民国日报. 1931—1937.

30. 桂林日报. 1935—1937.

31. 申报. 1930—1939.

32. 正路，广西民团干部学校，1935—1937.

33. 创进月刊. 第四集团军总政训处，1934—1937.

34. 民团周刊. 广西民团干部学校政训处，1937.

35. 桂政导报. 广西省政府秘书处，1945.

36. 村治. 1930—1933.

37. 容县旬刊. 1933—1934.

38. 民团月刊. 1932.

39. 广西文献. 台北广西同乡会，1979—2003.

40. 广西教育通讯. 1939—1940.

41. 广西民政季刊. 1932—1933.

42. 广西省政府公告. 1934—1937.

43. 乡村建设半月刊. 1935.

四、著作、传记及文集

1. 容闳. 西学东渐记［M］. 长沙：湖南人民出版社，1991.

2. 钟文典. 20 世纪 30 年代的广西［M］. 桂林：广西师范大学出版社，1992.

3. 钟文典. 广西通史［M］. 南宁：广西人民出版社，1999.

4. 钟文典. 广西近代圩镇研究［M］. 桂林：广西师范大学出版社，1998.

5. 钟文典. 近代广西社会研究［M］. 南宁：广西人民出版社，1990.

6. 李喜所. 中国留学通史（晚清卷、民国卷）［M］. 广州：广东教育出版社，2010.

7. 李喜所. 近代留学生与中外文化［M］. 天津：天津教育出版社，2006.

8. 李喜所. 近代中国的留学生［M］. 北京：人民出版社，1987.

9. 李喜所等. 近代中国的留美教育［M］. 天津：天津古籍出版社，2000.

10. 周棉. 中国留学生大辞典［M］. 江苏：南京大学出版社，1999.

11. 周棉. 留学生与中国的社会发展：第一卷［M］. 北京：中国矿业大学出版社，1997.

12. 周棉. 留学生与中国的社会发展：第二卷［M］. 长春：吉林人民出版社，2008.

13. 安宇，周棉. 留学生与中外文化交流［M］. 江苏：南京大学出版社，2000.

14. 周棉. 中国留学生论［M］. 江苏：南京大学出版社，2012.

15. 章开沅，余子侠. 中国人留学史［M］. 北京：社会科学文献出版社，2013.

16. 徐声凯. 容县人物志［M］. 北京：时代出版社，2002.

17. 留学生丛书编委会. 中国留学史萃［M］. 北京：中国友谊出版公司，1992.

18. 实藤惠秀. 中国人留学日本史［M］. 北京：北京大学出版社，2012.

19. 黄福庆. 清末留日学生（台湾）. 台北"中央研究院"近代史研究所专刊，1975.

20. 陈琼莹. 清季留学政策初探（台湾）. 文史哲出版社，1989.

21. 田正平. 留学生与中国教育近代化［M］. 广州：广东教育出版社，1996.

22. 吴霓. 中国人留学史话［M］. 北京：商务印书馆，1997.

23. 尚小明. 留日学生与清末新政 [M]. 南昌：江西教育出版社，2002.

24. 吴汉全，王中平. 留学生与近代中国社会变迁 [M]. 长春：吉林人民出版社，2012.

25. 王中平. 留学生群体分化与社会思潮演变（1915—1928）[M]. 长春：吉林人民出版社，2011.

26. 沈殿成. 中国人留学日本百年史：上册 [M]. 沈阳：辽宁教育出版社，1997.

27. 汪一驹. 中国知识分子与西方 [M]. 久大文化股份有限公司，1991.

28. 李又宁. 华族留美史——150 年的学习与成就（国际学术研讨会论文集）. 纽约天外出版社，1999.

29. 刘国铭. 中华民国国民政府军政职官人物志 [M]. 春秋出版社，1989.

30. 裴艳. 留学生与中国法学 [M]. 天津：南开大学出版社，2009.

31. 陈志科. 留学生与中国教育学 [M]. 天津：南开大学出版社，2009.

32. 王奇生. 中国留学生的历史轨迹（1872—1949）[M]. 武汉：湖北教育出版社，1992.

33. 王奇生. 留学与救国—抗战时期海外学人群像 [M]. 桂林：广西师范大学出版社，1995.

34. 靳明全. 攻玉论——关于 20 世纪初期中国政界留日生的研究 [M]. 重庆：重庆出版社，2000.

35. [美] 史黛西·比勒. 中国留美学生史 [M]. 北京：生活·读书·新知三联书店，2010.

36. 许纪霖. 中国现代化史（1800—1949）[M]. 北京：学林出版社，2006.

37. 萧功秦. 危机中的变革——清末现代化进程中的激进与保守 [M]. 北京：三联书店，1999.

38. 王小秋. 近代中日文化交流史 [M]. 北京：中华书局，1992.

39. 郑匡民. 西学的中介——清末民初的中日文化交流 [M]. 成都：四川人民出版社，2008.

40. 叶维丽. 为中国寻找现代之路——中国留学生在美国（1900—1927）[M]. 北京：北京大学出版社，2012.

41. 陈潮. 近代留学生 [M]. 北京：中华书局，2010.

42. 叶隽. 异文化博弈——中国现代留欧学人与西学东渐 [M]. 北京：北京大学出版社，2009.

43. 刘晓琴. 中国近代留英教育史 [M]. 天津：南开大学出版社，2005.

44. 汤志钧. 康有为政论集: 上册 [M]. 北京: 中华书局, 1981.

45. 康有为. 大同书 [M]. 沈阳: 辽宁人民出版社, 1994.

46. 周一川. 近代中国女性日本留学史 [M]. 北京: 社会科学文献出版社, 2007.

47. 郑海麟, 张伟雄. 黄遵宪文集 [M]. 日本中文出版社, 1991.

48. 熊月之. 西学东渐与晚晴社会 [M]. 上海: 上海人民出版社, 1997.

49. 张宪文. 中华民国史纲 [M]. 郑州: 河南人民出版社, 1985.

50. 朱浤源. 从变乱到军省——广西初期的现代化 (1860-1937) [M]. 南宁: 台北"中央研究院"近代史研究所, 1995.

51. 费正清. 剑桥中华民国史 (第一部), 中译本 [M]. 上海: 上海人民出版社, 1991.

52. 费正清. 剑桥中华民国史 (第二部), 中译本 [M]. 上海: 上海人民出版社, 1992.

53. 费正清. 剑桥中国晚清史 [M]. 上海: 上海人民出版社, 1991.

54. 闻钧天. 中国保甲制度 [M]. 北京: 商务印书馆, 1935.

55. 陈正祥. 广西地理 [M]. 中正书局, 1946.

56. 申晓云, 李静之. 李宗仁的一生 [M]. 郑州: 河南人民出版社, 1992.

57. 郭荣生. 中国省银行史略 [M]. 台湾"中央银行"经济研究处, 1967.

58. D. H. 帕金斯. 中国农业的发展 (1368—1968) [M]. 上海: 上海译文出版社, 1984.

59. 秦孝仪. 中华民国经济发展史 [M]. 南宁: 台北近代中国出版社, 1983.

60. 张先辰. 广西经济地理 [M]. 桂林文化供应社, 1943.

61. 邱昌渭. 议会制度 [M]. 世界书局, 1933.

62. 舒绍平. 民国总统府秘书长邱昌渭 [M]. 北京: 中国文史出版社, 2011.

63. 李华兴. 民国教育史 [M]. 上海: 上海教育出版社, 1997.

64. 李宗仁口述, 唐德刚撰写. 李宗仁回忆录 (上、下卷) [M]. 上海: 华东师范大学出版社, 1995.

65. 黄绍竑. 五十回忆 [M]. 风云出版社, 1946.

66. 黄绍竑. 黄绍竑回忆录 [M]. 北京: 人民出版社, 1991.

67. 苏志荣. 白崇禧回忆录 [M]. 北京: 解放军出版社, 1987.

68. 白崇禧口述, 贾廷诗, 陈三井等记录, 郭廷以校阅. 白崇禧口述自传

［M］．北京：中国大百科全书出版社，2013.

69. 程思远．政坛回忆［M］．南宁：广西人民出版社，1983.

70. 程思远．李宗仁先生晚年［M］．北京：文史资料出版社，1980.

71. 程思远．政海秘辛［M］．香港南粤出版社，1988.

72. 程思远．蒋李关系与中国［M］．香港自由出版社，1952.

73. 程思远．白崇禧传［M］．华艺出版社，1995.

74. 伍学寅．百年桑梓程思远［M］．香港银河出版社，2009.

75. 谭肇毅．桂系史探研［M］．北京：中国文史出版社，2005.

76. 谭肇毅．新桂系政权研究［M］．南宁：广西人民出版社，2011.

77. 黄茂田．中国共产党广西地方史教程（1919-1949）［M］．南宁：广西教育出版社，1988.

78. 郑家度．广西近百年货币史［M］．南宁：广西人民出版社，1981.

79. 郑家度．广西金融史稿［M］．南宁：广西民族出版社，1984.

80. 张若龄，陈虔礼．广西公路史［M］．北京：人民交通出版社，1991.

81. 梁有斌，谢永泉．广西公路运输史［M］．南宁：广西人民出版社，1990.

82. 马依，舒瑞萍．广西航运史［M］．北京：人民交通出版社，1991.

83. 左国金等．广西农业经济史［M］．北京：新时代出版社，1988.

84. 刘文俊．广西新民团研究［M］．合肥：合肥工业大学出版社，2007.

85. 蒙荫昭，梁全进．广西教育史［M］．南宁：广西人民出版社，1999.

86. 黎瑛．权力的重构与控制——近代广西社会控制机制研究［M］．北京：民族出版社，2011.

87. 李炳东、戈德华．广西农业经济史稿［M］．南宁：广西民族出版社，1995.

88. 戴安娜·拉里．中国政坛上的桂系［M］．南京：江苏教育出版社，2010.

89. 刘小林等．近代社会思潮与广西［M］．桂林：广西师范大学出版社，2012.

90. 莫济杰、陈福霖．新桂系史：第二卷［M］．南宁：广西人民出版社，1995.

91. 魏华龄．桂林文化城史话［M］．南宁：广西人民出版社，1987.

92. 朱从兵．铁路与社会经济——广西铁路研究（1885—1965）［M］．桂林：广西师范大学出版社，1999.

93. 任建涛．建国之惑——留学精英与现代政治的误解［M］．北京：中国政法大学出版社，2012.

94. 雷坚. 雷沛鸿传 [M]. 南宁：广西人民出版社，1997.

95. 张鸣. 乡村社会权力和文化结构的变迁（1903—1953）[M]. 西安：陕西人民出版社，2008.

96. 郑大华. 民国乡村建设运动 [M]. 北京：社会科学文献出版社，2000.

97. 庞敦志. 广西社会特质 [M]. 北京：华侨图书社，1950.

98. 邓正兵. 广东地方实力派和地方主义研究 [M]. 武汉出版社，2001.

99. 陈勤. 地方实力派与中国区域现代化进程——透视 20 世纪 30 年代的广西 [M]. 南宁：广西人民出版社，2002 年

100. 张公权. 抗战前后中国铁路建设的奋斗 [M]. 传纪文学社，1974.

101. 张泽宇. 留学与革命——20 世纪 20 年代留学苏联热潮研究 [M]. 北京：人民出版社，2009.

102. 万仲文. 万仲文文集：上、下 [M]. 北京：华夏出版社，2009.

103. 舒新城. 近代中国留学史 [M]. 北京：中华书局，1929.

104. 舒新城. 中国近代教育史资料：上、下 [M]. 北京：人民教育出版社，1981 年

105. 莫济杰，陈福霖. 新桂系史 [M]. 南宁：广西人民出版社，1991.

106. 杨乃良. 广西乡村建设与地方自治研究（1930—1949）[M]. 兰州：甘肃人民出版社，2004.

107. 杨乃良. 民国时期广西经济建设研究 [M]. 北京：崇文书局，2003.

108. 林清芬. 抗战时期我国留学教育史料·各省考选留学生（1～6 册），台湾"国史馆"印行，1994.

109. 王伟. 中国近代留洋法学博士考（1905—1950）[M]. 上海：上海人民出版社，2011.

110. 李德芳. 民国乡村自治问题研究 [M]. 北京：人民出版社，2001.

111. 冉绵惠，李惠宇. 民国时期保甲制度研究 [M]. 成都：四川大学出版社，2005.

112. 黄新宪. 中国留学教育的历史反思 [M]. 成都：四川教育出版社，1991.

113. 李怡. 近代中国无政府主义思潮与中国传统文化 [M]. 武汉：华中师范大学出版社，2001.

114. 王圣诵. 中国乡村自治问题研究 [M]. 北京：人民出版社，2009.

115. 陈洁莲. 民主壮族——中国壮族乡村民主自治研究 [M]. 南宁：广西人民出版社，2009.

116. 余俊. 民国时期广西地方自治实施研究［M］. 北京：人民出版社，2015.

117. 莫世祥. 马君武集［M］. 武汉：华中师范大学出版社，2011.

118. erome B. Grieder, *Hu Shih and the Chinese Renaissance：Liberalism in the Chinese Revolution* 1917-1937. East Asian Series 46，Cambridge：Harvard University Press，1970.

119. Mark Selden, *The Yenan Way in Revolutionary China*, *Harvard East Asian Series* 62，Cambridge, Harvard University Press，1971.

120. WilliamLevich, *TheKwangsiWay inKuomintangChina*（1931-1939），Cambridge：M. E. Sharpe，1993.

121. Diana Lary, *Region and Nation：The Kwangsi Clique in Chinese Politics* 1925-1937, CambridgeUniversity Press，1974.

五、论文

1. 黄启汉. 国民党桂系见闻录［J］. 学术论坛，1986（2）.

2. 黄新硎. 旭公主桂县政建设丛谈［J］. 广西文献（台湾），1979（3）.

3. 李振英. 广西过去的地方自治［J］. 广西文献（台湾），1983（19）.

4. 黄家谟. 广西省政府的成立与主席更迭［J］. 广西文献（台湾），1991（53~54）.

5. 朱浤源. 我国近代民主政治的个案研究：广西省的学步民主［J］. 广西文献（台湾），1995（67~68）.

6. 朱浤源. 20 世纪 30 年代广西的动员与重建，台北"中央研究院"近代史研究所集刊，1989 年总第 17 期（下）.

7. 朱浤源. 近代广西的货币变革，台北"中央研究院"近代史研究所集刊，1989（18）.

8. 朱浤源. 近代广西的交通建设，台北"中央研究院"近代史研究所集刊，1990（19）.

9. 朱浤源. 广西教育的初期现代化（1902—1937），台北"中央研究院"近代史研究所集刊，1992（21）.

10. 周钢鸣. 桂林文化城的政治基础及盛况［J］. 学术论坛，1981（2）.

11. 张伟. 民团、学校与公所——20 世纪 30 年代广西乡村基层政权之建构［J］. 中国农史，2005（3）.

12. 王先明，李伟中. 20 世纪 30 年代的县政建设运动与乡村社会变迁——

以五个县政建设实验县为基本分析样本 [J]. 史学月刊, 2003 (4).

13. 王先明, 李伟中. 20 世纪 30 年代中国乡村防卫体制的变迁——邹平联庄会与新桂系民团比较研究 [J]. 河北学刊, 2002 (5).

14. 韦国友. 谈现代化视野下新桂系的社会动员 [J]. 贵州民族学院学报 (哲学社会科学版), 2002 (6).

15. 黄祐. 新桂系在广西推行的教育新政探析 [J]. 教育评论, 2010 (1).

16. 李喜所. 百年留学潮与中国现代化 [J]. 河北学刊, 2006 (2).

17. 李喜所. 中国留学完整史 [J]. 教育与职业, 2013 (11).

18. 李喜所. 关于中西文化对接的理论思考——兼谈新知识群体的链接功能 [J]. 河北学刊, 2007 (4).

19. 李喜所. 留学生与近代中国社会变革的良性互动 [J]. 社会科学研究, 2004 (5).

20. 张培富. 留学生与中国科学文化的发展 [J]. 科学技术哲学研究, 2012 (6).

21. 程思远. 王公度案内幕 [J]. 文史春秋, 1995 (2).

22. 周棉. 论留学生群体作用于民国社会发展的诸种互动关系 [J]. 浙江学刊, 2015 (5).

23. 周棉. 留学生群体与民国时期新式教育体制的建立 [J]. 浙江学刊, 2012 (5).

24. 赵师红, 周棉. 留学生群体与民国时期农业的发展 [J]. 江苏师范大学学报 (哲学社会科学版), 2013 (5).

25. 魏善玲. 南京国民政府前期留学生群体的结构分析 (1928–1936) [J]. 江苏社会科学, 2010 (3).

26. 赖继年. 留学、建设与展现: 近代留学生群体的自我构建 [J]. 大连大学学报, 2011 (5).

27. 谢长法. 民国时期的留学生与高等教育近代化 [J]. 河北大学学报 (哲学社会科学版), 2005 (4).

28. 王丽云. 留学生与云南教育近代化 [J]. 徐州师范大学学报 (哲学社会科学版), 2009 (3).

29. 王丽云. 晚清留日学生与云南政治现代化 [J]. 普洱学院学报, 2013 (1).

30. 陶德臣. 民国军事留学生群体生成探析 [J]. 军事历史研究, 2014 (3).

31. 吴桂龙. 晚清地方自治思想的输入及思潮的形成 [J]. 史林, 2000 (4).

32. 陈晓原. 国外地方自治对我国地方政府改革的借鉴价值 [J]. 晋阳学刊, 2012 (6).

33. 白先勇. 白崇禧的广西模范省: 中国 "斯巴达", "网易历史" 2009 年 5 月 29 日。

34. 黎莲芬. 我国村民自治的发展历程、经验与展望——以广西合寨村为例 [J]. 理论月刊, 2010 (2).

35. 潘桂仙. 新桂系村政建设探析——以广西农村建设试办区为中心的考察 [J]. 广西社会科学, 2012 (5).

36. 黄志华. 浅析晋桂两省村治 [J]. 剑南文学, 2011 (11).

37. 滕兰花. 20 世纪 30 年代广西的公务员管理机制 [J]. 广西社会科学, 2006 (7).

38. 黎瑛. 新桂系时期广西的县长群体研究 [J]. 玉林师范学院学报, 2003 (1).

39. 曾凡贞. 20 世纪 30-40 年代广西省县参议会及参议员群体探析 [J]. 广西社会科学, 2010 (6).

40. 吴晓. 新桂系时期广西选派留学生述评 [J]. 广西社会科学, 2000 (4).

41. 谭肇毅. 评新桂系的 "四大建设" [J]. 广西师范大学学报 (哲学社会科学版), 2001 (1).

42. 谭肇毅. 评三十年代新桂系的乡村建设 [J]. 学术论坛, 1998 (1).

43. 谭肇毅. 20 世纪 30 年代新桂系治理乡村的模式 [J]. 广西社会科学, 2006 (10).

44. 常书红. 清末民初地方社会整合格局的变化 [J]. 史学月刊, 2013 (4).

45. 王续添. 略论民国时期的地方政治行为 [J]. 史学月刊, 2003 (6).

46. 刘志强, 王瑞华. 留学生与中国近代社会的进步 [J]. 留学生, 2003 (5).

47. 马健芳. 留学生对近代广西教育事业发展的作用初探——以马君武、雷沛鸿为例 [J]. 广西地方志, 2008 (1).

48. 方园. 清末广西留学热潮的兴起和影响 [J]. 广西社会科学, 1993 (8).

49. 杨乃良. 民国时期新桂系村治研究 [J]. 广西社会科学, 2003 (6).

50. 袁丽亚. 新桂系用人政策剖析 [J]. 学术论坛, 1991 (1).

51. 时平. 桂系空军发展史略 [J]. 军事历史研究, 1993 (4).

52. 曾巍. 李宗仁为何杀死心腹干将王公度 [J]. 民国春秋, 1995 (1).

53. 胡行健. 怀念战友程思远先生 [J]. 文史春秋, 2008 (11).

54. 贺金林. 民国时期广西高等教育的演进及影响因素 [J]. 社会科学家, 2010 (11).

55. 张燕. 雷沛鸿与晏阳初乡村教育实验比较 [J]. 内蒙古农业大学学报 (社会科学版), 2006 (2).

56. 苗春德. 论 20 世纪上半叶"乡村教育"运动的基本特点 [J]. 河南大学学报 (社会科学版), 2003 (1).

57. 杨启秋. 论三十年代广西的国民基础教育运动 [J]. 社会科学探索, 1991 (4).

58. 张似韵. 对中国赴美留学迁移之历史考察 (18 世纪末—1945 年) [J]. 南方人口, 1999 (2).

59. 朱景坤. 中国近代留学教育与中国高等教育近代化 [J]. 徐州师范大学学报, 2002 (3).

60. 王晓秋. 中国人留学日本 110 年历史的回顾与启示 [J]. 徐州师范大学学报, 2006 (4).

61. 潘云成. 论晚清留日学生对我国近代社会变革的影响 [J]. 凯里学院学报, 2009 (1).

62. 刘洪英. 略论清末民初的留学生特点 [J]. 徐州师范大学学报, 2003 (3).

63. 杨东民, 纪昌和. 试论留日学生与中国的近代化 [J]. 井冈山师范学院学报, 2005 (1).

64. 方平. 地方自治与清末知识界的民族国家想象 [J]. 史林, 2012 (2).

后　记

经过多年的努力，作为 2010 年度国家社会科学基金资助项目"二十世纪三十年代留学生群体与广西自治研究（1931-1937）"的最终研究成果——《20世纪 30 年代留学生群体与广西自治研究》终于画上了句号，个中艰辛，我们都深有体会。先不说民国时期相关刊物上的文章和各地图书馆、档案馆保存的各种文献资料之繁杂，体例与现在不一致，且年代久远，字迹模糊、残缺，需下很大的工夫进行甄别、比对、挖掘和考证。就是实证调研也同样面临诸般艰难，因为八九十年以前的许多人和事都已湮没在历史中，钩沉殊属不易。因此，尽管这一成果离我们最初的要求仍有距离，但无论如何，总算是对项目研究的一个总结，让我们有一种如释重负之感。

本书稿是项目组成员共同努力收获的果实，共九章内容。覃举东除了确定本书框架并负责统稿外，还撰写了第一章、第三章、第四章、第五章、第七章、第九章、前言和后记；韦广雄撰写了第二章和第八章；韦秋杰撰写了第六章。

在项目研究过程中，我们得到的鼓励和支持太多了，这让我们一直倍感温暖和感动。北京大学的燕继荣、南京大学的申晓云、华中师范大学的徐勇和邓大才、广西师范大学的谭肇毅等著名学者给项目研究提出了诸多中肯的意见，使我们深受启发；地方上矢志于相关领域研究的一线工作者，如容县博物馆的梁达华、胡志勇先生可以说是专心于容县留学生研究的草根专家，他们为我们的项目研究提供了很好的思路；在项目研究中，所涉及调研点的父老乡亲都给了我们力所能及的帮助，尤其是中国村民自治第一村——广西宜州合寨村的韦焕能、韦向生、韦以明、蒙光新、蓝锋等新老村委会干部对我们的热情使我们每次到合寨都有回家的感觉；对柳州沙塘农都的调研中，兰生葵先生无私地给我们提供了许多资料，使我们少走了很多弯路；河池学院原经管学院的刘红领、戴杨艳老师及行政管理专业的学生邱光颜、黄艳霞、李紫薇等同学为项目数据输入花费了大量的时间和精力，给予我们很大的帮助；韦少雄、谢铭、石荣慧、谭玉龙、韦书觉、黄永明、肖海燕、李荷英、王威峰、钟卓良、杨宏源等诸位同仁及作者在北京大学访学时的同窗好友付海梅、孙晓玲、刘西涛、毛剑峰、付春的许多思想火花，常常使我们在研究的困惑中豁然开朗。我们各自的家人默默的奉献，使我们铭记于心也倍感愧疚；本项目研究还一直得到原河池学院分管科研工作的副校长崔晓麟教授及科技处新老领导张晖英、贺卫国、彭建盛、李晓东、覃国乐及陆华、吴宝善等同志的帮助和指导，没有他们的督促恐怕书稿还在难产中；还要特别感谢我们的好友蒙兴斌先生，他为书稿的出版做了大量的工作。总之，要感谢的人太多了，对你们的感激也将继续成为我们一路前行的巨大动力。

作者

2022 年 7 月